プリント形式のリアル過去問で本番の臨場感！

愛媛県

愛光中学校

2025年春受験用

解答集

本書は，実物をなるべくそのままに，プリント形式で年度ごとに収録しています。
問題用紙を教科別に分けて使うことができるので，本番さながらの演習ができます。

■ 収録内容

JN132659

・解答集(この冊子です)

書籍ＩＤ番号，この問題集の使い方，最新年度実物データ，リアル過去問の活用，解答例と解説，ご使用にあたってのお願い・ご注意，お問い合わせ

・2024(令和６)年度 ～ 2020(令和２)年度　学力検査問題

○は収録あり　年度	'24	'23	'22	'21	'20
■ 問題収録	○	○	○	○	○
■ 解答用紙(算数は書き込み式)	○	○	○	○	○
■ 配点					

全教科に解説があります

注)国語問題文非掲載:2021年度の三

問題文の非掲載につきまして

著作権上の都合により，本書に収録している過去入試問題の本文の一部を掲載しておりません。ご不便をおかけし，誠に申し訳ございません。

本文の一部を掲載できなかったことによる国語の演習不足を補うため，論説文および小説文の演習問題のダウンロード付録があります。弊社ウェブサイトから書籍ＩＤ番号を入力してご利用ください。

なお，問題の量，形式，難易度などの傾向が，実際の入試問題と一致しない場合があります。

教英出版

■ 書籍ＩＤ番号

入試に役立つダウンロード付録や学校情報などを随時更新して掲載しています。
教英出版ウェブサイトの「ご購入者様のページ」画面で，書籍ＩＤ番号を入力してご利用ください。

書籍ＩＤ番号　102438

（有効期限：2025年9月30日まで）

【入試に役立つダウンロード付録】
「要点のまとめ(国語／算数)」
「課題作文演習」ほか

■ この問題集の使い方

年度ごとにプリント形式で収録しています。針を外して教科ごとに分けて使用します。①片側，②中央のどちらかでとじてありますので，下図を参考に，問題用紙と解答用紙に分けて準備をしましょう（解答用紙がない場合もあります)。

針を外すときは，けがをしないように十分注意してください。また，針を外すと紛失しやすくなりますので気をつけましょう。

① 片側でとじてあるもの

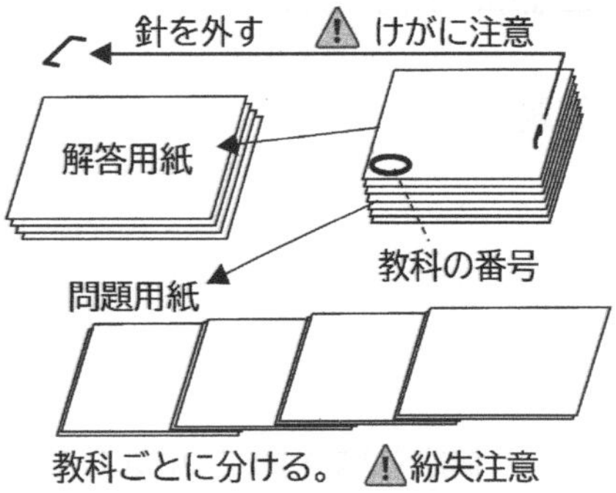

② 中央でとじてあるもの

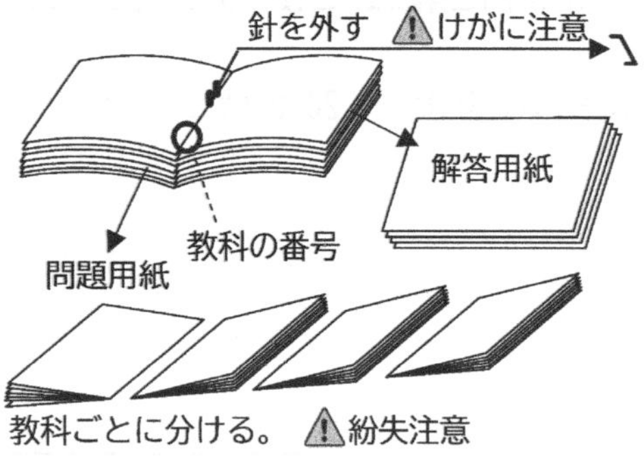

※教科数が上図と異なる場合があります。
解答用紙がない場合や，問題と一体になっている場合があります。
教科の番号は，教科ごとに分けるときの参考にしてください。

■ 最新年度 実物データ

実物をなるべくそのままに編集していますが，収録の都合上，実際の試験問題とは異なる場合があります。実物のサイズ，様式は右表で確認してください。

問題用紙	国・算：Ｂ４片面プリント(算は書込み式) 理・社：Ａ４冊子(二つ折り)
解答用紙	Ｂ４片面プリント

リアル過去問の活用

～リアル過去問なら入試本番で力を発揮することができる～

本番を体験しよう！

問題用紙の形式（縦向き / 横向き），問題の配置や余白など，実物に近い紙面構成なので本番の臨場感が味わえます。まずはパラパラとめくって眺めてみてください。「これが志望校の入試問題なんだ！」と思えば入試に向けて気持ちが高まることでしょう。

入試を知ろう！

同じ教科の過去数年分の問題紙面を並べて，見比べてみましょう。

① 問題の量

毎年同じ大問数か，年によって違うのか，また全体の問題量はどのくらいか知っておきましょう。どのくらいのスピードで解けば時間内に終わるのか，大問ひとつにかけられる時間を計算してみましょう。

② 出題分野

よく出題されている分野とそうでない分野を見つけましょう。同じような問題が過去にも出題されていることに気がつくはずです。

③ 出題順序

得意な分野が毎年同じ大問番号で出題されていると分かれば，本番で取りこぼさないように先回りして解答することができるでしょう。

④ 解答方法

記述式か選択式か（マークシートか），見ておきましょう。記述式なら，単位まで書く必要があるかどうか，文字数はどのくらいかなど，細かいところまでチェックしておきましょう。計算過程を書く必要があるかどうかも重要です。

⑤ 問題の難易度

必ず正解したい基本問題，条件や指示の読み間違いといったケアレスミスに気をつけたい問題，後回しにしたほうがいい問題などをチェックしておきましょう。

問題を解こう！

志望校の入試傾向をつかんだら，問題を何度も解いていきましょう。ほかにも問題文の独特な言いまわしや，その学校独自の答え方を発見できることもあるでしょう。オリンピックや環境問題など，話題になった出来事を毎年出題する学校だと分かれば，日頃のニュースの見かたも変わってきます。

こうして志望校の入試傾向を知り対策を立てることこそが，過去問を解く最大の理由なのです。

実力を知ろう！

過去問を解くにあたって，得点はそれほど重要ではありません。大切なのは，志望校の過去問演習を通して，苦手な教科，苦手な分野を知ることです。苦手な教科，分野が分かったら，教科書や参考書に戻って重点的に学習する時間をつくりましょう。今の自分の実力を知れば，入試本番までの勉強の道すじが見えてきます。

試験に慣れよう！

入試では時間配分も重要です。本番で時間が足りなくなってあわてないように，リアル過去問で実戦演習をして，時間配分や出題パターンに慣れておきましょう。教科ごとに気持ちを切り替える練習もしておきましょう。

心を整えよう！

入試は誰でも緊張するものです。入試前日になったら，演習をやり尽くしたリアル過去問の表紙を眺めてみましょう。問題の内容を見る必要はもうありません。どんな形式だったかな？受験番号や氏名はどこに書くのかな？…ほんの少し見ておくだけでも，志望校の入試に向けて心の準備が整うことでしょう。

そして入試本番では，見慣れた問題紙面が緊張した心を落ち着かせてくれるはずです。

※まれに入試形式を変更する学校もありますが，条件はほかの受験生も同じです。心を整えてあせらずに問題に取りかかりましょう。

愛光中学校

《国　語》

一　1. ①車窓　②機密　③慣例　④簡潔　⑤望郷　⑥困る　⑦供える　⑧栄え　⑨外す　⑩築く
2. ①ク　②ウ　③オ　④ケ　⑤コ　⑥カ　　3. ①エ　②イ　③ウ　④ア

二　問一. ⓐオ　ⓑア　　問二. エ　　問三. お金に換算できない価値を見直し、それを資本主義に取り入れることで、人が自然のサイクルにうまく合わせながら豊かに人生を送る循環型の社会を実現させようとする考え方。
問四. イ　　問五. オ　　問六. ア　　問七. ウ　　問八. 特に若い世代が、日常生活の中で環境を意識した行動を積み重ね、その影響を多くの人びとに及ぼしていくこと。　　問九. イ

三　問一. A. エ　B. イ　　問二. いつものドッジボールでは、早い段階でメンバーに選ばれるので特に何も感じていなかったが、この日は最後の二人に残ってしまい、選ばれるかどうか気にしているという違い。　　問三. ア
問四. エ　　問五. ウ　　問六. しばらく兄ちゃんの部屋に入っていなかったので、兄ちゃんがどうしているか、これからどんなことが起きるか見当がつかず不安だったから。(下線部は心配でもよい)　　問七. オ　　問八. エ
問九. 「ぼく」がドッジボールのメンバーに選ばれなかったことで傷ついた経験は、他の人に分からないかもしれないが、いつもよりも思い悩んだ点でがんばったことになるということ。　　問十. イ

《算　数》

1　(1)2　(2)$\frac{7}{8}$　(3)①24　②50　(4)①70　②42　(5)①1　②484　③11　(6)①11　②31　③2
(7)①54.84　②36.96　(8)①38　②8　③9　(9)①26　②6

※2　(1)31回　(2)12回

※3　(1)1200円　(2)135個　(3)B, 30

※4　(1)21分後　(2)毎分35m　(3)1120m

※の式と計算は解説を参照してください。

《理　科》

【1】(1)(ア)　(2)幼虫…(ア)　さなぎ…(オ)　(3)A. 実験1…(ウ)　実験2…(エ)　実験3…(ウ)
実験4…(カ)　実験5…(ア)　実験6…(エ)　実験7…(オ)　B. 実験1…(ウ)　実験2…(エ)
実験3…(ウ)　実験4…(エ)　実験5…(ウ)　実験6…(エ)　実験7…(エ)　(4)実験…7　結果…(エ)

【2】(1)A. 内臓…③　役割…(ウ)　B. 内臓…②　役割…(ア)　(2)えら

【3】(1)日の出…(ウ)　日の入り…(カ)　(2)(カ)　(3)北極星　(4)方位角…0　仰角…34

【4】(1)(ア)　(2)(オ)　(3)空気を追い出す　(4)(イ)　(5)52　(6)Ⅰ. (キ)　Ⅱ. (ウ)

【5】(1)340　(2)1　(3)350　(4)25　(5)①50　②(イ)　③(ウ)

【6】(1)①a. ×　b. 左1　②a. 右1　b. 左2　③a. ×　b. 左1　④a. 左1　b. 右1
(2)⑤(イ)　⑥(ア)　⑦(ア)　⑧(イ)

《社　会》

1 １．荘園　２．政所　３．検地帳　４．地租　問１．男性を女性といつわって登録した　問２．え
問３．(1)う　(2)え　問４．え　問５．い　問６．1877　問７．地租が定額金納だった

2 問１．え　問２．う　問３．え　問４．う　問５．お　問６．い　問７．お　問８．あ
問９．え　問10．う

3 問１．う　問２．あ　問３．加工　問４．う　問５．い　問６．か　問７．う　問８．お

4 問１．え　問２．か　問３．あ　問４．え　問５．い　問６．お　問７．う

5 問１．い　問２．ユダヤ　問３．エルサレム　問４．え　問５．ＮＡＴＯ　問６．常任理事国であるロシアが拒否権を発動するから

《2024　国語　解説》

一　３　①は夏、②は冬、③は春、④は秋の季語である。

二　**問二**　同じ段落に書かれている内容に着目する。「ここからの話は理想的すぎて、極端《きょくたん》で、現実ばなれしていると感じる方もいるかもしれません」や、これまでの社会の「極端な価値観を補正し、生きものの絶滅《ぜつめつ》を少しでも食い止めるには、逆方向の極端な意見も含《ふく》め、多様な意見に基づく意思決定が必要です～ここからの話は、多様な意見の１つと思って読んでください」より、エが適する。

問三　傍線部《ぼうせんぶ》②は、「里山資本主義という言葉」を指している。「里山資本主義」における「理想的な里山のあり方とは、人と自然が共存している状態」であり、「共存を持続的に行うには、人間側が自然をコントロールするのではなく、自然のサイクルにうまく合わせて生活していく必要が」あると述べている。また、「里山資本主義のもう１つの大切な要素は『お金で換算《かんざん》できない価値を見直し、それを資本主義に取り入れることで、豊かな人生、循《じゅん》環《かん》型の社会を実現させる』ということ」だと述べている。

問四　傍線部③を含む段落と、その前の段落の内容に着目する。お金に換算できない価値と、それがもたらす人生の豊かさについて、筆者は、「若いうちから自然に近いところに住み～お金に換算できない価値の大きさに気づくことで、逆に人生は豊かになる」と述べ、都会で働くのではなく、「地方に住み、その土地の自然（自然資本）、文化、地元の伝統的な産業（文化資本）に関わる仕事に就き～多様な場で活躍《かつやく》する」という生活を挙げている。筆者の弟は、東京のサラリーマン生活をやめ、山梨県で専業農家をやっているので、お金に換算できない価値と、それがもたらす人生の豊かさを享受《きょうじゅ》していると言える。よって、イが適する。

問五　追い風が吹《ふ》くとは、後押《あとお》しされる、有利な状況《じょうきょう》が生まれるといった意味。同じ段落に、「地方移住をサポートする資源と知恵《ちえ》が蓄積《ちくせき》・共有されてきています」とあり、国が地方の活性化を支援《しえん》していることや、多くの地方自治体が地方移住の支援をしていることが書かれている。つまり、地方への移住を後押しする動きが広がっていて、それらに後押しされて地方に移住する人が増えているのである。よって、オが適する。

問六　前の段落に、「グレタさんに触発《しょくはつ》され、ここ数年、世界各地で若者たちが環境《かんきょう》問題に対して声をあげています」とある。ここで取り上げられている「私」、つまり筆者がテレビで見た黒人の女子高校生は、「環境問題に対して声をあげ」ている若者の例である。彼女は、ゴミを再利用したアクセサリーやお下がりの洋服を身につけることで、環境に優しい生活を送っていることを示し、このことを通して環境問題に対して声をあげているのである。また、少し後に、「ボトルキャップのピアスをしてユーズドの服を着るのも、チョイスです。それを見た周りの若者たちが『そういうの、いいよね』と思い、広がるかもしれません」とあり、彼女《かのじょ》の姿を見た周りの人々、特に若者たちの環境に対する意識が変わる可能性について触《ふ》れている。よって、アが適する。

問七　少し後で、「ですがいまのところ『カッコイイね』とマネする人は誰もいません～やっぱり影響《えいきょう》力があるのは若い世代なのです」とある。つまり、環境問題について影響力があるのは、筆者の世代ではなく若い世代なのだと言いたいのである。よって、ウが適する。

問八　ここより前で、グレタさんや黒人の女子高生といった若い世代の環境問題への関わりをとりあげた上で、「こういった活動にどれだけ多くの人、特に若い世代が参加するチョイス（選択肢《せんたくし》）を選ぶのか。それが未来を変える原動力になるのは間違《まちが》いありません」「チョイスは政治に関することだけでなく、日常生活のいたるところにあります」と述べ、それが多くの人々に影響を与《あた》える可能性があることや、環境問題について影響力があるのは若い世代であるということを説明している。これらを受けて、「ささいなことを積み重ね、多くの人が意識してチョイスすることで、確実に社会は変わって」いくと述べている。

問九　最後の段落の、「ささいなチョイスをくり返すことで環境について考える機会が増え～大きなチョイスに向き合った時、意識的な選択ができるでしょう」の部分と、イの「一人一人が～決断をできるようになり」の部分が一致《いっち》する。また、こうした選択が「私たち人間の未来」をどう変えるかというと、傍線部④の次の段落にあるように、「自然環境という土台をしっかり確保しつつ持続可能的に利用し、その上に安定した社会、さらにその上に安定した経済を成立させる」ことが可能になるのである。よって、イが適する。

三　**問二**　少し後に、「最後の二人に残ってしまった」というふだんとは異なる状況が書かれている。ふだん、「ぼく」は「ジャンケンの様子を特になんの思いもなく見ていた」が、この時はそうではなかった。

問三　休み時間はたいてい鮎川が遊ぶ内容を決めるが、「ガキ大将みたいに無理やり」決めるのではなく、みんなの意見を聞きながら決断する。また、「クラスの委員会決めでは必ず学級委員長に鮎川の名前があがる」とある。そうした部分からは、鮎川は、好ましいまとめ役としてみんなから信頼されていることがわかる。しかし、ぜったいに学級委員長にはならず、謙遜《けんそん》しながら副委員長になる鮎川のことを、「ぼく」は「あまり信用していない」。それは、こうした鮎川の言動を、謙虚《けんきょ》そうにしながらうまく立ち回っているととらえているからである。よって、アが適する。

問四　キャラメルを食べても消えなかった「違和感《いわかん》」について、「僕」は「兄ちゃん」に話してみた。その中で「今日は人数が八人しかいなくて、ぼくは最後まで選ばれなかったんだ」「チームに最後まで選ばれずに残ったことが、嫌《いや》なんだ」と言っている。チームに最後まで選ばれなかったということは、必要なメンバーだと思われていなかったということであり、「ぼく」はそのことに割り切れない思いをいだいている。よって、エが適する。

問五　キャラメルは救急箱の中に入っている。ママは、嫌なことがあったらこれを食べればいいと言って、キャラメルを箱の中に常備している。キャラメルは、嫌なことがあった時に、それを忘れさせてくれる薬として用意されているのである。よって、ウが適する。

問六　職員室は、ふだんは入ることのない場所であり、入ることに不安を感じる場所である。「兄ちゃん」の部屋にしばらく入ってなかったことや、「兄ちゃん」がほとんど部屋にこもったままになってからは、「兄ちゃん」が部屋でどう過ごしているのかわからなかったことで、「ぼく」は「兄ちゃん」の部屋に入ることに不安を感じている。

問七　部屋に入り、「兄ちゃん」の様子を観察しているうちに、「ぼく」は、不安や緊張感がうすれて、だんだんと「兄ちゃん」の気持ちや考えがわかるようになった。「散乱しているのではなく」「わざと置いてある」ということは、本やＣＤを、自分の思い通りに置いているということである。よって、オが適する。

問八　問四、問五の解説にあるように、嫌なことがあったら食べるように言われているキャラメルを食べても、必要なメンバーだと思われていなかったことへの割り切れない思いは消えなかった。「兄ちゃん」は、「ぼく」がそのことを話しても、絵を描き続けていて、あまりたくさんはしゃべらない。しかし、そのほどよい応答を聞いているうちに、「ぼく」がかかえていた割り切れない思いは消えていった。よって、エが適する。

問九　この後「兄ちゃん」は、二本の毛を育てているという話をした。二本の毛は「まったく同じ見た目」だが、片方は毎日ワセリンを塗《ぬ》るという手間をかけている。「兄ちゃん」は、「見た目に結果は出ていないけど、手間をかけている、事実はあるんだ」「同じ見た目だけど、まったく違うんだ」と言う。この話を今日の「ぼく」の経験にあてはめると、「ぼく」が、ドッジボールのチーム決めで割り切れない思いをいだいたことは、外から見ると分からないが、「ぼく」にとっては思い悩んだという事実があり、「まったく違う」ということになる。つまり、「ぼく」

が、ドッジボールのチーム決めで傷ついた経験は、周りの人には分からないが、「ぼく」にとっては、思い悩《なや》んだ分、「いつもよりも」「よく生きた」ということになる。

問十　文章の前のあらすじにあるように、「ぼく」は「兄ちゃんの事をいつも心配して」いる。部屋に入っているみると、たくさんの本とＣＤが散乱していたが、「兄ちゃん」は楽しそうに鼻歌を歌いながら絵を描いていて、一見散乱しているように見える本やＣＤは、自分の思い通りに置いているのだということが分かった。床の落葉も、本やＣＤと同じくやはり「置いて」あるのだと分かり、「ぼく」は、「兄ちゃん」が居心地のよい場所を作り出し、好きな絵を楽しく描いているのだと理解し、安心している。よって、イが適する。

《2024　算数　解説》

1

(1)　与式 $=\frac{21}{8}\div(\frac{7}{2}-\frac{7}{12})+(\frac{17}{4}-\frac{3}{2})\div\frac{5}{2}=\frac{21}{8}\div(\frac{42}{12}-\frac{7}{12})+(\frac{17}{4}-\frac{6}{4})\times\frac{2}{5}=\frac{21}{8}\div\frac{35}{12}+\frac{11}{4}\times\frac{2}{5}=\frac{21}{8}\times\frac{12}{35}+\frac{11}{10}=\frac{9}{10}+\frac{11}{10}=\frac{20}{10}=\mathbf{2}$

(2)　与式より，$\frac{63}{20}\times\frac{4}{7}-(\square-\frac{1}{2})\times\frac{11}{3}=\frac{17}{40}$　　$\frac{9}{5}-(\square-\frac{1}{2})\times\frac{11}{3}=\frac{17}{40}$　　$(\square-\frac{1}{2})\times\frac{11}{3}=\frac{72}{40}-\frac{17}{40}$

$\square-\frac{1}{2}=\frac{55}{40}\times\frac{3}{11}$　　$\square=\frac{3}{8}+\frac{1}{2}=\frac{3}{8}+\frac{4}{8}=\mathbf{\frac{7}{8}}$

(3)　**【解き方】高さが等しい三角形の面積比は，底辺の長さの比と等しい。**

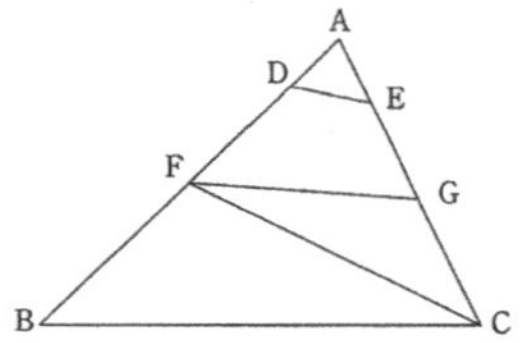

三角形ＡＢＣと三角形ＡＦＣで，底辺をそれぞれＡＢ，ＡＦとしたときの高さが等しいから，(三角形ＡＦＣの面積)＝(三角形ＡＢＣの面積)×$\frac{\text{AF}}{\text{AB}}$＝$108\times\frac{1+2}{1+2+3}=54$(cm²)である。

三角形ＡＦＣと三角形ＣＧＦで，底辺をそれぞれＣＡ，ＣＧとしたときの高さが等しいから，(三角形ＣＧＦの面積)＝(三角形ＡＦＣの面積)×$\frac{\text{CG}}{\text{CA}}=54\times\frac{4}{2+3+4}=$**24**(cm²)である。

右の「１つの角を共有する三角形の面積」を利用すると，(三角形ＡＤＥの面積)＝(三角形ＡＢＣの面積)×$\frac{\text{AD}}{\text{AB}}\times\frac{\text{AE}}{\text{AC}}=108\times\frac{1}{1+2+3}\times\frac{2}{2+3+4}=4$ (cm²)だから，(四角形ＤＦＣＥの面積)＝(三角形ＡＦＣの面積)－(三角形ＡＤＥの面積)＝54－４＝**50**(cm²)である。

１つの角を共有する三角形の面積

右図のように三角形ＰＱＲと三角形ＰＳＴが１つの角を共有するとき，三角形ＰＳＴの面積は，

(三角形ＰＱＲの面積)×$\frac{\text{PS}}{\text{PQ}}\times\frac{\text{PT}}{\text{PR}}$

で求められる。

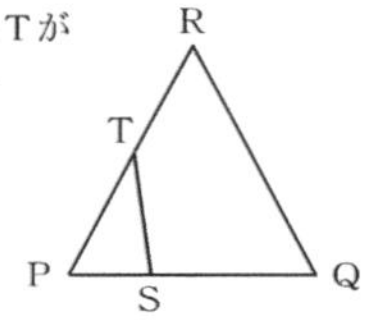

(4)　**【解き方】12 年後の，祖父と父の年れいの和と，祖父と父の年れいの差を求め，和差算を利用する。**

12 年後，「私」は 16＋12＝28(歳)で，(祖父の年れい)－28＝(父の年れい)だから，(祖父の年れい)－(父の年れい)＝28(歳)となる。

６年前，私は 16－６＝10(歳)だったから，(祖父の年れい)＋(父の年れい)＝10×10＝100(歳)だった。

12 年後は６年前よりみんなの年れいが 18 歳ずつ増えているから，12 年後には，

(祖父の年れい)＋(父の年れい)＝100＋18×２＝136(歳)となる。

よって，12 年後の祖父の年れいは，(136＋28)÷２＝82(歳)，12 年後の父の年れいは，82－28＝54(歳)だから，現在の祖父の年れいは 82－12＝**70**(歳)，現在の父の年れいは 54－12＝**42**(歳)である。

(5)　**【解き方】３の倍数の一の位の数は，３，６，９，２，５，８，１，４，７，０の 10 個の数字をこの順にくり返す。０以外の数をすべてかけた数について，５と偶数が１個ずつ現れるたびに一の位から０が１個ずつ増えていき，明らかに偶数の個数は５の個数より多いから，０の個数は現れる５の個数と等しい。**

107 番目の数は，107÷10＝10 余り７より，10 回のくり返しのあと７番目の数だから，１である。この 10 個の数

の和は1から9まで連続する整数の和に等しいから，$\frac{(1+9)\times 9}{2}$＝45となるので，107番目までの数をすべて足すと，45×11－4－7＝**484**となる。

また，107番目の数までに5は11回現れるので，一の位から0が**11**個連続して並ぶ。

(6)　**【解き方】表にまとめて考える。**

国語が80点以上の人は全体の $100\times\frac{5}{6}=\frac{250}{3}$(%)，どちらも80点未満の人は全体の12%なので，右の表のようにまとめられる。算数が80点未満の人は㋐＝100－77＝23(%)だから，国語だけ80点以上の人は㋑＝23－12＝**11**(%)である。どちらも80点以上の人は㋒＝$\frac{250}{3}-11=\frac{217}{3}$(%)，算数だけ80点以上の人は㋓＝$77-\frac{217}{3}=\frac{14}{3}$(%)だから，㋒：㋓＝$\frac{217}{3}$：$\frac{14}{3}$＝**31：2**である。

※単位は%

		国語		合計
		80点以上	80点未満	
算数	80点以上	㋒	㋓	77
	80点未満	㋑	12	㋐
合計		$\frac{250}{3}$		100

(7)　**【解き方】図iで，角GOE＋角DOB＝180°－90°＝90°だから，おうぎ形GOEとおうぎ形DOBの中心角の和は90°である。三角形AOEと三角形OBDをOEとODでつなげると図iiのようになる。**

図i

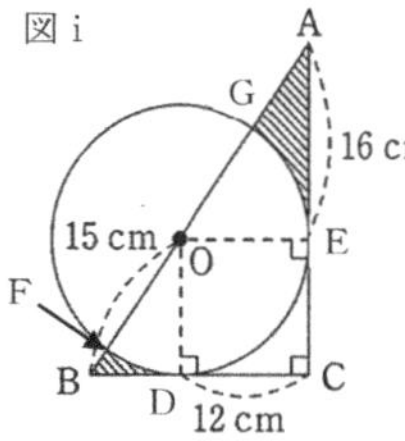

三角形AOEで，OE：AE＝12：16＝3：4だから，三角形AOEは3辺の長さの比が3：4：5の直角三角形である。OEとBCは平行だから，三角形AOEと三角形OBDは形が同じなので，三角形OBDの3辺の長さの比も3：4：5となる。

斜線《しゃせん》部分の周の長さは，図iiのAB＋AG＋BF＋(曲線GFの長さ)であり，

AB＝AD＋BD＝$16+15\times\frac{3}{5}$＝25(cm)，AG＝AO－GO＝$16\times\frac{5}{4}-12$＝8(cm)，

BF＝OB－OF＝15－12＝3(cm)，(曲線GFの長さ)＝$12\times 2\times 3.14\times\frac{90°}{360°}$＝18.84(cm)

だから，25＋8＋3＋18.84＝**54.84**(cm)である。

また，(斜線部分の面積)＝(三角形AOBの面積)－(おうぎ形GOFの面積)＝

$25\times 12\div 2-12\times 12\times 3.14\times\frac{90°}{360°}$＝**36.96**(cm²)

図ii

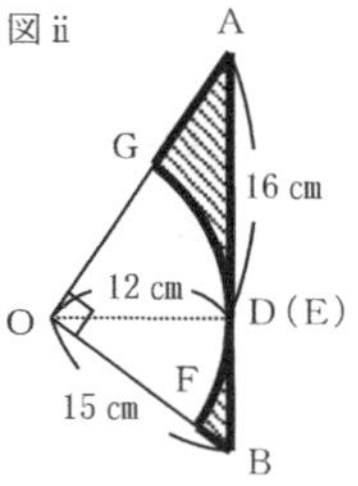

(8)　**【解き方】A組の人数だけに注目して考える。**

A組の生徒3人で1班を作り，さらに2人ずつ増やして1班の人数を5人にすると，17－3＝14(人)が班に入ることになるから，作った班の数は14÷2＝7(班)である。よって，A組の人数は3×7＋17＝**38**(人)である。このとき，B組の人数は5×7＝35(人)だから，A組の生徒4人とB組の生徒4人で班を作ると，35÷4＝8余り3より，全部で**8**班でき，合計で38－4×8＋3＝**9**(人)余る。

(9)　**【解き方】選ぶ数字に順番はないから，右の「組み合わせの数の求め方」を利用する。**

5つの数字から2つの数字を選ぶ組み合わせの数は，$\frac{5\times 4}{2\times 1}$＝10(通り)ある。3つの数字を選ぶ組み合わせの数は，選ばない2つの決め方と同じなので，やはり10通りある。

4つの数字を選ぶ組み合わせの数は，選ばない1つの決め方と同じなので，5通りある。

5つの数字を選ぶ組み合わせは1通りである。

よって，全部で10×2＋5＋1＝**26**(通り)ある。

組み合わせの数の求め方

異なる10個のものから順番をつけずに3個選ぶときの組み合わせの数は，

$\frac{10\times 9\times 8}{3\times 2\times 1}$＝120(通り)

（分子の10：全体の個数，分子の10×9×8：選ぶ個数，分母の3：選ぶ個数，分母の3×2×1：選ぶ個数）

つまり，異なるn個からk個選ぶときの組み合わせの数の求め方は，$\frac{(\text{n個からk個選ぶ並べ方の数})}{(\text{k個からk個選ぶ並べ方の数})}$

5つの数字の和は1＋2＋3＋4＋5＝15だから，選んだ数字の和が5の倍数のとき，選ばない数字の和も5の

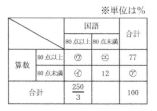

倍数になる。

２個選ぶ場合は，１と４，２と３の２通りある。３個選ぶ場合は，１と４，２と３を選ばないときだから，やはり２通りある。４個選ぶ場合は，５を選ばないときの１通りある。５個選ぶ場合は５の倍数になり，１通りある。

よって，選んだ数字の和が５の倍数になるのは，２×２＋１＋１＝**６(通り)**ある。

2 ⑴ **【解き方】つるかめ算を利用する。**

Ａさんが 50 回勝ったとすると，ＡさんはＢさんより７×50＋２×50－８＝442(段)上にいることになり，実際よりも 442－100＝342(段)だけ上にいる。Ａさんの勝ち１回をＢさんの勝ち１回に置きかえると，ＡさんとＢさんの差は(７＋２)×２＝18(段)だけちぢまるから，Ａさんは 342÷18＝19(回)負けたので，50－19＝**31(回)**勝ったことになる。

⑵ **【解き方】Ｂさんが勝った回数とあいこの回数の比は１：２だから，Ｂさんが勝った回数を，50÷(１＋２)＝16 余り２より，16 回としてつるかめ算を利用する。**

Ｂさんが勝った回数を 16 回，あいこの回数を 16×２＝32(回)，負けた回数を 50－(16＋32)＝２(回)とすると，はじめより７×16＋１×32－２×２＝140(段)上にいることになり，実際よりも 140－80＝60(段)だけ上にいる。勝ち１回とあいこ２回を負け３回に置きかえると，７＋１×２＋２×３＝15(段)だけ下がるので，Ｂさんが勝った回数が 60÷15＝４(回)だけ減って 16－４＝**12(回)**となればよい。

3 ⑴ Ｂの原価は 1500÷(１＋0.25)＝**1200(円)**

⑵ **【解き方】Ｂを１個売ったときの利益は 1500－1200＝300(円)だから，ＡとＢの１個あたりの利益の比は 200：300＝２：３である。**

ＡとＢがすべて売れたときの利益の合計金額の比は６：７だから，このときの個数の比は(６÷２)：(７÷３)＝９：７である。よって，Ａは $240\times\frac{9}{9+7}$＝**135(個)**仕入れた。

⑶ **【解き方】ＡとＢの利益の合計金額が等しいので，すべて売れたときの利益が高い方を割引して売った。**

Ａがすべて売れたときの利益の合計金額は 200×135＝27000(円)，Ｂがすべて売れたときの利益の合計金額は $27000\times\frac{7}{6}$＝31500(円)だから，Ｂを割引して売った。Ｂを 10％引きにして売ると，１個あたりの利益は 1500×0.1＝150(円)少なくなるので，割引した個数は(31500－27000)÷150＝**30(個)**

4 ⑴ **【解き方】同じ道のりを進むのにかかる時間の比は，速さの比の逆比になる。**

Ａさんは今日，いつもより 10－４＝６(分)早く学校に着いた。速さを変えてから学校に着くまでにかかる時間と，同じ道のりをいつもの速さで進むときにかかる時間の比は，進む速さの比の９：７の逆比の７：９になる。

よって，速さを変えてから $6\times\frac{7}{9-7}$＝**21(分後)**に学校に着いた。

⑵ **【解き方】Ａさんは速さを変えた地点から学校までの道のりを，いつもは $21\times\frac{9}{7}$＝27(分)で進む。**

Ａさんはいつも，805ｍを 50－27＝23(分)で進むので，805÷23＝35 より，いつもの速さは**毎分 35ｍ**である。

⑶ **【解き方】いつもの $\frac{9}{7}$ 倍の速さは毎分 $(35\times\frac{9}{7})$ｍ＝毎分 45ｍだから，毎分 63ｍで進むときと比べて１分間に 63－45＝18(ｍ)の差がつく。**

当番が学校に着かないといけない時刻に，Ａさんは学校の 45×４＝180(ｍ)手前にいた。よって，分速 63ｍで進む時間を 180÷18＝10(分間)とすれば，この時刻にちょうど学校に着くことができる。

したがって，家から 35×50－63×10＝**1120(ｍ)**のところで，進む速さを毎分 63ｍに変えればよい。

《2024　理科　解説》

【１】

(3)　Ａ．光のある方に向かって移動しようとする。実験１と２は天井《てんじょう》の照明による光があり，実験３と４は光がなく，実験５は棒の右側，実験６は棒の上側，実験７は棒の下側に光がある。光があり，のせた位置より光に近づくことができる(実験２と５～７)とき，多くのテントウムシは光に近づくように移動すると予想される。光があっても，のせた位置より光に近づくことができない(実験１)とき，移動する方向に傾向《けいこう》はないと予想される。光がない(実験３と４)とき，移動する方向に傾向はないと予想される。　　Ｂ．重力とは反対の方向(上側)に向かって移動しようとする。図１の棒にのせた(実験１と３と５)とき，のせた位置より上側に移動することができず，移動する方向に傾向はないと予想される。図２の棒にのせた(実験２と４と６と７)とき，多くのテントウムシは上側に移動しようとすると予想される。

(4)　光の情報と重力の情報に対して移動する方向が真逆の実験７の結果を見ればよい。光の情報より重力の情報を優先している場合，光のある下側ではなく，重力と反対の方向(上側)に移動すると考えられる。

【２】

(1)　Ａに入るのは心臓，Ｂに入るのは胃である。

(2)　Ｃは肺で酸素と二酸化炭素の交かんを行う。

【３】

(1)　山によって，日の出・日の入りの位置が５度南にずれるから，日の出の位置は真東の方位角90度より５度大きい95度，日の入りの位置は真西の方位角270度より５度小さい265度である。

(2)　月の形は，新月→上弦《じょうげん》の月(南の空で右半分が光って見える月)→満月→下弦の月(図１の月)→次の新月と変わる。図１の月の２週間後の月の形は上弦の月に最も近い。上弦の月は，正午ごろに東の地平線からのぼり，夕方６時ごろに南の空を通り，真夜中に西の地平線にしずむ。したがって，２週間後の夜９時ごろの月の位置は南(180度)と西(270度)の間だから，(カ)の225度が最も適当な方位角である。

(3)　北の空の星は，星Ｘ(北極星)を中心に反時計回りに回転しているように見える。

(4)　星Ｘは地軸《ちじく》を北側にのばした線上にあるから，方位角は０度(真北)である。星Ｘの仰角《ぎょうかく》は，図２の観測地点における水平の線と星Ｘからの光(地軸に平行)の線の間の角(これは観測地点における星Ｘの高度)で，その大きさは90－△(度)である。観測地点の北緯《ほくい》が34度だから，地球の中心と観測地点を結んだ直線と赤道の間の角が34度であり，△＝90－34＝56(度)とわかる。よって，星Ｘの仰角は90－56＝34(度)である。このことからも分かるように，星Ｘの仰角は緯度と同じである。

【４】

(2)　塩酸は，水に気体の塩化水素がとけた水溶液《すいようえき》である。また，塩化水素は水にとけやすい性質をもつ。

(4)　図２のとき，メスシリンダーの外の気圧(空気が水面を押す力)より，中の気圧(水素が水面を押す力)の方が低い。図３のように水面の高さをそろえると，図２のときよりメスシリンダーの中の気圧が高くなって，中と外の気圧は等しくなる。気圧が高くなるとその気体の体積は小さくなるから，メスシリンダーの中の気体の体積は図２のときより図３のときの方が小さい。

(5)　メスシリンダーが逆さまになっていることに注意しよう。

(6)　(Ⅰ)亜鉛《あえん》の粒《つぶ》の表面積は変わらないから，水素の発生する速さは変わらない。⑥より，最初の実験において，注いだうすい塩酸はすべて反応し，亜鉛の粒が残ったとわかるから，うすい塩酸の量を増やすと水素の発生する量は増える。　(Ⅱ)亜鉛の粒を小さくくだくと，表面積が大きくなるから，水素の発生する速さは速くなる。うすい塩酸の量も亜鉛の粒の量も変えないから，水素の発生する量は変わらない。

【５】

⑴　Ａと水の入ったビーカーの重さの和は70＋300＝370(ｇ)である。表より，Ａの下面が水の中に４cm沈《しず》んでいるとき，ばねばかりの値は30ｇだから，台はかりの値は370－30＝340(ｇ)である。

⑵　Ａを沈めはじめたとき(Ａの下面が水面と同じ高さのとき)から，Ａが完全に沈むとき(Ａの下面が水の中に５cm沈んでいるとき)まで，Ａの下面が水の中に沈んでいる深さが１cm増えるごとに，ばねばかりの値は 10ｇずつ減る。よって，Ａと同じ形で重さが10ｇのＢでは，下面が水の中に１cm沈むとばねばかりの値が０ｇになる。

⑶　ＡやＢの全体が水の中に沈んでいるとき(物体の下面が水の中に５cm以上沈んでいるとき)，物体にはたらく浮《ふ》力《りょく》(上向きの力)は50ｇである。したがって，Ｂを全部沈めたとき，Ｂの重さとＢを手で押した力の和が50ｇだから，台はかりの値は$50+\overbrace{300}^{\text{水の入ったビーカーの重さ}}=350$(ｇ)となる。

⑷　てこを回転させるはたらき〔おもりの重さ(ｇ)×支点からの距離《きょり》(cm)〕が，時計回りと反時計回りで等しくなると棒は水平になるから，支点からＡまたはＢまでの距離の比は，ＡとＢのそれぞれが棒を下向きに引く力の大きさの逆比に等しい。表より，Ａが棒の左はしを下向きに引く力の大きさは30ｇとわかり，Ｂの重さは10ｇだから，ＡとＢが棒を下向きに引く力の大きさの比は 30：10＝３：１で，ＡとＢの支点からの距離の比は１：３となる。よって，支点(ばねばかり)からＡまでの距離は$100\times\frac{1}{1+3}=25$(cm)である。

⑸　Ａは棒を下向きに 20ｇの力で引き，Ｂは棒を上向きに$\overbrace{50}^{\text{Bにはたらく浮力}}-\overbrace{10}^{\text{Bの重さ}}=40$(ｇ)の力で引く。これより，ばねばかりは下向きに 40－20＝20(ｇ)の力で引く必要がある。棒の右はしにＢを取り付けると，ばねばかりをどの位置に取り付けても棒が反時計回りに回転してしまうので，右はしに取り付けるのは下向きのばねばかりとなる。棒の左はしと右はしのそれぞれに下向きに 20ｇの力がかかるから，Ｂは棒の真ん中(左はしから 50 cmの位置)に上向きに取り付ければよい。

【６】

⑴　解説において，例えば「図２でスイッチをａに接続したとき」を「図２・ａ」と表す。
「図４・ａ」では，①の右側にあるダイオード(左向き)によって①に電流は流れず，電流が流れる部分の回路は，「図２・ａ」と同じになるから，②に流れる電流は「右１」である。　「図４・ｂ」では，①と②のどちらにも電流が流れる。並列に接続された部分は分けて考えることができるので，①をふくむ回路は「図３・ｂ」と同じと考えられるから，①に流れる電流は「左１」である。②をふくむ回路は「図２・ｂ」と同じと考えられるから，②に流れる電流は「左２」である。　「図５・ａ」では，電流は豆電球(③)のない方の導線に流れるため，③には電流が流れない。このとき，電流は回路を反時計回りに流れるから，④には左向きの電流が流れ，電池と豆電球の数が「図２・ａ」と同じだから電流の大きさは１である。つまり，④に流れる電流は「左１」である。　「図５・ｂ」では，ダイオード(上向き)には電流が流れず，③と④に電流が流れる。このとき，電流は回路を反時計回りに流れるから，③は左向き，④は右向きである。また，電池と豆電球の数は「図３・ｂ」と同じだから電流の大きさはそれぞれ１である。つまり，③に流れる電流は「左１」，④に流れる電流は「右１」である。

⑵　電流の向きが変わっても，豆電球に流れる電流は右向きだから，スイッチをａに接続したとき，電池→⑥→豆電球→⑦→電池と電流が流れ，ｂに接続したとき，電池→⑤→豆電球→⑧→電池と電流が流れる。

《2024　社会　解説》

1　［1］ 荘園　743 年に墾田永年私財法が制定されると，貴族や寺社は農民を使って土地の開墾を進めていった。これを初期荘園(墾田地系荘園)という。平安時代後半からは，開発領主が所領にかかる税負担から逃れるために荘園を有力な貴族や寺社に寄進する寄進地系荘園が増えていった。　［2］ 政所　鎌倉幕府には，一般の政務や財政を担う政所，御家人の統率や軍事・警察を担う侍所，裁判を担う問注所があった。　［3］ 検地帳　田畑の等級・面積・石高・耕作者を記した検地帳を発行したことで，農民は土地の所有が保障される代わりに，石高に応じた年貢を納める責任を負い，土地を勝手に離れることができなくなった。　［4］ 地租　年貢米の納入は，収穫量や米価に左右され，財政が安定しなかったため，地価の３％を現金で納めさせる地租改正が行われた。

問１　男性が５人に対して女性が 13 人いることを読み取る。律令の時代の農民の税負担については，右表を参照。

名称		内容		納める場所
租		全員	収穫した稲の約３％	国府
調		男子(17～65 歳)	布または特産物	都
庸		男子(21～65 歳)	10 日間の労役に代わる布	都
雑徭		男子(17～65 歳)	年間 60 日以内の労役	
兵役	衛士	男子(21～60 歳)	1年間の都の警備	
	防人	男子(21～60 歳)	3年間の九州北部の警備	

問２　え　Ｘ．誤り。仏教の力で国を守るために建てたものは，８世紀の国分寺・国分尼寺・東大寺の大仏などである。また，平等院鳳凰堂は 11 世紀に建てられた。Ｙ．誤り。平清盛が兵庫の港を整備して日宋貿易を進めたのは 12 世紀後半のことである。

問３(1)　う　あ．誤り。年に２回稲を育てるのは二毛作ではなく二期作である。い．誤り。備中ぐわは，江戸時代に田畑を深く耕すことができるように開発された農具である。え．誤り。干したイワシ(干鰯)は，江戸時代に特に綿花栽培に使われた金肥(肥料)である。　**(2)**　え　浮世絵が描かれるようになったのは江戸時代である。

問４　え　足利義昭を京都から追い出して，室町幕府をほろぼしたのは織田信長である。

問５　い　Ｘ．正しい。Ｙ．誤り。隣組ではなく五人組が正しい。

問６　1877 年　地租改正反対一揆が不平士族の反乱と合流することを恐れた政府は，地租の減額に応じた。

問７　収入が減った自作農民にとって，現金で定額を納める地租は重税であった。

2　**問１**　え　Ｘ．誤り。日米修好通商条約によって，函館・新潟・神奈川(横浜)・兵庫(神戸)・長崎の５つの港が開かれた。Ｙ．誤り。外国との貿易が始まったことにより，国内から大量の生糸が輸出されたために，生産が追いつかず，国内で品不足が起こり，生糸だけでなく他の生活用品の値段も上がっていった。

問２　う　琉球王国として丸に十字の旗を立てていて，日の丸の旗を使用していないことが読み取れる。

問３　え　外務卿の最後の発言と一致する。あ．誤り。外交官の２度目の発言に「パリで開催されたものと同様」とある。い．誤り。外務卿の２度目の発言に「今から参加を決めることは困難」とある。う．誤り。外交官の３度目の発言に「同じくらいの地位の方が参加してくだされば大いに喜ばしいこと」とある。

問４　う　あ．木戸孝允についての文。い．西郷隆盛についての文。え．板垣退助についての文。

問５　お　Ｘ．誤り。1890 年の機械類の輸入額は 8173×0.089＝727.397(万円)，1910 年の機械類の輸入額は 46423×0.051＝2367.573(万円)だから，増えている。Ｙ．正しい。Ｚ．正しい。

問６　い　小村寿太郎は，ポーツマス条約を結んだときとアメリカとの間で関税自主権の回復に成功したときの外務大臣である。

問７　お　Ⅲ(脱退の通告 1933 年，正式脱退 1935 年)→Ⅰ(1936 年)→Ⅱ(1940 年)

問８　あ　い．誤り。「この条約の加盟国は日本の博覧会に正式に参加できない」と書かれている。う．誤り。国を挙げての聖戦とは，アメリカではなく中国との日中戦争を意味する。え．誤り。満州国を独立させたのは 1932

年である。

問9　え　　常任理事国であるソ連が，日本の国際連合への加盟に対して拒否権を発動して反対していたが，1956年に日ソ共同宣言に調印したことで，ソ連の反対がなくなり，日本の国際連合加盟が実現した。

問10　う　　京都会議は1997年に開かれた。日中平和友好条約の締結は1978年，朝鮮戦争の勃発と警察予備隊の創設は1950年，日本のＯＥＣＤ加盟は1964年。

3　問1　う　　江戸時代以降，東京湾は埋め立てによって土地を拡大してきた。

問2　あ　　現在，鉄鉱石は，オーストラリアとブラジルからの輸入が多い。

問4　う　　京葉工業地域は化学の割合が高い。中京工業地帯は機械の割合が高い。

問5　い　　冬の北西季節風が日本海側に大雪をもたらした後，山脈を越えて群馬県に吹き下ろす乾いた風を「上州からっ風」という。

問6　か　　1990年には自動車の生産が少なく，2019年には2国を抜いているＸは中国である。日本は，アメリカでの現地生産を増やしていったから，1990年より2019年の輸出台数が減少しているＺが日本である。

問7　う　　日本は，太平洋戦争前には繊維の輸出が多かった。高度経済成長期から1970年代にかけては鉄鋼と機械類の輸出が増加したが，中国と韓国の鉄鋼生産が増えたことにより，2000年代になると日本の鉄鋼の輸出は低迷した。

問8　お　　輸送量が最大のＺはアメリカである。日本とドイツを比べた場合，島国である日本の方が船舶輸送の割合は高くなると考えて，Ｘをドイツ，Ｙを日本と判断する。

4　問1　え　　ａ．中国では経済特区を設けることで，外国企業の進出を積極的に受け入れた。ｂ．知識はなくても，ブラジルの方が賃金は安いので，アメリカからブラジルへの労働者の流入は考えにくいから，④と判断できる。

問2　か　　エネルギー供給量が最も少ないＸがブラジル，最も多いＺが中国と判断できる。また，中国は人口が多いために，1人当たり国民総所得は低くなることからも確認できる。

問3　あ　　中国とブラジルは2000年以降に急激に経済成長したBRICSに位置づけられている。中国とブラジルでは中国の方が経済成長は目覚ましかったので，Ｘは中国である。日本は2008年から2009年には世界金融危機，2011年には東日本大震災で大きなダメージを受けたから，Ｚが日本である。

問4　え　　マナオスは，アマゾン川沿いの内陸部に位置する。ブラジリアは政治都市であり，ブラジル最大の都市はサンパウロであることは知っておきたい。

問5　い　　ブラジルでは，さとうきび由来のバイオエタノールが利用され，その他の国ではトウモロコシ由来のバイオエタノールが利用されている。

問6　お　　ブラジルとアルゼンチンが上位にあるＸはとうもろこし，インドやドイツなどが上位にあるＹは牛乳，サウジアラビアなどの西アジアの国が上位にあるＺは原油と判断する。

問7　う　　Ｘ．誤り。一人っ子政策は廃止されたが急激に少子高齢化が進んでいて，2022年からは人口が減少に転じている。Ｙ．正しい。9割が漢民族，残りの1割は55の少数民族で構成される。

5　問1　い　　中段以降の父親の発言に，「アフリカで2011年に新しくできた国」とある。

問3　エルサレム　　エルサレムは，キリスト教・イスラム教・ユダヤ教の聖地とされている。

問4　え　　南スーダンでは，人道支援やインフラ整備などのミッションが行われた。

問5　ＮＡＴＯ　　北大西洋条約機構の略称である。

2023 解答例 令和5年度　愛光中学校

《国　語》

一　1．①会心　②孝行　③故障　④宣伝　⑤部署　⑥応える　⑦済ませ　⑧束ねる　⑨延ばし　⑩放す　2．①エ　②カ　③ウ　④ア　3．(1)①エ　②ア　(2)①イ　②カ　(3)①オ　②ウ

二　問一．ウ　問二．エ　問三．今まで存在しないものを作るので、なにか不都合が生じれば、責任も生まれるうえに、想定できる使用法には対策を取る責任もある。　問四．オ　問五．エ　問六．イ　問七．今までにない状態にいる被冬眠者に対してどのような働きかけが倫理的に不適切か、想像力を働かせて、あらかじめ議論すること。　問八．ア

三　問一．ⓐア　ⓑウ　ⓒエ　問二．ウ　問三．イ　問四．エ　問五．父に絵を見せてほめてもらえると思っていたが、実は父は自分の絵にそれほど関心がないとわかり、傷つけられた悲しい気持ち。　問六．ア
問七．実の子である自分といるよりも、他人である恋人といる時の方が親は幸せそうにしているということに気付いて、衝撃を受けたから。　問八．オ　問九．ア，オ

《算　数》

1　(1)$\frac{1}{2}$　(2)1.5　(3)①24　②18　(4)①22　②20　(5)①455　②534　(6)①348　②106　(7)①$2\frac{1}{2}$　②$1\frac{3}{4}$
(8)①2，5，8　②98　(9)①28.26　②44.52

※2　(1)①12回　②8回　(2)12回

※3　(1)20L　(2)180円

4　(1)4：3　(2)1620歩分　※(3)60㎝

※の式と計算は解説を参照してください。

《理　科》

【1】(1)発芽の様子…(ア)　根の形…(エ)　葉脈…(カ)　(2)a．成虫…(ア)，(エ)　さなぎ…(イ)
b．(イ)，(エ)　c．冬眠　(3)(エ)　(4)③5　④2　⑤2　(5)(イ)

【2】(1)①しん食　②たい積　(2)(ア)，(エ)　(3)(エ)　(4)(イ)　(5)川の流れる方向…A．(ア)　B．(エ)
流れる水のはたらき…①　(6)元の流速…(イ)　大雨の際の流速…(ア)

【3】(1)同じ体積あたりの重さが大きい　(2)(ウ)　(3)二酸化炭素　(4)1.29　(5)0.135　(6)44

【4】(1)上下…上　力…80　(2)8　(3)上下…下　力…40　(4)16　(5)上下…上　力…100
(6)(ウ)　(7)(ウ)

【5】右図

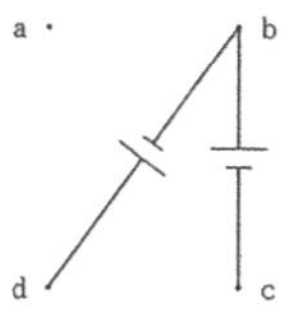

《社　会》

1　問1．う　問2．地方から都に送られる税などに付けられた荷札　問3．お　問4．い　問5．⑴う　⑵い　問6．う　問7．い　問8．う　問9．う

2　問1．え　問2．鹿児島　問3．う　問4．い　問5．石油　問6．あ　問7．⑴あ　⑵う　問8．え　問9．あ

3　問1．イスタンブール　問2．い　問3．⑴い　⑵い　問4．あ　問5．う　問6．あ　問7．か

4　問1．い　問2．え　問3．あ　問4．地下用水路を整備した。　問5．い　問6．あ　問7．い

5　問1．え　問2．あ　問3．永久　問4．青年海外協力隊　問5．い　問6．え

2023 解説
令和５年度

愛光中学校

《2023　国語　解説》

二　**問一**　呼び水になるとは、ある物事を引き起こすきっかけになること。直後に「新たな発明が発見を促《うなが》すこともある」とあるので、これと対になるような意味になる。

問二　同じ段落に、「発明」は「新しいモノを創り出すこと」で、「発見」は「新しいコトを見出《みいだ》すこと」だとある。人工冬眠《とうみん》は「今までに存在しないもの」であり、「現時点では存在しない技術」である。つまり、ここで言う「人工冬眠」の「発明」とは、人間を人工的に冬眠させる技術を創り出すことである。一方、「冬眠の原理」は、「今まで知られていなかったこと」であり、「発見されるであろう」ものである。つまり、「冬眠の原理」の「発見」とは、動物の冬眠する仕組みが明らかになり知られるようになることである。よって、エが適する。

問三　直後の２段落で、発明に関する「研究者に生じる責任」について、筆者の考えを述べている。「その発明によって人類や自然になにか不都合が生じれば発明者の責任は少なからずあると考える」、「意図はしないが想定できる使用法が存在するとき、おおもとの発明者はしっかりと対策をとる責任があると私は思う」よりまとめる。

問四　筆者は、人工冬眠の発明により「これまで助からなかった患者《かんじゃ》が救命できることに気づいて」研究を始めたとある。しかし、人工冬眠の発明は、こうした医療《いりょう》の進歩をもたらすだけにとどまらず、「社会的に大きく影《えい》響《きょう》を与《あた》えうる」。具体的には、後にあるように、時間の概念《がいねん》や人権の概念、倫理《りんり》観などを大きく変える可能性がある。よって、オが適する。

問五　人工冬眠が自由に行われる社会になると、「実年齢《ねんれい》ではなく、積算年齢が重要になってくるであろう」とあり、さらに「抗《こう》加齢技術や若返り医療が実現すると、いよいよ積算年齢も意味をなさなくなる可能性もある」とある。つまり、人工冬眠が導入されると、現在の年齢の考え方は意味をなさなくなる可能性があるということ。そして、「年齢の概念が変わると時間の概念が」変わる。「徐々《じょじょ》に寿命《じゅみょう》が伸《の》びていくのであれば、人間社会へもすんなりと受け入れられるかもしれないが」、人工冬眠の導入は、こうした連続的な変化ではなく「非連続的」、つまり急激な変化をもたらす。❹では、この急激な変化を、我々が「すんなりと受け入れられる」とは思えないということを言おうとしている。よって、エが適する。

問六　「休」とは、人工冬眠がもたらす「生でも死でもない新たな状態」のこと。冬眠中の動物は意識がないことから、冬眠中の人間も意識がなく、その意思は確かめようがないと考えられる。現在の人権の概念では、冬眠中の「生でも死でもない新たな状態」にある人間の人権が守れない。そのため、従来は存在しなかった「休」の状態があることをふまえた「人権の定義や解釈《かいしゃく》を構築する必要がある」のである。よって、イが適する。

問七　同じ段落に「被《ひ》冬眠者に対してどのような働きかけが倫理的に不適切となるのであろうか」「あらかじめ議論をしておく必要がある」とある。さらに次の段落に、「人間には想像力がある～思考実験として人工冬眠が存在する社会の倫理観について議論を始めることは今からでもできる」とある。これらを中心にまとめる。

問八　筆者は「発明」の責任について「その発明によって人類や自然になにか不都合が生じれば発明者の責任は少なからずあると考える」、「意図はしないが想定できる使用法が存在するとき、おおもとの発明者はしっかりと対策をとる責任がある」と考えている。問四の解説にあるように、人工冬眠の発明と導入は、医療分野にとどまらず、「社会的に大きな影響を与えうる」。また、最後の段落にあるように、「今の法体系や倫理観では多くの問題が起きそうである」。そうした影響や問題についてあらかじめ考え、議論し、対策を立てておくことが、「発明者の責任」として求められると筆者は考えている。よって、アが適する。

三 **問二** 和也は、気象の研究をしても風や雨などがもたらす被害《ひがい》を防ぐことはできないと聞き、「じゃあ、なんのために研究してるの？」「知っても、どうにもできないのに？」とたずねている。実際に何かの役に立つわけではないのに、父親たちが気象の研究を行う理由を、和也は理解できないでいる。よって、ウが適する。

問三 この後の場面の、和也の部屋での会話の内容から、和也は父親に興味を向けられていないと感じていることがわかる。また、❹の２～３行後に「父親に絵をほめられたときに和也が浮《う》かべた表情を～あんな笑《え》みははじめて見た」とある。こうしたことから、父親にほめられるのは珍《めずら》しく、本当にうれしく思っていることが読み取れる。幼いころに描いた絵の話を持ち出された和也は、最初は照れくさそうにしていたが、父親にほめられたことで「まんざらでもなさそうに立ちあがった」。この後長い時間かけて絵を探していることから、父親が絵をほめたことに気を良くして、絵を見てもらいたいという気持ちになっていることが読み取れる。よって、イが適する。

問四 問三の解説にあるように、和也は父親に絵をほめられたことがうれしく、長い時間かけて絵を探し出してきた。しかし、父親は「僕」との会話に夢中で、自分のことなどすっかり忘れた様子だったので、いらだっている。「こちらへずんずん近づいてきた」という表現からは、父親に対するいらだちと、多少強引ではあるが、自分の方に関心を取り戻《もど》そうとする気持ちが読み取れる。よって、エが適する。

問五 藤巻先生は、和也の呼びかけに「おざなりな生返事をしたきり、見向きも」せず、奥《おく》さんの呼びかけでやっと話をやめた。先生以外の三人は、藤巻先生がようやく絵のことを思い出したのだと思ったが、先生は「紙と鉛《えん》筆《ぴつ》を持ってきてくれるかい」と言った。先生は、気象の研究のことで何か書きとめたいことがあって話をやめたのである。その言葉を聞いた和也は、先生は絵にそれほど関心がないことに気づいた。❺の後の「ふだんの和也らしくない」様子や「僕」との会話から、和也が傷つき悲しんでいることが読み取れる。

問六 この後の和也の言葉から気持ちを読み取る。「あのひと（＝藤巻先生）は、おれのことなんか興味がない」「おれも先生（＝僕）みたいに頭がよかったら、違《ちが》ったのかな」「親父があんなに楽しそうにしてるの、はじめて見たよ～おれたちじゃ話し相手になれないもんね」などから、藤巻先生と「先生（＝僕）」が楽しそうに天気の話をしているのを見て、自分は興味を向けられていないのに、「僕」が藤巻先生から大いに関心を向けられていることを意識し、そのことで興味や愛情を奪《うば》われているように感じていることが読み取れる。よって、アが適する。

問七 「僕」は傷ついた和也を見て、「和也と同じ十五歳《さい》」の時、「（恋人を前に）自分の親が、これまで見せたこともない（幸せそうな）顔をしているのを目のあたりにし」たことを思い出した。「僕」と和也は、自分の親が、実の子である自分よりも他人といる時の方が楽しそうにしている、あるいは幸せそうにしているという様子を見て打ちのめされた経験をした。

問八 藤巻先生が「とても熱心な研究者」であることを考えれば、「息子も自分と同じように、学問の道に進ませようとする」のが自然だと考えられる。しかし、藤巻先生は、「得意なことを好きにやらせるほうが、本人のためになるだろう」と言い、「学問の道」に進むことを和也に強制しなかった。「僕」はそのことをふまえて、「わからないひとだよ、きみのお父さんは」と言った。この時「僕」は、藤巻先生の考えは推し量れないが、先生なりに息子のことを想い、考えているということに気づいた。よって、オが適する。

問九 藤巻先生と和也の関係は、今はあまりうまくいっていない。それでも、問八の解説にあるように、藤巻先生は先生なりに息子のことを考えている。また、和也も父親との関係に悩みながら、関係を持とうとしている。よって、アは適する。また、幼い和也が藤巻先生と並んで空を見上げていたという話や、力作ぞろいの空の絵から、先生だけでなく和也にも、興味を引かれたものを熱心に観察する性分があり、親子で重なる部分があることが読み取れる。よって、オも適する。

《2023　算数　解説》

1

(1)　与式$=\frac{7}{2}\div\frac{21}{8}-(\frac{9}{4}\div\frac{3}{5}-\frac{15}{7})\div\frac{27}{14}=\frac{7}{2}\times\frac{8}{21}-(\frac{9}{4}\times\frac{5}{3}-\frac{15}{7})\times\frac{14}{27}=\frac{4}{3}-(\frac{15}{4}-\frac{15}{7})\times\frac{14}{27}=\frac{4}{3}-(\frac{7}{28}-\frac{4}{28})\times15\times\frac{14}{27}=$
$\frac{4}{3}-\frac{3}{28}\times15\times\frac{14}{27}=\frac{4}{3}-\frac{5}{6}=\frac{8}{6}-\frac{5}{6}=\frac{3}{6}=\boldsymbol{\frac{1}{2}}$

(2)　与式より，$\frac{13}{5}-□=3\times\frac{1}{24}\times8.8$　　$□=2.6-1.1=$**1.5**

(3)①　**【解き方】仕事量の合計を36とすると，A君が1日にする仕事量は1である。**

A君がした仕事は全部で$1\times(11+10)=21$だから，B君の1日の仕事量は$(36-21)\div10=\frac{3}{2}$となる。よって，この仕事をB君1人で仕上げると，$36\div\frac{3}{2}=$**24**(日)かかる。

②　A君とB君が8日でする仕事量の合計は$(1+\frac{3}{2})\times8=20$だから，C君の1日の仕事量は$(36-20)\div8=2$となる。よって，この仕事をC君1人で仕上げると，$36\div2=$**18**(日)かかる。

(4)①　**【解き方】父の年齢《ねんれい》と，子ども2人の年齢の合計の差は1年ごとに2－1＝1(歳《さい》)ちぢまる。**

現在の父の年齢は44歳，子ども2人の年齢の合計は12＋10＝22(歳)だから，その差は44－22＝22(歳)である。

よって，22÷1＝**22**(年後)に父の年齢と子ども2人の年齢の合計は等しくなる。

②　**【解き方】父と母の年齢の合計は1年で2歳ずつ，子ども2人の年齢の合計の2倍は1年で4歳ずつ増えていくから，差は1年ごとに4－2＝2(歳)ちぢまる。**

現在の父と母の年齢の合計は44＋40＝84(歳)，子ども2人の年齢の合計の2倍は22×2＝44(歳)である。

よって，(84－44)÷2＝**20**(年後)に父と母の年齢の合計は子ども2人の年齢の合計の2倍になる。

(5)①　**【解き方】1辺に並ぶ立方体の個数は，上から1段目は1個，2段目は3個，3段目は5個だから，1段増えるごとに2個ずつ増えていく。また，同じ段に並ぶ立方体の個数は，1段目は1×1＝1(個)，2段目は3×3＝9(個)，3段目は5×5＝25(個)のように，1辺に並ぶ立方体の数を2回かけた個数になる。**

7段積み上げたときの立方体の個数の合計は，1＋9＋25＋49＋81＋121＋169＝455(個)である。立方体1つあたりの体積は1㎤だから，Aの体積は**455**㎤である。

②　**【解き方】Aを手前，奥，右，左，上，下から見たときに見える図形の面積の和を求める。**

Aを上，下から見たとき，正方形は1辺に13個ずつ並んで見えるから，全部で169個の正方形が並んでいる。

よって，面積は169×2＝338(㎠)である。

Aを手前，奥，右，左から見たとき，正方形は1＋3＋5＋7＋9＋11＋13＝49(個)並んで見える。よって，面積は49×4＝196(㎠)である。したがって，求める表面積は338＋196＝**534**(㎠)

(6)①　**【解き方】D，Eの値段を20円ずつ高くすると，A，B，Cの値段の平均と，D，Eの値段の平均が等しくなる。**

D，Eの値段を20円ずつ高くすると，5つの値段の合計は540＋20×2＝580(円)となり，A，B，Cの値段の合計とD，Eの値段の合計の比は3：2となる。したがって，A，B，Cの値段の合計は，$580\times\frac{3}{3+2}=$**348**(円)

②　**【解き方】A，B，Dの値段の平均は100円だから，値段の合計は100×3＝300(円)である。よって，Cの値段はDの値段より，348－300＝48(円)高いことになる。**

(Cの値段)＝(Dの値段)＋48円であり，Cの値段を10円高くするとDの値段の2倍になるから，

(Dの値段)＋48円＋10円＝(Dの値段)＋58円はDの値段の2倍である。

よって，Dの値段は58円，Cの値段は58×2－10＝**106**(円)である。

(7)①　**【解き方】四角形APCQの面積が10㎠となるのが2回あるので，1回目はPがAB上にあるとき，2回**

目はPがBC上にあるときである。1回目は，四角形APCQが台形で，上底と下底はそれぞれAPとCQ，高さは4cmである。

(AP＋CQ)×4÷2＝10よりAP＋CQ＝5(cm)だから，求める速さの和は，5÷2＝$\frac{5}{2}$より，毎秒**$2\frac{1}{2}$**cmである。

② **【解き方】2回目に四角形APCQの面積が10㎠になるとき，右図のようになる。四角形APCQを2つの三角形に分けて考える。**

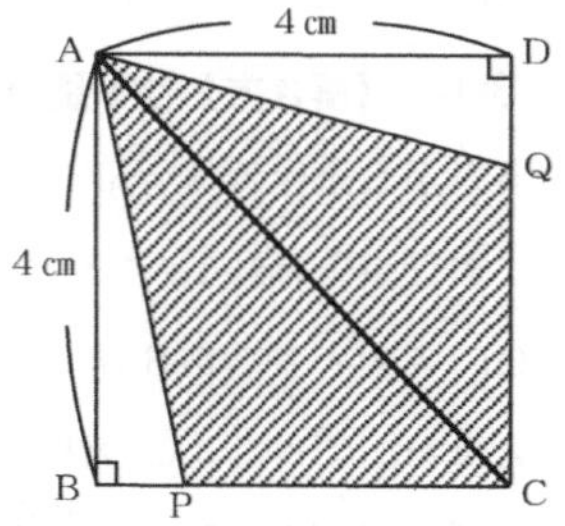

四角形APCQの面積について，PC×4÷2＋CQ×4÷2＝10より，

(PC＋CQ)×2＝10　　PC＋CQ＝5

また，PとQは3秒間に合計$\frac{5}{2}$×3＝$\frac{15}{2}$(cm)進むから，AB＋BP＋CQ＝$\frac{15}{2}$cm

(AB＋BP＋CQ)＋(PC＋CQ)＝AB＋BP＋PC＋CQ×2＝

8＋CQ×2は，$\frac{15}{2}$＋5＝$\frac{25}{2}$(cm)と等しい。CQ＝($\frac{25}{2}$－8)×$\frac{1}{2}$＝$\frac{9}{4}$(cm)だから，AB＋BP＝$\frac{15}{2}$－$\frac{9}{4}$＝$\frac{21}{4}$(cm)

したがって，Pの速さは，$\frac{21}{4}$÷3＝$\frac{7}{4}$より，毎秒**$1\frac{3}{4}$**cmである。

(8)① **【解き方】6の倍数であるためには，2の倍数でも3の倍数でもあればよい。3の倍数の各位の数の和は3の倍数になることを利用する。**

5けたの整数34[ア]12は偶数つまり，2の倍数である。よって，34[ア]12が3の倍数であればよいので，

3＋4＋[ア]＋1＋2＝10＋[ア]が3の倍数であればよい。よって，[ア]＝**2，5，8**

② **【解き方】18の倍数であるためには，2の倍数でも9の倍数でもあればよい。9の倍数の各位の数の和は9の倍数になることを利用する。**

4＋3＋2＋1＋[イ]＋[ウ]＝10＋[イ]＋[ウ]となり，[イ]＋[ウ]は9＋9＝18以下の整数だから，9の倍数になるためには10＋[イ]＋[ウ]が18か27であればよい。つまり[イ]＋[ウ]は8か17である。[イ][ウ]が最大となるのは，[イ]＝9，[ウ]＝8のときで，4321[イ][ウ]の一の位が偶数になるから，18の倍数になる。よって，求める数は**98**である。

(9)① 右図のように斜線《しゃせん》部分を移動すると，求める面積は

6×6×3.14×$\frac{1}{4}$＝**28.26**(㎠)

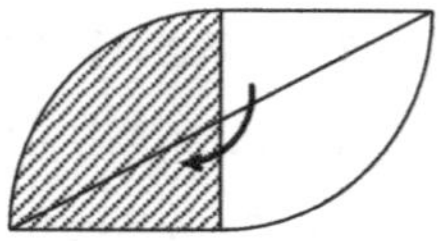

② **【解き方】右図のAF，FD，曲線DAで囲まれた図形をXとすると，図形の対称性からXの面積の2倍を求めればよい。**

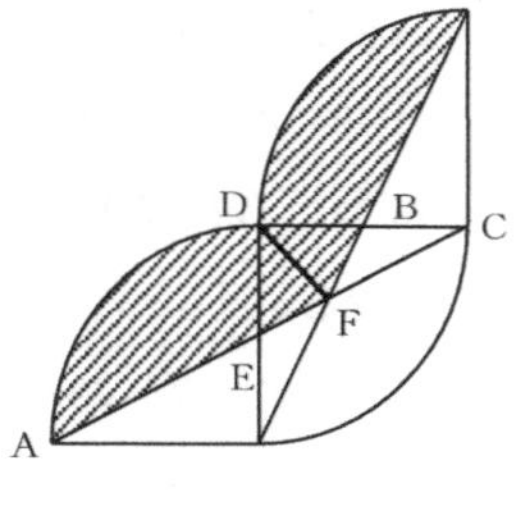

三角形DEFと三角形DBFは合同である。また，DB＝BCより，

三角形DBFと三角形BCFの面積は等しい。よって，三角形DFCの面積は

三角形DECの面積の$\frac{2}{3}$だから，6×3÷2×$\frac{2}{3}$＝6(㎠)

したがって，図形Xの面積は，28.26－6＝22.26(㎠)だから，

求める面積は，22.26×2＝**44.52**(㎠)

[2] (1) **【解き方】①の操作を1回行うと，袋の中の球の個数は2＋3＝5(個)だけ減るが，②の操作を行っても袋の中の球の個数は変わらない。**

初めに袋に入っている球の数は150＋100＝250(個)，操作後に袋に入っている球の数は106＋84＝190(個)だから，全部で250－190＝60(個)だけ減ったことになる。袋の中の球の個数が変わるのは①の操作を行うときだけだから，①の操作は60÷5＝**12**(回)行った。このとき，袋の中の赤球は150－3×12＝114(個)だから，②の操作は114－106＝**8**(回)行った。

(2)　**【解き方】つるかめ算を利用する。**

最初，赤球と白球の個数の差は 150－100＝50(個)である。操作①を行うと個数の差は３－２＝１(個)ちぢまり，操作②を行うと個数の差は１＋１＝２(個)ちぢまる。操作①を 38 回行うと個数の差は 50－１×38＝12(個)となるから，操作②を行った回数は，12÷(２－１)＝**12(回)**である。

3　(1)　この月の給油量は１回目の給油量の１＋１＋１×(１＋0.6)＝3.6(倍)である。よって，１回目の給油量は 72÷3.6＝**20(Ｌ)**

(2)　２回目と３回目でかかった金額の合計は，11880－146×20＝8960(円)である。また，２回目と３回目でかかった金額の比は１：(1.6×1.125)＝１：1.8＝５：９である。したがって，３回目にかかった金額は $8960\times\frac{9}{5+9}$＝5760(円)である。３回目の給油量は 72－20×２＝32(Ｌ)だから，３回目に給油したガソリン１Ｌあたりの価格は，5760÷32＝**180(円)**である。

4　(1)　**【解き方】速さの比は，同じ時間に進んだ距離《きょり》に比例する。**

２人がＱ地点で出会うまでの進んだ距離の比は，1080：810＝４：３だから，Ａ君とＢ君の進む速さの比は **４：３**である。

(2)　**【解き方】２人がＱ地点で出会ってから 54 分後にＡ君がＢ君に追いついた地点をＲ地点とする。この 54 分間に，Ａ君はＱ→Ｐ→Ｑ→Ｒと進み，Ｂ君はＱ→Ｒと進んだ。**

２人が進んだ距離の差はＱＰ間の往復分の距離だから，Ａ君の歩幅《ほはば》で，810×２＝**1620(歩分)**

(3)　**【解き方】歩幅＝$\frac{(１分間に進む距離)}{(１分間に進む歩数)}$で求められることから，２人の歩幅の比を求める。**

(1)(2)の解説をふまえる。54 分間にＡ君が進む距離は，同じ時間にＡ君とＢ君が進んだ距離の差の $\frac{4}{4-3}$＝４(倍)だから，Ａ君の歩幅で 1620×４＝6480(歩分)である。よって，Ａ君は１分間に 6480÷54＝120(歩)進む。したがって，Ａ君とＢ君の歩幅の比は，$\frac{4}{120}:\frac{3}{100}$＝10：９である。２人の歩幅の差は６㎝だから，Ａ君の１歩の長さは $6\times\frac{10}{10-9}$＝**60(㎝)**である。

《2023　理科　解説》

【１】

(1)　アサガオは子葉を２枚(ア)もつ双子《そうし》葉類である。双子葉類の根は主根と側根(エ)に分かれており，葉脈は網目《あみめ》状(カ)である。

(2)(a)　テントウムシ，アシナガバチは成虫，アゲハチョウはさなぎ，セミ，カブトムシは幼虫，トノサマバッタは卵で冬越《ご》しする。　(b)　クスノキ，マツ，ツバキは常緑樹，サクラ(ソメイヨシノ)，イチョウは落葉樹である。

(3)　ソメイヨシノは気温が高いところほど早く開花するので，南の地方から北の地方へ，同じ地方の標高が低いところから高いところへ移っていく。

(4)　ある条件について調べたいときは，その条件だけが異なる２つの実験の結果を比べる。　③条件４とふたの条件だけが異なる条件５を比べる。　④条件５と土の条件だけが異なる条件２を比べる。　⑤条件３と草でおおう条件だけが異なる条件２を比べる。

(5)　草でおおわれた場所で発芽しても，発芽後に十分に日光を受けて光合成を行うことができないので，種子が条件３のような日光が当たらない場所では発芽しないようなつくりになっていると考えられる。

【２】

(1)　川の上流では土砂をけずるはたらき(しん食)，運ぶはたらき(運ぱん)が大きく，下流では土砂を積もらせるはたらき(たい積)が大きい。

⑵　(ア)，(エ)は流れが速くなると考えられる操作，(イ)，(ウ)，(オ)は流れがおそくなると考えられる操作である。

⑶　川の曲がっているところでは，外側(ｂ)の方が内側(ａ)よりも流速が速く，川岸が大きくけずられやすい。

⑷　石は川の水によって上流から下流へ運ばれてくる間に，川底や他の石とぶつかって角がとれて丸みをおび，小さくなる。

⑸　Ｂを流れる川は等高線に沿ってこの地図の地域で最も標高が低い部分を流れていると考えられる。よって，Ａを流れる川は標高が高い東から標高が低い西(ア)の向きに流れ，Ｂを流れる川と合流するので，Ｂでは北から南の(エ)向きに流れていると考えられる。また，Ａを流れる川と等高線の交わり方から，Ａは谷になっており，しん食のはたらきが強いと考えられる。

⑹　図４をもとに，積もる石の大きさから流速を調べる。元の流速では細れきが積もるので，流速２から流速３の間(イ)である。また，大雨の際の流速では中れきの割合が増えたので，流速１から流速２の間(ア)である。

【３】

⑴　実験１の結果の表より，１Ｌあたりの重さが大きいほど，容器が浮《う》かなくなったときの重さが大きい，つまり容器が浮きやすくなったことがわかる。よって，プールと比べて海のほうが体が浮きやすいのは，海の水はプールの水より同じ体積あたりの重さが大きいからである。

⑵　水の中で物体にはたらく上向きの力を浮力《ふりょく》という。浮力は物体が押しのけた水の重さと同じだから，水１Ｌを１kgとすると，物体の体積と浮力の値は同じになる。光さんは息を吸うと体が浮くので，体積が 300mL→0.3Ｌ大きくなると浮力が 42 kg以上，つまり体積が 42Ｌ以上になる。よって，光さんの体積は 42－0.3＝41.7(Ｌ)以上であり，息をはくと体が水中にしずむので 42Ｌよりも小さい。

⑶　石灰水に二酸化炭素を通じると白くにごる。

⑷　(1.25×４＋1.43×１)÷５＝1.286→1.29ｇ

⑸　１Ｌ→1000 ㎤より，シャボン玉１個に含まれるちっ素の重さは 1.25×$\frac{100}{1000}$＝0.125(ｇ)となる。よって，ちっ素で作ったシャボン玉１個の重さは 0.125＋0.010＝0.135(ｇ)となる。

⑹　ちっ素で満たされた空間でシャボン玉を浮かせるためには，シャボン液を含む 100 ㎤あたりの重さをちっ素 100 ㎤あたりの重さである 1.25×$\frac{100}{1000}$＝0.125(ｇ)以下にしなければならない。二酸化炭素のみでシャボン玉を作るとその重さは 1.98×$\frac{100}{1000}$＋0.010＝0.208(ｇ)となり，浮くシャボン玉より 0.208－0.125＝0.083(ｇ)以上大きい。二酸化炭素１㎤を水素１㎤におきかえると，シャボン玉の重さは1.98×$\frac{1}{1000}$－0.090×$\frac{1}{1000}$＝0.00189(ｇ)小さくなる。したがって，0.083÷0.00189＝43.91…→43.9 ㎤以上の水素が混ざっている必要がある。よって水素の割合は，$\frac{43.9}{100}$×100＝43.9→44％以上となる。

【４】

⑴　てこでは，棒を左右にかたむけるはたらき〔おもりの重さ(ｇ)×支点からの距離〕が等しくなるときにつり合う。支えが右端にあるとき，左端の糸で棒に上向きの力を加えないと棒の左側が下がってしまう。棒の重さは 200ｇ，支えにかかる力は 120ｇだから，左端の糸が棒を上向きに引く力は 200－120＝80(ｇ)となる。

⑵　棒の重さがかかる点(重心という)で支えるとき，左端の糸には力がかからない。棒の重心は，棒の長さを⑴の棒の左端と右端にかかる力の逆比に分ける点である。⑴より，加える力の比は(左端)：(右端)＝80：120＝２：３だから，重心は 100 cmの棒を３：２に分ける，右端から 100×$\frac{2}{3+2}$＝40(cm)の点である。支えは毎秒５cmの速さで動くので，糸にかかる力が０になるのは，支えを動かし始めてから 40÷５＝８(秒後)である。

⑶　10 秒後には，支えは右端から５×10＝50(cm)の位置にあるので，重心よりも 10 cm左側にある。よって，左端の糸に下向きの力を加えないと棒の左側が上がってしまう。棒を右にかたむけるはたらきは 200×10＝2000 だから，棒を左にかたむけるはたらきも 2000 になるように，棒の左端に加える下向きの力を 2000÷(100－50)＝40(ｇ)とする。

⑷　400ｇ以上の力がかかると糸が切れる。棒の重さは 200ｇだから，支点(支え)から棒の左端と重心までの距離の比が 200：400＝１：２になったときに糸が切れる。左端から重心までの距離は 100－40＝60(cm)だから，支えが棒の左端か

ら$60\times\frac{1}{1+2}$＝20(cm)，つまり棒の右端から 80 cmの位置にくると糸が切れる。よって，80÷５＝16(秒後)となる。

(5)　５秒後の球と支えの位置は図ｉの通りである。支点(支え)の左側に重心と球があるので，左端の糸で棒に上向きの力を加えないと棒の左側が下がってしまう。支点から重心(球)までの距離は 15 cm，支点から棒の左端までの距離は 75 cmだから，左端の上の糸にかかる力は(300＋200)×15÷75＝100(ｇ)となる。

図ｉ

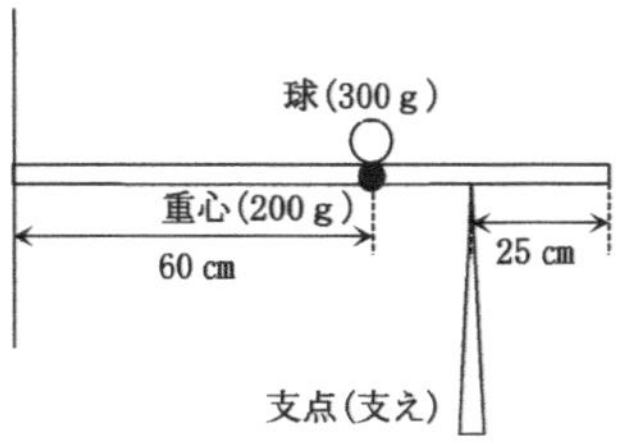

(6)　左端の糸にかかる力が０になるのは，図ⅱのように，球が棒を右にかたむけるはたらきと重心が棒を右にかたむけるはたらきが等しくなるときである。このとき，重心(200ｇ)と球(300ｇ)の間の距離をそれぞれの重さの逆比に分ける点に支えがある。6.0 秒後に球は左端から 10＋10×6.0＝70(cm)，支えは右端から５×6.0＝30(cm)→左端から 70 cmでそれぞれが同じ位置にある。6.5 秒後に球は左端から 10＋10×6.5＝75(cm)，支えは右端から５×6.5＝32.5(cm)→左端から 67.5 cmとなり，このとき，支点から重心と球までの距離の比は 7.5：7.5＝１：１となる。よって，6.0〜6.5 秒後に図ⅱのようになり，左端の糸にかかる力が０になったと考えられる。

図ⅱ

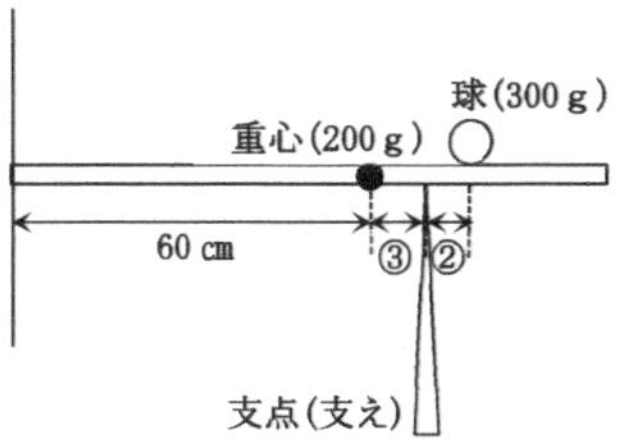

(7)　球が右端に達する，(100−10)÷10＝９(秒後)には，図ⅲのようになり，棒を右にかたむけるはたらき 300×45＋200×５＝14500 となるので，左端の糸にはたらく下向きの力は 14500÷55＝263.6…(ｇ)となる。よって，どちらの糸も切れない。

図ⅲ

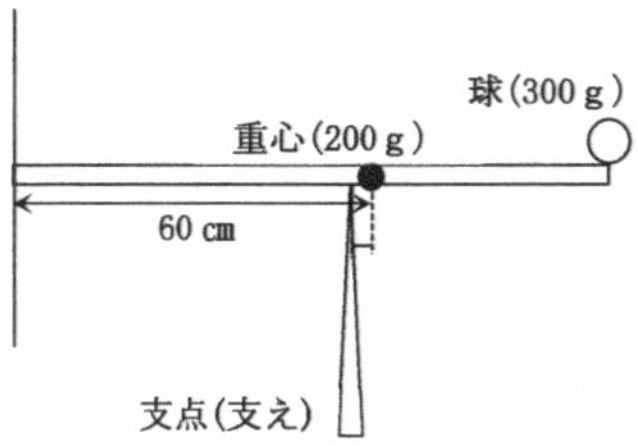

【５】

(1)　この発光ダイオードは，ＡからＢの向きに電流が流れたときにしか発光しないので，表より，○の２つの端子の間に正しい向きに電池がつながれていると考えられる。表の○より，ｄとｂ(ｄ側が＋極)，ｂとｃ(ｂ側が＋極)の間に電池をつなぐと，ｄとｃをつないだときに２個の電池が直列つなぎになって◎になる。

《2023　社会　解説》

1　**問１**　う　　律令制における税の種類については右表。口分田は６歳以上の男女に与えられたが，雑徭はおもに成年男性に課せられ，口分田の面積に応じたものではない。

名称	内容	納める場所
租	収穫した稲の約３％	国府
調	布または特産物	都
庸	10 日間の労役にかわる布	都
雑徭	年間 60 日以内の労役	
兵役	衛士：１年間の都の警備	
	防人：３年間の九州北部の警備	

問２　木簡には，「越前国坂井郡大豆一半」と書かれている。越前国は現在の福井県にあった。木簡は，調や庸を都に運ぶときの荷札や，役所の書類，書の練習などに使われた。墨を使って書いても，表面を削り取ることで，何度も利用することができた。

問３　お　　Ⅲ(飛鳥時代前期)→Ⅰ(飛鳥時代中期)→Ⅱ(飛鳥時代後期)

問４　い　　山上憶良がよんだ貧窮問答歌である。古今和歌集は，国風文化が発達した平安時代中期に，紀貫之らが編集した。

問５(1)　う　　壇ノ浦の戦いで源義経が平氏と戦って勝利し，平氏は滅亡した。その後，源頼朝は義経を探すという名目で，守護と地頭の設置を朝廷に認めさせた。　(2)　い　　鎌倉幕府は軍事・警察の仕事や御家人の取り締まりをする守護を国ごとに，土地の管理と年貢の取り立てを行う地頭を荘園や公領ごとに置いた。これによって，農民は朝廷の置いた国司・郡司との二重支配を受けていた。

問６　う　　源頼朝の妻の北条政子とその父の北条時政が幕府の実権をにぎり，北条時政が初代執権となったのは，源頼朝の死後のことである。歴代の執権は北条氏が独占した。

問７　い　　あ．日光東照宮は，徳川家康の死後，遺言をもとに２代将軍徳川秀忠によって造営され，３代将軍徳川家光によって現在の形に改修された。う．1612年，２代将軍徳川秀忠によって禁教令が出され，３代将軍徳川家光の治世に起こった島原・天草一揆のあと，徳川家光はキリスト教の禁止を徹底し，貿易統制を強めていった。
え．徳川家康は，豊臣秀吉が行った朝鮮出兵によってとだえていた朝鮮との国交を回復し，江戸幕府の将軍の代替わりごとに，朝鮮から通信使が派遣されるようになった。

問８　う　　日本海沿岸・瀬戸内海を回って大阪へ運ぶ西廻り航路を走る船を北前船とよんだ。北海道の昆布やにしんなどの産物は，北前船によって，「天下の台所」とよばれた大阪にもたらされた。

問９　う　　武家諸法度は，将軍が代替わりするたびに出され，８代将軍の徳川吉宗の代まで続いた。1615年に徳川家康の命令で，２代将軍徳川秀忠が出した元和令が最初である。1635年には，３代将軍徳川家光が寛永令を出し，参勤交代の制度，大きな船をつくることの禁止などが追加された。X．誤り。大名の妻子は江戸に住むことを義務付けられていた。大名が領地に戻っている時，妻子を江戸に置くことで，大名に反乱を起こさせないようにしたと考えられている。「入り鉄砲に出女」という言葉に表されるように，大名の妻子が江戸から出ることを固く禁止していた。Y．正しい。500石以上積める船をつくることが禁止された。

2　問１　え　　X．誤り。日米修好通商条約は日本に関税自主権がなく，相手国の領事裁判権を認めた不平等条約である。日本の法律ではなく，領事が自国の法で裁くことが決められた。Y．誤り。1858年，江戸幕府の大老であった井伊直弼が朝廷の許可を得ず，アメリカの総領事ハリスとの間で調印した。

問３　う　　X．誤り。授業料は無償ではなかったため，授業料が負担できなかったことや，特に女子は家事の担い手として考えられていたことから，就学率は低かった。Y．正しい。

問４　い　　1894年，陸奥宗光がイギリスと間で日英通商航海条約を結び，領事裁判権(治外法権)が撤廃され，関税自主権も一部認められた。

問５　石油　　アメリカが日本への石油の輸出禁止などを行うと，イギリスやオランダも協力して，日本への経済制裁を行った。日本では，この「ＡＢＣＤ包囲網」を打ち破るため，早期開戦をすべきという主張が高まるようになった。Ａはアメリカ(America)，Ｂはイギリス(Britain)，Ｃは中国(China)，Ｄはオランダ(Dutch)を表す。

問７⑴　あ　　1945年には，満20歳以上の男女に選挙権が与えられた。2016年からは，満18歳以上の男女に選挙権が与えられるようになった。　⑵　う　　Ⅱ(1950年)→Ⅰ(1951年)→Ⅲ(1956年)　年号がわからなくても，冷戦下で朝鮮戦争が起こり，アメリカが東アジアでの日本の役割を重んじ，講和を急いだこと，サンフランシスコ平和条約にソ連が調印しなかったこと，ソ連との日ソ共同宣言によって国交が回復し，国際連合の加盟が実現したことがわかれば判断できる。

問８　え　　第一次世界大戦中，日本はヨーロッパからの輸出が途絶《とだ》えたアジアに綿織物，ヨーロッパに軍艦などを輸出して好景気となり(大戦景気)，産業が発展した。

問９　あ　　1920年は大正時代である。大正時代には，大正デモクラシーの風潮が広がり，バスガール(バスの女性車掌)のような「職業婦人」とよばれる働く女性が増加した。②農村への買い出し(買い出し列車)は，食料や物資が不足した太平洋戦争後のようすである。④明治時代以降，女工とよばれた製糸工業で働く女性は，基本的に寄宿舎に住みこみで働いており，バスで通勤するようになったとはいえない。

3　問２　い　　(あ)はケルチ海峡，(う)はドーバー海峡，(え)ジブラルタル海峡。

問３⑴　い　　X．正しい。Y．イスラム教の聖地であるメッカがあるのは，サウジアラビアである。

⑵　い　　夏に乾燥する，地中海性気候の特徴を表した(い)を選ぶ。(あ)は６～８月の月平均気温が低いので，南

半球にあるブラジルのサンパウロ，(う)は1年を通して降水量が少ないので，砂漠気候であるサウジアラビアのリヤド，(え)は冬の冷えこみが厳しいので，日本の帯広である。

問4　あ　　ＯＤＡ(政府開発援助)は，先進国が発展途上国に行う援助である。(い)はアフリカ，(う)は中東，(え)は南北アメリカ。

問5　う　　緯度０度の赤道は，マレー半島の先端にあるシンガポール付近，アフリカ大陸のビクトリア湖，南アメリカ大陸のアマゾン川河口を通る。

問6　あ　　(い)と(え)はイスラム教，(う)はヒンドゥー教。

問7　か　　サウジアラビア，アラブ首長国連邦などの西アジア諸国が多く含まれるので，Ｘは石油，オーストラリアの割合が半分以上と最も多く，インドネシアが続くので，Ｚは石炭，残ったＹは天然ガスである。資源の生産，日本の輸出先上位国にはそれぞれ同じ国が多く含まれるので，どのような国が含まれるかを覚えておくのがよい。

4　**問1**　い　　東・東南アジアには中国が含まれる。中国は長らく人口が世界一であり，2022 年現在，14 億人を超えているが，以前行われていた一人っ子政策などの影響で，近年，人口減少に歯止めがかからない状態となっている。よって，東・東南アジアは，最も人口が多かったが，近年減少傾向にある(あ)を選ぶ。南アジアにはインドが含まれる。インドは人口増加が続き，2022 年現在，人口は 14 億人を超えており，2023 年に中国を追い抜くとされている。よって，2035年以降，世界で最も人口が多くなる(あ)は，南アジアである。1950年は人口が最も少なく，人口の増加割合が大きい(う)は，人口爆発が続くアフリカ，人口が 1950 年以降あまり増加しておらず，1950 年時点では第２位であったが，2050 年には最下位となる(え)は，アメリカなど，人口が減少傾向にある先進諸国が多く含まれる，ヨーロッパ・北アメリカである。

問2　え　　生活用水，工業用水ともに最も少なく，農業用水が飛びぬけて多いＡは東北地方，生活用水が最も多いＢは，人口が最も多い関東地方，残ったＣは東海地方と判断する。日本最大の工業地帯である中京工業地帯や，東海工業地域がある東海地方では，工業用水が多い。

問3　あ　　1980 年に最も生産量が多い(あ)が日本である。日本は鉄鋼などの工業を中心として，４国の中で最も早く経済発展をとげた。1980年以降生産量を急激に増やし，2018年に飛びぬけて多くなっている(い)は，現在「世界の工場」とよばれている中国である。(う)はインド，(え)は韓国。

問4　緑化には水が必要なので，水を引いてくる事業が行われたと考える。中村哲氏は，故郷である福岡県の筑後川中流にある山田堰《ぜき》を参考に，マルワリード用水路を完成させた。

問5　い　　扇状地は，河川が山間部から平地に出た付近にれきや砂が積もってできた地形であり，水はけがいい。液状化現象は，砂を多く含む地盤が地震のゆれによって液体のようになることである。地盤が不安定な埋め立て地で発生することが多い。

問6　あ　　発電量が増え続けているＡが火力，2010 年から 2015 年にかけて発電量が極端に減っているＢが原子力，発電量の変化が少ないＣが水力である。2011 年の東日本大震災による福島第一原子力発電所の事故を受けて，全国の原子力発電所は稼働を停止し，厳しい審査基準に合格した原子力発電所だけが稼働している。稼働を停止した原子力発電による電力を補うために，近年の火力発電の割合は急激に増えている。

問7　い　　最も多いＡが牛肉，最も少ないＣが米と判断する。畜産物のバーチャルウォーターは，家畜が飲む水に加えて，えさとなる穀物の栽培に使われる水も含まれるので，一般的に農産物より多くなる。日本の米の輸入量は少ないので，輸入量に比例してバーチャルウォーターの量も少なくなる。

5　**問1**　え　　Ｘ．誤り。天皇の国事行為は内閣の助言と承認をもとづいておこなう。Ｙ．誤り。国会の承認は必要ではなかった。軍隊の統帥権は天皇に直属していた(統帥権の独立)。

問2　あ　　Y．誤り。市長村長は市町村議会議員の中から選ばれるのではなく，住民による直接選挙で選ばれる。これを二元代表制とよぶ。Z．誤り。最高裁判所の裁判官は，国民審査だけでなく，国会による弾劾裁判によってもやめさせることができる。

問5　い　　アメリカの核の傘の下にある日本は，核兵器禁止条約に署名も批准もしていない。

問6　え　　日本国憲法が定めている国民の義務は，普通教育を受けさせる義務，勤労の義務，納税の義務である。(あ)環境を保全する義務については定められていない。環境に関する基本的な政策の方向性を示した環境基本法を受け，具体的な権利義務を定めた廃棄物処理法などの個別法が存在している。(い)団結する義務ではなく，権利がある。労働者には団結権，団体交渉権，団体行動権の労働基本権(労働三権)が認められている。(う)能力に応じた教育を受ける権利があり，子どもを養育する者は，その子どもに教育を受けさせる義務がある。

2022 解答例 令和４年度　愛光中学校

《国　語》

一　1．①策略　②未熟　③局地　④対極　⑤拡散　⑥染める　⑦講じる　⑧預かる　⑨垂らす　⑩混ぜる　　2．①ウ　②ア　③オ　④イ　⑤エ　　3．①エ　②ア　③イ　④オ　⑤ウ

二　問一．Ⓐイ　Ⓑエ　Ⓒオ　　問二．ⓐオ　ⓑア　ⓒイ　　問三．ア　　問四．ウ　　問五．オ　　問六．豊かな食材を得られるようになるとともに、人間が作った窒素が流出する量も増大し、窒素の恩恵を受ける生物や、逆に絶滅が危惧されるほど個体を減らす生物もあらわれている。　　問七．地元でとれた食材は輸送による環境負荷がもっとも少なく済み、オーガニックな食材は化学肥料を用いていないため、それによる環境への負荷ももっとも小さいから。　　問八．エ　　問九．イ

三　問一．ウ　　問二．ア　　問三．絵は描き上がった時に作者の手を離れ、他の人に見られたいと思うものだから、まゆちゃんがみんなに絵を見せることは恥ずかしいことではないということ。　　問四．エ　　問五．ウ　問六．イ　　問七．オ　　問八．ルイの絵には、自分では気づかなかったもう一人の自分が描かれているような気がしており、その絵が実際に自分の手元にやってくることを考えたから。　　問九．エ

《算　数》

1　(1) $1\frac{2}{3}$　(2) 2　(3)①４　②60　(4)①83　②72.5　(5)①３　②11　(6)①12　②25　(7)①90　②５　(8)①51.98　②16.065　(9)①６　②４

※2　(1)54 cm　(2)20 cm

※3　(1)Ａ君…10 パック　Ｂ君…３パック　(2)２パック

※4　(1)1.8 km　(2)1.2 km　(3)Ｂ君の方が１分 39 秒だけ短い

※の式と計算は解説を参照してください。

《理　科》

【１】(1)(オ)，(カ)　(2)(イ)，(オ)　(3)受粉　(4)[実験／セイヨウタンポポの結果／ニホンタンポポの結果]　④[(ア)／(コ)／(サ)]，[(キ)／(コ)／(サ)]　⑤[(カ)／(コ)／(サ)]　(5)セイヨウタンポポ…(オ)　ニホンタンポポ…(ウ)

【２】(1)砂岩　(2)化石　(3)二酸化炭素　(4)(ⅰ)火山灰　(ⅱ)岩石Ⅰ…(エ)　岩石Ⅱ…(ウ)　(ⅲ)36

【３】(1)(ウ)，(オ)，(ク)　(2)38.4　(3)12.1　(4)31.2　(5)83.3

【４】(1)Ｂ＞Ａ＝Ｃ　(2)図３＞図１＞図２　(3)Ｇ　(4)Ｄ，Ｅ

【５】(1)棒Ａ…30　棒Ｃ…20　(2)20　(3)90　(4)20　(5)40

《社　会》

[1] 問１．１．摂政　２．聖武　３．応仁の乱　４．参勤交代　問２．a．え　b．き　c．か　d．く
問３．あ　問４．行基　問５．う　問６．い

[2] 問１．１．下関　２．38　問２．あ　問３．あ　問４．あ　問５．い　問６．あ　問７．う
問８．う

[3] 問１．１．国民主権　２．国務大臣　３．高等　問２．え　問３．お　問４．裁判員

[4] １．工場　２．鉄鉱石　問１．え　問２．い　問３．い　問４．あ　問５．う　問６．う

[5] 問１．う　問２．い　問３．あ　問４．う　問５．う　問６．い　問７．う　問８．あ

愛光中学校

←解答例は前のページにありますので，そちらをご覧ください。

《2022 国語 解説》

一 ２① 「言う」の尊敬語は「おっしゃる」なので、ウが適する。　② 「みっともない」は形容詞で、これで一つの単語なので、「ない」の部分をイ～オのような言葉に置きかえることはできない。よって、アが適する。
③ 動詞と「ていただく」の間に入るのは、助動詞の「せる」「させる」である。「やる」は五段活用の動詞なので、「せる」を使う。よって、オが適する。　④ 「なる」には、ある数値に達するという意味があるので、イのように、複数の商品の合計額について用いる場合は適切である。イ以外は「になります」ではなく「です(でございます)」を用いるべきである。　⑤ 「おそろいになる」は、その動作を行う者を高める尊敬表現である。エは、「そろう」という動作を行う者である「皆《みな》様」を高めているので、これが適する。エ以外は、高める対象のものが不適切である。
３① 「去年《こぞ》今年」とエの「羽子板」は、新年の季語である。　② 「蛙《かえる》」は春の季語であるが、「青蛙」は夏の季語である。　③ 「雪」は冬の季語であるが、「雪とけて」は春の季語である。　④ 「炭」は冬の季語である。　⑤ 「名月」は、陰暦《いんれき》8月15日の月であり、秋の季語である。

二 **問三** 傍線部《ぼうせんぶ》❶の「そう」は、直前に書かれていることのうち、「家畜《かちく》を飼うこと」と水田を作ることに共通する点を指している。その共通点は、「人間が快適に暮らすために環境《かんきょう》を改変」するものであること、「生態系への影《えい》響《きょう》はいろいろ発生する」が、人間の活動が悪というわけではなく、「プラスとマイナスの両方」の意味で「環境に影響を与《あた》えている」ことである。よって、アが適する。

問四 直後に「ある場所にどれだけの～インプットされるか～アウトプットはどのくらいか、という収支を考える研究」とある。ウの「家計簿《ぼ》」は、家計に入ってくるお金の量と出ていくお金の量、つまり家計の収支を記録するものなので、これが適する。

問五 傍線部❷の少し後に「化学肥料以前の農業」が説明されている。まず、次の行に「窒素《ちっそ》固定を行う植物を意図的に利用するなど涙《なみだ》ぐましい努力をしてきた」とある。この具体例が、傍線部❶の少し後に書かれている、荒《あ》れ地でレンゲソウなどのマメ科の植物を育て、その土地の栄養分を増やしていたことである。また、傍線部❷の１～２行後に「人間は自然界の窒素循環《じゅんかん》にあまり影響を与えていなかった」とある。よって、オが適する。

問六 ここから３段落の間に書かれていることをまとめる。

問七 〔注〕にあるように、オーガニックは化学肥料を使わない。その点では、化学肥料以前の農業と同じく環境負荷が低いと言える。また、傍線部❹の８行前に「近年、食にまつわる環境負荷で大きいのは、輸送コストである」とある。地元でとれた食材は、輸送に関わる環境負荷が低い。

問八 ２～５行後に「とても具体的な産地の表示をしていた」「あるときはフードマイレージが最小かつもっとも新鮮《せん》であろう近くの食材を選ぶことが可能」とある。よって、これと一致《いっち》するエが適する。

問九 「生きているかぎり毎日が研究だ」ということは、筆者の研究は研究室にとどまらず、日常生活においても行えるということ。前の行の「学んでいる生態学や環境科学」は、筆者が研究している学問である。筆者は、「旅先で」この学問が「自分の暮らしにどうかかわるか実感」している。つまり、筆者が研究している学問は、それが自分の暮らしにどうかかわるかを、暮らしの中で確かめ、研究できるのである。よって、イが適する。

三　**問一**　直前の４行の内容を読み取る。ルイが描《か》いた絵は、細かくていねいに描かれ、まゆちゃんの顔によく似ていた。このことに加えて、この絵はまゆちゃんの「心の奥にある芯《しん》の強さを感じさせる」ものだった。つまり、実弥《みや》子《こ》は、絵が上手であるだけでなく、まゆちゃんの良さまで表現していることに感動したが、この絵の「すばらしさを伝えるための言葉を探そうとしてうまく見つからず、口ごもった」のである。よって、ウが適する。

問二　２～３行後に「『なんのために絵を描くのか』という問いの答えが、もしかするとこうした絵の中にあるのではないかと、実弥子は思った」とある。よって、アが適する。

問三　文章の最初に「ルイくんとまゆちゃんの絵も、みんなで見ましょうね」とある。しかし、傍線部❸の前にあるように、まゆちゃんは、自分の絵は下手だと思い、みんなに見せるのははずかしいと言っている。実弥子は、まゆちゃんが絵を見せてもいいと思えるように、理由をまじえて、やさしく語りかけたのである。

問四　４～５行前の「でき上がった絵は～新しく生まれるの」という実弥子の言葉に、まゆちゃんは「……ほんとに？」とたずね、不安そうにまばたきをした。ここから、まゆちゃんは、実弥子の言葉に完全には納得していないことがわかる。また、傍線部❹の直後の「そりゃあ、ルイくんの絵は、上手だから……みんなで一緒《いっしょ》に見たいなあって思うけど……」というまゆちゃんの言葉からは、自分の絵に自信が持てないことや、みんなに見せるのははずかしいという気持ちが読み取れる。よって、エが適する。

問五　まゆちゃんが描いた絵の中のルイくんについては、「手も足も細くてやや頼《たよ》りない身体をしている」とある。こうした体の細さを、実弥子は「草の花のようだ」と感じている。一方で、「一本ですっと立つ草の花」という表現からは、他の草花から離《はな》れて、しっかりと立っている強さが感じられる。これを人間であるルイくんに置きかえてみると、自分をしっかりともっているということになる。よって、ウが適する。

問六　まゆちゃんの絵を見た実弥子は、「よく描けてる。とてもいいと思う」とほめ、傍線部❻の前では、俊子もこの絵をほめている。それに対して、まゆちゃんは、「私、人を描くの、あんまり得意じゃなくて～やっぱり、下手だ」と言っていて、自分の絵を下手だと思っている。そのため、みんなからほめられてきまりが悪くなっていると考えられる。よって、イが適する。

問七　直前の「それって、やっぱりまゆちゃんの絵が、とってもすてきだからだよね！」という言葉から、実弥子が伝えたいことを考える。「絵が、とってもすてきだ」というのは、技術面とは別のよさがあるということ。そして、そのよさは、まゆちゃん自身は気づかないかもしれないが、ルイくんがその絵をほしがるように、他の人にはわかるものである。つまり、実弥子は、この絵にはまゆちゃんが気づかないよさがあるのだから、自信をもっていいということを伝えようとしている。よって、オが適する。

問八　２行前の「いいよ」というのは、ルイの絵をもらえるということを意味する。まゆちゃんは、ルイの絵について「そこには、自分ではない人がいるようで、確かに自分がいる、とも思う」と感じている。これらを中心にまとめる。

問九　傍線部❽のあとに、ルイの絵を描くうちに、「（ルイを）なんとなく見ていたときには気付かなかったことが見えてきた」とある。また、ルイの絵を見ると、「そこには、自分ではない人がいるようで、確かに自分がいる、とも思う」と感じている。つまり、エにあるように、「いつもは見えてこなかった自分たちの一面に気づくことができ、自分の知らない自分と初めて出会ったような気がし」たのである。ゆれるゴムボートは不安定で、落ち着かない感じがする。傍線部❾の表現は、まゆちゃんの落ち着かない気持ちを表現している。よって、エが適する。

《2022　算数　解説》

1　(1)　与式$=(\frac{15}{7}-\frac{4}{9}\times\frac{5}{2})\div(\frac{49}{21}-\frac{36}{21})=(\frac{15}{7}-\frac{10}{9})\div\frac{13}{21}=(\frac{135}{63}-\frac{70}{63})\times\frac{21}{13}=\frac{65}{63}\times\frac{21}{13}=\frac{5}{3}=1\frac{2}{3}$

(2)　与式より，$(\frac{16}{5}-\square)\times\frac{4}{9}=1-\frac{7}{15}$　　$(\frac{16}{5}-\square)\times\frac{4}{9}=\frac{8}{15}$　　$\frac{16}{5}-\square=\frac{8}{15}\times\frac{9}{4}$　　$\frac{16}{5}-\square=\frac{6}{5}$

$\square=\frac{16}{5}-\frac{6}{5}=\frac{10}{5}=2$

(3)　**【解き方】りんごの個数はナシの個数の３倍だから，ナシを５個ずつ配ることができたのなら，りんごは５×３＝15(個)ずつ配ることができる。**

りんごを配る個数を，15－９＝６(個)増やすと，りんごは24個必要だから，子どもは24÷６＝①4(人)，りんごは，15×４＝②60(個)

(4)　**【解き方】右のように分類してみるとわかりやすい。**

				平均点	合計点
A	B	C		69点	69×３＝207(点)
	B	C	D	79点	79×３＝237(点)
A			D	68点	68×２＝136(点)

A，B，C，Dの４人の合計点の２倍は，207＋237＋136＝580(点)だから，A，B，C，Dの４人の合計点は，580÷２＝290(点)である。よって，Dの得点は，290－207＝①83(点)，４人の平均点は，290÷４＝②72.5(点)

(5)　**【解き方】24枚のおうぎ形を円になるようにはると，重なる部分は24か所になる。**

24枚のおうぎ形の中心角の和は18°×24＝432°だから，はり合わせる部分の角度の合計は，432°－360°＝72°になる。よって，円を作るためには，隣り合う紙の重なる部分の角度を，72°÷24＝①3°にすればよい。

はじめの１枚のおうぎ形から，１枚増やすごとに中心角は18°－５°＝13°増えるから，148°－18°＝130°増やすためには，130°÷13°＝10(枚)のおうぎ形が必要になる。よって，おうぎ形の枚数は，１＋10＝②11(枚)

(6)　**【解き方】サイコロの目は１～６の整数である。最小公倍数が10になるためには，少なくとも２と５の目が出る必要がある。また，残りの１つの目は１，２，５のいずれかになる。**

最小公倍数が10になる３つの数の組は，(１，２，５)(２，２，５)(２，５，５)の３パターンがある。

(１，２，５)をA，B，Cに割り当てる方法は，３×２×１＝６(通り)ある。

(２，２，５)をA，B，Cに割り当てる方法は，５をA～Cのどれに割り当てるかの３通りある。

(２，５，５)についても同様に３通りあるから，最小公倍数が10になる場合は，６＋３＋３＝①12(通り)ある。

最大公約数が２になるとき，A＝２×a，B＝２×b，C＝２×cと表せて，a，b，cは１以外の公約数をもたない。A，B，Cは１から６までの整数だから，a，b，cは１から３までの整数になる。この条件にあてはまるa，b，cにあてはまる３つの整数の組は，(１，１，１)(１，１，２)(１，１，３)(１，２，２)(１，２，３)(１，３，３)(２，２，３)(２，３，３)の８パターンがある。

(１，１，１)をa，b，cに割り当てる方法は１通りある。(１，１，２)(１，１，３)(１，２，２)(１，３，３)(２，２，３)(２，３，３)をa，b，cに割り当てる方法は３通りずつある。(１，２，３)をa，b，cに割り当てる方法は３×２×１＝６(通り)ある。

よって，最大公約数が２になる場合は，１＋３×６＋６＝②25(通り)ある。

(7)　**【解き方】AはBより，時速(86.4－64.8)km＝時速21.6kmだけ速い。これを秒速に直すと，秒速(21.6×1000÷3600)m＝秒速６mになる。**

Bの長さは，６×15＝①90(m)である。１両の長さは90÷６＝15(m)になるから，Aの長さは，15×８＝120(m)

AとBが反対方向に進むとき，AとBの先頭がすれ違いはじめてから，完全にすれ違い終わるまでに，２つの列車が進む道のりの和は，２つの列車の長さの和に等しく90＋120＝210(m)になる。AとBの速さの和を秒速に直すと，秒速{(86.4＋64.8)×1000÷3600}m＝秒速42mになるから，すれ違うのに，210÷42＝②5(秒)かかる。

⑻　**【解き方】円の中心は右図の太線部分を動く。直線部分と曲線部分に分けて考える。**

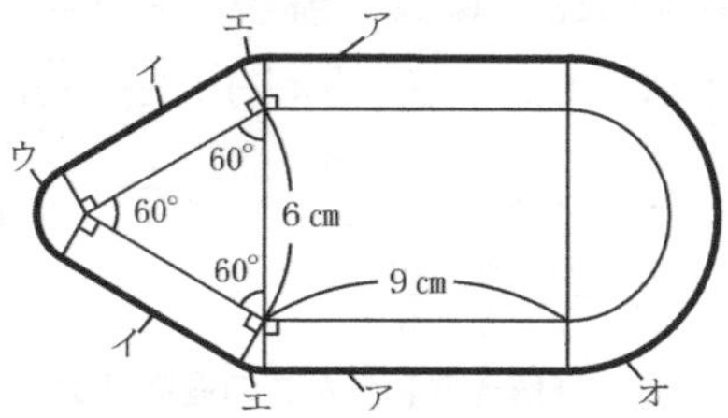

直線部分はアとイ，曲線部分はウとエとオである。アは９㎝，イは６㎝だから，直線部分の長さの和は，$9\times2+6\times2=30$(㎝)である。

正三角形の１つの内角の大きさは60°だから，ウを曲線部分とするおうぎ形の中心角の大きさは，$360°-90°-90°-60°=120°$になる。

エを曲線部分とするおうぎ形の中心角の大きさは，$180°-90°-60°=30°$であり，ウとエのおうぎ形の半径はどちらも２㎝だから，ウ１つとエ２つのおうぎ形を合わせると，半径が２㎝の半円になる。

オを曲線部分とするおうぎ形は，半径が$(6+2\times2)\div2=5$(㎝)の半円になる。

よって，曲線部分の長さの和は，$2\times2\times3.14\div2+5\times2\times3.14\div2=21.98$(㎝)である。

したがって，円の中心が動いた長さの和は，$30+21.98=$ ①51.98(㎝)

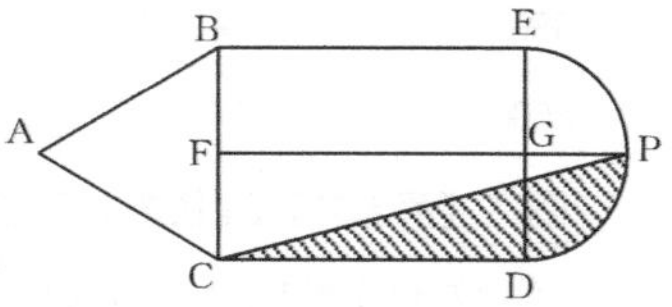

斜線部分の面積は，右のように作図して，長方形ＦＣＤＧとおうぎ形ＧＤＰの面積の和から，三角形ＦＣＰの面積を引けば求められる。

長方形ＦＣＤＧは縦が$6\div2=3$(㎝)，横が９㎝，おうぎ形ＧＤＰは半径が３㎝で中心角が90°だから，求める面積は，$3\times9+3\times3\times3.14\times\frac{90°}{360°}-3\times(9+3)\div2=$ ②16.065(㎠)

⑼　**【解き方】４つの条件から絞り込んでいく。**

Ａには３か６があてはまる。十の位が３または６の４の倍数は32，36，64があるから，ＡＢは32，36，64のいずれかである。Ｃには５があてはまるから，ＡＢＣは，325，365，645のいずれかである。ＡＢＣＤには，3254，3256，3652，3654，6452，6453が考えられるが，この中で７の倍数は，3654だけである。

よって，Ｂに書かれた数字は①６，Ｄに書かれた数字は②４である。

２　⑴　**【解き方】ＡとＢに入った水の量が同じだから，底面積の比は，高さの比の逆比になる。**

水面の高さの比が４：５のときのＡとＢの底面積の比は，５：４である。平行に６㎝動かしたときのＡとＢの底面積の比は，２：１である。たての長さは変わらないから，横の長さの変化が５：４から２：１に変わったことになる。比の数の和の$5+4=9$と$2+1=3$は，どちらも水そうの横の長さを示しているから，横の長さを９とすると，２：１は６：３と表せる。$6-5=1$が６㎝にあたるから，水そうの横の長さは，$6\times9=54$(㎝)

⑵　**【解き方】右図は，ＢからＡに1.8Ｌの水を移した後を正面から見た図である。**

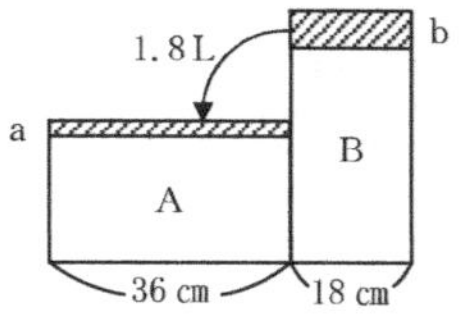

右図の，２つの斜線部分の面積は等しく，横の長さの比は２：１だから，ａ：ｂ＝１：２になる。比の数の和の$1+2=3$が7.5㎝にあたるから，水1.8Ｌは，Ｂの部分の高さの$7.5\times\frac{2}{3}=5$(㎝)にあたる。1.8Ｌ＝1800㎤の水が，Ｂの部分に入っているとき，横と高さは18㎝，５㎝だから，たての長さは，$1800\div18\div5=20$(㎝)

３　⑴　**【解き方】みかんと柿の単価が同じ60円であることに着目すれば，つるかめ算で解ける。**

Ａ君は，みかんと柿を59個買ったとすると，$60\times59=3540$(円)になり，実際より$4340-3540=800$(円)少ない。

りんごの単価は$200\div2=100$(円)だから，１個をりんごにかえると代金の合計は$100-60=40$(円)高くなるので，

Ａ君が買ったりんごの個数は，$800\div40=20$(個)

Ｂ君についても同様にして，Ｂ君が買ったりんごの個数は，$(4080-60\times64)\div40=6$(個)

よって，Ａ君は$20\div2=10$(パック)，Ｂ君は$6\div2=3$(パック)のりんごを買った。

⑵　**【解き方１】Ａ君は$59-20=39$(個)のみかんと柿を，$4340-200\times10=2340$(円)で買い，Ｂ君は$64-6=$**

58(個)のみかんと柿を 4080－200× 3 ＝3480(円)で買った。また，Ｂ君のみかんと柿のパック数は，Ａ君より，10－ 3 ＝ 7 (パック)多い。

Ａ君とＢ君の買ったみかんのパック数が同じで，Ｂ君が買った柿のパック数が，Ａ君の買った柿のパック数より７パック多いとすると，２人が買ったみかんと柿の金額の合計の差は，180× 7 ＝1260(円)になる。実際には，3480－2340＝1140(円)だから，1260－1140＝120(円)多い。Ｂ君とＡ君の買った柿のパック数の差を１減らすと，金額の差は 180－120＝60(円)減るから，Ａ君が買ったみかんのパック数とＢ君が買ったみかんのパック数の差は，120÷60＝２(パック)

【解き方２】Ａ君とＢ君の買ったパック数が等しいことと，みかんとりんごは１パックあたりの個数が同じで，みかんと柿の１パックあたりの個数の差が１であることから，個数の差は柿のパック数の差と同じになる。したがって，Ｂ君はＡ君より，柿を 64－59＝５(パック)多く勝った。

Ｂ君のみかんと柿のパック数は，Ａ君より 10－３＝７(パック)多いのだから，みかんは７－５＝２(パック)多い。

4 (1) **【解き方】同じ道のりにかかる時間の比は，速さの比の逆比になる。**

Ｂ君が坂道を上るときと下るときの速さの比は８：20＝２：５だから，坂道にかかる時間の比は５：２になる。比の数の差の５－２＝３が８分６秒＝486 秒にあたるから，下りにかかる時間は，$486\times\frac{2}{3}$＝324(秒)になる。

324 秒＝$(324\times\frac{1}{3600})$時間だから，Ｂ君の家と学校の間の坂道の道のりは，$20\times324\times\frac{1}{3600}$＝1.8(km)

(2) **【解き方】Ａ君が下校にかかる時間は，登校にかかる時間の$\frac{2}{3}$だから，行きにかかる時間を③とすると，帰りにかかる時間は②になる。**

右の線分図は，行きと帰りの時間の比，坂道にかかる時間の比を表したものである。

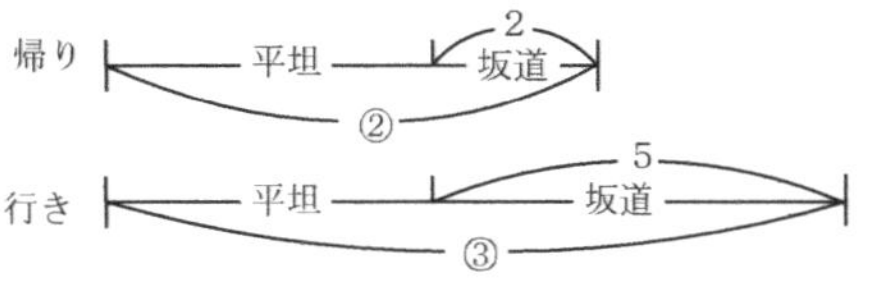

③－②＝①は，坂道にかかる時間の比の差の３にあたるから，

帰りの時間の中で，(平坦な道にかかる時間)：(坂道を下るのにかかる時間)＝(３×２－２)：２＝２：１になる。

平坦な道の速さと坂道を下る速さの比は，12：20＝３：５だから，帰りの時間の中で，平坦な道と坂道の道のりの比は，(２×３)：(１×５)＝６：５になる。比の数の和の６＋５＝11 が，Ａ君の家から学校までの道のりの 2.64 kmにあたるから，Ａ君の家と学校の間で，坂道の部分の道のりは，$2.64\times\frac{5}{11}$＝1.2(km)

(3) **【解き方】Ａ君の家と学校の間の平坦な道のりは，2.64－1.2＝1.44(km)である。**

Ａ君が登校するのにかかった時間は，1.44÷12＋1.2÷８＝0.27(時間)，つまり，0.27×3600＝972(秒)である。

Ａ君が下校するのにかかった時間は，登校するのにかかった時間の$\frac{2}{3}$だから，$972\times\frac{2}{3}$＝648(秒)である。

Ｂ君が登校にかかった時間は 972 秒＋１分３秒＝972 秒＋63 秒＝1035 秒で，下校するのにかかった時間は，1035 秒－８分６秒＝1035 秒－486 秒＝549(秒)だから，下校にかかった時間は，Ｂ君の方が 648－549＝99(秒)＝１分 39 秒だけ短い。

《2022　理科　解説》

【１】

(1) 花のみつを吸う昆虫を選ぶ。(ア)，(ウ)は他の昆虫など，(イ)は草，(エ)はアブラムシを食べる。

(2) (イ)カボチャ，(オ)ヘチマなどのウリ科の植物はお花とめ花に分かれている。

(4) ④開花後のタンポポのつぼみは他の花の花粉で受粉している可能性があるので，開花前にビニール袋でつつんで受粉しないようにする。または，つぼみの先を接着剤などでかためて，つぼみが開かないようにする。　⑤自分自身から出る花粉もふくめて受粉しないように，つぼみの時点でおしべやめしべの先を取り除く。

⑸　セイヨウタンポポは気温にかかわらず発芽するので(オ)，ニホンタンポポは夏の時期には発芽しないので，30℃では発芽せず，20℃で最もよく発芽する(ウ)である。

【２】

⑴　れき(直径２㎜以上)，砂(直径 0.06 ㎜～２㎜)，どろ(直径 0.06 ㎜以下)はつぶの大きさで区別する。0.5㎜ のつぶは砂だから，砂岩である。

⑷(ⅰ)　操作②で角張った小さなつぶが含まれているので，凝灰岩は流水のはたらきを受けず，火山灰が降り積もってできた岩石であると考えられる。　(ⅱ)　岩石Ⅰは操作②だけでは石灰岩とチャートの見分けがつかないので，操作①も行って，反応しないことを確かめる必要がある。また，岩石Ⅱは唯一水にとけるので，操作③だけを行えばよい。　(ⅲ)　線と線の交点は 25 個あり，その中で色が濃いつぶの上にあるのは９個だから，$\frac{9}{25}\times100=$ 36(%)となる。

【３】

⑴　(ウ)炭酸水(二酸化炭素の水溶液)，(オ)アンモニア水(アンモニアの水溶液)，(ク)塩酸(塩化水素の水溶液)は気体がとけた水溶液である。なお，アルコール水，酢は液体，砂糖水，食塩水，石灰水は固体がとけた水溶液である。

⑵　100ｇのＸから 64ｇのＹができたので，60ｇのＸでは $64\times\frac{60}{100}=38.4$(ｇ)となる。

⑶　⑵と同様に考えて，70ｇのＸに含まれるＹは $64\times\frac{70}{100}=44.8$(ｇ)だから，$\frac{44.8}{300+70}\times100=12.10\cdots\rightarrow12.1$%となる。

⑷　50ｇのＸに含まれる水は $36\times\frac{50}{100}=18$(ｇ)，Ｙは 50－18＝32(ｇ)である。表より，40℃の水 100ｇにＹは 29ｇとかすことができるので，40℃の水 200＋18＝218(ｇ)にＹは $29\times\frac{218}{100}=63.22$(ｇ)とかすことができる。よって，あと 63.22－32＝31.22→31.2ｇとかすことができる。

⑸　Ｘに含まれていた水は 30－21＝９(ｇ)だから，Ｘは $100\times\frac{9}{36}=25$(ｇ)あったことになる。よって，$\frac{25}{30}\times100=$ 83.33…→83.3%となる。

【４】

⑴　乾電池を直列つなぎにすると，豆電球は明るくなり，乾電池を並列つなぎにしても，豆電球の明るさは変わらない。

⑵　図２の豆電球が最も明るいので，図２の電池を流れる電流が最も大きい。また，豆電球の明るさが同じＡとＣでは，豆電球を流れる電流は同じだから，電池が並列つなぎの図３の電池を流れる電流は図１の半分である。

⑶⑷　図４の回路では，Ｇに流れる電流の大きさを１とすると，Ｆに$\frac{2}{3}$，ＤとＥに$\frac{1}{3}$の大きさの電流が流れる。

【５】

⑴　棒の重さがかかる点(重心という)で１本の糸で支えて水平にすることができる。てこを左右にかたむけるはたらき〔おもりの重さ(ｇ)×支点からの距離(㎝)〕が左右で等しくなるときにつり合う。Ａでは，棒を左にかたむけるはたらきは 20×25＝500 だから，重心は支点の右 500÷100＝５(㎝)にある。よって，棒の左端から 25＋５＝30(㎝)のところを支えればよい。また，Ｃでは，棒を右にかたむけるはたらきは 40×50＝2000 だから，重心は支点の左 2000÷200＝10(㎝)にある。よって，棒の左端から 80－(10＋50)＝20(㎝)のところを支えればよい。

⑵　Ａの重心がＢの支点の真下にくればよいので，Ａの左端の糸はＢの支点から左に 30 ㎝，つまり，Ｂの左端から 50－30＝20(㎝)のところにつるせばよい。

⑶　Ａの両端にかかる重さの比は，重心からの距離の逆比になるので，左端：右端＝20：30＝２：３である。よって，Ａの右端にかかる重さは $100\times\frac{3}{2+3}=60$(ｇ)だから，Ｂを左にかたむけるはたらきは 60×30＝1800 であり，Ｂの重心は支点から右に 50－30＝20(㎝)のところにあるので，Ｂの重さは 1800÷20＝90(ｇ)である。

⑷　Ａの支点から重心までの距離は 30－25＝５(㎝)だから，Ａの右端にかかる重さは，$100\times\frac{5}{25}=20$(ｇ)である。よって，Ｂを左にかたむけるはたらきは 20×50＝1000 であり，おもりの重さは 1000÷50＝20(ｇ)である。

⑸　Ｃの重心は左端から 20 ㎝のところにあるので，両端にかかる重さの比は 60：20＝３：１となり，Ｃの左端に

$200\times\frac{3}{3+1}=150$(g)，右端に 200−150＝50(g)の重さがかかる。Cの左端がつるされているのはAの重心だから，Aの重心にかかる重さは 100＋150＝250(g)であり，Aの右端にかかる重さは $250\times\frac{5}{20+5}=50$(g)となる。よって，Bで棒を左にかたむけるはたらきは 50×50＝2500，Cの右端からの糸によって棒を右にかたむけるはたらきは 50×(60−50)＝500 だから，おもりが棒を右にかたむけるはたらきは 2500−500＝2000 であり，おもりの重さは 2000÷50＝40(g)である。

《2022　社会　解説》

1　**問１[１]**　摂政は，天皇が幼少だったり女性だったりしたときに，天皇に代わって政治を行う役職である。推古天皇が女性だったため，甥の聖徳太子が摂政となって政治を行った。　**[３]**　足利義政のあとつぎ争いに有力守護の勢力争いが複雑にからみあって，応仁の乱が始まった。応仁の乱が 11 年間続いた後，主戦場となった京都は荒廃し，全国各地で下剋上の風潮が広まった。　**[４]**　江戸への参勤には，将軍と大名の主従関係を確認する意味合いがあった。

問２《ａ》　(え)を選ぶ。聖徳太子が飛鳥時代に建てた法隆寺は，飛鳥文化を代表する世界最古の木造建築で，世界遺産に登録されている。　**《ｃ》**　(か)を選ぶ。室町幕府３代将軍足利義満が建てた金閣は北山文化，８代将軍足利義政が建てた銀閣は東山文化を代表する建築物である。

問３　(あ)が正しい。小野妹子は，聖徳太子によって遣隋使として隋の煬帝のもとに派遣された。　(い)冠位十二階は，家柄に関わらず，能力や功績によって役人に取り立てるための制度である。　(う)十七条の憲法は，豪族に役人としての心構えを説いたものである。

問４　行基は，農民とともに橋や用水路などをつくり，仏の教えを説いた。一時期迫害されたものの，東大寺の大仏づくりに協力し，聖武天皇によって大僧正に任命された。

問５　(う)織田信長は，姉川の戦いで浅井・朝倉の連合軍を破り，延暦寺を焼き打ちし，15 代将軍足利義昭を追放して室町幕府をほろぼした。

問６　(い)が誤り。薩摩藩は，琉球王国を支配しても，中国への朝貢は認めていた。

2　**問１[１]**　日清戦争後の下関条約では，朝鮮の独立を認めさせた他，日本は多額の賠償金や台湾・澎湖諸島・遼東半島(後に三国干渉で清に返還)を獲得した。　**[２]**　冷戦時，朝鮮半島を北緯 38 度で分け，ソ連は北朝鮮を，アメリカは韓国を支援したため，韓国と北朝鮮の間で対立が激化し，1950 年に北朝鮮が韓国に突如侵攻して朝鮮戦争が勃発した。

問２　(あ)が正しい。板垣退助が民撰議院設立の建白書を提出したことから自由民権運動が始まった。(い)は大隈重信，(う)は西郷隆盛。

問３　(あ)が誤り。日露戦争後のポーツマス条約では賠償金が得られなかったため，日比谷焼き打ち事件の騒動につながった。

問４　台湾は 1895 年の下関条約，朝鮮は 1910 年の韓国併合で日本領となっていた。

問５　第１次世界大戦は 1914～1918 年だから，(い)の男子普通選挙法の制定(1925 年)を選ぶ。(あ)は 1901 年(創業)，(う)は 1890 年。

問６　(あ) Ⅰ．国際連盟脱退(1935 年)→Ⅱ．日中戦争開始(1937 年)→Ⅲ．日独伊三国同盟(1940 年)

問７　(う)が正しい。警察予備隊は朝鮮戦争(1953 年に休戦)を受けて 1950 年に発足した。(あ)は 1946 年，(い)は 1964 年。

問８　(う)1951 年のサンフランシスコ平和条約の締結時，日本国内にアメリカ軍が駐留することを認めた日米安全保障条約も結ばれた。

3　**問１[１]**　日本国憲法の三大原則は，「基本的人権の尊重」「平和主義」「国民主権」である。　**[２]**　国務大臣の過半数は国会議員の中から選ばれる。　［3］ 地方裁判所→高等裁判所に第二審を求めるのが控訴審，高等裁判所→最高裁判所に第三審を求めるのが上告審である(三審制)。

問2　(え)が誤り。参議院に内閣不信任決議権はなく，衆議院で内閣不信任案が可決されると内閣は総辞職するか，10日以内に衆議院を解散しなければならない。

問3　②と④が正しいから(お)を選ぶ。都道府県知事は住民の直接選挙で選ばれ，その地位は地方公務員である。違憲立法審査権は裁判所が持つ権限である。

問4　裁判員制度では，重大な刑事事件の一審について，20歳以上の国民からくじで選ばれた6人の裁判員と，3人の裁判官で審議し，有罪か無罪か，有罪であればどのような量刑が適当かを決定する。

4　**問1**　(え)が誤り。羊毛の輸入額は中国・オーストラリア・ニュージーランドが多い。

問2　(い)が誤り。自動車は日本から中国への輸出額が高い。

問3　(い)経済特区はシェンチェン・アモイ・チューハイ・スワトウ・ハイナン島であり，税が減免されるなどの優遇措置がとられ，海外の企業の誘致がさかんに実施されている。

問4　(あ)わが国固有の領土である，択捉《えとろふ》島，色丹《しこたん》島，歯舞《はぼまい》群島，国後《くなしり》島が北方領土と呼ばれている(右図参照)。

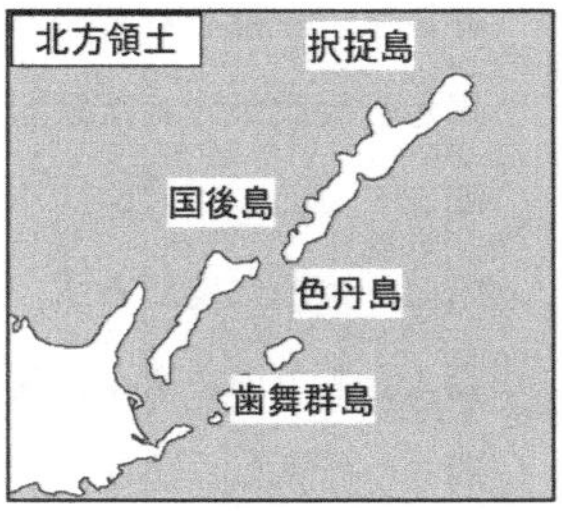

問5　(う)2011年の東日本大震災では，太平洋沿岸部に立地していた福島第一原子力発電所で放射能漏れの事故が起こった。この事故を受け，全国の原子力発電所が安全点検のため一時稼働を停止した。その結果，不足する電力分を火力発電でまかなうようになった。

5　**問1**　(う)が誤り。「親潮」ではなく「黒潮」である(右図参照)。また，漁獲量日本一は北海道である。

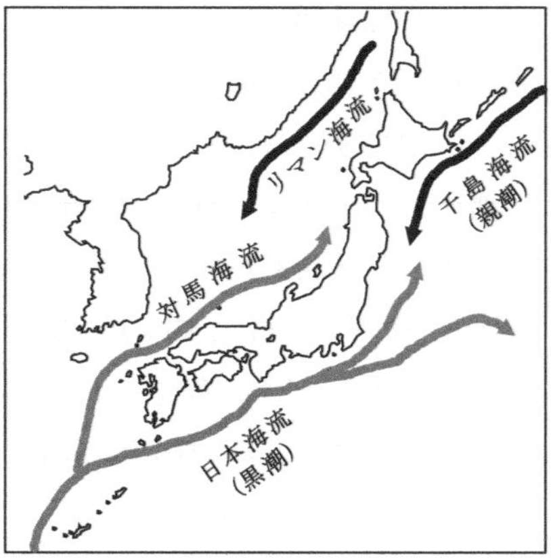

問2　(い)の沖縄県の伝統芸能のエイサーを選ぶ。(あ)は秋田県の竿灯まつり，(い)は徳島県の阿波おどり，(え)は青森県のねぶた祭。

問3　日本海側では冬の北西季節風が大量の雪を，太平洋側では夏の南東季節風が大量の雨を降らせる。

問4　(う)が誤り。積雪量が多い新潟県では瓦屋根の家は少ない。豪雪で瓦がズレてしまうと雨漏りが発生したり，瓦内部に入り込んだ水が凍結して瓦が割れてしまったりする恐れがあるためである。赤瓦をしっくいで固めた家屋があるのは沖縄県である。

問5　(う)飛騨山脈(北アルプス)，木曽山脈(中央アルプス)，赤石山脈(南アルプス)をまとめて日本アルプスと言う。

問6　(い)が正しい。高冷地農業による抑制栽培の記述である。　(あ)電照菊の抑制栽培がさかんなのは渥美半島(愛知県)である。　(う)ミカンの栽培がさかんなのは和歌山県・愛媛県・静岡県である。

問7　(う)が正しい。重量の重い自動車は海上輸送，小型・軽量で単価の高い半導体などは航空輸送が利用される。(あ)自動車工場では主にジャスト・イン・タイム生産方式が取られており，それぞれの部品をつくる関連工場から自動車部品を仕入れている。　(い)自動車工場では，作業する人の安全性を確保するために，溶接などの作業はロボットを積極的に導入している。

問8　(あ)を選ぶ。三重県で発生した大気汚染による四日市ぜんそくは，石油化学工場から出た亜硫酸ガスなどが原因であった。(い)は熊本県の水俣病と新潟水俣病，(う)は宮崎県の土呂久《とろく》ヒ素公害，(え)は富山県のイタイイタイ病。

愛光中学校

《国　語》

一　1．①派生　②就航　③回送　④往来　⑤氷片　⑥志す　⑦勇ましい　⑧便り　⑨帯びる　⑩誤る

2．①エ　②ウ　③イ　④オ　⑤ア　　3．①コ　②キ　③エ　④ウ　⑤ク

二　問一．ア　問二．オ　問三．ウ　問四．エ

問五．現在は役に立つとは思えなくても、やっておくことで将来自分がなりたいものになるとき役立つかもしれない　問六．様々な職業や考え方に触れることで生き方の選択肢を増やしつつ、将来必要かどうか分からない能力も磨いておくことで、興味を持った選択肢の中から能力の許すものを選び、決定する。　問七．ウ→ア→イ

問八．オ　問九．エ

三　問一．aウ　bエ　cイ　問二．ア　問三．オ　問四．ウ

問五．一人前の大人でも仕事をもらえない時に、自分は何の経験も無い十四歳の子どもで、歯は入れ歯で体格も小さく見かけがよくないから。　問六．イ　問七．父が亡くなり母は悲しんでいるので、そのことを思い起こさせる父の衣類は見せたくなかったから。　問八．オ　問九．ア　問十．エ

《算　数》

1　(1) $1\frac{1}{2}$　(2) 2　(3)①129　②463　(4)①95　②25　(5)①432　②12　(6)①25　②16

(7)①36　②72　③35　(8)①10.99　②7.5　(9)①77760　②288　③864

※2　(1)父…50歳　一番年下の子供…6歳　(2)12年後

※3　(1)45枚　(2)17枚　(3)176枚

※4　(1)518　(2)毎秒 1.2m　(3)㋑336　㋒403.2　(4)毎秒 1.6m

※の式と計算は解説を参照してください。

《理　科》

【1】(1)カ　(2)イ　(3)ア　(4)[酸素／二酸化炭素(0.03～1%用)／二酸化炭素(0.5～8%用)]　①[イ／オ／ク]

②[ウ／キ／ケ]　(5)エ　(6)蒸散　(7)オ　(8)(i)イ　(ii)ウ　(iii)オ

【2】(1)イ　(2)キ　(3)満月…エ　下弦の月…ア　(4)ア　(5)南中時刻…オ　南中高度…カ

【3】(1)①エチレン　⑤酸素　(2)150　(3)100　(4)0.2　(5)1.5

【4】(1) 2　(2) 6　(3) 3　(4) 9　(5) 5　(6) 7

【5】(1) a　(2)ウ　(3)え　(4)い，う　(5)う，い，あ，か，お

《社　会》

1　問1．え　問2．(1)え　(2)う　問3．え　問4．え　問5．う　問6．う　問7．あ

2　問1．う　問2．お　問3．SDGs　問4．え　問5．え　問6．う　問7．ハザードマップ

3　問1．う　問2．い　問3．い　問4．い　問5．う　問6．う　問7．あ　問8．う

問9．え　問10．い

4　問1．アテネ　問2．い　問3．え　問4．ナチス　問5．あ　問6．う　問7．え　問8．う

問9．え　問10．か

5　問1．う　問2．か　問3．い　問4．い　問5．う

愛光中学校

《2021　国語　解説》

一　２　①　水を差すとは、仲のいい者どうしや、うまく進行していることなどをじゃますること。エの水をうったようとは、その場の大勢の人々が静まりかえる様子。　ア．石　イ．息　ウ．穴　オ．血

②　喉《のど》から手が出るとは、ほしくてたまらないこと。ウの火の手とは、火事などで燃え上がる炎《ほのお》のこと。

ア．足　イ．歯　エ．指　オ．目

③　先んずれば人を制すとは、他人より先に事を行えば、有利な立場に立てること。イの人を食うとは、人を人とも思わない、ずうずうしい態度や言動をすること。　ア．時　ウ．仏　エ．身　オ．世

④　鼻であしらうとは、相手の話にとりあおうとせず、冷淡《れいたん》にあつかうこと。オの鼻を明かすとは、出し抜《ぬ》いてあっと言わせること。　ア．舌　イ．花　ウ．目　エ．頭

⑤　爪《つめ》に火をともすとは、ひどく貧しい生活をする、苦労して倹約《けんやく》すること。アの火を見るよりも明らかとは、きわめて明らかで、疑いのないこと。　イ．水　ウ．日　エ．口　オ．非

二　**問一**　直後で、「自分の夢と言ってもいいかもしれません」と言っているので、［Ｘ］に入るのは、「自分の夢」に近い内容である。よって、「～べきか」とあるエとオは適さない。また、「仕事を例にあげると」と続いているので、“将来どうなりたいか”といった内容で、仕事だけに限定されないものを選べばよい。よって、アが適する。

問二　直後に「しかし、そういうものは、子どもの生活の非常に狭《せま》いチャンネルから見えているものだけなんですね。テレビをひねれば、タレントやスポーツ選手が出る。仕事としてやっていることを知っている大人というと、学校に行けば先生、病気になればお医者さんにかかる」とあり、子どもが目にする“仕事をしている大人”というのは、「タレント」や「学校の先生」といった、全体のほんの一部であることが書かれている。さらに「どうしても子どもの普《ふ》通の生活からでは、社会にいる大人がどんなことをしているのかということが見えてこない」とあり、社会にいる多くの大人の仕事の内容が子どもには見えてこないことが書かれている。裏を返せば、傍線部《ぼうせんぶ》①にあるような仕事であれば、仕事の内容を想像できるということである。よって、オが適する。

問三　直前の「それ」が指す内容は、市役所の人に授業に来てもらうというように、社会にいる大人がどんな仕事をしているかを子どもたちに伝えることである。このようにいろいろな仕事の具体的な内容を知ることで、それぞれの仕事について何人かの子どもたちが「ああいう仕事っていいな、やり甲斐《がい》があるな」と思う。すると、「タレント」や「学校の先生」のようなごく一部の仕事しか知らなかった子どもたちの、仕事や将来のあり方を選ぶ幅が広がる。よって、ウが適する。

問四　傍線部③は、直前にあるように「今の自分の延長としてだったら、どういうものになれそうかという」もの。「今の自分の延長」つまり、このまま成長していった先なので、エが適する。イの内容は「延長」にあたらないので適さない。

問五　直前の「英語を学ぶ」という例をもとに考える。英語を学ぶことが、そのときの自分には意味のあることには思えなくても、それを学んでおくことで「もしそれを必要とするものになりたいと思った時にはなれる」という選択肢ができる。つまり、「なれる選択肢」を広げることができる。このことを、もっと一般的な内容にして書けばよい。

問六　筆者は「なりたい自己」を広げることと「なれる自己」を広げることは、どちらも大事だと考えている。この考えにもとづくと、「なりたい自己」を広げながら、「なれる自己」も広げておき、その重なるところから選び取

って決定するということになる。ここでの「その重なるところ」とは、「なりたい自己」から選べる興味のあるもののうち、「なれる自己」から選べる能力的になれるものということになる。

問七　２つ前の文の「自分の中に眠っている可能性」が、選択肢《せんたくし》ウの、「いろんな可能性をもった何か種のようなもの」にあたる。アの「水をかけなければ」は、ウの「何か種のようなもの」に水をかけるということなので、ウの後にアがくる。また、アの「水をかけることによって、すうっと伸びてくるものがあるかもしれない」という比喩を、イで「何か新しいことを学んでみると、そういうものが思いがけなく出てくるかもしれない」と説明している。つまり、ウとアで比喩を使い、イでその意味を説明している。よって、ウ→ア→イ。

問八　「そういう捉え方」とは、「むしろ自分の中に眠《ねむ》っている可能性をどんどん開いて選択肢を広げていくということが学習であると考えると、新しいことにチャレンジする、トライするという意欲がわいてくるのではないでしょうか」や、「私たちが学ぶという時には、とりあえずこういう学習をしておくと、こういうものにだったらなれるという『なれる選択肢』を広げるということもやっているわけです。それには、今なりたいと思っているかどうかにかかわらず、とりあえずやっておくというのもあるでしょう」という考え方にもとづくもの。オは「医者になりたいから」学ぼうとしている、つまり、「今なりたいと思っている」ことのために学ぼうとしているから、ふさわしくない。

問九　文章の前半では、「なりたい自己」について、子どもの将来の夢の話題から始めて「職業」の話から、「もっと社会的な役割」「ものの考え方～思想」「趣味」にまで話を広げ、「学習の重要な側面」を説明している。文章の後半では「なれる自己」に話を移し、学習のことを中心に筆者の考えを述べている。文章全体としては、子どもの話から始めて、最終的にはより広い年代に当てはまる話となっている。よって、エが適する。

三　著作権に関係する弊社《へいしゃ》の都合により本文を非掲載《ひけいさい》としておりますので、解説を省略させていただきます。ご不便をおかけし申し訳ございませんが、ご了承《りょうしょう》ください。

《2021　算数　解説》

1　(1)　与式 $=\frac{9}{4}\div\frac{105}{100}-(\frac{15}{7}-\frac{7}{4})\times\frac{18}{11}=\frac{9}{4}\times\frac{20}{21}-(\frac{60}{28}-\frac{49}{28})\times\frac{18}{11}=\frac{15}{7}-\frac{11}{28}\times\frac{18}{11}=\frac{30}{14}-\frac{9}{14}=\frac{21}{14}=\frac{3}{2}=1\frac{1}{2}$

(2)　与式より，$(\frac{12}{5}-\frac{2}{3}\times\square)\times(\frac{3}{4}+\frac{3}{16})=1$　$(\frac{12}{5}-\frac{2}{3}\times\square)\times(\frac{12}{16}+\frac{3}{16})=1$　$(\frac{12}{5}-\frac{2}{3}\times\square)\times\frac{15}{16}=1$
$\frac{12}{5}-\frac{2}{3}\times\square=1\times\frac{16}{15}$　$\frac{2}{3}\times\square=\frac{12}{5}-\frac{16}{15}$　$\frac{2}{3}\times\square=\frac{36}{15}-\frac{16}{15}$　$\frac{2}{3}\times\square=\frac{20}{15}$　$\square=\frac{4}{3}\times\frac{3}{2}=2$

(3)　120×（1＋0.08）＝120×1.08＝129.6 より，小数点以下を切り捨てて，①＝129(円)
500＜□×1.08＜501 となる整数□を考える。500÷1.08＝462.9…，501÷1.08＝463.8…より，②＝463 円

(4)　３で割ると２余る数は 11，14，17，…，95，98 と，３ずつ増えていて，その個数は，(98－11)÷３＋１＝30(個)ある。そのうち７で割り切れる数は，14，35，…，98 と，21 ずつ増えていて，その個数は，(98－14)÷21＋１＝５(個)ある。よって，最も大きい数は①95で，整数は全部で，30－５＝②25(個)

(5)　１日目から 26 日目まで同じペースで読むと，全体の$\frac{1}{9}\times\frac{26}{6}=\frac{13}{27}$を読むことになる。
７日目からの 20 日間では１日に読む量を４ページ増やしたことで，全体の$\frac{2}{3}$を読んだから，$\frac{2}{3}-\frac{13}{27}=\frac{5}{27}$が４×20＝80(ページ)にあたる。よって，この本は全部で，$80\div\frac{5}{27}=80\times\frac{27}{5}=$①432(ページ)である。７日目からの１日に読む量は，$432\times\frac{1}{9}\div6+4=12$(ページ)だから，$432\times\frac{1}{3}=144$(ページ)を読むのに，あと 144÷12＝②12(日)かかる。

(6)　**【解き方】長針は１分間に 360°÷60＝６°進み，短針は１分間に 360°÷24÷60＝0.25°進む。24 のところを**

基準0°として，進む角を考える。

午後4時ちょうどのとき，長針は24を指していて，24と10は $360°\times\frac{10}{24}=150°$ 離れているから，長針がちょうど10を指すのは，150÷6＝25(分後)になる。よって，求める時間は，午後4時①25分

午前10時ちょうどのとき，長針は24を，短針は10を指しているから，2つの針は150°離れている。

午前10時を過ぎると，長針は短針に1分あたり6°－0.25°＝5.75°近づくから，差が58°になるのに，(150°－58°)÷5.75°＝16(分)かかる。よって，求める時間は，午前10時②16分

(7)　五角形の内角の和は180°×(5－2)＝540°だから，正五角形の1つの内角の大きさは，540°÷5＝108°である。三角形ADEは，AE＝DE，角AED＝108°の二等辺三角形だから，角㋐＝(180°－108°)÷2＝①36°

右図のように記号をおく。角FBC＝角FCB＝角㋐＝36°だから，

三角形FBCで外角の性質を使うと，角㋑＝角FBC＋角FCB＝36°＋36°＝②72°

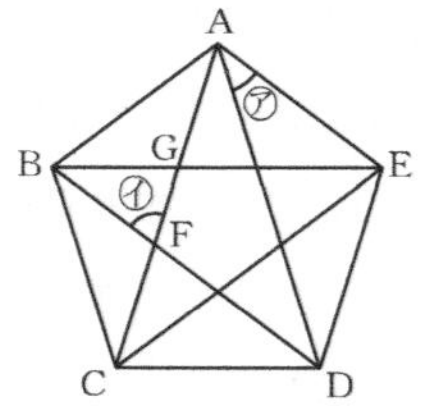

二等辺三角形は，三角形ADEと合同な二等辺三角形が10個(三角形ADEと三角形ADFが合同であることに注意する)，三角形ACDと合同な二等辺三角形が5個，三角形FBCと合同な二等辺三角形が5個，三角形ABFと合同な二等辺三角形が10個，三角形BFGと合同な二等辺三角形が5個あるから，全部で③35個の二等辺三角形がある。

(8)　㋑のおうぎ形の半径をaとすると，a×a÷2は，1辺の長さが3cmの正方形の面積に等しいので，

a×a÷2＝3×3より，a×a＝9×2＝18になる。

よって，㋑の面積は，$a\times a\times 3.14\times\frac{70°}{360°}$＝①10.99(cm²)

右のように作図すると，三角形OCFは三角形OBAと合同な直角二等辺三角形になるから，CF＝BA＝3cm

OD＝OE＝5cmだから，㋒の面積は，5×3÷2＝②7.5(cm²)

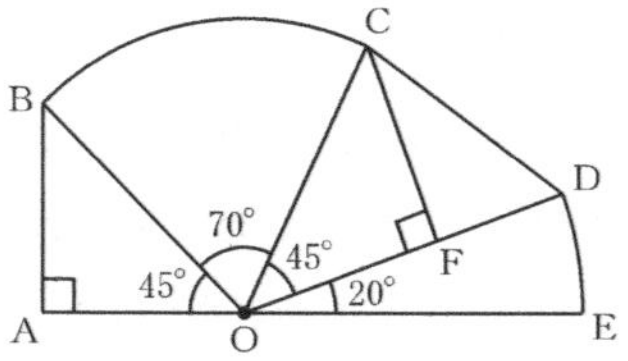

(9)　**【解き方】A×B，A×C，A×D，B×C，B×D，C×Dの中で大小関係が確定しないのは，A×DとB×Cである。A×B＝90…ⓐ，A×C＝108…ⓘ，B×D＝720…ⓤ，C×D＝イ…ⓔは確定する。**

ⓘ×ⓤより，(A×C)×(B×D)＝108×720＝①77760

270×ア＝A×B×C×Dだから，ア＝77760÷270＝②288

ⓐ×ⓔより，90×イ＝A×B×C×Dだから，イ＝77760÷90＝③864

2　(1)　**【解き方】(父と母の年齢の合計)：(5人の年齢の合計)＝4：(4＋1)＝4：5である。**

父と母の年齢の合計は，$120\times\frac{4}{5}$＝96(歳)で，父は母より4歳年上だから，父の年齢は，(96＋4)÷2＝50(歳)

子供3人の年齢の合計は，120－96＝24(歳)である。子供の年齢は2歳ずつちがうから，子供3人の年齢の合計は，真ん中の子供の年齢の3倍に等しいので，真ん中の子供の年齢は，24÷3＝8(歳)，一番年下の子供の年齢は，8－2＝6(歳)

(2)　**【解き方】□年後，父と母の年齢の合計は，96＋□×2(歳)，子供3人の年齢の合計は，24＋□×3(歳)になる。**

□年後の子供3人の年齢の合計の2倍は，(24＋□×3)×2＝48＋□×6(歳)になるから，

□×6－□×2＝□×4が，96－48＝48(歳)にあたる。よって，□＝48÷4＝12より，父と母の年齢の合計が，子供3人の年齢の合計のちょうど2倍になるのは12年後である。

3　(1)　**【解き方】問題文から，はじめの裏向きの50円硬貨の枚数と表向きの100円硬貨の枚数が等しいとわかる。**

表向きの100円硬貨1枚を裏向きにし，裏向きの50円硬貨1枚を表向きにすると，表を向いている硬貨の合計金額は100－50＝50(円)少なくなるから，はじめ表を向いている100円硬貨は，2250÷50＝45(枚)

(2)　**【解き方】はじめ，表を向いている10円硬貨と50円硬貨の，合計枚数は100－45＝55(枚)，合計金額は，6570－100×45＝2070(円)である。**

表を向いている50円硬貨が55枚あるとすると，表を向いている硬貨の合計金額は50×55＝2750(円)になり，2750－2070＝680(円)多くなる。表を向いている50円硬貨1枚を，表を向いている10円硬貨1枚にかえると，表を向いている硬貨の合計金額は50－10＝40(円)少なくなるから，表を向いている10円硬貨は，680÷40＝17(枚)

(3)　**【解き方】はじめ，表を向いている10円硬貨は17枚，50円硬貨は100－17－45＝38(枚)，100円硬貨は45枚である。また，50円硬貨は全部で38＋45＝83(枚)ある。**

すべての50円硬貨を表向きにし，すべての100円硬貨を裏向きにしたとき，表を向いている硬貨の合計金額は6570－2250＝4320(円)で，裏を向いている硬貨の合計金額は4320＋850＝5170(円)だから，全部の硬貨の合計金額は，4320＋5170＝9490(円)である。50円硬貨は83枚あるから，10円硬貨と100円硬貨の合計金額は，9490－50×83＝5340(円)になる。10円硬貨を5枚追加すると，100円硬貨と10円硬貨の枚数が同じになり，合計金額は5340＋10×5＝5390(円)になるから，100円硬貨の枚数は，5390÷(10＋100)＝49(枚)，10円硬貨の枚数は，49－5＝44(枚)である。よって，全部で，44＋83＋49＝176(枚)

4　(1)　**【解き方】A君が戻り始めてから母と出会うまでと，母から忘れ物を受け取った後，再び学校に向かうときを考えると，どちらもA君と母は反対方向に進んでいて，A君が上げた速さと母が下げた速さが同じだから，2人の進む速さの和は同じになる。**

A君が母から忘れ物を受け取ってから学校に着くまでの，A君と母の進む速さの和は，毎秒{980÷(791－546)}m＝毎秒4mだから，A君が戻り始めてから母と出会うまでの，A君と母の進む速さの和も毎秒4mになる。よって，112mを進むのに，112÷4＝28(秒)かかるから，㋐＝546－28＝518(秒)

(2)　**【解き方】(1)より，A君と母のはじめの速さの和は毎秒4mで，速さの比は3：7である。**

はじめのA君の速さは，毎秒$(4\times\frac{3}{3+7})$m＝毎秒1.2m

(3)　**【解き方】A君が忘れ物に気づいた地点は，家から1.2×518＝621.6(m)の地点である。**

A君が忘れ物に気づいたとき，母は家から621.6－112＝509.6(m)の地点を進んでいた。母の進む速さは，毎秒(4－1.2)m＝毎秒2.8mだから，家から509.6m進むのに，509.6÷2.8＝182(秒)かかる。

よって，㋑＝518－182＝336(秒)である。また，A君は336秒で1.2×336＝403.2(m)進むから，㋒＝403.2m

(4)　**【解き方】A君と母が出会った地点を考える。**

母は546－336＝210(秒間)で2.8×210＝588(m)進むから，A君と母が出会った地点は，家から588mの地点である。A君は980－588＝392(m)を791－546＝245(秒)で進んだから，その速さは，毎秒(392÷245)m＝毎秒1.6m

《2021　理科　解説》

【1】

(1)　カ○…小腸で吸収された栄養は血液に入り，肝臓へ送られる。肝臓から心臓へ戻った血液は，肺を経由して気体の交かんを行って，再び心臓へ戻り，右手に送られる。

(2)　イ○…肺で気体の交かんを行った血液は肺静脈を通って心臓へ戻り，心臓から大動脈を通って右手に送られる。

⑶　ア×…両はしを折り取ることで，調べたい気体を検知管に吸いこむことができるようになる。

⑷　空気には酸素がおよそ 21%，二酸化炭素がおよそ 0.04%ふくまれている。また，肺で酸素がとりこまれて二酸化炭素が出されるので，息には酸素がおよそ17%，二酸化炭素がおよそ４%ふくまれている。

⑸　エ○…③はポリエチレンの袋がかかっていて，光合成の材料である二酸化炭素が十分になかったので，酸素があまり作られなかったと考えられる。

⑺　Ⅱ×…実験開始時に袋中にあった空気中の水分(水蒸気)は，空気の温度が下がると液体となって出てくることがあるが，この日は良く晴れていて，午後１時の気温が午前11時より低くなるとは考えにくい。

⑻　③では葉が光合成を，葉と枝が呼吸を，④では葉と枝が呼吸を，⑤と⑥では枝が呼吸を行っている。(ⅰ)⑥では枝の呼吸によって二酸化炭素が①の空気よりも増えているので，イの⑥－①となる。　(ⅱ)ウの④－⑥となる。(ⅲ)③の葉で行われる光合成によって二酸化炭素が減るので，オの④－③となる。

【２】

⑴　イ○…月は太陽の光を反射して光って見える。図１の上弦の月が南中するころ太陽は西の地平線付近にあり，その後地平線の下にしずむので，上弦の月が南西の方角に見えるとき，太陽のある方向である右下が光って見える。

⑵　キ○…新月→三日月(約３日後)→上弦の月(約７日後)→満月(約 15 日後)→下弦の月(約 22 日後)の順に満ち欠けするので，上弦の月の４日後には，上弦の月と満月の間の形に見える。

⑶　満月は午後６時ごろ東の地平線からのぼり，深夜 12 時ごろに南中し，午前６時ごろに西の地平線にしずむ。下弦の月は深夜12時ごろ東の地平線からのぼり，午前６時ごろに南中する。したがって，満月がエ，下弦の月がアである。

⑷　ア○…ストローを通して月を見るので，ストローが長いほど月の位置を正確に測定しやすい。また，分度器が大きいほど，同じ角度を表す目もりの間かくが広くなるので，角度を正確に読み取りやすい。

⑸　表より，東に行くほど月の南中時刻が早く，北に行くほど月の南中高度が高いことがわかる。ここではグラフを使わずに計算で求める方法を考える。東経 132.8 度の松山は東経 135.5 度の大阪と東経 130.4 度の福岡の間にあり，大阪と福岡の経度の差が 135.5－130.4＝5.1(度)，月の南中時刻の差が20時02分22秒－19時41分12秒＝21分10秒→1270秒である。したがって，大阪との経度の差が135.5－132.8＝2.7(度)の松山の大阪との南中時刻の差は$1270\times\frac{2.7}{5.1}$＝672.3…(秒)→11分12秒となるので，19時41分12秒＋11分12秒＝19時52分24秒となり，オが正答となる。同様にして，北緯33.9度の松山は北緯 34.7 度の大阪と北緯 33.6 度の福岡の間にあり，大阪と福岡の緯度の差が 34.7－33.6＝1.1(度)，月の南中高度の差が 63.7－62.6＝1.1(度)である。したがって，大阪との緯度の差が 34.7－33.9＝0.8(度)の松山の大阪との南中高度の差は$1.1\times\frac{0.8}{1.1}$＝0.8(度)となるので，62.6＋0.8＝63.4(度)となり，カが正答となる。

【３】

⑴　表の③のとき，石灰水を入れてよく振った後の気体の体積が０㎤であることから，エチレン 30 ㎤と酸素 90 ㎤がちょうど反応することがわかる。したがって，①と②ではエチレン，④と⑤では酸素が残っている。

⑵　$90\times\frac{50}{30}$＝150(㎤)

⑶　二酸化炭素は石灰水によって吸収されるので，③では 60 ㎤の二酸化炭素が発生したことがわかる。したがって，エチレン 50 ㎤では，$60\times\frac{50}{30}$＝100(㎤)の二酸化炭素が発生する。

⑷　0.6Ｌ→600 ㎤の水の重さは600ｇであり，この水の温度を５℃高くするのに必要な熱の量は600×５＝3000(カロリー)である。したがって，30 ㎤のエチレンでは 450 カロリーの熱が生じるので，必要なエチレンは$30\times\frac{3000}{450}$＝200(㎤)→0.2Ｌとなる。

⑸　⑷解説より，エチレン 0.4Ｌでは 0.6Ｌの水が５×２＝10(℃)高くなるので，６Ｌの水は$10\times\frac{0.6}{6}$＝１(℃)高くなる。したがって，気体Ｘによって６Ｌの水は７－１＝６(℃)高くなるので，16Ｌの水を６℃高くするのに気体Ｘが４Ｌ必要であったことから，気体Ｘは$4\times\frac{6}{16}$＝1.5(Ｌ)となる。

【4】

(1) てこをかたむけるはたらき〔おもりの重さ×支点からの距離〕が左右で等しくなるときにつり合う。支点からの距離が②の2倍となる穴はないから，②と支点からの距離が等しい⑧に2個つるしたとき，使用するおもりの数が最も少なくてつり合う。

(2) 支点からの距離が②の$\frac{1}{3}$倍の⑥におもりをつるすとき，②につるしたおもりの3倍の6個のおもりが必要になる。

(3) 最初に⑦(支点からの距離は2)におもりをつるす場合を考える。6÷2＝3(個)より，⑦に3個おもりをつるすとつり合う。また，⑦に1個，⑨に1個おもりをつるすと1×2＋1×4＝6となりつり合う。これらと(1)解説のつるし方を合わせて3通りである。

(4) ⑥(支点からの距離は1)におもりをつるす場合を考える。⑥に6個，⑥に4個と⑦に1個，⑥に3個と⑧に1個，⑥に2個と⑦に2個，⑥に2個と⑨に1個，⑥に1個と⑦に1個と⑧に1個の6通りだから，(3)の3通りと合わせて9通りである。

(5) 棒の重さは棒の中央(⑤)にかかる。てこを左にかたむけるはたらきは1×3＋1×2＝5だから，支点からの距離が1の⑤にかかる棒の重さは5÷1＝5(kg)となる。

(6) ばねばかりによって⑨は上向きに引かれるので，てこを左にかたむけるはたらきが増加する。てこを左にかたむけるはたらきは1.6×5＝8，棒の重さによっててこを右にかたむけるはたらきは5×1＝5だから，てこを右にかたむけるはたらきが8－5＝3大きくなればつり合う。おもりは1個つるすので，支点から右側に距離が3の⑦である。

【5】

(1) a○…図1の豆電球は並列つなぎ，図2の豆電球は直列つなぎになっている。豆電球を並列につないでも，豆電球が1個のときと明るさは変わらないが，豆電球を直列につなぐと，豆電球が1個のときよりも暗くなるので，明るいのはaである。

(2) ウ○…並列つなぎの豆電球では，1つの豆電球のフィラメントが切れても，残りの豆電球には電流が流れるので，同じ明るさで点灯する。

(3) え○…3つのスイッチをすべて閉じると，豆電球とは別に電池と導線だけで一続きの回路ができるので，豆電球よりも電流が流れやすい導線部分だけに電流が流れて，すべての豆電球の明かりが消える。

(4) い，う○…「い」ではdに電流が流れないので，eとfが直列つなぎの回路と考えてよい。直列につながれた豆電球の数が減るので，fは明るくなる。また「う」ではdとeに電流が流れないので，fと電池2個の回路と考えてよい。したがって，fは「い」のときよりもさらに明るくなる。

(5) 「お」では，電池を1個逆向きにつなぐので，電池1個と豆電球3個の回路と考えてよい。「か」では，豆電球が1個増えて，電池2個と豆電球4個(電池1個と豆電球2個)の回路と考えてよい。電池の数が多く豆電球の数が少ないほど，fは明るくなるので，明るい順に「あ」，「か」，「お」となる。また，(4)解説より，明るい順に「う」，「い」となり，「い」(電池2個と豆電球2個)の方が「あ」よりも明るいので，明るい順に「う」，「い」，「あ」，「か」，「お」となる。

《2021　社会　解説》

1 問1　北半球に位置する上海は(い)と(う)と(え)のいずれかであり，太平洋に面しているため季節風(モンスーン)の影響を受けやすいことから夏の雨量が多い(え)が正しい。

問2(1)　衣類を含む(え)を選ぶ。中国では，安価な労働力を大量に得ることができるため，衣類などを安く輸出できる。(あ)は韓国，(い)はアメリカ，(う)はブラジル。　(2)　(う)が正しい。①はアメリカ，④は韓国。

問３　(え)が正しい(右図参照)。

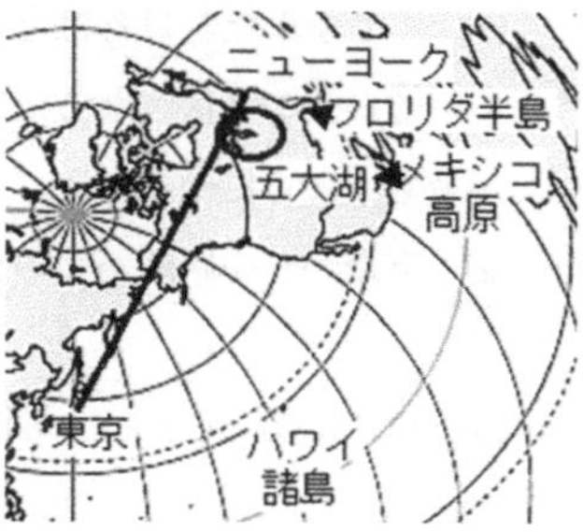

問４　両方とも誤りだから(え)を選ぶ。　Ｘ．ニューヨークとロサンゼルスには３時間の時差がある。　Ｙ．中国についての記述である。

問５　(う)を選ぶ。(あ)はトルコ，(い)はエジプト，(え)はイラン。

問６　イスラム教の聖地メッカにあるカーバ神殿の(う)を選ぶ。(あ)はヒンドゥー教寺院のアンコール・ワット，(い)はキリスト教のピサ大聖堂，(え)は仏教の仏国寺。

2　問１　海面養殖業は，1973年の石油危機の影響で激減した遠洋漁業を除いて，生産量が少ない(う)と判断する。(あ)は沖合漁業，(い)は沿岸漁業，(え)は遠洋漁業。

問４　(え)火力発電所は燃料の輸入がしやすい臨海部に多いからＹ，原子力発電所は大都市から離れた海岸の近くに多いからＺ，水力発電所は河川の近くや貯水ダムを作ることのできる山間部に多いからＸである。

問６　Ｘのみ誤りだから(う)を選ぶ。地形図の左下にある高校(⊗)は浸水範囲に含まれていない。

問７　ハザードマップには，火山噴火や洪水，津波，土砂災害などの自然災害について，災害が起きたときに被害が発生しやすい地域や緊急避難経路，避難場所などが示される。

3　問１　藤原京遷都は飛鳥時代末期だから，奈良時代の(う)を選ぶ。(あ)は飛鳥時代中期，(い)と(え)は古墳時代。

問２　(い)Ⅰ．古墳時代→Ⅲ．飛鳥時代→Ⅱ．奈良時代。ワカタケル大王は宋に朝貢し，小野妹子は遣隋使として隋に派遣され，遣唐使が唐から持ち帰った宝物が正倉院におさめられた。

問３　①と③が平安時代の記述だから(イ)を選ぶ。②と④は室町時代の記述である。また，平安時代の貴族が住んだ屋敷は「寝殿造」，室町時代の武士の屋敷は「書院造」であった。

問４　Ｙのみ誤りだから(い)を選ぶ。承久の乱は後鳥羽上皇によって1221年に起こされた乱で，２代執権北条義時と北条泰時によって撃破された。その後３代執権北条泰時によって1232年に御成敗式目が制定された。

問５　(う)が正しい。本能寺の変で織田信長を倒した明智光秀は，直後の山崎の戦いで羽柴(豊臣)秀吉に滅ぼされた。武田勝頼は，長篠の戦いで織田信長・徳川家康連合軍に敗れたことで知られる。

問６　①と④が大阪の記述だから(う)を選ぶ。人形浄瑠璃は，江戸時代に上方で栄えた元禄文化の代表である。②は江戸，③は萩。

問８　歌川広重の「東海道五十三次」だから(う)を選ぶ。葛飾北斎は「富嶽三十六景」などを描いた江戸時代の浮世絵師，雪舟は「秋冬山水図」「天橋立図」などを描いた室町時代の水墨画家，東洲斎写楽は「三世大谷鬼次の奴江戸兵衛」などを描いた江戸時代の浮世絵師である。

問９　(え)幕末に敵対していた薩摩藩と長州藩の間を坂本龍馬が取り持ち，薩長同盟が結ばれると，倒幕の動きは強まっていった。その後，15代将軍徳川慶喜が朝廷に政権を返す(大政奉還)と，王政復古の大号令が発令され，天皇中心の政治に戻すことが宣言された。翌年，新政府による徳川慶喜の扱いを不満に思う旧幕府側が，京都で薩長を中心とする新政府軍と交戦することで戊辰戦争が始まった。そのさ中に旧幕府方の勝海舟と新政府方の西郷隆盛が江戸城の無血開城を決定したことで，江戸幕府の滅亡は決定的となった。よって，Ⅱ．薩長同盟(1866年)→Ⅲ．大政奉還(1867年)→Ⅰ．江戸開城(1868年)。

問10　Ｙのみ誤りだから(い)を選ぶ。国会は，開拓使官有物払下げ事件をきっかけとした明治十四年の政変の後，10年後の開設が約束された。

4 **問１**　アテネオリンピックは1896年と2004年に開催された。

問２　(い)が誤り。関東大震災は1923年，韓国併合は1910年，関税自主権の回復は1911年，南満州鉄道株式会社の設立は1906年。

問３　(え)が誤り。国民が増税に耐えて協力してきたにもかかわらず，日露戦争後のポーツマス条約では賠償金が得られなかったことから日比谷焼き打ち事件の騒動につながった。また，多額の賠償金を得られた日清戦争(下関条約)よりも，日露戦争の方が戦費や死傷者は多かった。

問４　ヒトラー率いるナチスは，「オリンピア」などのプロパガンダ映画をつくり，政治的に利用した。プロパガンダとは，政治的思想へ誘導する意図を持った宣伝のこと。ナチスは，ドイツ民族の優越を説いて，ユダヤ人排斥・絶滅政策を推し進め，独裁体制を維持した。

問５　(あ)が誤り。世界恐慌は，1929年にニューヨークのウォール街で株価が大暴落したことから始まった。

問６　(う)が誤り。満州国の建国(1932年)は，第二次世界大戦の開始(1939年)よりも前の出来事である。

問７　(え)が誤り。第二次世界大戦後，アメリカを中心とする資本主義諸国(西側陣営)とロシア(旧ソ連)を中心とする社会主義諸国(東側陣営)の２つの陣営の間で続いた，実際の戦火をまじえない対立を「冷戦」と言う。冷戦下，ソ連によるアフガニスタン侵攻に反発した西側陣営の国々がモスクワオリンピックをボイコットした。ポーランドは東側陣営であったため，モスクワオリンピックに参加した。

問８　(う)1937年に日中戦争が勃発し，日本の国際的な孤立が深まったため，開催予定だった東京オリンピックは中止された。

問９　(え)を選ぶ。沖縄返還は1972年，テレビ放送開始は1953年，日本の国際連合加盟は1956年，日米安全保障条約の締結は1951年。

問10　(か)高度経済成長期の神武景気(1954～1957年)→岩戸景気(1958～1961年)→オリンピック景気(1962～1964年)→いざなぎ景気(1965～1970年)の好景気の流れを押さえる。『経済白書』で「もはや戦後ではない」と宣言されたのは神武景気，池田勇人内閣によって所得倍増計画が発表されたのは岩戸景気，国民総生産(ＧＤＰ)がアメリカに次いで世界第２位を記録したのはいざなぎ景気中である。よってⅢ．1956年→Ⅱ．1960年→Ⅰ．1968年。

5 **問１**　Ｘのみ誤りだから(う)を選ぶ。日本国憲法の三つの原則は，国民主権・平和主義・基本的人権の尊重である。

問２　(か)が正しい(三権分立については右図参照)。

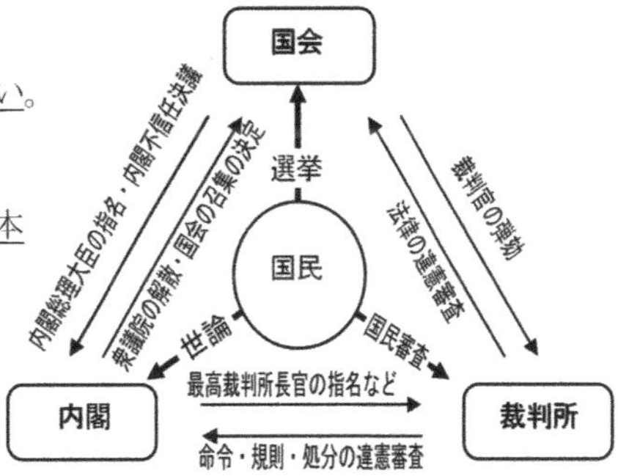

問３　(い)が誤り。国民は国会議員に対して解職請求(リコール)できない。地方公共団体の首長や議員に対して住民が解職請求できる。

問４　(い)が誤り。国連通常予算分担の上位は，アメリカ＞中国＞日本(2021年時点)。

問５　(う)が誤り。ＮＧＯは非政府組織の略称である。

愛光中学校

《国　語》

一　1．①消息　②同士　③明朗　④毛頭　⑤見当　⑥映る　⑦果たす　⑧厚い　⑨採る　⑩群がる

2．①イ　②エ　③ア　　3．①オ　②ウ

二　問一．我田引水　　問二．ウ　　問三．日本の稲作では村中の水田に引く水を共同で管理したり、多大な労働力がいる稲の栽培のために人々が集団で助け合ったりすることが必要であったという特徴。　　問四．ア

問五．オ　　問六．イ　　問七．ア　　問八．エ　　問九．いたずらに他国の考え方に染まるのではなく、稲作を続けることによって培ってきた思いやりの心や、相手に寄り添う心などの日本独自の良さがあることを、海外にも発信していこうということ。

三　問一．ウ　　問二．ア　　問三．友達ができ、自分の生活もうまくいっているから、家族三人で母さんの故郷に引っ越してくるという選択をしたことを、父さんは思い悩まなくてもいいはずだということ。　　問四．オ

問五．中村さんがあまりにも母さんにそっくりで、他人とは思えなかったから。　　問六．イ　　問七．エ

問八．イ　　問九．死んだ後も僕たちのことを気にかけてくれている母さんに対して感謝している気持ち。

《算　数》

1　(1)4　　(2)6　　(3)①5.5　②19.5　　(4)①450　②2160　　(5)①6　②18.84　　(6)①1　②4　③4

(7)①41.259　②4121.7741　　(8)①100　②165　　(9)㋐右図　㋑①80　②568

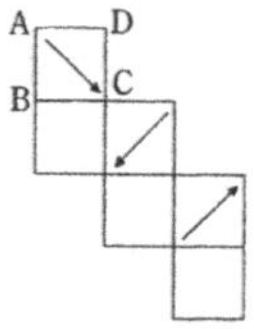

※2　(1)毎時8km　　(2)150km

※3　(1)午前10時6分　　(2)午後1時35分

4　(1)108人　※(2)9脚　※(3)(1，7，6)，(2，5，7)，(3，3，8)，(4，1，9)

※の式と計算は解説を参照してください。

《理　科》

【1】⑴b，c　⑵a　⑶エ，イ，ア，ウ　⑷デンプン　⑸ア．2　イ．2，3

【2】⑴①○　②×　③○　④○　⑤○　⑵イ　⑶イ　⑷ア

【3】⑴日本…②　月…B　⑵イ，ウ　⑶エ　⑷ウ　⑸日本…イ　赤道上…ウ　南極点…オ
⑹日の出…ウ　日の入り…オ

【4】⑴A．メタン　B．酸素　C．塩化水素　D．水素　E．二酸化炭素　F．オゾン　G．窒素　H．アンモニア
⑵あ．オキシドール〔別解〕過酸化水素水　い．ドライアイス　⑶15　⑷15

【5】⑴アジ…120　サバ…150　⑵A君…380　B君…420　⑶30　⑷12　⑸25　⑹85

【6】⑴③　⑵⑤，⑥　⑶①，⑤，⑥　⑷①，⑤

《社　会》

1　問1．う　問2．い　問3．え　問4．え　問5．鎌倉や京都を守る役をつとめた。　問6．う
問7．う　問8．織田信長　問9．え　問10．う

2　問1．ⓐい　ⓑか　ⓒお　問2．あ　問3．い　問4．う　問5．う　問6．う　問7．う
問8．う　問9．あ　問10．う

3　問1．アヘン　問2．い　問3．日韓基本　問4．い　問5．①お　②う　③あ

4　問1．A．お　B．い　C．か　問2．え　問3．リアス海岸　問4．あ　問5．え　問6．う
問7．X．う　Y．お　Z．あ

5　問1．あ　問2．え　問3．う　問4．い　問5．か　問6．大豆　問7．い

2020 解説 ▶ 愛光中学校
令和２年度

←解答例は前のページにありますので，そちらをご覧ください。

《2020　国語　解説》

一　２①　「かいがいしい」は、動作がきびきびしているさま、真心をこめてけなげに仕事に打ちこむさま。

②　「身につまされる」は、他人の不幸などが自分のことのように切実に感じられるということ。

③　「住めば都」は、どんな所でも、住み慣れるとそこが最も居心地よく感じられるものだということ。

二　**問二**　直前の日傘《がさ》の例でいうと、「自分だけ、涼《すず》しい思いをするのは悪い」「二人で暑さを分かちあう」という発想。このあり方に、ウが適する。

問三　どのような場面で力を合わせて助け合うことが必要になるかを具体的に説明すると、稲《いな》作の特徴《ちょう》の説明となる。傍線部《ぼうせんぶ》②の直前の２段落で「水路を引き、水路を管理することも共同で行わなければならない」「イネの栽《さい》培《ばい》も手がかかるので一人ではできない。特に田植えは多大な労働力を必要とする」と述べていることからまとめる。

問四　これまでの本文では、協調性や集団行動を重んじる日本人の気質が稲作によって育まれてきたということを取り上げてきたが、筆者はここで「日本人の協調性を作り上げてきたのは、稲作ばかりではないだろう」とし、このあと「私は～稲作と共に、度《たび》重なる災害があったのだと思う」という考えを述べている。傍線部③はこのことを言うための根拠《こんきょ》になっているので、アが適する。

問五　傍線部③の後から傍線部④までで述べていることを読み取る。「日本人は長い歴史の中で幾《いく》たびもの自然災害に遭遇《そうぐう》し、それを乗り越《こ》えてきた」「長い歴史の中で～災害を乗り越えるのに必要なことは～力を合わせ、助け合うという協調性だったのではないだろうか」「災害のときに、もっとも大切なことは助け合うことである。人は一人では生きていけない」「くりかえされる自然災害の中で助け合うことのできる人は助かり、助け合うことのできる村は永続していったのだろう」と述べていることに、オが適する。

問六　「その協調性」とは、傍線部⑤の直前の一文より、度重なる災害で磨《みが》き上げられた協調性のことである。よって、イが適する。

問七　傍線部⑥のある段落で「集団を優先し、個人を犠牲《ぎせい》にしがちな日本人の気質には、欠点もある」と述べている。「外交的で、個性を尊重する欧《おう》米」から理解されないということは、欧米人のそのような性質とは反対の性質が批判されるということ。具体的には、傍線部⑥の２行前の「外に向かわず、内向きな国民性。個人の意見を言わず、個人では判断しない同質集団」であることが批判の対象になるのである。よって、アが適する。

問八　傍線部⑦の２～４行後で「大声をあげて泣きたい～しかし、それでは相手が悲しい気持ちになってしまう。相手に悲しい思いをさせないために、じっと耐《た》えて、笑顔《えがお》を見せているのだ」「相手の心に同調して、悲しい気持ちを共有できる～相手の気持ちを慮《おもんぱか》って笑顔を見せる日本人気質」と述べていることに、エが適する。

問九　まず、「むしろ」とあるので、どうするのではなく「むしろ」海外に日本の良さを発信していきたいと言っているのかをおさえる。それは、「外国のものをありがたがり、外国の考え方や習慣を取り入れようとする」だけではなく、ということ。次に、稲作で育んできた「大切なもの」とは何かをおさえる。それは、「相手のことを思いやる気持ち。相手に寄り添《そ》う心」である。これらの内容をまとめる。

三　**問一**　傍線部①の直後の３行を参照。「親の仇《かたき》みたいに」ひたすら「釣《つ》り竿《ざお》を振《ふ》っては餌《えさ》を飛ばしていた」のは、楽しんで集中しているからではなく、「母さんが死んで、仕事を変えて～とりあえず息子《むすこ》と釣り糸を垂らすくらいしかすることがない」から。つまり、気をまぎらわせようとしているということ。だから、笑っても「ぜんぜん楽しそうじゃなかった」のである。そして「こっちへ来て、よかったかな」と息子に聞いていることからも、なやんでいることがうかがえる。この内容に、ウが適する。

問二　「虫の知らせ」は、よくないことが起こりそうだと感じること。傍線部②の直後に「母さんは東京へ戻《もど》って間もなく病気がわかった」とあり、その後亡《な》くなったのである。よって、アが適する。

問三　父さんは「よくわからないんだよ。こっちへ来たほうがよかったのか～残るべきだったのか」となやみ、「太一《たいち》と菜月《なつき》がこっちで少しでも前を向いて暮らせればいいんだが」と願っている。その父さんに、「僕《ぼく》」(＝太一)は「友達ができたんだ」と報告した。つまり「僕」は、「こっち」での生活がうまくいっているということを父さんに伝えたのである。だから引っ越《こ》してきてよかったんだと思う、だから父さんはなやまなくてもいいと思う、ということを言いたいのだと考えられる。

問四　「中村さん」を「なつかしい」と感じる理由がわかったということ。「彼女《かのじょ》(＝中村さん)はこの辺のひとの顔をしている。つまり、母さんとどことなく似ているのだ。だから、惹《ひ》かれた」と思っていることに、オが適する。

問五　傍線部⑤の直後に「たしかに、似ていた。みんな似ている、その範疇《はんちゅう》を少し超《こ》えているような気がした」とある。「この辺のひとの顔はみんななんとなく似ている」という以上によく似ている、つまり、「中村さん」が母さんにすごくよく似ていたということ。

問六　問五で読み取ったように、「中村さん」は母さんにそっくりで、「その声までも、似ている、気がした」とある。このあと、「背格好も似ている」「彼女は知っているのだ～大切なひとりが欠けてしまったこと。今度は僕が～がんばるときだということ」「ご家族に、母さんは含《ふく》まれるのかな」「聞かなくても知っていた～古いアルバムを借りればわかることだと思った」とあるように、「中村さん」の正体が母であることをしだいに確信していく。その前の段階なので、「かあちゃん」と呼んで反応を確かめようとしたのだと考えられる。よって、イが適する。

問七　「ご家族」と「かぎカッコ」をつけて、「中村さん」(＝母さん)の言ったとおりにくり返していることから、「ご家族のためにも」と言って料理の本をすすめた彼女の気持ちを受け取ったのだとわかる。「何か、おいしいものを」の続きは「つくってみよう」なので、「僕」の決意が読み取れる。よって、エが適する。

問八　「母さんはもちろん太一の家族でしょう」は、亡くなっても家族の一員として太一たちを見守っているということ。だから太一が家族のためにがんばってくれたら母さんはうれしい、母さんは太一がそのようにがんばることを応援《おうえん》しているのだ、という気持ち。よって、イが適する。

問九　「ありがとう」なので、感謝の気持ち。母さんにどんなことを感謝しているのか。それは、「ご家族のためにも」といって「僕」に料理の本をすすめ、がんばるよう導いてくれたこと。その前に「重松清」をすすめたのも、「僕」の心に寄りそい支えるためだったのだろう。亡くなった後も家族のことを気にかけて、「中村さん」になって「僕」に思いを伝えにきた母さんに、心からの感謝を伝えたということ。

《2020　算数　解説》

1 (1)　与式より，$6-\square\times\frac{2}{3}=15\div\frac{9}{2}$　$6-\square\times\frac{2}{3}=15\times\frac{2}{9}$　$\square\times\frac{2}{3}=6-\frac{10}{3}$　$\square=\frac{8}{3}\div\frac{2}{3}=\frac{8}{3}\times\frac{3}{2}=4$

(2)　与式$=\{(\frac{6}{25}+\frac{4}{5})\times\frac{25}{4}\}\div(\frac{15}{4}-\frac{8}{3})=\{(\frac{6}{25}+\frac{20}{25})\times\frac{25}{4}\}\div(\frac{45}{12}-\frac{32}{12})=\frac{26}{25}\times\frac{25}{4}\div\frac{13}{12}=\frac{13}{2}\times\frac{12}{13}=6$

(3)　右のてんびん図を利用して考える。ａ：ｂは，食塩水の量の比である100：300＝1：3の逆比に等しくなるので，ａ：ｂ＝3：1となる。これより，(ａ＋ｂ)：ｂ＝4：1となるから，ｂ＝(7－5)×$\frac{1}{4}$＝0.5(％)なので，求める濃《こ》さは，5＋0.5＝①5.5(％)

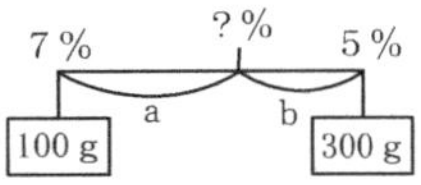

Ｂから100ｇとってＡにもどす前のＡの中には，7％の食塩水が300－100＝200(ｇ)残っているから，この中の食

塩の量は200×0.07＝14（g）である。Bから取った100gの中の食塩の量は，100×0.055＝5.5（g）である。
よって，このときのAの中の食塩の量は，14＋5.5＝②19.5（g）である。

⑷　定価の1－0.1＝0.9（倍）が486円だから，定価は486÷0.9＝540（円）である。仕入れ値の1＋0.2＝1.2（倍）が540円だから，仕入れ値は540÷1.2＝①450（円）である。
仕入れ値の合計は，450×240＝108000（円）である。定価で売れた個数は，240×$\frac{5}{8}$＝150（個）だから，定価で売れた商品の売り上げは，540×150＝81000（円）である。定価の1割引きで売れた個数は，（240－150）×$\frac{2}{3}$＝60（個）だから，定価の1割引きで売れた商品の売り上げは，486×60＝29160（円）である。
よって，全体の利益は，（81000＋29160）－108000＝②2160（円）である。

⑸　正方形はひし形でもあるから，その面積は，（対角線）×（対角線）÷2でも求められる。したがって，正方形ABCDの（対角線）×（対角線）は，18×2＝36であり，36＝6×6だから，対角線BDの長さは①6㎝である。

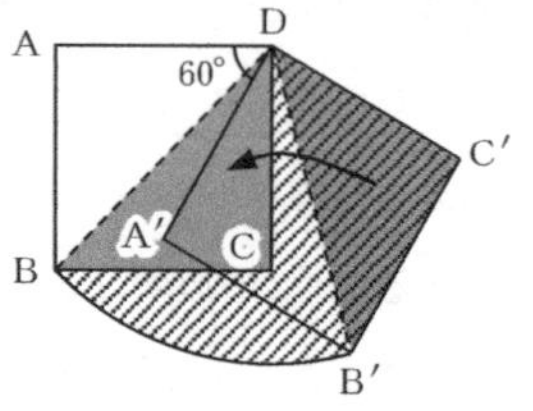

右図の色付きの斜線部分を色付き部分に移動させると，求める面積は，半径が6㎝，中心角が60度のおうぎ形の面積に等しいとわかる。
よって，6×6×3.14×$\frac{60}{360}$＝6×3.14＝②18.84（㎠）である。

⑹　表に○や×をかきこみながら考えると，整理しやすい。
太郎さんが5問中4問正解していたので，4問目までに少なくとも3問は正解しているとわかる。また，三郎さんが4問目までに3問正解していたから，4問目までで2人の答えが一致《いっち》している問1，問3，問4の正答は，それぞれA，B，Bとわかる。このことから，三郎さんは問2を間違えたことがわかるので，問2の正答はAとなる。したがって，太郎さんは4問目まですべて正解していたので，問5の正答はAとわかる。
これらのことをまとめると，右表のようになるから，次郎さんが間違えた問題は①1問目と②4問目，三郎さんが正解した問題数は全部で③4問とわかる。

	問1	問2	問3	問4	問5
太郎さん	Ⓐ	Ⓐ	Ⓑ	Ⓑ	×
次郎さん	B	A	B	A	A
三郎さん	Ⓐ	×	Ⓑ	Ⓑ	A
正答	A	A	B	B	A

⑺　太郎さんがかいた整数と，次郎さんがかいた小数の差が41217.741だから，筆算をかくと右のようになる。一の位から1をくり下げて計算をするから，1－0.[ウ][エ][オ]＝0.741となり，1－0.741＝0.259だから，[ウ]＝2，[エ]＝5，[オ]＝9とわかる。したがって，一の位の計算より，9－1－[イ]＝7となるから，[イ]＝1，十の位の計算より，5－[ア]＝1となるから，[ア]＝4とわかる。よって，次郎さんがかいた数は，①41.259である。また，小数点を忘れてかくと41259となるのだから，小数Aとして考えられる最大の数は4125.9であり，最小の数は4.1259である。このことから，最大の数と最小の数の差は，4125.9－4.1259＝②4121.7741である。

```
    [ア][イ][ウ][エ][オ]
－        [ア][イ].[ウ][エ][オ]
────────────────
    4  1  2  1  7. 7  4  1
```

⑻　3本の棒で作られる正三角形が，1段の図形，2段の図形，3段の図形，…には，1個，4個，9個，…あるとわかる（右図参照）。
このことから，n段の図形に，n×n（個）あるとわかるから，10段の図形には10×10＝①100（個）ある。

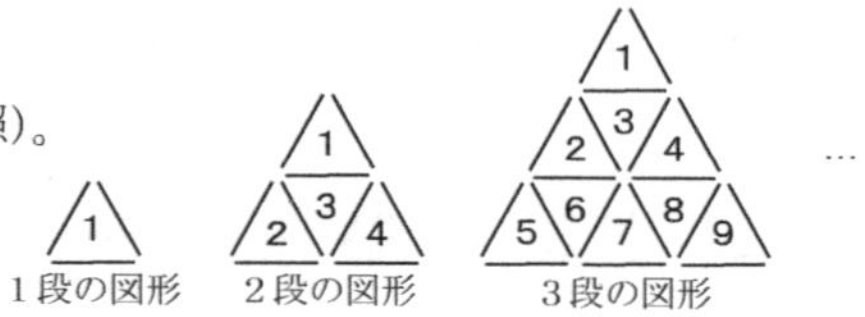

1段の図形　2段の図形　3段の図形

棒の数を数えるときに，①で求めた正三角形の数の3倍をすると，2回数えてしまう棒ができてしまう。したがって，同じ棒を2回数えないために，3本の棒で作られる正三角形のうち，△の向きの三角形の数を数える。△の向きの三角形は，10段の図形に，1＋2＋3＋…＋10＝55（個）あるから，使う棒の本数は，3×55＝②165（本）である。

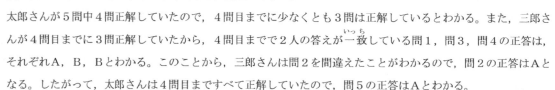

(9)㋐　展開図に頂点の記号をかきこむと右図ⅰのようになるから，展開図上で，AからC，DからG，EからDに矢印をかくと，解答例のようになる。

図ⅰ

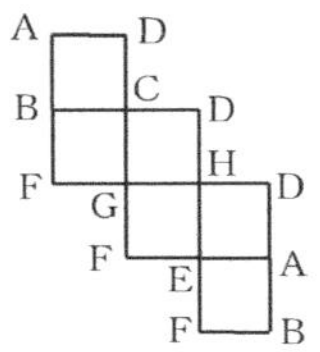

図ⅱ

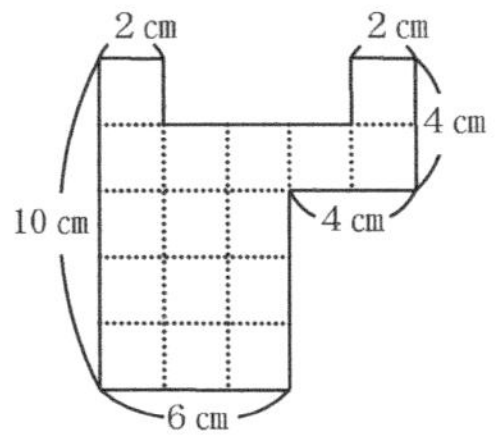

㋑　正面からみたとき，右図ⅱのようになる。図2の立体は，図ⅱの図形を底面とする柱体である。底面に接している立方体の個数は，5×5－1×3－3×2＝16(個)で，これが5個積み重なっているのだから，求める立方体の個数は，16×5＝①80(個)である。図ⅱの図形の底面積は，(2×2)×16＝64(cm²)，周の長さは，10×4＋2×2＝44(cm)だから，求める表面積は，64×2＋44×10＝②568(cm²)である。

2 (1)　2時間15分＝2$\frac{15}{60}$時間＝$\frac{9}{4}$時間で，進む道のりの差が18 kmだから，はじめのA君とB君の速さの差は，毎時(18÷$\frac{9}{4}$)km＝毎時8 kmである。

(2)　はじめA君の方が毎時8 km速かったから，A君が速さを毎時6 km下げると，もとのB君の速さよりも毎時(8－6)km＝毎時2 km速い。B君は速さを毎時5 km上げたから，速さを変えた後のA君よりも，毎時(5－2)km＝毎時3 km速くなる。したがって，速さを変えた後，A君とB君の間の道のりは，1時間に3 kmずつ短くなるから，A君がQ市に着くまでに2人の間の道のりは，18－3＝15(km)となる。このことから，速さを変えた後，B君は15 kmを20分＝$\frac{20}{60}$時間＝$\frac{1}{3}$時間で進むとわかるから，その速さは，毎時(15÷$\frac{1}{3}$)km＝毎時45 kmである。よって，はじめのB君の速さは，毎時(45－5)km＝毎時40 kmだから，求める道のりは，40×$\frac{9}{4}$＋45×$\frac{4}{3}$＝150(km)である。

3 機械A，B，Cが1時間あたりに作ることができる商品の個数を，それぞれ③，⑤，⑥とする。

(1)　機械BとCを午前9時から午前11時までの2時間動かした場合，機械Bが作ることができる商品の個数は，⑤×2＝⑩，機械Cが作ることができる商品の個数は，⑥×2＝⑫である。

この日は，午前9時からしばらく機械Bが故障していたので，機械Bで作れた実際の個数は，⑫×$\frac{3}{8}$＝($\frac{9}{2}$)である。したがって，機械Bが動いていた時間は，2時間＝120分のうちの，($\frac{9}{2}$)÷⑩＝$\frac{9}{20}$とわかる。よって，機械Bで商品を作り始めた時刻は，午前11時の120×$\frac{9}{20}$＝54(分前)の午前10時6分である。

(2)　機械A，B，Cで8時間作り続けると，(③＋⑤＋⑥)×8＝(112)作ることができるから，この日に3台で作った商品の個数は，(112)×$\frac{5}{7}$＝(80)である。

この日，機械Aが動いていた時間は午前11時から午後5時までの6時間だから，作った商品の個数は③×6＝⑱，機械Bが動いていた時間は午前10時6分から午後5時までの6時間54分＝6$\frac{54}{60}$時間＝$\frac{69}{10}$時間だから，作った商品の個数は⑤×$\frac{69}{10}$＝($\frac{69}{2}$)である。

したがって，機械Cが作った商品の個数は，(80)－⑱－($\frac{69}{2}$)＝($\frac{55}{2}$)である。よって，機械Cが動いていた時間は，($\frac{55}{2}$)÷⑥＝$\frac{55}{12}$＝4$\frac{7}{12}$(時間)，つまり，4時間($\frac{7}{12}$×60)分＝4時間35分だから，機械Cが故障した時刻は，午前9時の4時間35分後の午後1時35分である。

4 (1)　1脚に9人ずつ座ると，使っている長いすにはすべて9人ずつ座るから，生徒の人数は9の倍数である。

1脚に8人ずつ座ると，13脚には8人ずつ座り，1脚だけ1人以上7人以下となる。したがって，8×13＝104より，生徒の人数は104＋1＝105(人)以上，104＋7＝111(人)以下とわかる。105÷9＝11余り6，9×12＝108，9×13＝117より，105から111までの間に9の倍数は108だけとわかる。よって，求める生徒の人数は108人である。

(2)　すべての長いすに7人ずつ座ると，7×14＝98(人)座ることができる。残りの108－98＝10(人)が，7人ずつ座っているいくつかの長いすにさらに9－7＝2(人)ずつ座ると，7人ずつ座る長いすと9人ずつ座る長いすができる。したがって，９人ずつ座る長いすは10÷２＝５(脚)だから，７人ずつ座る長いすは14－５＝９(脚)である。

⑶　５人ずつ，７人ずつ，９人ずつ座る長いすは，少なくともそれぞれ１脚はあるから，５人ずつ座る長いすが12脚，７人ずつ座る長いすが１脚，９人ずつ座る長いすが１脚とすると，５×12＋７＋９＝76(人)が座れる。残りの108－76＝32(人)の座り方について考える。７人ずつ座る長いすと，９人ずつ座る長いすには，それぞれ５人ずつ座っている長いすに，さらに７－５＝２(人)ずつ，９－５＝４(人)ずつ座ればよいから，32人を２人と４人のグループにわければよい。このグループの数は，全部で12－１＝11(組)以下となる。32÷４＝８より，４人のグループは最大で８組である。また，４人１組を２人２組に変えることができるから，２人と４人のグループは右表１のようになる。

７人ずつ座る長いすと９人ずつ座る長いすの数は，２人と４人のグループの数より１ずつ多いから，５人ずつ座る長いす，７人ずつ座る長いす，９人ずつ座る長いすの数の組み合わせは，右表２のようになる。

表１

２人	４人
０組	８組
２組	７組
４組	６組
６組	５組

表２

５人	７人	９人
４脚	１脚	９脚
３脚	３脚	８脚
２脚	５脚	７脚
１脚	７脚	６脚

《2020　理科　解説》

【１】

⑴⑷　ｂ，ｃ〇…デンプンがあると，ヨウ素液は青紫色に変化する。ダイズは子葉の部分に発芽のための栄養分となるデンプンがたくわえられている。

⑵　ａ〇…ａは胚《はい》である。胚は，発芽して根，茎，葉(本葉)となる部分である。

⑸　(ア)実験２〇…土が無くても発芽している。　(イ)実験２と実験３〇…水に半分つかる状態で空気にふれることのできる実験２は発芽するが，水に完全にしずんだ状態で空気にふれない実験３は発芽しない。

【２】

⑴　①③④⑤〇…ダンゴムシも昆虫もからだやあしがふしに分かれている節足動物《せっそくどうぶつ》のなかまである。外骨格をもつため，脱皮をすることでからだが大きくなる。　②×…昆虫のあしは左右に３本ずつ，全部で６本ある。

⑵　(イ)〇…主に落葉やくさった葉，虫の死がいなどを食べる。

⑶　(イ)〇…最初に左側のかべに沿って移動している場合，Ｔ字路で図１のように45°向きを変えて左折すると，次は右のかべに沿って移動することになるので，次のＴ字路では45°向きを変えて右折する。

⑷　(ア)〇…図１より，ダンゴムシはかべが途切れると，沿っていたかべ側に45°向きを変えて移動し，最初にかべに触れた触角が右ならば左折し，左ならば右折している。よって，角度ａが45°より小さいときは右の触角が最初に板に触れる確率が高いから左折しやすく，角度ａが45°のとき最初に板に触れる確率は左右の触角で等しくなるので右折する確率は50％，角度ａが45°を越えると左の触角が最初に板に触れる確率が高くなるので右折しやすくなる。

【３】

⑴　②，Ｂ〇…①が正午，②が夕方，③が真夜中，④が明け方の位置である。夕方，南西の空に観察される月は三日月である。太陽，月，地球の位置関係から，太陽の光の当たらない面全体を地球に向けているＡが新月，太陽に照らされている面全体が地球から見えるＥが満月である。新月は右側から満ちていき満月になり，満月は右側から欠けていき新月になる満ち欠けを約30日ごとに繰り返すから，Ｂが三日月，Ｃが上弦の月，Ｇが下弦の月である。

(2)　(イ)，(ウ)○…満月(E)は夕方東の空からのぼり，真夜中に南中し，明け方(午前６時ごろ)に西の空にしずむ。月の出は１日に約 50 分ずつ遅くなるから，Ｆの月は，満月よりも３時間ほど遅い午前９時ごろ西の空にしずむ。

(3)　(エ)○…日食は，太陽による月のかげが落ちた地点でだけ観察できる。月食は月が地球のかげに入ることで起こるので，月が見えていれば地球上のどこからでも観察できる。

(4)　(ウ)○…日食では太陽が月の後ろを東から西に追い抜いていくので，太陽は月にかくされる西側から欠けていく。

(5)　日本(イ)，赤道上(ウ)，南極点(オ)○…図２で，地軸の北極側が太陽の方に傾いているから，日本のある北半球は夏である。赤道では斜線部分に入っている長さと白い部分に入っている長さが等しいから，赤道上の昼と夜の長さは等しい。以上より，図は夏至の日の地球を表している。南極点は斜線部分の中にあるから一日中夜，北極点は白い部分の中にあるから一日中昼である。

(6)　日の出(ウ)，日の入り(オ)○…同じ経度であれば，北にある地点ほど日の出が早く，日の入りが遅い。

【４】

(3)　加えた酸素(B)の体積が 18Ｌまでは，酸素６Ｌと水素(D)12Ｌが反応して水ができるので，加えた酸素６Ｌごとに燃焼後の気体の体積は 12Ｌずつ減っている。加えた酸素が 18Ｌから 24Ｌになったときは，燃焼後の気体の体積が３Ｌ増えている。よって，酸素６Ｌのうち，酸素１Ｌと水素２Ｌが反応して水になり，燃焼後に酸素５Ｌと窒素(G)が合わせて 20Ｌ残ったと考えられる。よって，Ｇの体積は 20－５＝15(Ｌ)である。

(4)　メタンと酸素が反応すると水と二酸化炭素ができる。燃焼後の体積が 22Ｌで変わらない間は，酸素がすべてメタンと反応している。加えた酸素(B)が 12Ｌから 16Ｌになったとき，燃焼後の体積が２Ｌ増えているのは，メタンがすべてなくなり，酸素が２Ｌ残ったからである。つまり，16－２＝14(Ｌ)の酸素と反応する量のメタンがもともと含まれていて，メタンと二酸化炭素の体積を足したものが反応した酸素の体積 14Ｌと等しい。よって，メタンの体積は 14÷２＝７(Ｌ)だから，Ｇ(窒素)の体積は 22－７＝15(Ｌ)である。

【５】

(1)　イワシ１匹をアジ１匹にかえると代金が 20 円高くなるから，アジ１匹はイワシ１匹より 20 円高い。おもりのずれ 10 cmより，イワシ１匹は 100 円である。よって，アジ１匹は 120 円，サバ１匹は 370－220＝150(円)である。

(2)　おもりのずれはイワシ１匹で 10 cm，アジ１匹で 12 cm，サバ１匹で 15 cmだから，イワシ１匹は 80 円，アジ１匹は 120 円，サバ１匹は 12×15＝180(円)となる。よって，Ａ君は 80＋120＋180＝380(円)，Ｂ君は 120×２＋180＝420(円)である。

(3)　〔支点からの距離×重さ〕が左右で等しいときつり合う。おもりを２倍にしたから，おもりの支点からの距離はもとの$\frac{1}{2}$になる。よって，棒の左端から 10＋40÷２＝30(cm)の位置である。

(4)　おもりの重さはもとの２倍で，おもりのずれが 90－30＝60(cm)だから，タイ１匹の重さは，イワシ１匹の重さの２×$\frac{60}{10}$＝12(倍)である。

(5)　皿の支点からの距離が 10－５＝５(cm)になると，おもりの支点からの距離は５×$\frac{40}{10}$＝20(cm)になるから，おもりの位置は左端から５＋20＝25(cm)である。

(6)　皿から支点までの距離をもとの$\frac{1}{2}$にしたので，おもりのずれは，おもりの重さを２倍にしたときと同じになる。よって，タイ１匹のおもりのずれは 60 cmだから，おもりの位置は左端から５＋20＋60＝85(cm)である。

【6】

⑴　③○…図Ⅰのような並列回路になっている。(並列部分に)直列についている豆電球の数が多いほど暗くなる。

⑵　⑤，⑥○…図Ⅱ参照。

⑶　①，⑤，⑥○…図Ⅲ参照。

⑷　①，⑤○…電池から②への道すじがつながらないように，豆電球①と⑤をはずす。

図Ⅰ

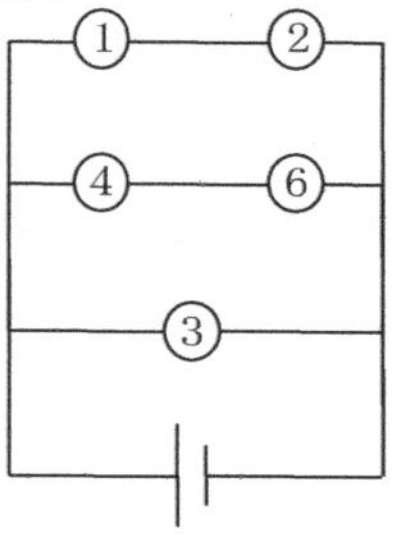

図Ⅱ

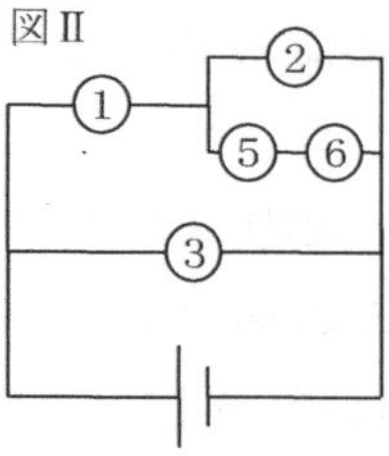

図Ⅲ

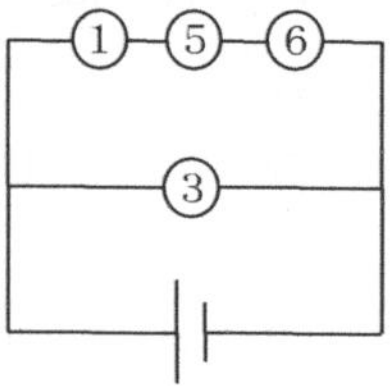

《2020　社会　解説》

1　問１　(う)が誤り。租は収穫の約３％を納める税であった。(あ)は調，(い)は防人，(え)は庸である。

問２　(い)が誤り。重源が東大寺を再建したのは，平安時代末期のことである。

問３　(え)が誤り。侍所を設けたのは源頼朝である。

問４　(え)が誤り。『日本書紀』は奈良時代の初期につくられた。

問５　将軍と主従関係を結んだ御家人は，鎌倉や京都の警備(大番役)が平時の仕事であった。

問６　(う)が誤り。源氏の将軍が３代で途絶えたことから承久の乱が起きたのだから，執権政治はその前から行われていた。

問７　(う)が誤り。武士として初めて太政大臣になったのは，平清盛である。

問８　織田信長は，室町幕府の第15代将軍・足利義昭を京都から追放した。

問９　(え)が誤り。(え)は織田信長についての記述である。

問10　(う)が正しい。参勤交代を始めて武家諸法度に追加した。(あ)(い)(え)は1615年の元和令からあった。

2　問１　ⓐの富岡製糸場は(い)の群馬県，ⓑの八幡製鉄所は(か)の福岡県，ⓒの原爆ドームは(お)の広島県にある。

問２　(あ)が誤り。貴族院は天皇から任命された貴族や皇族が多かった。

問３　(い)が正しい。大隈重信は，早稲田大学の創始者としても知られる。渋沢栄一は2024年から発行される一万円札紙幣にデザインされる。伊藤博文は，初代内閣総理大臣として知られる。

問４　(う)が正しい。富岡製糸場を建設したブリューナがフランス人であり，フランスの機械を導入したために，フランス人技師の指導を受けた。

問５　(う)が正しい。労働組合法は戦後(昭和時代)に制定されたからＸは誤り。

問６　(う)が正しい。(あ)イギリスと日英同盟を結んだのは，日清戦争後の1902年のことである。(い)義和団事件を背景に朝鮮・満州をめぐるロシアとの対立から日露戦争は起きた。日本が朝鮮を植民地化した韓国併合は，日露戦争から６年後の1910年のことである。

問７　(う)が正しい。勝海舟は江戸幕府の幕臣。緒方洪庵は適塾(大阪)，シーボルトは鳴滝塾(長崎)をつくった。

問８　(う)が正しい。Ⅱ．日中戦争(1937年)→Ⅰ．国家総動員法の制定(1938年)→Ⅲ．フランス領インドシナ侵攻(1940年)

問９　(あ)が誤り。サンフランシスコ平和条約は，アメリカをはじめとする西側諸国との講和条約であり，中国は会議に招かれなかった。

問10　(う)が正しい。ユネスコは，国連教育科学文化機関の略称である。

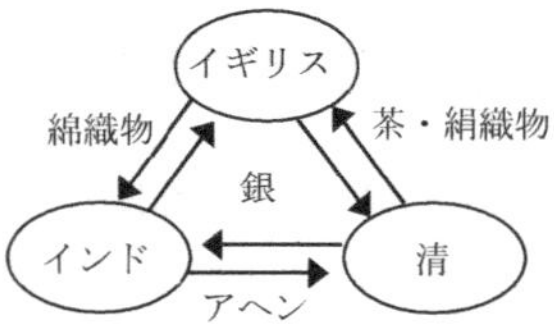

3　問1　イギリス・清・インドの三角貿易において，銀の流出をおさえたいイギリスは，インドから清に大量のアヘンを送り込んだ。これに反発した清とイギリスの間にアヘン戦争(1840年)が起き，「眠れる獅子」と呼ばれた清はイギリスに敗れ，イギリスに有利な南京条約が結ばれた。

問2　(い)が正しい。香港は，1898年に99年間の租借期間が設けられ，1997年に中国に返還された。

問3　日韓基本条約では，当時の大韓民国の国家予算２年分以上の資金提供を，日本政府が行った。

問4　(い)ＧＳＯＭＩＡ(ジーソミア)を破棄することを発表した韓国政府は，失効寸前に継続を発表した。

問5　①は(お)，②は(う)，③は(あ)である。財務省は財政の確保・国税の管理などを担当する。厚生労働省は健康・医療・子育て・福祉・介護・労働などを担当する。

4　問1　【Ａ】は(お)の宮城県である。日本三景の１つ「松島」がある。【Ｂ】は(い)の和歌山県である。ナショナルトラスト運動の先駆けは，天神崎(和歌山県田辺市)の自然と保全を目的としたものであった。【Ｃ】は(か)の大阪府である。「海沿いの埋め立て地」「内陸部に中小工場」から阪神工業地帯とつなげる。

問2　(え)の富士山が日本三景ではない。(あ)は安芸の宮島(広島県)，(い)は天橋立(京都府)，(う)は松島。

問3　リアス海岸は，土地が沈降して山地の谷の部分に海水が入り込んでできた複雑な海岸地形である。

問4　(あ)が正しい。(い)はラムサール条約，(う)はパークアンドライド，(え)はグリーンツーリズムやエコツーリズムの考え方である。

問5　(え)が誤り。65歳以上は2000年に約30%の３人に１人，2010年に約20%の５人に１人の割合である。

問6　(う)が誤り。中小工場の割合は99%以上である。

問7　Ｘ＝(う)，Ｙ＝(お)，Ｚ＝(あ)である。資料が2016年であることに注意する。自動車の１位のＸが鉄鋼では上位にいないことからＸがアメリカ，Ｙが中国，Ｚが韓国と判断する。2018年に，輸出入はともに中国が１位となっていたが，新型コロナウィルスの影響で2020年の数値は減少が見込まれる。

5　問1　(あ)が正しい。スウェーデンは高福祉国だからつぼ型が進んだ(え)，エチオピアは発展途上国だから富士山型の(う)，インドはエチオピアより工業は発展しているからつりがね型の(い)である。

問2　(え)が正しい。人口が圧倒的に少ないシンガポールは，１人当たり貿易額が高くなる。人口が圧倒的に多いインドは，１人当たり貿易額が低くなる。

問3　(う)が正しい。2000年代になって急激に発展してきた中国は，発展に伴って二酸化炭素の排出量も急増したから，Ｙを中国と判断する。

問4　(い)が正しい。東京‐ニューヨークの最短経路がアラスカの南を通ることから，中国ならアラスカを通ると判断する。緯線と経線が直角に交わる地図では，北半球の最短経路(大圏航路)は，上側に弧を描く経路となる。

問5　(か)が正しい。スペイン語を話すヒスパニックは，メキシコとの国境沿いの州に多い。アフリカ系は，18～19世紀にかけて南部に奴隷として連れてこられてきた黒人の子孫が多い。

問6　家畜の飼料・食用油から大豆を導く。アメリカで栽培され，家畜の飼料・食用油になるものには，とうもろこしもあるが，とうもろこしの原産国はメキシコや中南米と言われている。

問7　(い)のカリフォルニア州が正しい。シリコンバレーは，カリフォルニア州サンフランシスコ南部に位置する。(あ)はモンタナ州，(う)はテキサス州，(え)はフロリダ州，(お)はオハイオ州。

■ ご使用にあたってのお願い・ご注意

（1）問題文等の非掲載

著作権上の都合により，問題文や図表などの一部を掲載できない場合があります。

誠に申し訳ございませんが，ご了承くださいますようお願いいたします。

（2）過去問における時事性

過去問題集は，学習指導要領の改訂や社会状況の変化，新たな発見などにより，現在とは異なる表記や解説になっている場合があります。過去問の特性上，出題当時のままで出版していますので，あらかじめご了承ください。

（3）配点

学校等から配点が公表されている場合は，記載しています。公表されていない場合は，記載していません。

独自の予想配点は，出題者の意図と異なる場合があり，お客様が学習するうえで誤った判断をしてしまう恐れがあるため記載していません。

（4）無断複製等の禁止

購入された個人のお客様が，ご家庭でご自身またはご家族の学習のためにコピーをすることは可能ですが，それ以外の目的でコピー，スキャン，転載（ブログ，ＳＮＳなどでの公開を含みます）などをすることは法律により禁止されています。学校や学習塾などで，児童生徒のためにコピーをして使用することも法律により禁止されています。

ご不明な点や，違法な疑いのある行為を確認された場合は，弊社までご連絡ください。

（5）けがに注意

この問題集は針を外して使用します。針を外すときは，けがをしないように注意してください。また，表紙カバーや問題用紙の端で手指を傷つけないように十分注意してください。

（6）正誤

制作には万全を期しておりますが，万が一誤りなどがございましたら，弊社までご連絡ください。

なお，誤りが判明した場合は，弊社ウェブサイトの「ご購入者様のページ」に掲載しておりますので，そちらもご確認ください。

■ お問い合わせ

解答例，解説，印刷，製本など，問題集発行におけるすべての責任は弊社にあります。

ご不明な点がございましたら，弊社ウェブサイトの「お問い合わせ」フォームよりご連絡ください。迅速に対応いたしますが，営業日の都合で回答に数日を要する場合があります。

ご入力いただいたメールアドレス宛に自動返信メールをお送りしています。自動返信メールが届かない場合は，「よくある質問」の「メールの問い合わせに対し返信がありません。」の項目をご確認ください。

また弊社営業日（平日）は，午前９時から午後５時まで，電話でのお問い合わせも受け付けています。

2025 春

株式会社教英出版

〒422-8054　静岡県静岡市駿河区南安倍３丁目 12-28

TEL　054-288-2131　　FAX　054-288-2133

URL　https://kyoei-syuppan.net/

MAIL siteform@kyoei-syuppan.net

神奈川県

- ① [県立] 相模原中等教育学校
  平塚中等教育学校
- ② [市立] 南高等学校附属中学校
- ③ [市立] 横浜サイエンスフロンティア高等学校附属中学校
- ④ [市立] 川崎高等学校附属中学校
- ✿⑤ 聖光学院中学校
- ✿⑥ 浅野中学校
- ⑦ 洗足学園中学校
- ⑧ 法政大学第二中学校
- ⑨ 逗子開成中学校(1次)
- ⑩ 逗子開成中学校(2·3次)
- ⑪ 神奈川大学附属中学校(第1回)
- ⑫ 神奈川大学附属中学校(第2·3回)
- ⑬ 栄光学園中学校
- ⑭ フェリス女学院中学校

新潟県

- ① [県立] 村上中等教育学校
  柏崎翔洋中等教育学校
  燕中等教育学校
  津南中等教育学校
  直江津中等教育学校
  佐渡中等教育学校
- ② [市立] 高志中等教育学校
- ③ 新潟第一中学校
- ④ 新潟明訓中学校

石川県

- ① [県立] 金沢錦丘中学校
- ② 星稜中学校

福井県

- ① [県立] 高志中学校

山梨県

- ① 山梨英和中学校
- ② 山梨学院中学校
- ③ 駿台甲府中学校

長野県

- ① [県立] 屋代高等学校附属中学校
  諏訪清陵高等学校附属中学校
- ② [市立] 長野中学校

岐阜県

- ① 岐阜東中学校
- ② 鶯谷中学校
- ③ 岐阜聖徳学園大学附属中学校

静岡県

- ① [国立] 静岡大学教育学部附属中学校
  (静岡·島田·浜松)
- ② [県立] 清水南高等学校中等部
  [県立] 浜松西高等学校中等部
  [市立] 沼津高等学校中等部
- ③ 不二聖心女子学院中学校
- ④ 日本大学三島中学校
- ⑤ 加藤学園暁秀中学校
- ⑥ 星陵中学校
- ⑦ 東海大学付属静岡翔洋高等学校中等部
- ⑧ 静岡サレジオ中学校
- ⑨ 静岡英和女学院中学校
- ⑩ 静岡雙葉中学校
- ⑪ 静岡聖光学院中学校
- ⑫ 静岡学園中学校
- ⑬ 静岡大成中学校
- ⑭ 城南静岡中学校
- ⑮ 静岡北中学校
- ⑯ 常葉大学附属常葉中学校
  常葉大学附属橘中学校
  常葉大学附属菊川中学校
- ⑰ 藤枝明誠中学校
- ⑱ 浜松開誠館中学校
- ⑲ 静岡県西遠女子学園中学校
- ⑳ 浜松日体中学校
- ㉑ 浜松学芸中学校

愛知県

- ① [国立] 愛知教育大学附属名古屋中学校
- ② 愛知淑徳中学校
- ③ 名古屋経済大学市邨中学校
  名古屋経済大学高蔵中学校
- ④ 金城学院中学校
- ⑤ 椙山女学園中学校
- ⑥ 東海中学校
- ⑦ 南山中学校男子部
- ⑧ 南山中学校女子部
- ⑨ 聖霊中学校
- ⑩ 滝中学校
- ⑪ 名古屋中学校
- ⑫ 大成中学校
- ⑬ 愛知中学校
- ⑭ 星城中学校
- ⑮ 名古屋葵大学中学校
  (名古屋女子大学中学校)
- ⑯ 愛知工業大学名電中学校
- ⑰ 海陽中等教育学校(特別給費生)
- ⑱ 海陽中等教育学校(I·II)
- ⑲ 中部大学春日丘中学校
- 新刊⑳ 名古屋国際中学校

三重県

- ① [国立] 三重大学教育学部附属中学校
- ② 暁中学校
- ③ 海星中学校
- ④ 四日市メリノール学院中学校
- ⑤ 高田中学校
- ⑥ セントヨゼフ女子学園中学校
- ⑦ 三重中学校
- ⑧ 皇學館中学校
- ⑨ 鈴鹿中等教育学校
- ⑩ 津田学園中学校

滋賀県

- ① [国立] 滋賀大学教育学部附属中学校
- ② [県立] 河瀬中学校
  守山中学校
  水口東中学校

京都府

- ① [国立] 京都教育大学附属桃山中学校
- ② [府立] 洛北高等学校附属中学校
- ③ [府立] 園部高等学校附属中学校
- ④ [府立] 福知山高等学校附属中学校
- ⑤ [府立] 南陽高等学校附属中学校
- ⑥ [市立] 西京高等学校附属中学校
- ⑦ 同志社中学校
- ⑧ 洛星中学校
- ⑨ 洛南高等学校附属中学校
- ⑩ 立命館中学校
- ⑪ 同志社国際中学校
- ⑫ 同志社女子中学校(前期日程)
- ⑬ 同志社女子中学校(後期日程)

大阪府

- ① [国立] 大阪教育大学附属天王寺中学校
- ② [国立] 大阪教育大学附属平野中学校
- ③ [国立] 大阪教育大学附属池田中学校

④[府立]富田林中学校
⑤[府立]咲くやこの花中学校
⑥[府立]水都国際中学校
⑦清風中学校
⑧高槻中学校（A日程）
⑨高槻中学校（B日程）
⑩明星中学校
⑪大阪女学院中学校
⑫大谷中学校
⑬四天王寺中学校
⑭帝塚山学院中学校
⑮大阪国際中学校
⑯大阪桐蔭中学校
⑰開明中学校
⑱関西大学第一中学校
⑲近畿大学附属中学校
⑳金蘭千里中学校
㉑金光八尾中学校
㉒清風南海中学校
㉓帝塚山学院泉ヶ丘中学校
㉔同志社香里中学校
㉕初芝立命館中学校
㉖関西大学中等部
㉗大阪星光学院中学校

兵庫県

①[国立]神戸大学附属中等教育学校
②[県立]兵庫県立大学附属中学校
③雲雀丘学園中学校
④関西学院中学部
⑤神戸女学院中学部
⑥甲陽学院中学校
⑦甲南中学校
⑧甲南女子中学校
⑨灘中学校
⑩親和中学校
⑪神戸海星女子学院中学校
⑫滝川中学校
⑬啓明学院中学校
⑭三田学園中学校
⑮淳心学院中学校
⑯仁川学院中学校
⑰六甲学院中学校
⑱須磨学園中学校(第1回入試)
⑲須磨学園中学校(第2回入試)
⑳須磨学園中学校(第3回入試)
㉑白陵中学校
㉒夙川中学校

奈良県

①[国立]奈良女子大学附属中等教育学校
②[国立]奈良教育大学附属中学校
③[県立]
- 国際中学校
- 青翔中学校

④[市立]一条高等学校附属中学校
⑤帝塚山中学校
⑥東大寺学園中学校
⑦奈良学園中学校
⑧西大和学園中学校

和歌山県

①[県立]
- 古佐田丘中学校
- 向陽中学校
- 桐蔭中学校
- 日高高等学校附属中学校
- 田辺中学校

②智辯学園和歌山中学校
③近畿大学附属和歌山中学校
④開智中学校

岡山県

①[県立]岡山操山中学校
②[県立]倉敷天城中学校
③[県立]岡山大安寺中等教育学校
④[県立]津山中学校
⑤岡山中学校
⑥清心中学校
⑦岡山白陵中学校
⑧金光学園中学校
⑨就実中学校
⑩岡山理科大学附属中学校
⑪山陽学園中学校

広島県

①[国立]広島大学附属中学校
②[国立]広島大学附属福山中学校
③[県立]広島中学校
④[県立]三次中学校
⑤[県立]広島叡智学園中学校
⑥[市立]広島中等教育学校
⑦[市立]福山中学校
⑧広島学院中学校
⑨広島女学院中学校
⑩修道中学校
⑪崇徳中学校
⑫比治山女子中学校
⑬福山暁の星女子中学校
⑭安田女子中学校
⑮広島なぎさ中学校
⑯広島城北中学校
⑰近畿大学附属広島中学校福山校
⑱盈進中学校
⑲如水館中学校
⑳ノートルダム清心中学校
㉑銀河学院中学校
㉒近畿大学附属広島中学校東広島校
㉓AICJ中学校
㉔広島国際学院中学校
㉕広島修道大学ひろしま協創中学校

山口県

①[県立]
- 下関中等教育学校
- 高森みどり中学校

②野田学園中学校

徳島県

①[県立]
- 富岡東中学校
- 川島中学校
- 城ノ内中等教育学校

②徳島文理中学校

香川県

①大手前丸亀中学校
②香川誠陵中学校

愛媛県

①[県立]
- 今治東中等教育学校
- 松山西中等教育学校

②愛光中学校
③済美平成中等教育学校
④新田青雲中等教育学校

高知県

①[県立]
- 安芸中学校
- 高知国際中学校
- 中村中学校

福岡県

①[国立]福岡教育大学附属中学校（福岡・小倉・久留米）

②[県立]
- 育徳館中学校
- 門司学園中学校
- 宗像中学校
- 嘉穂高等学校附属中学校
- 輝翔館中等教育学校

③西南学院中学校
④上智福岡中学校
⑤福岡女学院中学校
⑥福岡雙葉中学校
⑦照曜館中学校
⑧筑紫女学園中学校
⑨敬愛中学校
⑩久留米大学附設中学校
⑪飯塚日新館中学校
⑫明治学園中学校
⑬小倉日新館中学校
⑭久留米信愛中学校
⑮中村学園女子中学校
⑯福岡大学附属大濠中学校
⑰筑陽学園中学校
⑱九州国際大学付属中学校
⑲博多女子中学校
⑳東福岡自彊館中学校
㉑八女学院中学校

佐賀県

①[県立]
- 香楠中学校
- 致遠館中学校
- 唐津東中学校
- 武雄青陵中学校

②弘学館中学校
③東明館中学校
④佐賀清和中学校
⑤成穎中学校
⑥早稲田佐賀中学校

長崎県

①[県立]
- 長崎東中学校
- 佐世保北中学校
- 諫早高等学校附属中学校

②青雲中学校
③長崎南山中学校
④長崎日本大学中学校
⑤海星中学校

熊本県

①[県立]
- 玉名高等学校附属中学校
- 宇土中学校
- 八代中学校

②真和中学校
③九州学院中学校
④ルーテル学院中学校
⑤熊本信愛女学院中学校
⑥熊本マリスト学園中学校
⑦熊本学園大学付属中学校

大分県

①[県立]大分豊府中学校
②岩田中学校

宮崎県

①[県立]五ヶ瀬中等教育学校

②[県立]
- 宮崎西高等学校附属中学校
- 都城泉ヶ丘高等学校附属中学校

③宮崎日本大学中学校
④日向学院中学校
⑤宮崎第一中学校

鹿児島県

①[県立]楠隼中学校
②[市立]鹿児島玉龍中学校
③鹿児島修学館中学校
④ラ・サール中学校
⑤志學館中等部

沖縄県

①[県立]
- 与勝緑が丘中学校
- 開邦中学校
- 球陽中学校
- 名護高等学校附属桜中学校

もっと過去問シリーズ

北海道

北嶺中学校
7年分（算数・理科・社会）

静岡県

静岡大学教育学部附属中学校
（静岡・島田・浜松）
10年分（算数）

愛知県

愛知淑徳中学校
7年分（算数・理科・社会）
東海中学校
7年分（算数・理科・社会）
南山中学校男子部
7年分（算数・理科・社会）
南山中学校女子部
7年分（算数・理科・社会）
滝中学校
7年分（算数・理科・社会）
名古屋中学校
7年分（算数・理科・社会）

岡山県

岡山白陵中学校
7年分（算数・理科）

広島県

広島大学附属中学校
7年分（算数・理科・社会）
広島大学附属福山中学校
7年分（算数・理科・社会）
広島学院中学校
7年分（算数・理科・社会）
広島女学院中学校
7年分（算数・理科・社会）
修道中学校
7年分（算数・理科・社会）
ノートルダム清心中学校
7年分（算数・理科・社会）

愛媛県

愛光中学校
7年分（算数・理科・社会）

福岡県

福岡教育大学附属中学校
（福岡・小倉・久留米）
7年分（算数・理科・社会）
西南学院中学校
7年分（算数・理科・社会）
久留米大学附設中学校
7年分（算数・理科・社会）
福岡大学附属大濠中学校
7年分（算数・理科・社会）

佐賀県

早稲田佐賀中学校
7年分（算数・理科・社会）

長崎県

青雲中学校
7年分（算数・理科・社会）

鹿児島県

ラ・サール中学校
7年分（算数・理科・社会）

※もっと過去問シリーズは
国語の収録はありません。

教英出版
〒422-8054
静岡県静岡市駿河区南安倍3丁目12－28
TEL 054-288-2131
FAX 054-288-2133
詳しくは教英出版で検索
教英出版 検索
URL https://kyoei-syuppan.net/

令和六年度　愛光中学校　入学試験問題　国語　(60分)　（その一）

一　次の１～３の問いに答えなさい。

１　次の――のひらがなを漢字に直しなさい。送りがなが必要なものはそれも書きなさい。

①　しゃそうから景色を眺《なが》める。
②　きみつ書類を慎《しん》重に取り扱《あつか》う。
③　かんれいに従って委員を選出する。
④　文章の要点をかんけつにまとめる。
⑤　ぼうきょうの念を強くする。
⑥　学校生活でこまることは一つもない。
⑦　祖父の墓前に花をそなえる。
⑧　古代文明がさかえた場所を訪《おとず》れる。
⑨　壊《こわ》れた時計を壁《かべ》からはずす。
⑩　学友との信頼《らい》関係をきずく。

２　次の①～⑥の文の□にあてはまる言葉として最も適切なものを、あとのア～コの中から一つずつ選んで、記号で答えなさい。（同じものは二度使いません。中には語形を変えなければならないものもあります。）

①　これで勝負が決まる。スタンドは水を□たように静まり返った。
②　みえを□ず、素直《すなお》に「分かりません」と言ったらいいのに。
③　素直になれない弟がかわいらしくて、思わず目を□た。
④　今日はご不在ですか。では日を□て伺《うかが》います。
⑤　ここ最近は彼《かれ》になかなか勝てず、悔《くや》しい。なんとかして鼻を□たい。
⑥　この仕事は新入社員の私には手に□。

ア　回す　　イ　刻む　　ウ　張る　　エ　見張る　　オ　細める
カ　余る　　キ　切る　　ク　打つ　　ケ　改める　　コ　明かす

３　次の①～④の植物と、同じ季節（春・夏・秋・冬）の俳句を、下のア～エから一つずつ選んで、記号で答えなさい。（同じものは二度使いません。）

①　すいれん・ゆり・あじさい
②　さざんか・はくさい・すいせん
③　つくし・せり・よもぎ
④　すすき・きく・はぎ

ア　名月を取つ《(つ)》てくれろとなく子哉《こかな》　　小林一茶《こばやしいっさ》
イ　霜月《しもつき》やかゝ《(か)》らぬ昼の富士　　正岡子規《まさおかしき》
ウ　うぐひ《(い)》すの啼《なく》やちいさき口明《くちあい》て　　与謝蕪村《よさぶそん》
エ　風流の初めや奥《おく》の田植歌《たうえうた》　　松尾芭蕉《まつおばしょう》

二　次の文章は、筆者が、絶滅《めつ》率を低くおさえるためには自然を守るための市民活動が重要であることを述べたあとに続く文章です。これを読んで、あとの問いに答えなさい。

しかし、自然を守るための市民活動の重要性がわかったとしても、ボランティアだけでは人は生きていけません。経済活動を行ってお金をかせぎながら、自然の恵《めぐ》みをサステイナブル（持続可能）に利用していくには、具体的にはどうすればよいのでしょうか？❶具体案をのべる前にひとこと。ここからの話は理想的すぎて、極端《たん》で、現実ばなれしていると感じる方もいるかもしれません。僕《ぼく》は社会学者でも経済学者でもなく、社会や経済の複雑性、現代社会を生きる個人が抱《かか》える問題など、理解しきれていないのも事実です。ただし、これまでの社会が、経済発展（お金もうけ）に極端に価値を置きすぎた結果、深刻な環《かん》境問題を引き起こす結果となったのは事実です。その極端な価値観を補正し、生きものの絶滅を少しでも食い止めるには、逆方向の極端な意見も含《ふく》め、多様な意見に基《もと》づく意思決定が必要です。また、社会には多様な生活スタイルがあってよいはずです。ここからの話は、多様な意見の１つと思って読んでください。

自分自身、人生と環境教育の方向性を模索《さく》していた時期に出会ったのが、里山資本主義という言葉です。❷「お金もうけがすべて」という現代の資本主義に異議を唱える形で生まれた言葉で、２０１３年にＮＨＫ広島取材班と経済学者の藻谷浩介《もたにこうすけ》氏が共著で『里山資本主義――日本経済は「安心の原理」で動く』（角川新書）を発刊し、この概《がい》念は全国的に知られることになりました。理想的な里山のあり方とは、人と自然が共存している状態です。共存を持続的に行うには、人間側が自然をコントロールするのではなく、自然のサイクルにうまく合わせて生活していく必要があります。里山資本主義とは「多様な人と自然が共生し、循《じゅん》環再生が健全になされている社会」を支える経済思想です。

里山資本主義のもう１つの大切な要素は「お金で換《かん》算できない価値を見直し、それを資本主義に取り入れることで、豊かな人生、循環型の社会を実現させる」ということです。お金に換算できない価値とは、自然の恵み（自然資本）をはじめ、人と人とのつながり（社会資本）や、その地域の歴史や文化（文化資本）のことです。先に「市民活動に参加することは人生を豊かにしてくれる作業です」と書きましたが、それはまさにお金に換算できない価値に気づき、感謝するからこそ人生が豊かになるのだと実感しています。

では、具体的にはどういう生活を思い描《えが》いたらよいのでしょう。日本では都市に人口が集中していますが、都会でサラリーマンとして働くという選択《たく》肢《し》を選ばず、地方に住み、その土地の自然（自然資本）、文化、地元の伝統的な産業（文化資本）に関わる仕事に就《つ》き、家庭菜園などをしてある程度の食料は自給し、人と人とのつながりを通しての物々交換や助け合いをし（社会資本）、人手が足りなければ農業や林業に参加するなど、多様な場で活躍《やく》する生き方、という選択肢です。

いまはコロナの影響《えいきょう》もあり、地方に移住する人が増えてきています。都会に住んで猛烈《もうれつ》に働いてお金を貯《た》め、引退後には地方でゆっくり、と考える人が一昔前にはたくさんいましたが、それなら若いうちから自然に近いところに住み、収入が減ってもお金に換算できない価値の大きさに気づくことで、逆に人生は豊かになる。そう思う人も増えているのではないでしょうか。じつは僕の弟も５年ほど前に東京でのサラリーマン生活に終止符《ふ》を打ち、山梨県で専業農家をやっています。収入は大幅《はば》に減り、肉体労働で仕事も大変そうですが、❸お金に換算できない価値を享《きょう》受し、生き生きと生活しています。

もちろん地方に住む難しさもたくさんあり、特にその地方に基盤《ばん》がない人にとっては、周到《とう》な準備が必要です。それでも地方に住むトレンドが広がるにつれ、地方移住をサポートする資源と知恵《え》が蓄《ちく》積・共有されてきています。国も２０１４年から「地方創生」をかかげ、地方の活性化を支援《えん》しています。多くの地方自治体も、地方移住の支援をしていて、❹地方移住の追い風が吹《ふ》いています。

　ここまで里山資本主義を個人の生活という視点から考えてきましたが、地域というもう少し大きな視点に立って里山資本主義を考えると、どうなるでしょう。自然環境という土台をしっかり確保しつつ持続可能的に利用し、その上に安定した社会、さらにその上に安定した経済を成立させる。そして自然環境、社会、経済を1つの輪の中で循環させていく。地域というレベルでの里山資本主義の考え方は＊ＳＤＧｓウェディングケーキの考え方と一致《ち》するのです。

　スウェーデンの環境活動家のグレタ・トゥーンベリさんは、2018年、15歳《さい》の若さで、スウェーデン議会の前で1人、環境問題への不十分な対策への抗《こう》議活動を始めました。彼女《かのじょ》の運動はⓐまたたく間に世界に広がり、影響力を強めていきました。そのリーダーシップと影響力から、彼女は16歳でノーベル平和賞にノミネートされたほどです。

　グレタさんに触《しょく》発され、ここ数年、世界各地で若者たちが環境問題に対して声をあげています。「このままでは、僕たち、私たちに明るい未来はない！」。そう気づいた若い世代が、行動し始めているのです。

　テレビで見た黒人の女子高校生は、ジュースのボトルキャップを3つつなげたピアスをつけていました。緑の3つのボトルキャップが彼女にはとても似合っていました。洋服もすべてⓑお下がりですが、彼女は生き生きと語ります。「❺これが私の生き方です」と。

　彼女にはまだ選挙権がありませんが、2020年のアメリカ大統領選でバイデン候補の支援と「もっと環境についての政策を盛りこんでほしい、そうしなければ私たちはあなたを応援できない」というメッセージを送る運動にも参加すると決めていました。この運動は若い世代主体で始まって全米に広がり、バイデン政権の環境政策にまで影響を与《あた》えています。

　僕の授業をとっていたあるアメリカ人学生は、他の学生たちと共にペンシルベニア州の議員のオフィスまで行って、環境問題に対してのデモをしたと教えてくれました。すごい勇気だなと思います。「その議員は相手にもしてくれなかった」とがっかりしていましたが、そういう若者がもっと増えたら、議員も無視できなくなるでしょう。

　オバマ元大統領は、多くの演説で若者に訴《うった》えました。「君たちが社会を変えていかなくてはいけない！　そのためには政治家に、特に地域の政治に影響力のある人たちに働きかけなくてはならない！」と。こういった活動にどれだけ多くの人、特に若い世代が参加するチョイス（選択肢）を選ぶのか。それが未来を変える原動力になるのは間違《まちが》いありません。

　チョイスは政治に関することだけでなく、日常生活のいたるところにあります。ボトルキャップのピアスをしてユーズドの服を着るのも、チョイスです。それを見た周りの若者たちが「そういうの、いいよね」と思い、広がるかもしれません。❻僕も長年はいてすり切れた＊チノパンを、裁縫《ほう》が得意な祖母につくろってもらい、いまでもはいています。穴があいた靴《くつ》下は自分でぬって、はけるまではきます。ですがいまのところ「カッコイイね」とマネする人は誰《だれ》もいません。別にそれを目的にやっている訳ではありませんが、やっぱり影響力があるのは若い世代なのです。

　ペットボトルを1日に何本も買うのか、再利用可能なボトルを持ち歩くのか。安い使い捨て製品を使うのか、環境負荷《か》の少ない製品を長く大事に使うのか。それもチョイスです。ささいなことを積み重ね、多くの人が意識してチョイスすることで、❼確実に社会は変わっていきます。

　また、ささいなチョイスをくり返すことで環境について考える機会が増え、選挙や地方移住などの大きなチョイスに向き合った時、意識的な選択ができるでしょう。有権者として消費者として、私たちはそれぞれに選ぶ権利と力があることを忘れてはいけません。そうした選択の積み重ねが、生きものだけでなく、❽私たち人間の未来も変えてゆく原動力となるのです。

（高橋瑞樹『大絶滅は、また起きるのか？』岩波ジュニア新書　※本文を改めた部分があります。）

〔注〕＊ＳＤＧｓウェディングケーキ……これより前の部分で筆者が紹介《しょうかい》している、ＳＤＧｓ（持続的な開発目標）と呼ばれる17のゴールのつながりや相互《ご》関係をわかりやすく示したもの。

＊チノパン……ズボンの一種。「チノ・パンツ」の略称《しょう》。

問一　ⓐ・ⓑの、本文中での意味として最も適切なものを、次の中からそれぞれ一つずつ選んで、記号で答えなさい。

ⓐ「またたく間に」

ア　とても強い勢いで
イ　賛成する人びとの間で
ウ　あまり気づかれないうちに
エ　あまりにも突《とつ》然
オ　ほんのわずかな期間で

ⓑ「お下がり」

ア　目上の人からもらった使い古しのもの
イ　ボロボロで値段の安い衣類
ウ　古くさく流行おくれの商品
エ　長年大切に使ってきた思い出の品
オ　古い知り合いからのおくりもの

問二　❶「具体案をのべる前にひとこと」とありますが、ここで筆者はどのようなことが言いたいのですか。その説明として、最も適切なものを次の中から一つ選んで、記号で答えなさい。

ア　自分の述べることは非現実的な話だと思えるかもしれないが、多様な価値観に基づく意思決定ができるように社会が変われば、実現し得るかもしれないということ。
イ　自分の述べることは理想的すぎるように思えるかもしれないが、実は自分の意見によってこそ、生きものの絶滅を食い止めることができるのだということ。
ウ　自分の述べることは極端な意見のように思えるかもしれないが、社会が多様な生活スタイルを受け入れるために必要な意見の一つとして読んでほしいということ。
エ　自分の述べることは夢物語のように思えるかもしれないが、これまでの社会がもつ極端な価値観を見直すための、考え方の一つとして捉《とら》えてほしいということ。
オ　自分の述べることは社会や経済の複雑性を無視しているように思えるかもしれないが、実は自分は多様な意見に基づいて社会を冷静に見つめているのだということ。

問三　❷「『お金もうけがすべて』という現代の資本主義に異議を唱える形で生まれた言葉」とありますが、これはどのような考え方を表す言葉ですか。説明しなさい。

問四　❸「お金に換算できない価値を享受し、生き生きと生活しています」とありますが、なぜこのように言えるのですか。その説明として、最も適切なものを次の中から一つ選んで、記号で答えなさい。

ア　都会に住んでお金を貯めた後に、自然に近いところに移住することで、収入が大幅に減ってしまっても人生を豊かに送ることができているから。

イ　自然に近いところで働き、その地方の文化や社会と結びつきながら生活をすることで、都会では得られない人生の素晴《すば》らしさを味わうことができているから。

ウ　自然に近いところに移住することで、収入は減ったものの、猛烈に働かなければならない東京でのサラリーマン生活に終止符を打つことができているから。

エ　若いうちから自然に近いところに住み、人口が集中している都会を離《はな》れているのにもかかわらず、少しであるとはいえ収入を得ることができているから。

オ　地方に移住して自然に近いところで働くことで自らの人生を豊かにしており、その生活を通じて地方に移住する人の数を増やすこともできているから。

問五　❹「地方移住の追い風が吹いています」とありますが、どういうことですか。その説明として、最も適切なものを次の中から一つ選んで、記号で答えなさい。

ア　地方移住をサポートする資源や知恵が蓄積・共有され、人びとが地方移住への周到な準備を進めているということ。

イ　国や地方自治体の支援を受け、地方に住む多くの人びとが地方活性化のための努力を続けているということ。

ウ　地方移住をサポートする流れが人びとの間で広まることで、国も地方を支援するようになってきたということ。

エ　地方創生によって地方に移住する風潮が強まり、人びとが地方に住まなければならなくなっているということ。

オ　地方に住むことを後押《あとお》しする動きが順調に広がり、地方への移住を選択する人びとが増えているということ。

問六　❺「これが私の生き方です」とありますが、ここでの「私」についての説明として、最も適切なものを次の中から一つ選んで、記号で答えなさい。

ア　ゴミを再利用したアクセサリーや古い洋服を身につけることで、環境に優《やさ》しい生活を自らが送っていることを周囲に示し、人びとの環境に対する意識を変えようとしている。

イ　若い世代の代表として環境問題の解決にすすんで取り組むことで、自分よりも上の世代に地球のためになる生き方とは何かを伝え、環境についての政治のあり方を修正しようとしている。

ウ　ジュースのボトルキャップをつけてお下がりの洋服を着ることによって、様々な個性のあり方を同世代の人びとに訴えかけ、自分たち一人一人の手で明るい未来をつくろうとしている。

エ　環境を気づかうファッションの良さを生き生きと語ることによって、自分たちのような高校生にこそリサイクルされた装飾《しょく》品や衣服が似合うのだと強調しようとしている。

オ　環境に対する優しさが感じられるピアスや洋服をアピールすることによって、環境問題の解決に取り組む若者たちを集め、そのリーダーとして彼《かれ》らを率いていこうとしている。

問七　❻「僕も長年はいてすり切れたチノパンを、裁縫が得意な祖母につくろってもらい、いまでもはいています」とありますが、ここで自分の話題も出すことによって、筆者はどのようなことを読者に伝えたいのですか。その説明として、最も適切なものを次の中から一つ選んで、記号で答えなさい。

ア　環境問題と日常生活のあり方とは強く結びついており、切り離して考えるべきではないのだということ。

イ　環境問題のことをいろいろと語っている以上は、自分も環境に優しい生活をしようとしているのだということ。

ウ　環境問題に向き合う上で大きな力をもっているのは、自分たちよりむしろ若者たちなのだということ。

エ　環境問題は自分一人の力だけでは解決できず、身近な人の助けが必ず必要になるのだということ。

オ　環境問題を解決するのは決して容易ではなく、自分自身も日々悪戦苦闘《とう》しているのだということ。

問八　❼「確実に社会は変わっていきます」とありますが、誰がどのようにすることで「確実に社会は変わってい」くのですか。説明しなさい。

問九　❽「私たち人間の未来も変えてゆく原動力となるのです」とありますが、これについての説明として、最も適切なものを次の中から一つ選んで、記号で答えなさい。

ア　再利用可能なボトルや環境負荷の少ない製品を長く大事に使う経験を続けることで、地球環境を持続可能にする製品について少しずつ学び、人間は自然環境の上に安定した社会や経済を作り上げていくようになるということ。

イ　一人一人が小さなことから自然環境を意識することで、みながより大切な場面においても環境のためになる決断をできるようになり、人間が安定した社会や経済を成立させて末永く生き続けることが可能になるということ。

ウ　私たちが有権者や消費者として環境のためになる生活を心がけることで、まだ選挙権や生活力をもたない子ども達《たち》の意識が変わり、次の世代が人間社会の持続可能なあり方を考え出すきっかけになるということ。

エ　日々環境のためになる選択をくり返していくことで、選挙や地方移住においても地球環境を守るための選択をすることができるようになり、その結果自然の中で暮らすさまざまな生きものの暮らしが守られるということ。

オ　ささいなことであっても自然を守るための行動を積み重ねていくことで、人間は自分たちが自然の一部なのだということを次第《しだい》に自覚していき、人類全体や地球全体を揺《ゆ》るがす大きな問題にも対応できるようになるということ。

三　次の文章は、川上佐都『街に躍《は》ねる』の一節である。小学五年生の晶《あき》は、物知りで絵の上手な高校二年生の兄ちゃん（達《とおる》）と父親は異なるが仲の良い兄弟である。兄ちゃんは、周りの人とうまくコミュニケーションを取ることが苦手で、集中すると全力で走り出してしまう癖《くせ》がある。ある日、晶が特別授業のおいも掘《ほ》りから帰ると、兄ちゃんは自分の部屋の中で泣いているようだった。その日以来、兄ちゃんはほとんど部屋にこもったままで高校には通わなくなる。晶は、兄ちゃんの事をいつも心配しているが、どうしても声をかけられないでいた。以下はそれに続く場面である。これを読んで、あとの問いに答えなさい。

クラスの何人かがマフラーを巻き始めた頃《ころ》、ぼくたちは放課後に校庭でドッジボールをすることになった（ぼくたちが遊ぶ内容に、季節はほとんど関係しない）。ドッジボールは、学年で誰《だれ》が強いかなんとなくわかる。そして最も強い二人（これは恐《おそ》ろしいことに、ずっと前から決まっている）がジャンケンして一人ずつ選んでいってチームを決める。体育の授業でドッジボールをするときは、ぼくは三番目か四番目に選ばれる。投げる力は普《ふ》通だけど、足が速いからだと思う。いつも残り二人になると、最強の二人は、祈《いの》るようにジャンケンをして、残りの二人から一人を選ぶ。

ぼくはいつもジャンケンの様子を特になんの思いもなく見ていた。今回は最後まで逃《に》げられるかな、なんて競技に集中するくらいだった。❶だけどそのときは違《ちが》った。全員で八人しか集まらなかったぼくたちが同じように一人ずつ選ばれていった結果、ぼくは最後の二人に残ってしまった。

「ん～晶でもいいんだけどねー」

最強の一人である鮎川《あゆかわ》が、腕《うで》をねじって拳《こぶし》の中をのぞいている。次に何を出すか占《うらな》っているのだ。鮎川は、ママの言葉を借りると「顔がシュッとしている」。たしかに鼻も高いし、足も速いし、鮎川は「シュッ」が似合う（そういうことじゃないとママは言った）。休み時間はたいてい鮎川が遊ぶ内容を決める。でもそれはガキ大将みたいに無理やり決めているのではなく、みんなの意見を聞きながら最終的に鮎川が決断する。毎回、クラスの委員決めでは必ず学級委員長に鮎川の名前があがるが、鮎川はぜったいに学級委員長にはならない。代わりに「俺《おれ》なんて」と言いながら副学級委員長になる。それが鮎川だ。❷みんなはどう思っているかは知らないが、ぼくはそういうことができる人をあまり信用していない。

ぼくと一緒《しょ》に残ったのは権《ごん》ちゃんだった。権ちゃんは女子だけど、ぼくよりも背が高い。あと、言い忘れていたがけっこうかわいい。鮎川もそう思っているはずだ。それから、ぼくだけでなくみんなが権ちゃんと呼ぶ。本名は権藤《ごんどう》あゆみだ。誰が言い始めたかはもうわからない。本人だけは、自分のことを「あゆ」と呼ぶ。だからみんな権ちゃんと呼ぶけれど、本名が権藤あゆみだということを誰も忘れない。

ジャンケンの結果鮎川が勝って、権ちゃんを選んだ。

「俺のチーム、すばしっこいのがいないからな」と鮎川は言い訳するように言った。それならぼくを選んだっていいんだから、やっぱり鮎川も権ちゃんのことをかわいいと思っているんだろう。

帰り道、ドッジボールで疲《つか》れているぼくの身体に、❸ごろごろした違《い》和感があった。「つかれた」と「おなかすいた」にはさまって潰《つぶ》されると思ったけど、家に着いてもしぶとく残っていた。

「ただいまー」

ぼくの声は誰にも届かずにリビングに消えた。夕方に家の電気がついていないと、一日のおわりが目に見えてわかって少しこわくなる。すぐにリビングの電気をつける。冷蔵庫の麦茶を飲んで、予定通りはじまったアニメを観《み》たが、観終わっても、違和感は消えない。

ぼくは押《お》し入れにある救急箱から、キャラメルをひとつとり出して口に入れた。「嫌《いや》なことがあったら、これを食べるの」と、いつもママはキャラメルを箱の中に常備している。ぼくは勉強がはかどらないときや、ごはんが待てないときにもこっそり食べていたけど、❹こんなにも薬が効くことを願ったのははじめてだった。ゆっくり味わってから飲み込《こ》んだ。

それから兄ちゃんの部屋を通り過ぎて自分の部屋に入ろうとしたところで、今日は遊んでいるときに兄ちゃんのことを考えなかったな、と気づいた。だからふと、兄ちゃんの部屋に耳をつけた。この日はダダ、と兄ちゃんが部屋を走る音が聞こえた。おいも掘りの日以降、ドアに耳をつけて存在を確認《にん》していたけれど、入ることはなかった。

「兄ちゃん」

ぼくがドアに向かって言うと、走る音が止まった。

「あの、入っていい？」

「うん」

ぼくはゆっくりとドアを開け、慎《しん》重に足を踏《ふ》み入れた。❺職員室に入るときのような緊《きん》張感さえあった。兄ちゃんは先ほどまで走っていたはずなのに、もう机に向かって座《すわ》っていた。

部屋を見回すと、たくさんの本とCDが床《ゆか》に散乱し、壁《かべ》には絵が飾《かざ》ってあった。ほとんどが建物や風景が描《か》かれたものだけれど、建物の壁や空に何色もの色が使われていて、ずっと見ていたくなる絵だった。どれもスケッチブックから破りとったものらしく、一辺だけリングのあとがギザギザとついている。

「ここ、いいよ」

ぼくが絵を見ていると、兄ちゃんは自分の家に招いたように、椅子《いす》に敷《し》いていた座布団《ざぶとん》をぼくにゆずった。

「ありがとう」

床には均等に落ち葉が置いてあった。踏んだらさくっと音がするあの落ち葉だ。でも落ちているのではなく明らかに置いてあった。その場所だけ、本やCDが落ち葉を守っているみたいだ。だから踏むのは我慢《まん》して座布団に座った。

珍《めずら》しく部屋に入ってきたぼくにかまう素振《そぶ》りは一切《いっさい》見せず、兄ちゃんは机に向かって何かを描いていた。ときどき鼻歌なんかも歌ったりしている。それは小さなぼくでも、気を遣《つか》った鼻歌ではなく、ただ楽しいから歌っているんだとわかった。ぼくもその鼻歌にゆったりのって、兄ちゃんが描く姿や散乱する本やCDを見た。❻だんだんと散乱しているのではなく、そこにわざと置いてあるように見えてきた。

「兄ちゃん」

「ん」

「今日、友だちとドッジボールをしたんだけど」

「ん」

兄ちゃんはぼくに顔を向けた。優《やさ》しい目をして、すぐに視線を机に戻《もど》した。

「いつもチームを決めるときは、鮎川と＊シンジュがジャンケンして決めるんだ。鮎川とシンジュはドッジボールが強い二人だからね。ぼくは投げる力はないけど、すばやさがあるから、けっこう［　A　］んだけど、今日は人数が八人しかいなくて、ぼくは最後まで選ばれなかったんだ」

「うん」

「なんだか嫌な気持ちなんだ」

「ドッジボールはしなかったの？」

「あ、ううん、した。したし、勝った。でもその前に、チームに最後まで選ばれずに残ったことが、嫌なんだ」

「ふぅん」

「いつもクラスでやるときは、こんな気持ちにならなかったんだ。ぼくより後に選ばれるやつがいたりするから」

「うん」

「おわり」

話し終わっても絵を描き続ける兄ちゃんを見ながら、ぼくはポケットにいれていた笛ラムネを出して、話し終わった合図のように「ぷぅー」と吹《ふ》いた。もしかして今の話は、恥《は》ずかしい話だったのかな、とラムネを舐《な》めながら思う。だってぼくが友だちに最後まで選ばれなかったって話なんだから。だけど兄ちゃんに伝える間も、伝え終わったあとも、ぼくはまったく恥ずかしくなかった。❼兄ちゃんに聞いてもらっただけでキャラメルではおぎなえなかった何かが、消化されたような気がした。

「生きているな、晶」

「え？」

ぼくのラムネが全部溶《と》けきったころ、兄ちゃんは言った。聞き返しても何も答える様子がない兄ちゃんを、しばらく見た。

「生きてるよ、ぼく」

「うん。❽今日の晶は、よく生きた。いつもよりも、よく」

「ふぅん」［　B　］から兄ちゃんの言葉を待ったけれど続きはないようだった。

「じゃあ兄ちゃんは今日生きた？」ぼくは代わりに質問した。

「うん」

兄ちゃんは描く手をとめると、自分のTシャツを捲《まく》ってぼくに見せた。

「いま、俺は、二本の毛を育てている」

兄ちゃんはへその横を指さした。たしかに二本だけ、長い毛がはえている。

「一本には毎日ワセリンを塗《ぬ》って、もう一本には、何もしていない」

丁寧《ていねい》に一本ずつ指をさして兄ちゃんは説明した。まったく同じ毛。

「まったく同じ見た目だろ？」ぼくの心そのまま、兄ちゃんは言った。

「うん、一緒」

「だけど俺は、一本には手間をかけてワセリンを塗っている。見た目に結果は出ていないけど、手間をかけている、事実はあるんだ」

「うん」

「同じ見た目だけど、まったく違うんだ」

ぼくは首をちょんちょん、と縦にふった。よくわからないけど、兄ちゃんも生きている。

「わかった」

「うん」

兄ちゃんはまた絵描きにもどった。❾ぼくも、兄ちゃんの部屋の観察にもどる。絵をよく見てみようと立ち上がると、兄ちゃんがいま描いているものが見えた。落ち葉だった。よかった、やっぱり置いてあったんだ。落ち葉の絵の横には、ボールがきれいに描かれていた。

（川上佐都『街に躍ねる』※本文を改めた部分があります。）

〔注〕＊シンジュ……晶の一番仲の良い友達。

問一　［　A　］・［　B　］にあてはまる言葉として、最も適切なものを次の中からそれぞれ一つずつ選んで、記号で答えなさい。

A　ア　けむたがられる　イ　肩《かた》入れされる　ウ　やり玉にあげられる　エ　重宝される　オ　つまはじきされる

B　ア　先手を打って　イ　相づちを打って　ウ　布石を打って　エ　ひざを打って　オ　終止符《ふ》を打って

問二　❶「だけどそのときは違った」とありますが、どのような違いがあったのですか。説明しなさい。

問三　❷「みんなはどう思っているかは知らないが、ぼくはそういうことができる人をあまり信用していない」とありますが、「ぼく」は鮎川のことをどのように思っていると考えられますか。その説明として、最も適切なものを次の中から一つ選んで、記号で答えなさい。

ア　鮎川はみんなから好ましいまとめ役として信頼《らい》されているようだが、鮎川の謙虚《けんきょ》そうにうまく立ち回る様子を「ぼく」はずるくこざかしいと思っている。

イ　鮎川はかっこいいし、スポーツもできて、クラスの中心的存在のように見えるが、人を裏切っても平気な人間だと「ぼく」はいまいましく思っている。

ウ　鮎川はクラスの調整役でみんなから頼《たよ》りにされているように思われるが、鮎川自身はそのことに気づかず無邪《じゃ》気にふるまっている様子に「ぼく」は反発をおぼえている。

エ　鮎川はクラスのみんなと一緒にいる時には思いやりがあるようにふるまうが、「ぼく」にはわざとつらく当たる感じがして嫌悪《けんお》感をいだいている。

オ　鮎川は目立ちたがり屋のくせに、みんなから横暴な人間だと思われないように注意を払《はら》っている様子を「ぼく」はうとましく思っている。

問四　❸「ごろごろした違和感があった」とありますが、どういうことを表していますか。その説明として、最も適切なものを次の中から一つ選んで、記号で答えなさい。

ア　こんなことならドッジボールに参加しなければよかったという深い後悔《かい》が胸の中にうずまいていることを表している。

イ　すばしっこいから権ちゃんを選んだという鮎川の言い訳に言いようのない腹立たしさをおぼえていることを表している。

ウ　権ちゃんをかわいいと思う気持ちを少しも口に出さない鮎川の態度に強いわだかまりを持っていることを表している。

エ　自分が必要なメンバーだと思われていなかったことにどうにもやり場のない割り切れなさを感じていることを表している。

オ　メンバーをみんなで決めずに、強い二人が決めていくことに対する抑《おさ》えきれない不満をかかえていることを表している。

問五　❹「こんなにも薬が効くことを願ったのははじめてだった」とありますが、ここで「薬が効くこと」とはどういうことですか。その説明として、最も適切なものを次の中から一つ選んで、記号で答えなさい。

ア　甘《あま》さと少しの苦みがアクセントになって、おなかが空《す》いていることをあっという間に忘れさせてくれること。

イ　なめらかで豊かな風味によって、ドッジボールに集中して感じていた疲れを次第《しだい》に忘れさせてくれること。

ウ　徐々《じょじょ》に口の中で溶けていくことで、物事が思い通りにならなかった事を自然に忘れさせてくれること。

エ　柔《やわ》らかくてコクのある味わいによって、家族に起こった辛《つら》い出来事をなんとなく忘れさせてくれること。

オ　甘く香《こう》ばしい香りを感じることで、鮎川のことをうらやむ気持ちをゆっくりと忘れさせてくれること。

問六　❺「職員室に入るときのような緊張感さえあった」とありますが、なぜそう感じたのですか。説明しなさい。

問七　❻「だんだんと散乱しているのではなく、そこにわざと置いてあるように見えてきた」とありますが、それは「ぼく」がどのようなことに気づき始めている状況《きょう》を表していますか。その説明として、最も適切なものを次の中から一つ選んで、記号で答えなさい。

ア　部屋の中を思う存分走るにはじゃまになるので、「兄ちゃん」は本やCDを意図的に並べているのだということ。

イ　座布団を勧《すす》めることで、本やCDを踏まないでほしいと「兄ちゃん」は「ぼく」にさりげなく伝えたかったのだということ。

ウ　「兄ちゃん」が壁の絵をより美しく引き立たせるために、本やCDをわざわざバラバラに置いているのだということ。

エ　本やCDを床に置いて境界を作ることで、「兄ちゃん」は何とかひとりぼっちに耐《た》えようとしているのだということ。

オ　鼻歌を歌ったりする楽しげな様子からすると、「兄ちゃん」は自分の思い通りに本やCDを配置しているのだということ。

問八　❼「兄ちゃんに聞いてもらっただけでキャラメルではおぎなえなかった何かが、消化されたような気がした」とありますが、どういうことですか。その説明として、最も適切なものを次の中から一つ選んで、記号で答えなさい。

ア　キャラメルを食べても嫌な気分は吹っ切れなかったが、「兄ちゃん」に今日のできごとを話しているうちに、部屋に閉じこもる「兄ちゃん」の悩《なや》みに比べれば、それほど悩まなくてもよいと思ったということ。

イ　キャラメルを食べても不快な気持ちは収まらなかったが、「ぼく」の恥ずかしい話にほとんど興味を示さない「兄ちゃん」の態度によって、むしろ気楽な気持ちになったということ。

ウ　キャラメルを食べても悲しい気持ちをぬぐうことはできなかったが、「兄ちゃん」が熱心に「ぼく」の話を聞いてくれたので、自分の味方になってくれる人がいると気づいてほっとしたということ。

エ　キャラメルを食べてももやもやする気持ちは消えなかったが、「兄ちゃん」のほどよい応答が心地《ここち》よく、話しているうちに今日の事もたいしたことではないと気持ちが収まったということ。

オ　キャラメルを食べてもやるせない気持ちをはらうことはできなかったが、「ぼく」の恥ずかしい話は、「兄ちゃん」には関係ない事だと気づいて話の途《と》中で理解してもらうのをあきらめたということ。

問九　❽「今日の晶は、よく生きた。いつもよりも、よく」とありますが、「兄ちゃん」は「ぼく」にどのようなことを言いたいのですか。わかりやすく説明しなさい。

問十　❾「よかった、やっぱり置いてあったんだ」とありますが、ここでの「ぼく」はどのような気持ちになっていますか。その説明として、最も適切なものを次の中から一つ選んで、記号で答えなさい。

ア　「兄ちゃん」は以前と少しも変わらず優しく接してくれるので、「ぼく」も散乱しているように見えた落ち葉を踏まなくてよかったと、安堵《と》する気持ちになっている。

イ　部屋にこもっている「兄ちゃん」のことを気にかけていたが、「兄ちゃん」は居心地《いごこち》のよい場所で、好きな絵を描いて過ごしていると分かって、ほっとした気持ちになっている。

ウ　「兄ちゃん」がわけの分からない事に真剣《けん》になっているので心配したが、絵を描いたりしながら気をまぎらわして生活していることを知って、ひょうし抜《ぬ》けしている。

エ　「兄ちゃん」の部屋にさまざまな物が散らかっていたのは、見た目を気にせず自分なりの世界を大事にしようという気持ちを表していたことに気づいて、うれしい気持ちになっている。

オ　散らかった部屋の様子を見た時に「兄ちゃん」には何か意図があると思っていたが、絵を描くためだったことに気づいて、「ぼく」は「兄ちゃん」の一番の理解者だと満足している。

令和６年度　愛光中学校入学試験問題　算数　（その１）　※120点満点（配点非公表）

受験番号　（　　　　　）　氏名　（　　　　　　　　　）

（60分）

1 次の各問題の □ に当てはまる数や文字を，答のところに記入しなさい。答だけでよい。

(1)　$2\frac{5}{8}\div\left(3\frac{1}{2}-\frac{7}{12}\right)+\left(4\frac{1}{4}-1\frac{1}{2}\right)\div 2.5=\square$

(1)の答 □

(2)　$3.15\times\frac{4}{7}-\left(\square-\frac{1}{2}\right)\times 3\frac{2}{3}=\frac{17}{40}$

(2)の答 □

(3)　右の図において AD:DF:FB＝1:2:3，AE:EG:GC＝2:3:4 です。三角形 ABC の面積が 108 cm^2 のとき，三角形 CGF の面積は ① cm^2 であり，四角形 DFCE の面積は ② cm^2 です。

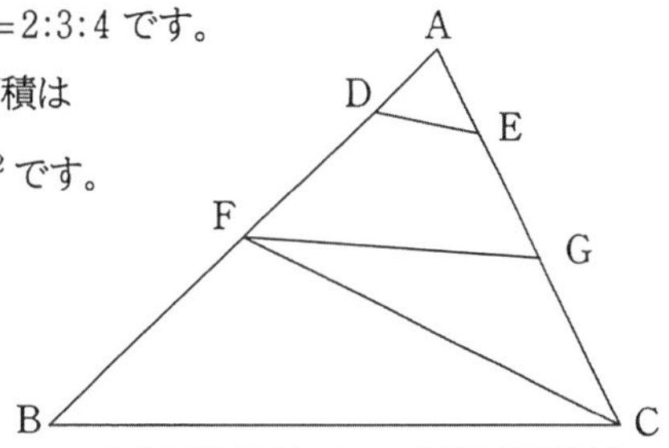

(3)の答 ①　②

(4)　現在，私は 16 歳《さい》で，６年前には祖父と父の年齢《れい》の和は私の年齢のちょうど 10 倍でした。また，今から 12 年後には祖父と私の年齢の差が父の年齢に等しくなります。現在，祖父は ① 歳で，父は ② 歳です。

(4)の答 ①　②

(5)　３の倍数を小さい順に並べ，それぞれの数の一の位の数字だけを抜き出して並べた列を次のように作ります。

3，6，9，2，5，8，1…

このとき，107 番目の数は ① であり，107 番目までの数をすべて足すと ② です。

また，107 番目までの数のうち，０以外の数をすべてかけた数は，一の位から０が ③ 個連続して並びます。

(5)の答 ①　②　③

(6)　算数と国語の 100 点満点のテストをしました。80 点以上の人は，算数では全体の 77 %，国語では全体の $\frac{5}{6}$ でした。また，どちらも 80 点未満の人は全体の１割２分でした。このとき，国語だけ 80 点以上の人は全体の ① %です。また，「どちらも 80 点以上の人」と「算数だけ 80 点以上の人」の人数の比を最も簡単な整数の比で表すと ② ： ③ です。

(6)の答 ①　②　③

(7)　点Ｏを中心とする円と，直角三角形 ABC が右の図のように重なっています。このとき，斜線部分の周の長さの合計は ① cm で，斜線部分の面積の合計は ② cm^2 です。ただし，円周率は 3.14 とします。

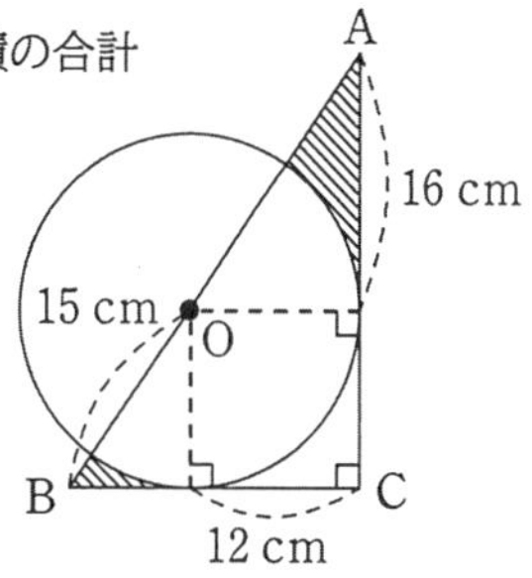

(7)の答 ①　②

(8)　Ａ組の生徒何人かとＢ組の生徒何人かで８人の班をできるだけ多く作ります。Ａ組の生徒５人とＢ組の生徒３人で班を作ると，Ａ組の生徒が３人，Ｂ組の生徒が 14 人余りました。Ａ組の生徒３人とＢ組の生徒５人で班を作ると，Ａ組の生徒だけが 17 人余りました。このとき，Ａ組の生徒は ① 人です。また，Ａ組の生徒４人とＢ組の生徒４人で班を作ると，全部で ② 班でき，Ａ組とＢ組の余った人数を合わせると ③ 人です。

(8)の答 ①　②　③

(9)　1，2，3，4，5 の５つの数字から２つ以上の数字を選ぶとき，その選び方は ① 通りあります。このうち，選んだ数の和が５の倍数になるのは ② 通りあります。

(9)の答 ①　②

令和６年度　愛光中学校入学試験問題　算数　（その２）

受験番号　（　　　　）　氏名　（　　　　　　　　）

2　長い石段があり，Ｂさんは A さんより８段上にいます。２人はじゃんけんをして，勝った人は７段上り，負けた人は２段下り，あいこになった場合は２人とも１段ずつ上るというゲームを 50 回しました。

(1)　あいこになることがなく，A さんが B さんより 100 段上にいたとき，A さんは何回勝ちましたか。

[式と計算]

答

(2)　あいこの回数が B さんが勝った回数の２倍であり，B さんがはじめより 80 段上にいたとき，B さんは何回勝ちましたか。

[式と計算]

答

3　商品 A と商品 B を合わせて 240 個仕入れました。A には１個あたり 200 円の利益を見込んで定価をつけ，B には１個あたり原価の 25 %の利益を見込んで 1500 円の定価をつけました。240 個すべてを売ると，A と B のそれぞれの利益の合計金額の比は 6:7 となります。しかし実際には，一方の商品のみ売れ残ったので，残りを定価の 10 %引きで売るとすべてを売ることができ，商品 A と商品 B のそれぞれの利益の合計金額は同じになりました。

(1)　B の原価は１個あたり何円ですか。

[式と計算]

答

(2)　A は何個仕入れましたか。

[式と計算]

答

(3)　どちらの商品を何個割引して売りましたか。

[式と計算]

答　商品　　　　を　　　　個

4　A さんは毎日同じ時刻に家を出て 50 分かけて登校します。ある日，A さんはいつものように家を出ましたが，805 m 行ったところで，今日は当番のためいつもより 10 分早く学校に着かないといけないことに気づき，そこからいつもの $\frac{9}{7}$ 倍の速さに変えて学校に向かいました。その結果，A さんは当番が学校に着かないといけない時刻より４分遅れて学校に着きました。

(1)　A さんは速さを変えてから何分後に学校に着きましたか。

[式と計算]

答

(2)　A さんのいつもの速さは毎分何 m ですか。

[式と計算]

答

(3)　速さを変えたあと，ある地点から毎分 63 m の速さで向かったら，当番が学校に着かないといけない時刻にちょうど学校に着くことができます。その地点は家から何 m のところですか。

[式と計算]

答

令和６年度　愛光中学校入学試験問題

理科

（40分）

【１】　春の昆《こん》虫と花に関する次の文章を読み，以下の問いに答えなさい。

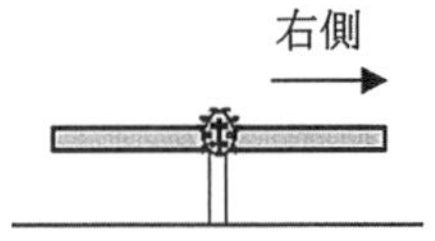

図１　棒を床《ゆか》に平行に置いた状態

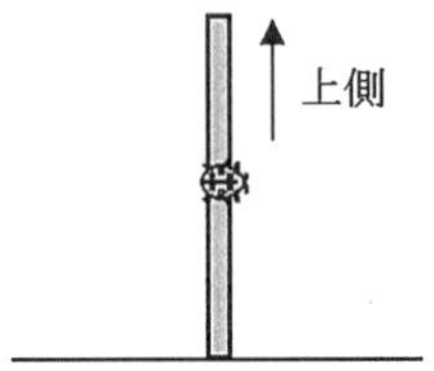

図２　棒を床に垂直に置いた状態

春になるとさまざまな花がさき，ナナホシテントウ（テントウムシ）が姿を見せるようになる。テントウムシは漢字で天道虫と書き，枝や葉を上って，その先から飛び立つ姿より名付けられた。では，テントウムシは何をたよりにして，枝や葉を上っているのだろう。その候補としては光，重力，あるいはその両方などが考えられる。これを調べるために次の実験１～７を行った。ただし，実験は天井に照明のある明るい部屋で行った。

実験１．図１のように，棒にナナホシテントウをのせた。
実験２．図２のように，棒にナナホシテントウをのせた。
実験３．図１のように，棒にナナホシテントウをのせ，光を通さない箱をかぶせた。
実験４．図２のように，棒にナナホシテントウをのせ，光を通さない箱をかぶせた。
実験５．図１のように，棒にナナホシテントウをのせ，光を通さない箱をかぶせた。ただし，棒の右側にLEDを取り付けて光らせた。
実験６．図２のように，棒にナナホシテントウをのせ，光を通さない箱をかぶせた。ただし，棒の上側にLEDを取り付けて光らせた。
実験７．図２のように，棒にナナホシテントウをのせ，光を通さない箱をかぶせた。ただし，棒の下側にLEDを取り付けて光らせた。

（１）　下線部について，ナナホシテントウが主に食べているものを，次の(ア)～(オ)から１つ選び，記号で答えよ。

（ア）アブラムシ　（イ）アリ　（ウ）小さなバッタ　（エ）茎《くき》の汁《しる》　（オ）葉

（２）　下線部について，ナナホシテントウの幼虫とさなぎを表しているものを，次の(ア)～(カ)からそれぞれ１つずつ選び，記号で答えよ。ただし，ナナホシテントウ以外の図も含《ふく》まれているので注意すること。

(ア)

(イ)

(ウ)
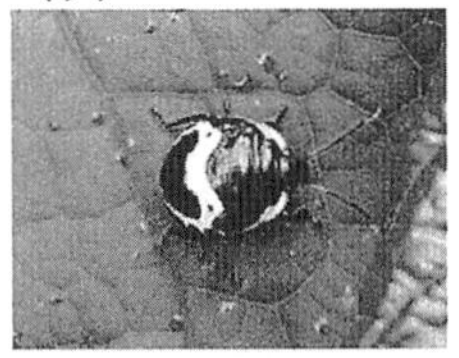

(エ)

(オ)

(カ)

【６】 ダイオードと豆電球と電池を用いて回路を作る。ダイオードの記号は図１のように表される。ダイオードは図１の矢印の向きには電流を流すことができるが，逆の向きには電流を流さないという性質を持っている。

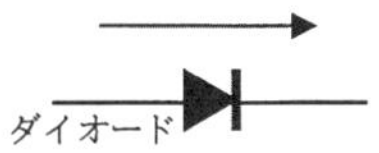

図１

（１）図２のような回路を作り，豆電球に電流を流す。スイッチを端《たん》子ａに接続したときの豆電球に流れる電流の大きさを１とする。このとき，右向きに大きさ１の電流が流れるので，これを「右１」と表すこととする。スイッチを切りかえ，端子ｂに接続したときの豆電球に流れる電流の大きさは ２ となり，向きは左向きなので「左２」とかける。これを表１の中に記入した。図３のように，豆電球が直列の場合を調べると表２のようになった。

図４，図５の回路について，スイッチを端子ａ，ｂにそれぞれ接続したときに豆電球①～④に流れる電流の向きと大きさを，表１のように答えよ。ただし，豆電球に電流が流れない場合は「×」と答えよ。

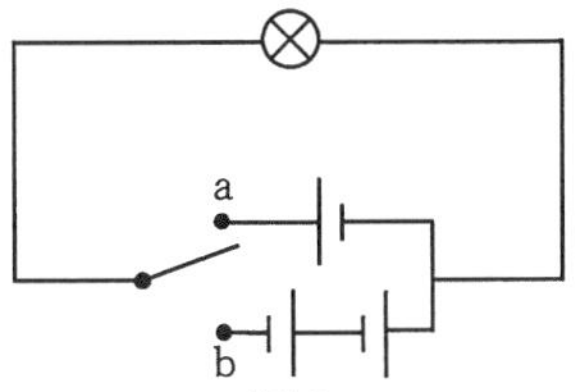

図２

表１

端　　子	a	b
豆電球に流れる電流	右 1	左 2

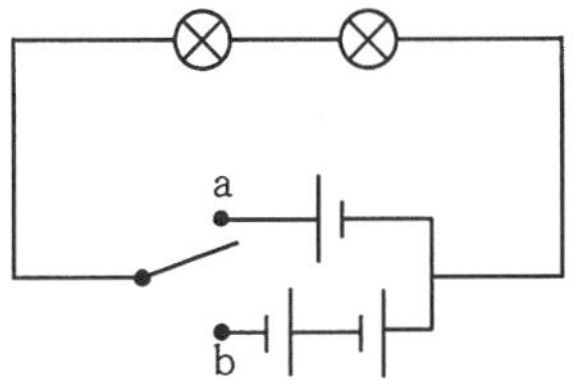

図３

表２

端　　子	a	b
豆電球に流れる電流	右 0.5	左 1

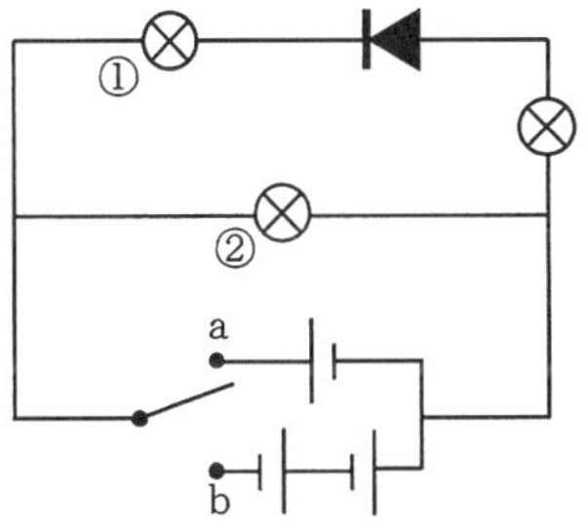

図４

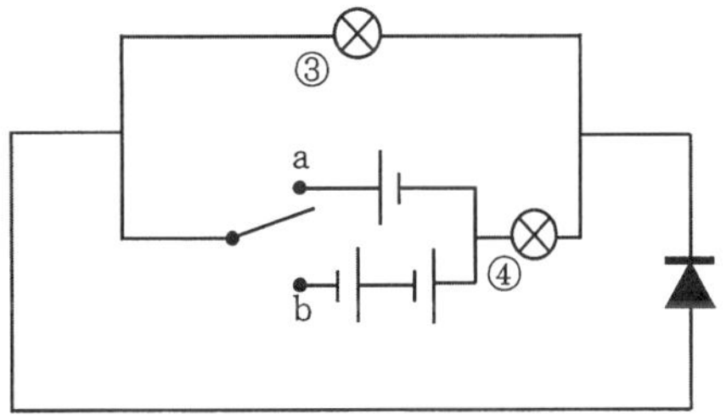

図５

（２）ダイオードを⑤～⑧の場所に接続した図６のような回路を作ったところ，スイッチを端子ａ，ｂどちらに接続しても，表３のように豆電球には同じ向きに電流が流れた。このとき，⑤～⑧の場所にダイオードはどのように接続されているか。下の（ア），（イ）の中からそれぞれ１つずつ選んで記号で答えよ。

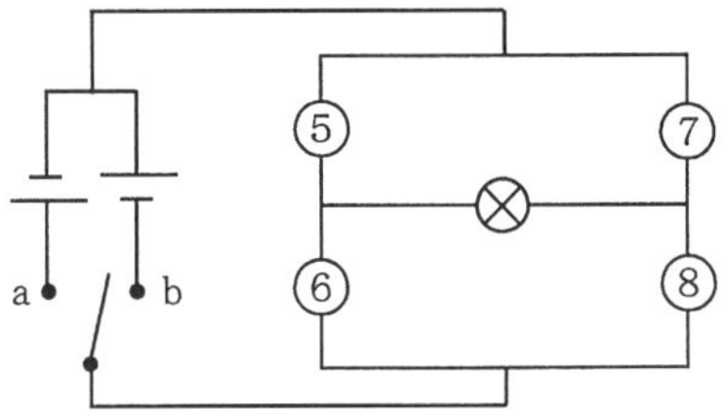

図６

表３

端　　子	a	b
豆電球に流れる電流	右 1	右 1

（ア）

（イ）

（３） 次のＡ，Ｂの場合，実験１～７の結果はそれぞれどうなると予想されるか。Ａ，Ｂについて，実験１～７の予想される結果を，下の（ア）～（カ）からそれぞれ選び，記号で答えよ。

Ａ　ナナホシテントウは光の情報だけを利用して上る

Ｂ　ナナホシテントウは重力の情報だけを利用して上る

（ア）　多くは右側に移動する

（イ）　多くは左側に移動する

（ウ）　右側に移動する場合と左側に移動する場合がほぼ同じ数になる

（エ）　多くは上側に移動する

（オ）　多くは下側に移動する

（カ）　上側に移動する場合と下側に移動する場合がほぼ同じ数になる

（４） ナナホシテントウが光と重力のどちらの情報も利用して上ることがわかったとする。そのうえで，光の情報よりも重力の情報を優先しているとしたとき，それを示すためにはどの実験の結果をみればよいか。みるべき実験を実験１～７から１つ選び，番号で答えよ。また，そのときの結果として適当なものを，（３）の（ア）～（カ）から１つ選び，記号で答えよ。

【２】 人の体について，次の問いに答えなさい。

光さんはある日，理科室に置いてあった人体模型に寄りかかって，人体模型をたおしてしまった。その際，人体模型の内臓が外れて，ゆかに散らばった。先生から元にもどすよう指示を受けて，図のような状態まではもどしたが，図のＡ・Ｂに入る内臓が分からず，すき間が空いた状態になってしまった。

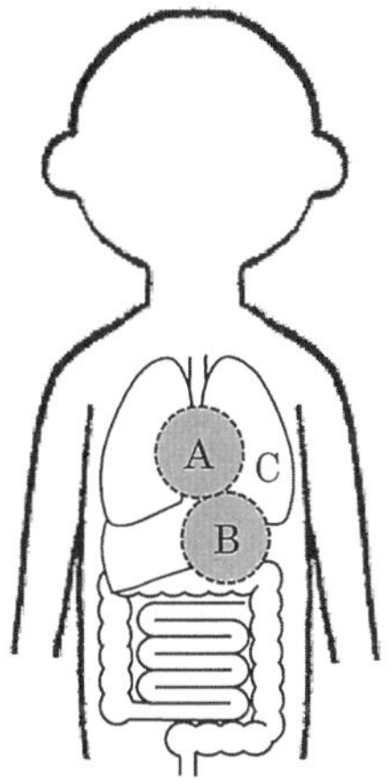

（１） 次の①～④は人の内臓を示しているが，内臓の大きさの比は正しくあらわされていない。図のＡ・Ｂのすき間に入る内臓を①～④から１つずつ選び，記号で答えよ。また，それらの役割を次の（ア）～（エ）から１つずつ選び，記号で答えよ。

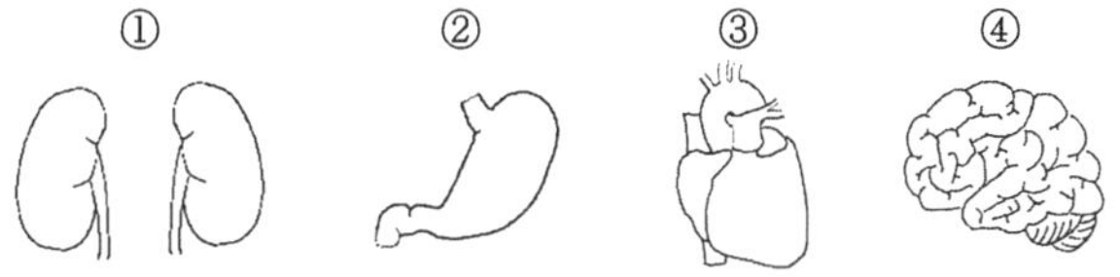

（ア）　消化に関わる　　　　　（イ）　尿《にょう》をつくることに関わる

（ウ）　血液の循環《じゅんかん》に関わる　　（エ）　栄養の貯蔵に関わる

（２） 図のＣの内臓は酸素を体内に取りこむはたらきをする。魚でＣと同じはたらきをする部位の名前を答えよ。

【３】　星の観測に関する文章を読んで，下の問いに答えなさい。

天体観測を行ったときに，自分が観測している星の位置を，周囲の人に説明することは非常に難しい。これは，星が地球から遠く離《はな》れているためにほとんど点のようにしか見えず，夜空に無数に存在している星の中で，特定の星を指し示して説明することが非常に困難だからである。

このような中で，星の位置を説明する方法の１つに，方位角と仰《ぎょう》角と呼ばれる２つの角度を用いる方法がある。方位角とは，北を０°として，時計回りに何度回転したかを表す角度であり，０°以上，360°未満の値となっている。仰角とは，水平線を０°として，上向きに何度見上げたかを表す角度であり，０°以上，90°以下の値となる。例えば，観測する人から見て，ちょうど南の水平線上に存在している星を考えると，その星の方位角は180°であり，仰角は０°である。このように，２つの角度を組み合わせて用いることで，太陽や月，星の位置や動きを，数字を使って説明することができる。

（１）　春分の日には，太陽は観測する人のちょうど東の水平線からのぼり，南の空を通って，ちょうど西の水平線にしずむ。しかし，山などによって水平線が見えない場合，日の出・日の入りの位置は少しずれる。日本のある地点での春分の日の日の出・日の入りの位置が，いずれも山によって５°ずれていたとすると，日の出・日の入りのときの太陽の方位角はそれぞれ何度か。最も適当な値を次の(ア)～(ク)からそれぞれ１つずつ選び，記号で答えよ。

(ア)　5°　　(イ)　85°　　(ウ)　95°　　(エ)　175°
(オ)　185°　　(カ)　265°　　(キ)　275°　　(ク)　355°

（２）　ある日の朝６時ごろに肉眼で月の満ち欠けを観測したところ，南の空に，次の図１のように見えた。この２週間後の夜９時ごろに肉眼で月の満ち欠けを観測したときの月の方位角として最も適当なものを，下の(ア)～(ク)から１つ選び，記号で答えよ。ただし，図１の灰色の部分は暗く見える場所をあらわしている。

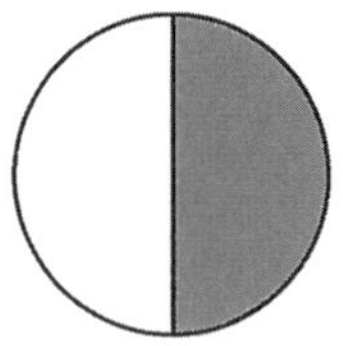

図１　ある日の朝６時ごろの月（図の左側が東側）

(ア)　0°　　(イ)　45°　　(ウ)　90°　　(エ)　135°
(オ)　180°　　(カ)　225°　　(キ)　270°　　(ク)　315°

（５）図２では，物体Aの一部だけが水の中に入っていたが，物体A，物体B，棒，ばねばかりを全部水の中に入れると，どのような状態でつり合うか考えてみよう。図３では棒の左はしに物体Aを下向きに取り付けて，水の中に沈めたようすを描《か》いている。このあと物体Bとばねばかりをどのように取り付ければ，棒が水平になる図が完成するか。次の文章の（　①　）にあてはまる値を答え，（　②　）と（　③　）にあてはまるものを，下の(ア)～(エ)から選んで記号で答えよ。ただし，棒とばねばかりには浮力ははたらかず，ばねばかりは引くことしかできない。

棒の左はしから（　①　）cmの場所に（　②　）に取り付けて，右はしに（　③　）に取り付ける。そして，ばねばかりを支えると棒が水平につり合う。

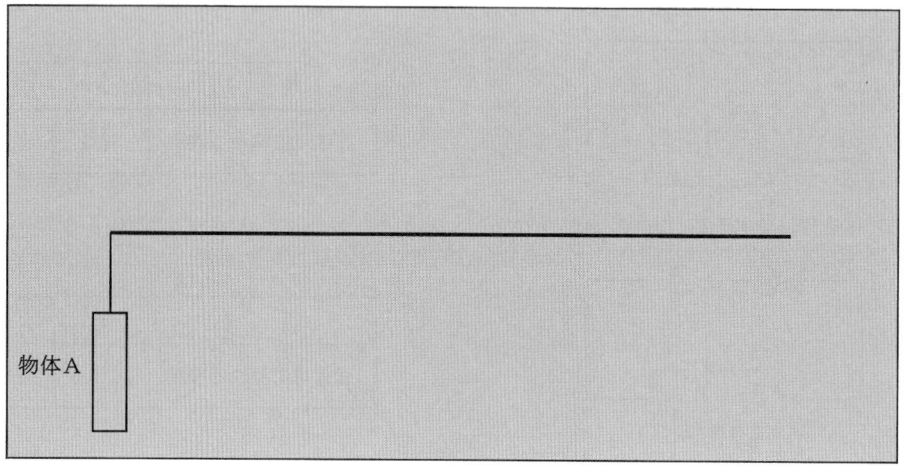

図３

(ア)物体Bを下向き　(イ)物体Bを上向き　(ウ)ばねばかりを下向き　(エ)ばねばかりを上向き

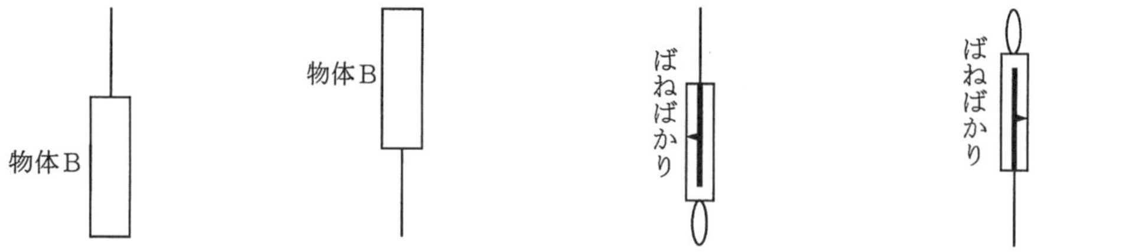

【５】　川遊びをしていた太郎君は，ふだんは重くて持てないくらいのとても大きな石が水中だと持てることに驚《おどろ》いた。このとき，太郎君が持ち上げようとする力と水から受ける上向きの力（浮力《ふりょく》という）が，石の重さを支えていると考えることができる。そこで太郎君は，学校で物体を支える力と浮力についての実験を行った。まず，図１のように，水の入ったビーカーを台はかりの上に置き，高さ5 cm，重さ70 gの物体Ａをばねばかりにつるして水の中に沈《しず》めていった。その結果を表に記録した。その後，物体Ａと同じ形，同じ大きさのいくつかの物体でも同じ実験をした結果，浮力の大きさは，物体が水の中に入ったときの物体が押《お》しのけた水の重さと同じ大きさであることが分かった。ただし，物体Ａを沈める前，台はかりの値は300 gを示していた。

表

物体Aの下面が水の中に沈んでいる深さ(cm)	1	2	3	4	5	6	7
ばねばかりの値(g)	60	50	40	30	20	20	20

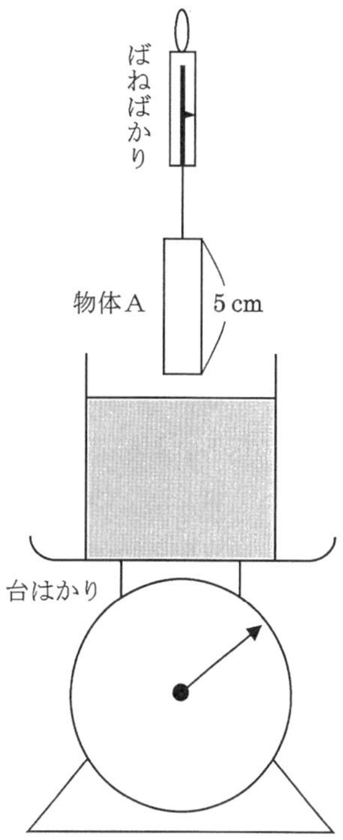

図１

物体の下面が水の中に沈んでいるとき，物体と水の入ったビーカーの重さを，ばねばかりと台はかりが支えていると考えることができる。

（１）物体Ａの下面が水の中に4 cm沈んでいるとき，台はかりの値はいくらになるか。

（２）次に，物体Ａと同じ形，同じ大きさの重さ10 gの物体Ｂをばねばかりにつるして図１のように水の中に沈めていく。ばねばかりの値が0 gになるのは，物体Ｂの下面が水の中に何cm沈んだときか。

（３）物体Ｂのときは途《と》中でばねばかりの値が0 gになったので，ばねばかりからはずして，物体Ｂの上面を手で押して全部沈めた。このときの台はかりの値を答えよ。

（４）図２のように，物体Ａと物体Ｂを長さ100 cmの細い棒の両はしにつるして，棒をばねばかりで水平に支えた。ここで，物体Ａの下面は水の中に4 cm沈んでいる。棒の重さは考えないものとして，図中の（　）にあてはまる値を答えよ。

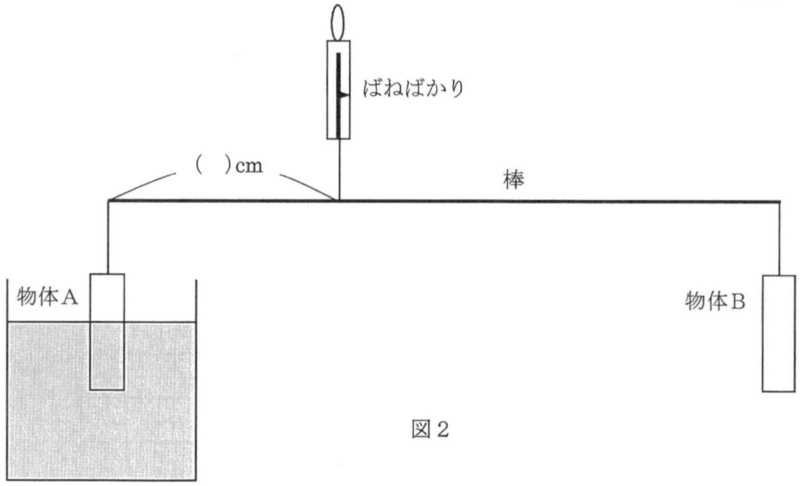

図２

プラネタリウムで星の動きを見てみると，北の空に方位角と仰角がほとんど変化しない星Ｘがあった。この星Ｘは，北斗《と》七星やカシオペヤ座（カシオペア座）から位置を推測することができる星であり，位置がほとんど変化しないことから方角を知る手がかりとして利用されてきた。

（３）　星Ｘの名前を答えよ。

（４）　地球の北緯《い》90°の地点と南緯 90°の地点を結んだ線とその延長線のことを地軸《じく》という。星Ｘはほぼ地軸上にあるために，時間が経過しても方位角と仰角はほとんど変わらない。これを利用して，愛媛県内のある観測地点（北緯 34°，東経 133°）での冬至の日の 18 時における星Ｘの方位角と仰角の値を，それぞれ整数で答えよ。ただし，星Ｘは十分遠方にあるため，星Ｘの光は地軸と平行な光として観測されるものとする。なお，次の図２中の△の２つの角度の大きさが等しいことを利用してもよい。

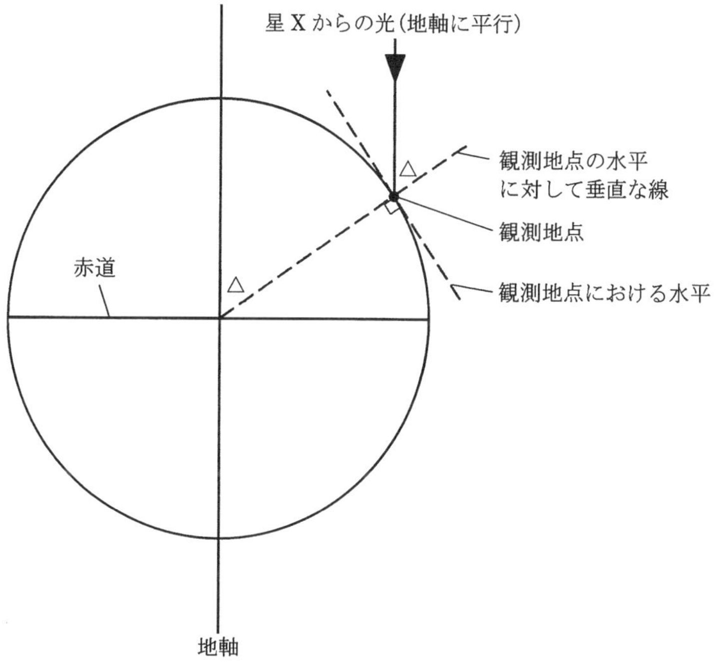

図２　星Ｘを観測するときの模式図

【４】　水素を発生させ，それを集める実験をした。その際の実験の様子や手順などの記録文を次に記す。これらを読んで下の各問いに答えなさい。

①　三角フラスコの中に亜鉛《あえん》の粒《つぶ》を入れ，(i)図１のような実験装置を組み立てた。

②　ろうとのコックを開いて，うすい塩酸を三角フラスコに注いだ。

③　三角フラスコの中では水素がさかんに発生した。

④　発生した気体はすぐには集めず，(ii)しばらくの間ガラス管の先から出てくる気体はすてた。

⑤　④のあと，水そうに水を満たしたメスシリンダーを倒立《とうりつ》させ，水と置き換《か》えて気体を集めた。

⑥　しばらくすると，フラスコ内に亜鉛の粒が残った状態で水素の発生は止まった。

⑦　集めた水素は図２のようにメスシリンダーの中にたまったので，図３のように(iii)メスシリンダーの中と外の水面の高さをそろえてから，たまった気体の体積を調べると［ａ］mLであった。

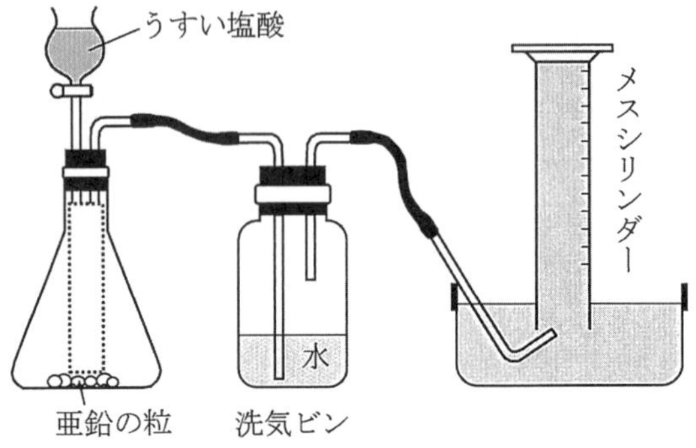

図１

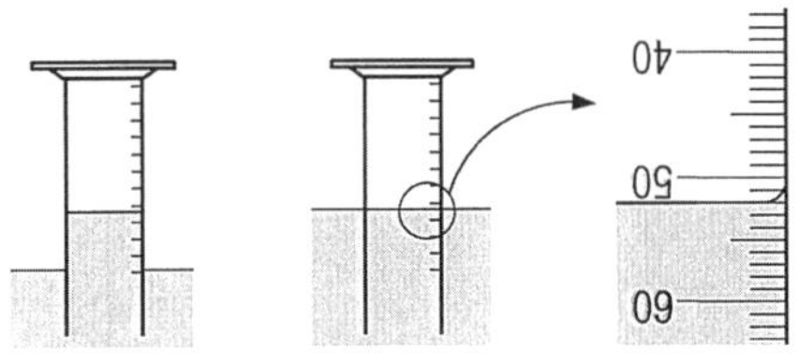

図２　　図３　　図４

（１）　記録文中の下線部（ｉ）について，図１中の［　　］の部分のガラス管はどのようにすればよいか。最も適当なものを，次の（ア）～（オ）から１つ選び，記号で答えよ。

（ア）　ろうとのガラス管は三角フラスコの中の液体につかるように長くし，もう一方のガラス管はつからないように短くする。

（イ）　ろうとのガラス管は三角フラスコの中の液体につからないように短くし，もう一方のガラス管はつかるように長くする。

（ウ）　どちらのガラス管も三角フラスコの中の液体につかるように長くする。

（エ）　どちらのガラス管も三角フラスコの中の液体につからないように短くする。

（オ）　どちらのガラス管も長さについては考える必要はない。

令和６年度　愛光中学校入学試験問題　理科

（２）　記録文中の下線部（ｉ）について，図１中の洗気ビンの役割について述べた次の文章中の空らん［ｂ］，［ｃ］にあてはまる語句の組み合わせとして最も適当なものを，下の（ア）～（カ）から１つ選び，記号で答えよ。

この洗気ビンの主な役割は，フラスコから出てくる気体の中に少量含まれる［ｂ］を，水に［ｃ］性質を利用して取り除くことで，集める水素の純度を上げることである。

	b	c
（ア）	酸素	とけやすい
（イ）	酸素	とけにくい
（ウ）	二酸化炭素	とけやすい
（エ）	二酸化炭素	とけにくい
（オ）	塩化水素	とけやすい
（カ）	塩化水素	とけにくい

（３）　記録文中の下線部（ⅱ）について，その**理由**について述べた次の文中の空らん［ｄ］にあてはまる文を**10字以内**で答えよ。

理由：装置の中の［　　ｄ　　］ため。

（４）　記録文中の下線部（ⅲ）について，メスシリンダーの中にたまった気体の体積は，メスシリンダーの中と外の水面の高さをそろえる前に比べて，そろえた後はどうなるか。次の（ア）～（ウ）から１つ選び，記号で答えよ。

（ア）　大きくなる　　　（イ）　小さくなる　　　（ウ）　変わらない

（５）　記録文中の空らん［ａ］はいくらか。図３の目盛りの拡大図（図４）から読み取れ。

（６）　次の（Ⅰ），（Ⅱ）のようにするとき，水素の発生する速さと量はどのようになるか。その組み合わせとして最も適当なものを，下の（ア）～（ケ）からそれぞれ１つ選び，記号で答えよ。

（Ⅰ）　亜鉛の粒の量は変えないで，うすい塩酸の量を２倍にする。

（Ⅱ）　うすい塩酸の量は変えないで，同じ量の亜鉛の粒を小さくくだいて粉末状にする。

	速さ	量
（ア）	速くなる	多くなる
（イ）	速くなる	少なくなる
（ウ）	速くなる	変わらない
（エ）	遅《おそ》くなる	多くなる
（オ）	遅くなる	少なくなる
（カ）	遅くなる	変わらない
（キ）	変わらない	多くなる
（ク）	変わらない	少なくなる
（ケ）	変わらない	変わらない

令和６年度　愛光中学校入学試験問題

社会

（40分）

《答えはすべて解答用紙に記入しなさい。選択《せんたく》問題については，記号で答えなさい。》

1　次の【A】～【D】の文を読み，文中の空らん［1］～［4］にあてはまる語句を記入し，後の問いに答えなさい。

【A】

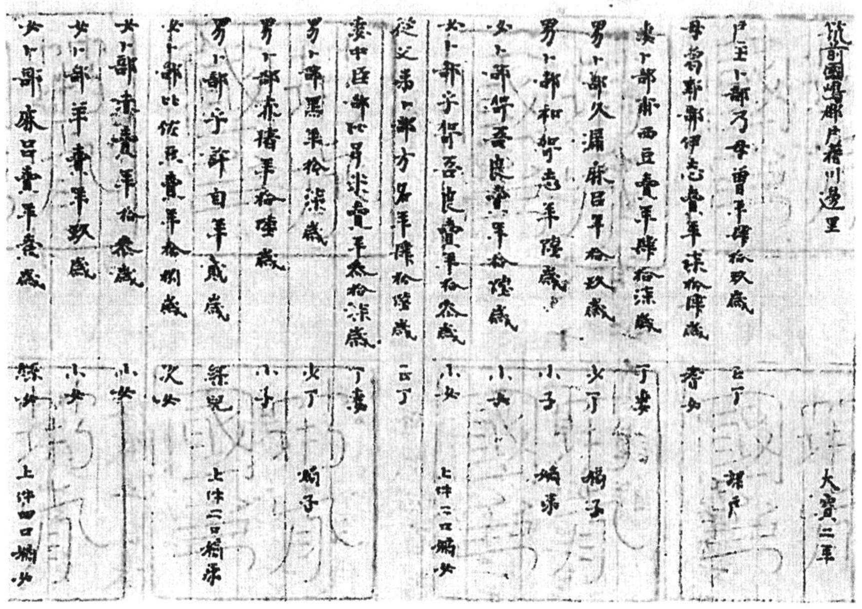

これは筑前《ちくぜん》国(福岡《ふくおか》県)嶋《しま》郡川辺《かわべ》里の 702(大宝２)年の戸籍《こせき》で，戸主とその親族の名前や年齢《ねんれい》，性別などが記されており，現存する最古の戸籍の１つです。８世紀に律令が制定されると，朝廷《ちょうてい》によって戸籍に登録された６歳《さい》以上の男女には，口分田が与《あた》えられました。人々には，成年男子を中心に税や労役・兵役などのさまざまな負担が課されましたが，これらは非常に重かったので，(ア)負担をのがれるため，土地を捨てて逃亡《とうぼう》する者も現れました。また，743 年に朝廷から一部の土地の私有が認められるようになると，貴族や寺社は［1］とよばれる私有地を広げていきました。そうして(イ)10 世紀になると，朝廷は，戸籍や班田収授の制度をやめて，有力な農民に土地を割り当て，土地の面積に応じて税を納めさせるようになりました。

問１　文中の空らん［X］にあてはまる語句を，次の中から１つ選びなさい。

（あ）エチオピア　（い）南スーダン　（う）イラク　（え）シリア

問２　文中の空らん［Y］にあてはまる語句をカタカナ３字で答えなさい。

問３　下線部(ア)について，この聖地を答えなさい。

問４　下線部(イ)について，自衛隊が現地でおこなったことはどのようなものか，正しいものを次の中から１つ選びなさい。

（あ）紛争で破壊された世界遺産の修復作業をおこなった。

（い）対立している民族間の話し合いに参加し，和平交渉をおこなった。

（う）国連軍に入り，現地で反乱をおこした組織を制圧する軍事行動をおこなった。

（え）現地の住民たちと協力しながら，道路などの施設《しせつ》の整備をおこなった。

問５　下線部(ウ)について，このグループとは，アメリカや西ヨーロッパなどの国々が結んでいる軍事的な同盟のことを指します。この同盟の略称《りゃくしょう》をアルファベットで答えなさい。

問６　下線部(エ)に関連して，紛争などが発生すると，国際連合の安全保障理事会が開かれて，ここで対応が話し合われます。ロシアのウクライナ侵攻についても安全保障理事会で協議されましたが，具体的な対策については決まりませんでした。それはなぜか，安全保障理事会の手続きや権限に関連させて１行以内で説明しなさい。

5　次の親子の会話文を読み，後の問いに答えなさい。

息子：父さん，学校で「世界の紛争《ふんそう》」について調べてレポートにまとめるように，という課題が出たんだけど，何を取り上げたらよいか，よくわからないんだよね。

父親：難しいテーマだよね。教科書には，どんな紛争のことが書かれているの？

息子：教科書を見てみるね。そうだな，このページにはパレスチナ紛争，［X］紛争，ロシアのウクライナ侵攻《しんこう》について書いてある。

父親：それぞれの紛争は，原因や背景が違うから，全部をまとめて書くのではなく，１つにしぼって書いていくとよいね。

息子：父さんが知っていることを教えてくれないかな。後でインターネットや本を調べてみるけど，先に話を聞いておきたいから。

父親：よし，じゃあ父さんが知っていることを話していくね。まず，パレスチナ紛争は，［Y］人の国家であるイスラエルとアラブ系のパレスチナ人の両者が同じ土地をめぐって争っているんだよ。歴史的，宗教的な理由もあって，解決が難しいんだ。

息子：なぜ解決が難しいの？

父親：これは20世紀初頭から続いている紛争なんだ。両者はともに，同じ都市を自分たちの(ア)聖地だと主張しているんだ。国際連合は何度も和平交渉を仲介《ちゅうかい》しているけれど，双方《そうほう》の信念が強すぎて，なかなか解決には至《いた》っていないよ。

息子：じゃあ次に，［X］紛争の原因は何なの？

父親：［X］は，アフリカで2011年に新しくできた国なんだ。古くから政治的・民族的な対立があり，内戦が続いてきたんだよ。多くの人々が命を失っており，飢餓《きが》や病気も広がっているらしい。国際連合は平和維持活動をおこなっているけど，状況は非常に厳しいね。(イ)日本の自衛隊もこの活動に参加しているんだよ。

息子：なるほどね，よくわかったよ。じゃあ次ね。ここ数年，ロシアによるウクライナ侵攻のニュースをよく見るけど，そもそも何が原因で侵攻したの？

父親：ロシアとウクライナはもともと１つの連邦国家だったんだ。それが1991年に連邦国家が解体されて分離《ぶんり》独立した後から，少しずつ対立が深まっていったんだよ。さらに最近，(ウ)ウクライナはロシアと敵対するグループへの加入を考えていて，それを恐《おそ》れたロシアが2022年にウクライナに攻《せ》め込《こ》んだ。その戦闘《せんとう》が現在まで続いているんだね。

息子：戦闘をくい止めることはできないの？

父親：もちろん(エ)国際連合はこの行為《こうい》を非難しているけど，戦闘そのものを止めることはできていないね。

息子：なんだか，むなしいね。やはり，世界は平和であってほしいな。父さん，説明してくれてありがとう。紛争によって，原因や背景が違うことがわかったよ。もう少し詳しく調べてみてレポートにまとめるね。

問１　下線部(ア)に関連して，９～10世紀には負担をのがれるために戸籍をいつわる者も現れました。下の戸籍は周防《すおう》国（山口県）玖珂《くが》郡玖珂郷の908（延喜《えんぎ》８）年のものですが，これと本文にある戸籍とを見比べて，人々が戸籍をどのようにいつわったか答えなさい。

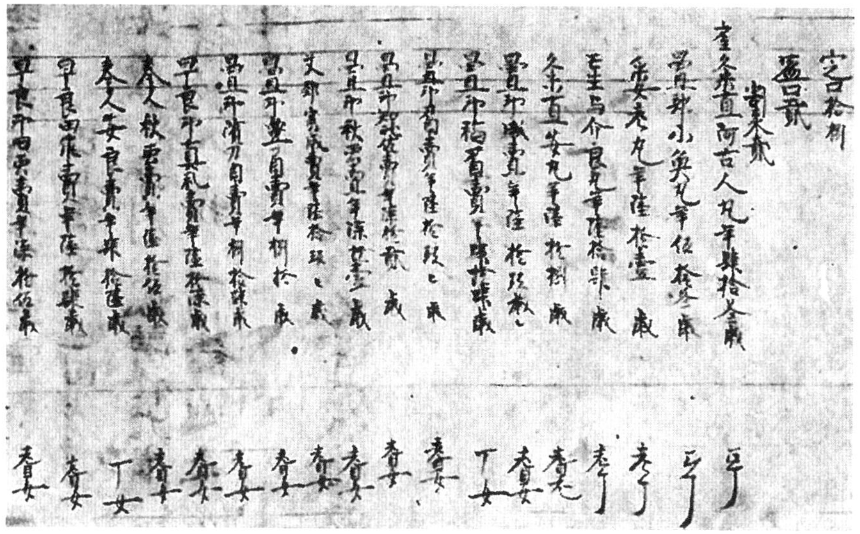

問２　下線部(イ)に関連して，10世紀におこなわれた朝廷の政策について述べた次の文X・Yについて，その正誤の組み合わせとして正しいものを，下の中から１つ選びなさい。

X　伝染病の流行やききんなどで世の中の不安が増すと，仏教の力で国を守るため平等院鳳凰堂《びょうどういんほうおうどう》を建てた。

Y　中国との貿易の利益に目をつけて，兵庫の港を整えるなどして貿易を推進した。

(あ) X　正　Y　正　　(い) X　正　Y　誤
(う) X　誤　Y　正　　(え) X　誤　Y　誤

【B】

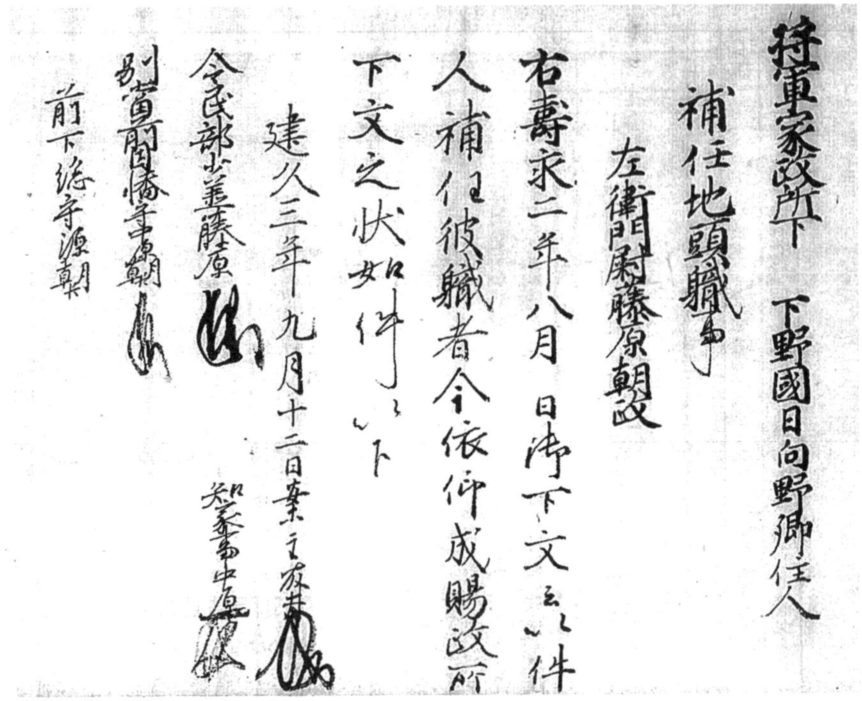
将軍家政所下　下野國日向野郷住人
補任地頭職事
左衛門尉藤原朝政
右壽永二年八月日御下文云件
人補任彼職者今依仰成賜政所
下文之状如件以下
建久三年九月十二日案主藤井（花押）
令民部少丞藤原（花押）　知家事中原（花押）
別當前因幡守中原朝臣（花押）
前下総守源朝臣

これは1192(建久《けんきゅう》3)年に，鎌倉《かまくら》幕府の［２］という役所が発行した地頭の任命書です。鎌倉時代には，幕府の任命した地頭が［１］や公領におかれるようになり，土地の管理や年貢《ねんぐ》などの徴収《ちょうしゅう》を担当しました。［１］や公領では，農民は，領主や国司に年貢などを納めていましたが，地頭がおかれた所では，地頭が厳しく年貢や労役を課したので，それに苦しんだ農民が領主にその横暴を訴《うった》えたりしました。やがて，(ｳ)室町時代には，近畿《きんき》地方やその周辺では，有力な農民を中心に自治的な村がつくられ，領主に納める年貢などは村がまとめて納めるようになりました。

問３　下線部(ｳ)に関連して，以下の設問に答えなさい。

（１）室町時代の農業のようすについて述べた次の文のうち，正しいものを１つ選びなさい。

(あ) 年に２回稲《いね》を育てる二毛作をおこなう地域が広がった。

(い) 牛や馬に備中ぐわをひかせて農地を深く耕した。

(う) 麻《あさ》・桑《くわ》・茶などの商品作物の栽培《さいばい》がさかんになった。

(え) 草木を焼いた灰や干したイワシが肥料として使われた。

（２）こうした社会を反映して，この時代には庶民《しょみん》も楽しむ文化が生まれました。この文化について述べた次の文のうち，誤っているものを１つ選びなさい。

(あ)『ものぐさ太郎《たろう》』などのおとぎ話の絵本がつくられた。

(い) 村祭りや盆踊《ぼんおど》りなどの行事がさかんになった。

(う) それまでの田楽や猿楽《さるがく》が，能や狂言《きょうげん》へと発展していった。

(え) 人気役者の似顔絵などを木版で刷った浮世絵《うきよえ》が人気を集めた。

令和６年度　愛光中学校入学試験　問題用紙　　（社会）

問７　下線部(ｶ)に関連して，中国の人口や民族構成について述べた次の文Ｘ・Ｙについて，その正誤の組み合わせとして正しいものを，下の中から１つ選びなさい。

Ｘ　一人っ子政策が廃止《はいし》されたので，中国の人口は急速に増加している。

Ｙ　人口の約９割を漢民族が占めており，約１割は多様な少数民族で構成されている。

(あ) Ｘ　正　Ｙ　正　　(い) Ｘ　正　Ｙ　誤

(う) Ｘ　誤　Ｙ　正　　(え) Ｘ　誤　Ｙ　誤

問６　下線部(ｵ)に関連して，次の図Ｘ～Ｚは，中国とブラジルで生産量が多い，原油，とうもろこし，牛乳のいずれかについて，世界の生産量上位８か国と世界合計に占める割合を示したものです。生産物名とＸ～Ｚの正しい組み合わせを，下の中から１つ選びなさい。

X

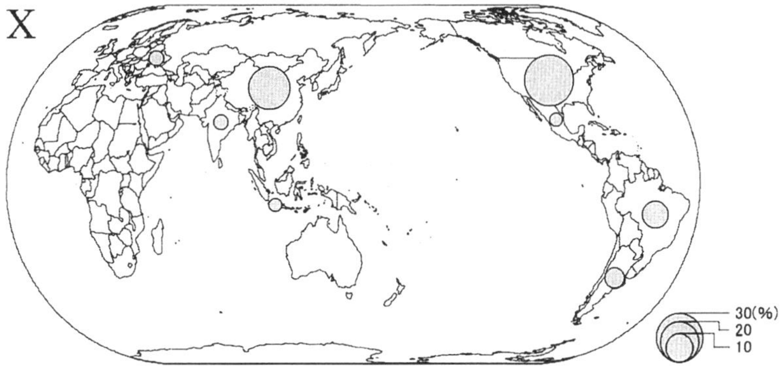

Y

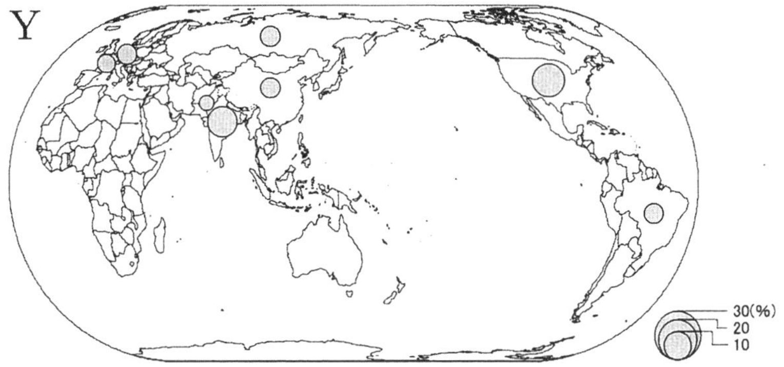

Z

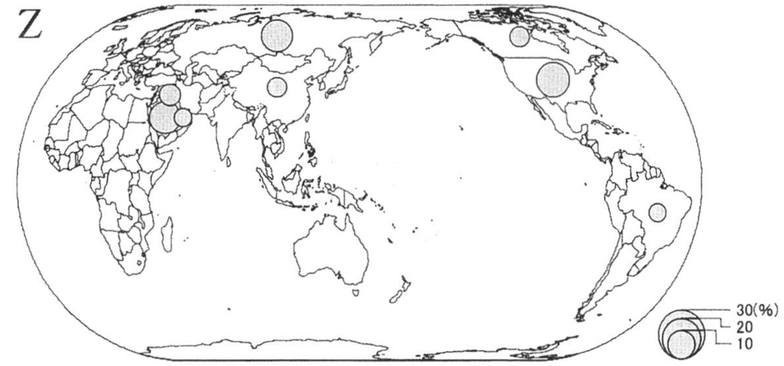

統計年次は，2020年。

（『データブック　オブ・ザ・ワールド2023』より作成）

	(あ)	(い)	(う)	(え)	(お)	(か)
原油	X	X	Y	Y	Z	Z
とうもろこし	Y	Z	X	Z	X	Y
牛乳	Z	Y	Z	X	Y	X

【C】

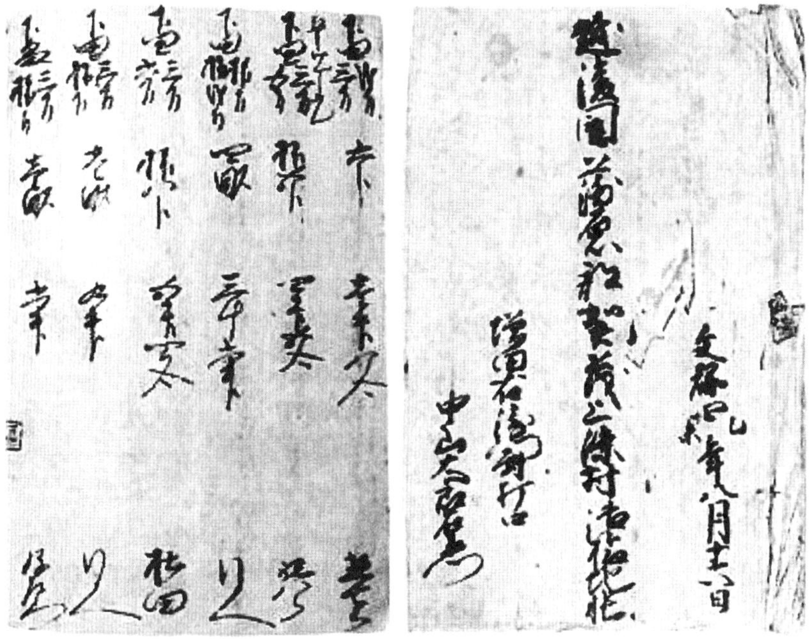

これは 1595（文禄《ぶんろく》４）年に作成された，越後国《えちご》（新潟県《にいがた》）蒲原《かんばら》郡賀茂《かも》上條《じょうじょう》村の［３］で，上から田畑の等級・面積・石高・耕作者が記されています。(ｴ)豊臣秀吉《とよとみひでよし》は，村を単位にして土地や人民を直接支配しようと考え，役人を村に派遣《はけん》して調査をおこない，［３］を作成していきました。(ｵ)こうした農民や土地の支配のしかたは江戸《えど》幕府に受け継《つ》がれ，幕府は，土地を持つ農民を中心とする農村の体制を維持《いじ》しようと努めました。しかし，18 世紀には土地を集めて地主になる者と，年貢を払《はら》えずに土地を手放す者とが現れて貧富の差が大きくなり，村を離《はな》れて都市に逃《に》げ出す者も現れました。

問４　下線部(ｴ)に関連して，豊臣秀吉がおこなったことについて述べた次の文のうち，誤っているものを１つ選びなさい。

(あ) キリスト教が全国統一のさまたげになると考え，宣教師の国外追放を命じた。
(い) 明を征服しようと考えて２度にわたって朝鮮に大軍を送ったが，失敗におわった。
(う) 農民の一揆《いっき》を防ぎ，また，農民と武士の身分を区別するため，農民から武器を取り上げた。
(え) 将軍の足利氏《あしかがし》を京都から追い出して，室町幕府をほろぼした。

問５　下線部(ｵ)に関連して，幕府の年貢の徴収について述べた次の文Ｘ・Ｙについて，その正誤の組み合わせとして正しいものを，下の中から１つ選びなさい。

Ｘ　年貢を増やすために新田開発をすすめるなどしたため，江戸中期には耕地面積は豊臣秀吉のころの約２倍に増えた。

Ｙ　年貢を安定的に取り立てるため，隣組《となりぐみ》の制度をつくって年貢納入に共同責任を負わせた。

(あ) Ｘ　正　　Ｙ　正　　　(い) Ｘ　正　　Ｙ　誤
(う) Ｘ　誤　　Ｙ　正　　　(え) Ｘ　誤　　Ｙ　誤

【D】

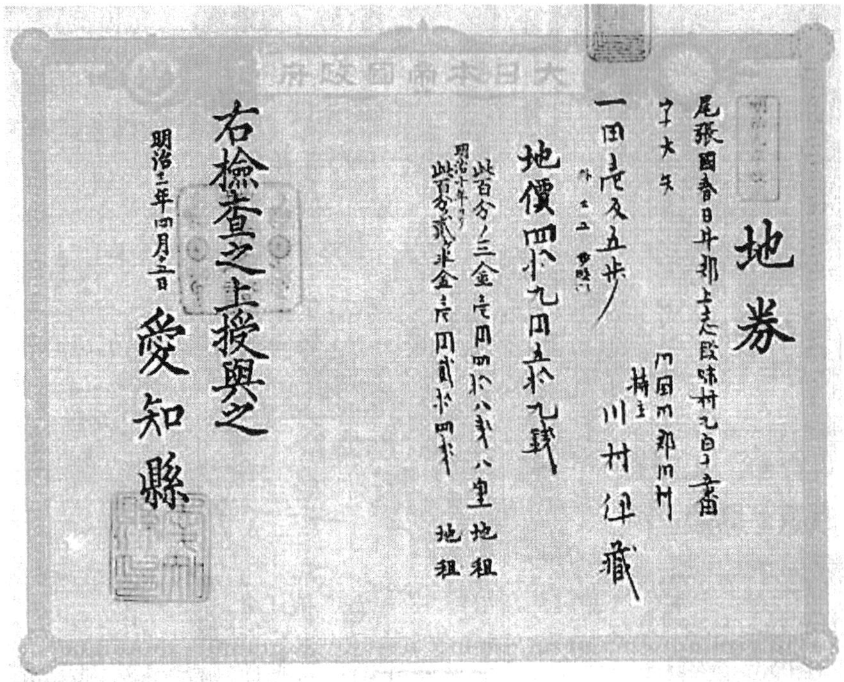

これは1879(明治12)年に土地所有者に交付された地券で，番地・地目・面積・地価・［４］などが記されています。明治政府は，富国強兵をすすめるにあたり，安定した財源を確保するために，地券を発行して土地の所有権を認める一方で，一定の地価を定めて，地券所有者に［４］納入の義務を負わせました。この［４］の負担はそれまでの年貢の負担とあまり変わらなかったので，(カ)各地で［４］改正反対一揆がおこりました。さらに，(キ)1881年から政府が財政の引き締《し》め政策をすすめると，世の中は不景気になり，多くの自作農民は土地を手放し没落《ぼつらく》していきました。こうして，明治時代後期になると，広大な土地が少数の地主の手に集中し，土地を手放した農民が小作人として耕作にあたる地主制度が発達していきました。

問６　下線部(カ)について，こうした一揆に対し，政府は［４］の税率を「地価の３％」から「地価の2.5％」に引き下げますが，それは西暦《せいれき》何年のことですか。

問７　下線部(キ)について，政府の財政引き締め策による不景気で農産物価格が下落し，自作農民の収入が減ったことにより彼《かれ》らの生活は苦しくなりました。さらに，当時の税のしくみがその生活苦に拍車《はくしゃ》をかけることになりますが，税のどういったしくみがその原因となったのか答えなさい。

問４　下線部(ウ)に関連して，次の文①～③は，ブラジルを代表する都市であるサンパウロ，マナオス，ブラジリアのいずれかの都市について述べたものです。文と都市名の正しい組み合わせを，下の中から１つ選びなさい。

①アマゾン川の河川交通をいかして，たくさんの工業製品を外国へ出荷している。
②内陸部に建設された都市で，国会議事堂などの国の機関が集まっている。
③ブラジルの最大都市で，市内や近郊《きんこう》で自動車や航空機などの工業が発達している。

	①	②	③
(あ)	サンパウロ	マナオス	ブラジリア
(い)	サンパウロ	ブラジリア	マナオス
(う)	マナオス	サンパウロ	ブラジリア
(え)	マナオス	ブラジリア	サンパウロ
(お)	ブラジリア	サンパウロ	マナオス
(か)	ブラジリア	マナオス	サンパウロ

問５　下線部(エ)に関連して述べた次の文を読み，文中の空らん［X］にあてはまる作物名を，下の中から１つ選びなさい。

ブラジルでは1973年の石油危機を機に，ガソリンの代替《だいたい》燃料として，［X］を原料とするバイオエタノールの生産が本格的におしすすめられるようになりました。さらに2000年代以降，世界の原油価格が急激に上昇《じょうしょう》していったことにともない，同国のバイオエタノール生産量は急増し，輸出も拡大していきました。原料である［X］は，熱帯や亜熱帯《あねったい》の地域での栽培に適し，ブラジルでは植民地時代から食品工業用の工芸作物としてさかんに栽培されてきたもので，生産量は第２位のインドを大きく引き離《はな》し，世界第１位の座にあります。

(あ) なつめやし　　(い) さとうきび　　(う) てんさい　　(え) 大麦

問３　下線部(イ)について，次の図中のＸ～Ｚは，中国，ブラジル，日本のいずれかの国における2000年以降の経済成長率の変化を示しています。国名とＸ～Ｚの正しい組み合わせを，下の中から１つ選びなさい。

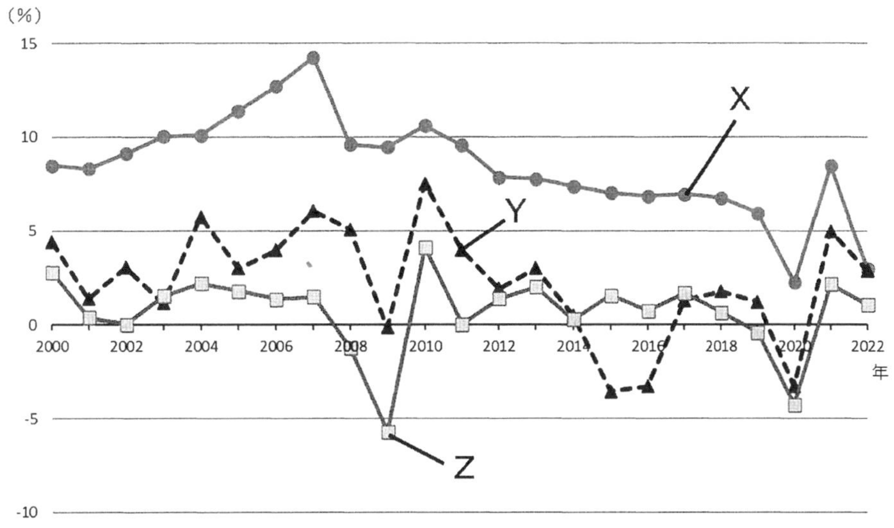

(IMF World Economic Outlook Databases より作成)

	X	Y	Z
(あ)	中国	ブラジル	日本
(い)	中国	日本	ブラジル
(う)	ブラジル	中国	日本
(え)	ブラジル	日本	中国
(お)	日本	中国	ブラジル
(か)	日本	ブラジル	中国

2　次の【A】～【E】の文を読み，後の問いに答えなさい。史料はやさしく書きかえたり，省略・補足したりしてあります。また出典は省略しています。

【A】万国博覧会（万博）は，新しい文化の創造や，科学・産業の発展などを目的に，世界のさまざまな国が参加しておこなわれる展示会です。日本と万博の出会いは，1862年のロンドン万博のときです。(ｱ)このとき通商条約の内容を交渉《こうしょう》するため，イギリスを訪れていた江戸幕府の使節団がロンドン万博を視察しました。その５年後の(ｲ)1867年のパリ万博には，初めて日本が正式に参加しました。幕府は葛飾北斎《かつしかほくさい》の浮世絵などを展示し茶店を出して評判になったほか，薩摩藩《さつまはん》も薩摩焼や琉球《りゅうきゅう》の産物などを独自に出品しました。

問１　下線部(ｱ)について，このころの日本はアメリカやイギリスなどの欧米《おうべい》の国々との間で通商条約を結んで貿易をおこなうようになりました。これに関連して述べた次の文X・Yについて，その正誤の組み合わせとして正しいものを，下の中から１つ選びなさい。

X　アメリカと結んだ通商条約によって，下田と函館《はこだて》の２つの港が開かれた。

Y　外国との貿易が始まったことで物価が下がり，人々の生活にゆとりができた。

(あ) X　正　　Y　正　　　(い) X　正　　Y　誤

(う) X　誤　　Y　正　　　(え) X　誤　　Y　誤

問２　次の史料①・史料②は下線部(ｲ)に関連するものです。史料①は薩摩藩のパリ万博参加のようすを幕府が記録したもの，史料②は幕府が薩摩藩に対しておこなった抗議《こうぎ》の記録です。これらの史料に関連して述べた文として誤っているものを，下の中から１つ選びなさい。

史料①

> 薩摩藩の代表は，琉球国王の使節だと名乗ってパリにいた。博覧会でも琉球国の産物を展示する場所として一区画を借り受け，ここでは琉球王国を名乗って，丸に十字の国旗をかかげ，開会式の日にも，彼らは琉球国王の使節として参加していた。

史料②

> 琉球王国として独立したというのはどういうことか。一番の尊王派だといわれているあなた方の藩（薩摩藩）が，どういうわけで，このようなことをなされたのか。何しろ現在日の丸の旗を日本として立てているのに，あなた方は琉球王国として丸に十字の旗を立てている。これは明らかに日本にそむいて独立しているということであり，あなた方の藩の尊王という主張にもそむくわけだ。

(あ) 薩摩藩は，パリ万博参加のときに「琉球王国」と名乗っていた。

(い) このころの琉球王国は，薩摩藩の支配を受けていた。

(う) 薩摩藩が日本の旗を勝手に使用していたことに対して，幕府側は抗議した。

(え) 薩摩藩は尊王を主張している藩だとみなされていた。

問１　文中の空らん［a］にあてはまる文を①・②から，［b］にあてはまる文を③・④からそれぞれ選び，その正しい組み合わせを，下の中から１つ選びなさい。なお，空らん［a］は２か所あり，同じ文が入ります。

［a］：①外国企業の進出から国有企業を守る　　②外国企業の進出を積極的に受け入れる

［b］：③アメリカから労働者が流入した　　④大型の農業機械の導入がすすんだ

	a	b
(あ)	①	③
(い)	①	④
(う)	②	③
(え)	②	④

問２　下線部(ｱ)に関連して，経済が発展すると，国民の生活は豊かになり，生活水準が向上します。次の表は，中国，アメリカ，ブラジルのいずれかの国の１人当たり国民総所得*（2020年），エネルギー供給量（石油換算《かんさん》，2019年）を示したものです。表中のX～Zにあてはまる国名の正しい組み合わせを，下の中から１つ選びなさい。

*国内で１年間に生み出されたモノやサービスの金額の合計である国内総生産に，国外からの所得を加えたもの。

国名	１人当たり国民総所得（ドル）	エネルギー供給量（百万トン）
X	7,800	293
Y	64,140	2,215
Z	10,530	3,389

（『データブック オブ・ザ・ワールド2023』より作成）

	X	Y	Z
(あ)	中国	アメリカ	ブラジル
(い)	中国	ブラジル	アメリカ
(う)	アメリカ	中国	ブラジル
(え)	アメリカ	ブラジル	中国
(お)	ブラジル	中国	アメリカ
(か)	ブラジル	アメリカ	中国

４　次の文は，ある中学校の地理の授業のようすです。これを読み，後の問いに答えなさい。

先　生：中国とブラジルの経済発展について，皆《みな》さんに調べてきてもらいました。今日はそれを発表してもらいます。ではＡさん，まず中国について発表してください

Ａさん：中国は1980年ころから市場経済のしくみを取り入れ，［ａ］などの改革がすすめられるようになり，工業が発展して製品の輸出が増加していきました。また，農業でも改革がおこなわれ，農産物の生産量や輸出量が増えていきました。1990年代以降，高度経済成長を続け，(ア)2010年代にはアメリカに次ぐ世界第２位の経済大国になりました。ただ最近は，輸出産業の低迷などのため，経済が失速していて，(イ)経済成長率も2010年ごろに比べると低くなってきています。

先　生：なるほど。改革をおこなって経済成長をとげ，皆さんもよく知っているような，経済的にも政治的にも影響力のある国になっていったのですね。ブラジルについてはどうですか，Ｂさん。

Ｂさん：ブラジルは，1960年代後半から(ウ)サンパウロやマナオスなどの都市で，［ａ］ことによって工業化に成功し，高度経済成長がおこりました。1990年代に経済自由化政策などの改革をおしすすめると，経済のグローバル化の波にも乗って，(エ)輸出目的の工業がさらに発展しました。また，未開地の開発をおしすすめ，商品作物を輸出する農業や鉱産資源を輸出する鉱業も発展しています。こうして大きな経済成長をとげ，南アメリカ最大の経済大国となっています。しかし近年は，最大の貿易相手である中国の経済の悪化など，国内外のさまざまな要因が重なって，経済成長は停滞《ていたい》しているようです。

先　生：なるほど。ブラジルも改革を実行して発展に成功したのですね。ただ，改革政策をおこなったからといって，どんな国でもすぐに発展できるわけではありませんよね。中国やブラジルの発展につながった共通の要因は何かありませんか。はい，Ｃさん。

Ｃさん：国土面積が広く，鉱産資源がたくさんとれるところだと思います。

先　生：そのとおりですね。(オ)両国とも地下資源などが豊富で，それをいかした工業がおこなわれています。また広い国土のもとで，さまざまな農産物に関して世界的な生産国になっています。その他にありませんか。はい，Ｄさん。

Ｄさん：どちらも人口がとても多い国です。(カ)中国が人口大国であることは有名ですが，ブラジルも人口が２億人を超えています。

先　生：そうですね。両国とも人口が多く，安い労働力が豊富にえられたので，工業や農業など，さまざまな産業の発展にとって有利でした。さて，急速に経済成長をとげてきた両国ですが，それにともなってかかえることになった問題について調べてきた人はいますか。はい，Ｅさん。

Ｅさん：発展にともなって，両国とも環境汚染《かんきょうおせん》が問題になってきました。中国では，さまざまな原因によって引きおこされる大気汚染が深刻になりました。また，ブラジルでは，アメリカの農業関連の企業が進出し，大規模な穀物栽培がおこなわれるようになりましたが，その農地の開発などのため，熱帯林の破壊《はかい》がすすんでいます。また，農村部では［ｂ］ために，多数の農園労働者が仕事を失いました。このような人々が都市に流入したことで，スラムとよばれる不良住宅街が拡大して，都市の居住環境が悪化するなどの問題もおこっています。

先　生：よく調べてきましたね。どちらの国も発展の裏でさまざまな問題がおこっていますね。今日とり上げた両国はＢＲＩＣＳとよばれるグループに属し，互《たが》いに経済的な協力関係を深めています。次回は，他の国々の経済発展について発表してもらいます。

令和６年度　愛光中学校入学試験　問題用紙　　（社会）

【Ｂ】明治維新後しばらくは国内の情勢が不安定だったこともあり，明治政府としての万博への参加はおこなわれませんでしたが，(ウ)1873年のウィーン万博への参加以降，政府は外国で開催《かいさい》された多くの博覧会に積極的に参加しました。さらに(エ)国内でも内国勧業《かんぎょう》博覧会をはじめ，殖産《しょくさん》興業の政策として多くの博覧会を開催しました。1890年に開催された第３回の内国勧業博覧会では外国人を積極的に招く方針がたてられ，外国人用の日本地図などが作成されました。

問３　下線部(ウ)に関連して，次の史料は，1871年の２月におこなわれた，ウィーン万博への参加を促《うなが》すオーストリアの外交官と日本の外務卿《がいむきょう》＊の会談の記録です。これについて述べた文として最も適当なものを，下の中から１つ選びなさい。

＊卿とは現在の大臣にあたる立場です。

> 外交官：再来年，我が国で博覧会を計画しております。日本からも人と商品を出してくださいませんか。
> 外務卿：イギリスの博覧会と同様の計画ですか。
> 外交官：４，５年前にパリで開催されたものと同様です。
> 外務卿：２年も間があることなので，状況《じょうきょう》次第では参加するようにしましょう。今から参加を決めることは困難です。
> 外交官：わが国では初めての開催でございまして，めったにない機会ですから，詳細《しょうさい》は改めて申し上げることにして早めにお知らせいたします。旧幕府の時，パリ万博には将軍の弟を派遣なさいました。同じくらいの地位の方が参加してくだされば大いに喜ばしいことです。詳《くわ》しいことは，通知がありましたら追々申し上げられるでしょう。
> 外務卿：博覧会は大いに勉強にもなるでしょう。人はもちろん商品も出したいと思っておりますが，先年フランスへ参加した際に大きな損失を出し，それがいまだに片付いておりません。ですから今のところは誰《だれ》であっても参加することは難しいでしょう。

（あ）オーストリアは，1862年のロンドン万博と同様の計画で，ウィーン万博もおこなおうとした。
（い）日本はウィーン万博に対して，この会談の中で参加を表明した。
（う）オーストリアは，ウィーン万博において，将軍であった徳川慶喜《とくがわよしのぶ》の弟を派遣してほしいと考えていた。
（え）日本は1867年のパリ万博において損失を出し，1871年にはまだそれは解消されていなかった。

問４　下線部(エ)に関連して，第１回目の内国勧業博覧会を推進した当時の内務卿であった大久保利通《おおくぼとしみち》について述べた文として正しいものを，次の中から１つ選びなさい。

（あ）長州藩の出身で，薩摩藩との同盟をおしすすめ，倒幕《とうばく》運動の中心となった。
（い）旧幕府軍との戦いの時に，勝海舟《かつかいしゅう》と話し合いをして，江戸城を明け渡《わた》させた。
（う）岩倉使節団に参加して，欧米の国々を視察した。
（え）国会開設の要望書を提出し，自由民権運動をおしすすめた。

【C】万博への参加の経験がつまれていく中，日本での万博開催の意見が出されるようになり，政府は1907年に，５年後の1912年に東京で「日本大博覧会」を開催することを決定しました。政府は，世界各国へ参加や出品を求め，(ｵ)日本の産業の発達を世界に示すことを目指しました。当初はさまざまな国がこの万博へ参加する意志を示していましたが，予定より経費が増え，さらには設営の準備が遅《おく》れたために延期となり，最終的には中止することとなってしまいました。一方で，(ｶ)1910年には日本とイギリスの親善をアピールする目的で日英博覧会がロンドンで開催され，これによって日本は産業国家として世界に認められるようになりました。

令和６年度　愛光中学校入学試験　問題用紙　　（社会）

問８　下線部(ク)に関連して，次の図はアメリカ，日本，ドイツのいずれかにおける国内の貨物輸送量（単位：億トンキロ*）に占《し》める交通機関別の割合を示しています。X～Zに該当《がいとう》する国名の組み合わせとして正しいものを，下の中から１つ選びなさい。

*輸送した貨物の重量（トン）に，それぞれの貨物の輸送距離《きょり》（キロ）を乗じたもの。

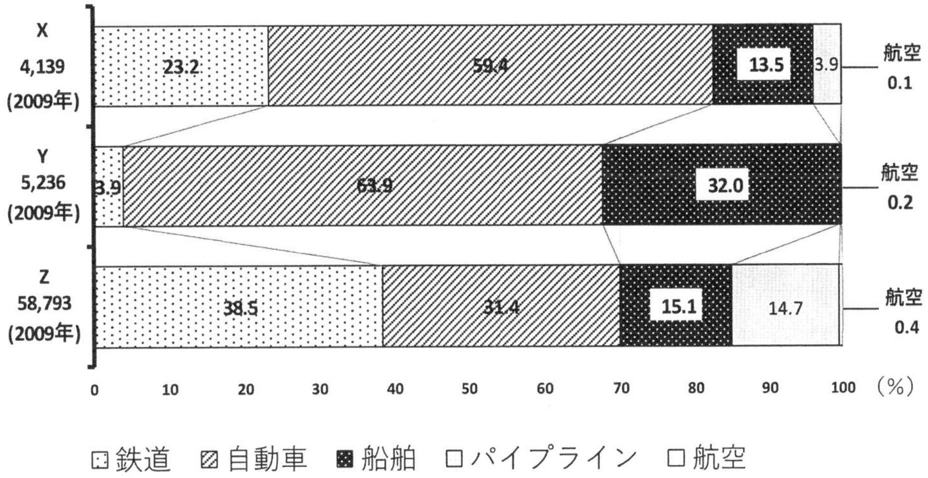

（国土交通省「交通関係統計資料」より作成）

	X	Y	Z
(あ)	日本	アメリカ	ドイツ
(い)	日本	ドイツ	アメリカ
(う)	アメリカ	日本	ドイツ
(え)	アメリカ	ドイツ	日本
(お)	ドイツ	日本	アメリカ
(か)	ドイツ	アメリカ	日本

問５　下線部(オ)に関連して，次のグラフは1890年と1910年の主要な貿易品目の割合を示したものです。1890年と1910年のグラフとを比較《ひかく》して読み取れる，日本の貿易や産業の変化について述べた文X～Zの正誤の組み合わせとして正しいものを，下の（あ）～（く）の中から１つ選びなさい。

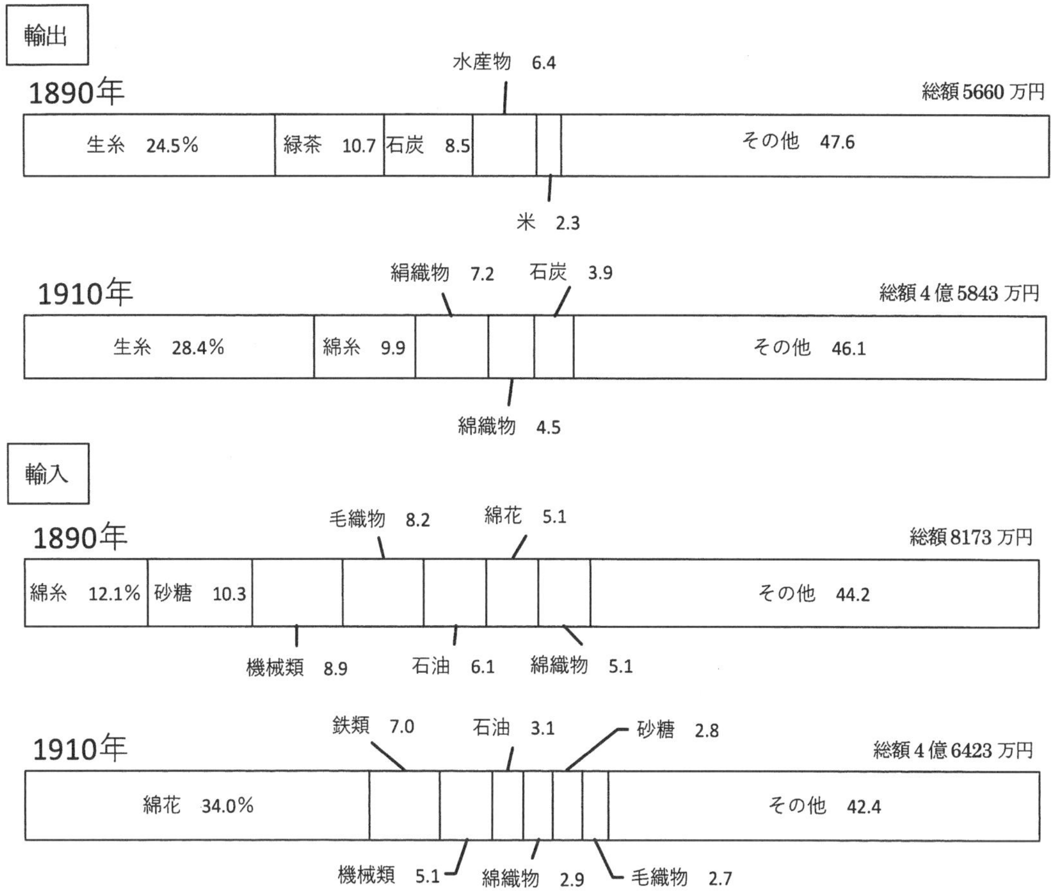

（『日本貿易精覧』より作成）

X　工業化が進展して，外国からの機械類の輸入額は減少した。
Y　製糸業がさかんになり，生糸の輸出額が増えた。
Z　綿糸を生産する紡績《ぼうせき》業が発達し，綿糸をほとんど輸入しなくなった。

(あ) X　正　Y　正　Z　正　(い) X　正　Y　正　Z　誤　(う) X　正　Y　誤　Z　正
(え) X　正　Y　誤　Z　誤　(お) X　誤　Y　正　Z　正　(か) X　誤　Y　正　Z　誤
(き) X　誤　Y　誤　Z　正　(く) X　誤　Y　誤　Z　誤

問６　下線部(カ)に関連して，日英博覧会は当時の外務大臣であった人物が強く後押《あとお》ししたことによって実現しました。日英博覧会の翌年には，この人物のもとですすめられた条約改正交渉によって，日本の関税自主権の完全な回復が実現しています。この人物とは誰ですか，次の中から１つ選びなさい。

(あ) 陸奥宗光《むつむねみつ》　(い) 小村寿太郎《こむらじゅたろう》　(う) 井上馨《いのうえかおる》　(え) 大隈重信《おおくましげのぶ》

【D】明治期の「日本大博覧会」計画のあと，日本ではしばらく万博開催が検討されませんでした。しかし，(ｷ)1929年に民間から開催の意見が出され，1940年に日本万博を開催することとなりました。1938年には世界70か国に誘致《ゆうち》の働きかけがおこなわれ，ヨーロッパやアメリカ，中南米，アジアなど各方面に使節団が派遣され，多くの国々が参加に前向きな姿勢を示していました。しかし，(ｸ)内外の情勢が影響《えいきょう》して万博中止論が高まり，同年７月に万博開催の延期が閣議決定されました。

問７　下線部(ｷ)に関連して，1929年から40年の間におこったできごとⅠ～Ⅲを，古いものから年代順に正しく並べかえたものを，下の中から１つ選びなさい。

Ⅰ　二・二六事件がおこった。
Ⅱ　日独伊《にちどくい》三国同盟が結ばれた。
Ⅲ　日本が国際連盟を脱退《だったい》した。

（あ）Ⅰ―Ⅱ―Ⅲ　（い）Ⅰ―Ⅲ―Ⅱ　（う）Ⅱ―Ⅰ―Ⅲ
（え）Ⅱ―Ⅲ―Ⅰ　（お）Ⅲ―Ⅰ―Ⅱ　（か）Ⅲ―Ⅱ―Ⅰ

問８　下線部(ｸ)に関連して，次の史料は，万博延期を決定したときに政府によって出された声明文です。これについて述べた文として正しいものを，下の中から１つ選びなさい。

> 我が国は神武天皇ご即位《そくい》以来2600年に相当する昭和15年（1940年）を記念するため，同年東京で博覧会を開催することとし，今年の３月に各国に招待状を送って使節団を派遣し，参加をよびかけてきた。しかし，国際博覧会条約のきまりによれば，昭和15年には万博を開催することができず，この条約の加盟国は日本の博覧会に正式に参加できないということだった。また今日まで参加が決まっている国も非常に少なく，今後多くの国が参加するという見込《みこ》みもつかない。さらに我が国だけでなく諸外国においても昭和15年までに博覧会への参加の準備をするのは期間が短く，完成しないと思われる。記念すべき年に，非常に小規模な博覧会におわってしまうことはまことに残念である。また現在我が国は国を挙げての聖戦の目的を達成しようとしている時期でもあるので，日本博覧会の開催は延期することとし，支那《しな》事変の推移を見たうえで適切な時期に盛大な万博を開催することと決定した。日本政府の博覧会の招待に対してすでに正式参加を表明している国に対しては深く謝意を表す。

（あ）1940年の万博は，神武天皇の即位から2600年を記念するために開く予定であった。
（い）1940年の万博は，国際博覧会条約の加盟国しか参加することができなかった。
（う）史料にある，国を挙げての聖戦とは，アメリカとの戦争のことを指している。
（え）万博延期を決定した後の日本は，満州国を独立させて政治の実権を握《にぎ》った。

問７　下線部(ｷ)に関連して，次の図は日本の輸出品目の割合の変化を表したものである。図中のＸ～Ｚには，鉄鋼，繊維《せんい》・繊維製品，機械類のいずれかがあてはまる。本文を参考にして，品目名とＸ～Ｚの組み合わせとして正しいものを，下の（あ）～（か）の中から１つ選びなさい。

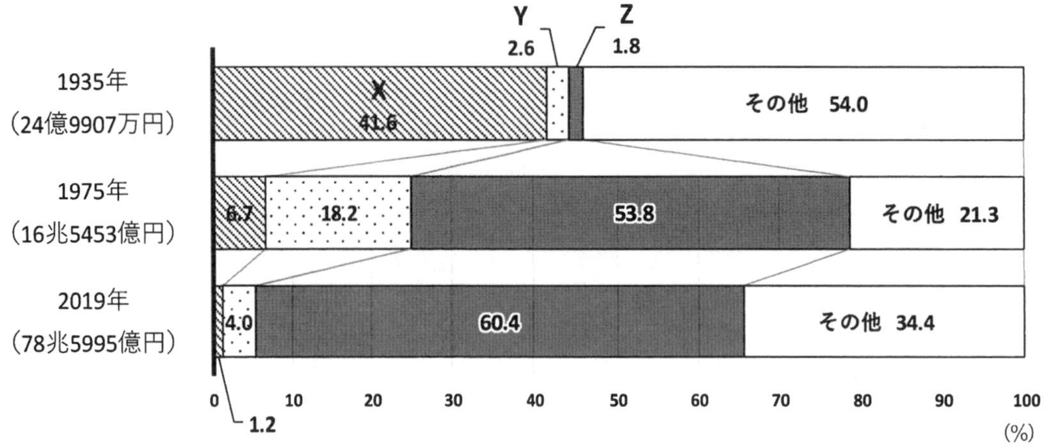

（『統計要覧　2023 年版』より作成）

	X	Y	Z
（あ）	鉄　鋼	繊維・繊維製品	機械類
（い）	鉄　鋼	機械類	繊維・繊維製品
（う）	繊維・繊維製品	鉄　鋼	機械類
（え）	繊維・繊維製品	機械類	鉄　鋼
（お）	機械類	鉄　鋼	繊維・繊維製品
（か）	機械類	繊維・繊維製品	鉄　鋼

問６　下線部(カ)に関連して，下の表は，1990 年と 2019 年時点の日本，アメリカ，中国の自動車(乗用車・トラック・バスの合計)の生産台数及び輸出台数を表している。次の①～③の条件を参考にして，国名とＸ～Ｚの組み合わせとして正しいものを，下の（あ）～（か）の中から１つ選びなさい。

①1970 年代の石油危機以降，燃費性能の良い日本車の輸出が急増していった。
②1980 年代になると日米貿易摩擦《まさつ》によって，日本企業によるアメリカでの現地生産が増えていった。
③2000 年代に入ると中国経済の急成長によって，日本やアメリカからの中国向けの輸出が増加していった。

	自動車の生産台数（千台）		自動車の輸出台数（千台）	
	1990 年	2019 年	1990 年	2019 年
X	470	25, 751	0	1, 024
Y	9, 785	10, 893	953	3, 192
Z	13, 487	9, 685	5, 831	4, 818

（『世界国勢図会 2022/2023』より作成）

	X	Y	Z
(あ)	日　本	アメリカ	中　国
(い)	日　本	中　国	アメリカ
(う)	アメリカ	日　本	中　国
(え)	アメリカ	中　国	日　本
(お)	中　国	日　本	アメリカ
(か)	中　国	アメリカ	日　本

【Ｅ】第二次世界大戦終了《しゅうりょう》後，世界において万博はしばらく開催されませんでしたが，戦後13年目の1958年にはベルギーでブリュッセル万博が開催されました。(ケ)すでに国際社会に復帰していた日本も，この万博に参加し，これ以降の万博にも積極的に参加しました。1964年には東京オリンピックが開催されるということもあって，日本での万博開催の気運が盛り上がっていきました。そして1970年に，日本初の万博が大阪《おおさか》で開催されました。その後も日本では，(コ)1985年につくば万博，2005年に愛・地球博などさまざまな万博が開催され，2025年には再び大阪で万博が開かれる予定です。

問９　下線部(ケ)に関連して，次の史料は，日本が本格的に国際社会に復帰するきっかけとなった条約です。これを読み，史料中の空らん［　X　］にあてはまる国を，下の中から１つ選びなさい。

一，日本国と［　X　］との間の戦争状態は，この宣言が効力を生ずる日に終了し，両国の間に平和及《およ》び友好善隣《ぜんりん》関係が回復される。
二，日本国と［　X　］との間に外交及び領事関係が回復される。
三，日本国と［　X　］は，国際連合への加入に関する日本国の申請《しんせい》を支持するものとする。

（あ）アメリカ　　（い）中華民国《ちゅうかみんこく》　　（う）韓国《かんこく》　　（え）ソビエト連邦《れんぽう》

問10　下線部(コ)に関連して，つくば万博から愛・地球博までの時期におこったできごとについて述べた文として正しいものを，次の中から１つ選びなさい。
（あ）日中平和友好条約が結ばれた。
（い）朝鮮《ちょうせん》戦争がおこり，警察予備隊がつくられた。
（う）京都で地球温暖化防止会議が開かれた。
（え）日本が，経済協力開発機構（ＯＥＣＤ）に加盟した。

3　次の会話文は，ある中学校の社会の授業のようすです。この文を読み，後の問いに答えなさい。

先　生：１学期の授業では日本の工業について勉強しました。工場には海沿いに立地するものと，内陸地域に立地するものがあり，それぞれの利点を生かした製品をつくっていることも分かりました。今日は，２名の関東出身の寮生《りょうせい》に，地元の工業について夏休み中に調べてもらったことを発表してもらおうと思います。それではＡさんから，よろしくお願いします。

Ａさん：はい。僕《ぼく》の地元は(ア)東京湾《わん》に面した千葉県の君津市《きみつし》です。臨海部に工場がたくさん立地しています。元々は海苔《のり》を主体とした漁業がさかんな地域でしたが，1960年代に，海沿いに大きな製鉄所がつくられました。面積は東京ドームの220個分あり，工場では１日に３万トンの鉄がつくられています。工場内には，大型船が積み下ろしできる岸ぺきがあり，(イ)海外から石炭や鉄鉱石などの鉄の原料が運ばれています。

先　生：なるほど。君津市に製鉄所がつくられた頃《ころ》は，(ウ)製鉄の原料は海外に依存《いぞん》するようになり，太平洋ベルトの臨海部に立地するようになりましたね。(エ)他にも輸入に依存する工業地域はそのような立地の特徴《とくちょう》が見られますね。それでは，次にＢさんお願いします。

Ｂさん：はい。私の地元は(オ)群馬県の太田市です。関東平野のかなり内陸部にあります。太田市は大手自動車メーカーの企業《きぎょう》城下町となっていて，市内には広い敷地《しきち》をもつ自動車製造工場が３カ所もあります。ここでは自動車の組み立ての他に，エンジンやトランスミッションなどをつくっています。(カ)自動車は車によっては１台に約6000種類，３万点もの部品を取り付けたりするので，市内には自動車部品をつくる町工場もたくさんあります。ここで生産された自動車は北米を中心に(キ)海外へも輸出されています。

先　生：なるほど。太田市は君津市とは違《ちが》い，関東平野のかなり内陸部ですが，自動車は鉄鉱石や石炭などの重い原料から直接つくるわけではないので，内陸地域への工場の立地が可能です。またＢさんが調べたように，自動車は部品が非常に多く，ものによっては遠くの国内の他の工場でつくられた部品の(ク)輸送が必要になってきます。近くには東北自動車道や関越《かんえつ》自動車道などの高速道路が整備されていて，太田市はトラック輸送に非常に優れた立地であると言えますね。ＡさんＢさん，今日はありがとうございました。

問１　下線部(ア)に関連して，東京湾岸に広がる工場地帯はどのような場所につくられたか，次の中から正しいものを１つ選びなさい。

（あ）波のおだやかな入り江《え》の多いリアス海岸だった場所に，工場地帯がつくられた。

（い）遠浅の海を大規模に干拓《かんたく》した場所に，工場地帯がつくられた。

（う）塩田や干潟《ひがた》などが広がっていた沿岸部を埋《う》め立てた場所に，工場地帯がつくられた。

（え）平坦《へいたん》な海底が隆起《りゅうき》してできた階段状の台地面に，工場地帯がつくられた。

問２　下線部(イ)に関連して，鉄鉱石の輸入に関する次の文の空らん［Ｘ］と［Ｙ］に入る国名の組み合わせとして正しいものを，下の中から１つ選びなさい。

日本は，戦前は鉄鉱石を主に［Ｘ］から輸入していたが，現在は［Ｙ］からの輸入が中心となっている。

	（あ）	（い）	（う）	（え）
Ｘ	中国	中国	アメリカ	アメリカ
Ｙ	オーストラリア	アメリカ	中国	オーストラリア

令和６年度　愛光中学校入学試験　問題用紙　　（社会）

問３　下線部(ウ)に関連して，このように原料を海外から輸入して，高い技術で優れた工業製品をつくって輸出する貿易を何貿易というか。

問４　下線部(エ)に関連して，次の図のＸ～Ｚは，京葉工業地域・中京工業地帯・北九州工業地帯のいずれかの工業出荷額の割合（2019年）を表したものです。Ｘ～Ｚにあてはまる組み合わせとして正しいものを，下の中から１つ選びなさい。

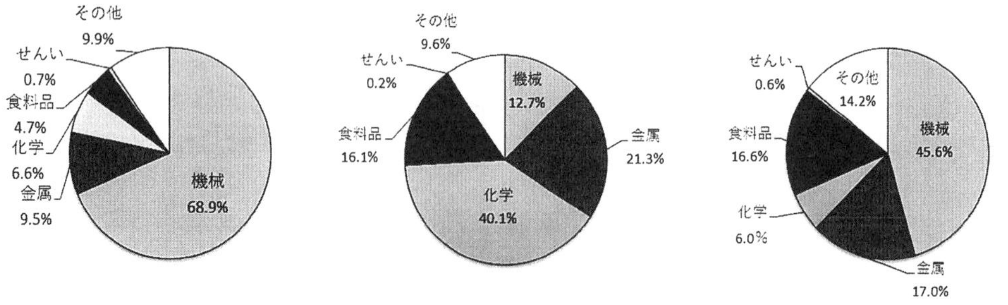

Ｘ　　　　Ｙ　　　　Ｚ

（『日本国勢図会 2022/2023』より作成）

	Ｘ	Ｙ	Ｚ
（あ）	京葉工業地域	中京工業地帯	北九州工業地帯
（い）	京葉工業地域	北九州工業地帯	中京工業地帯
（う）	中京工業地帯	京葉工業地域	北九州工業地帯
（え）	中京工業地帯	北九州工業地帯	京葉工業地域
（お）	北九州工業地帯	京葉工業地域	中京工業地帯
（か）	北九州工業地帯	中京工業地帯	京葉工業地域

問５　下線部(オ)に関連して，群馬県ではこの地域特有の気候に適応するために，古くから多くの民家で，家の周りを取り囲むように木を植える屋敷《やしき》林が見られました。この屋敷林は何のためにつくられてきましたか，次の中から正しいものを１つ選びなさい。

（あ）冬の時期に，山脈から吹《ふ》き下りてくる吹雪《ふぶき》から家を守るための防雪林である。

（い）冬の時期に，山脈から吹き下りてくる乾燥《かんそう》した強風から家を守るための防風林である。

（う）夏の時期に，フェーン現象により高温や乾燥状態となり，火災がおきやすく，周囲に家を守るための防火林を植えている。

（え）夏の時期に，積乱雲が発達しやすく，豪雨《ごうう》が頻発《ひんぱつ》するため，洪水《こうずい》による水害から家を守るために家の周囲に木を設置している。

令和六年度　愛光中学校　入学試験問題　国語　解答用紙

採点欄《らん》には何も記入しないこと

受験番号

氏名

合計

※120点満点
（配点非公表）

一

1　①　②　③　④　⑤　⑥　⑦　⑧　⑨　⑩

2　①　②　③　④　⑤　⑥

3　①　②　③　④

二

問一　ⓐ　ⓑ

問二

問三

問四

問五

問六

問七

問八

問九

三

問一　A　B

問二

問三

問四

問五

問六

問七

問八

問九

問十

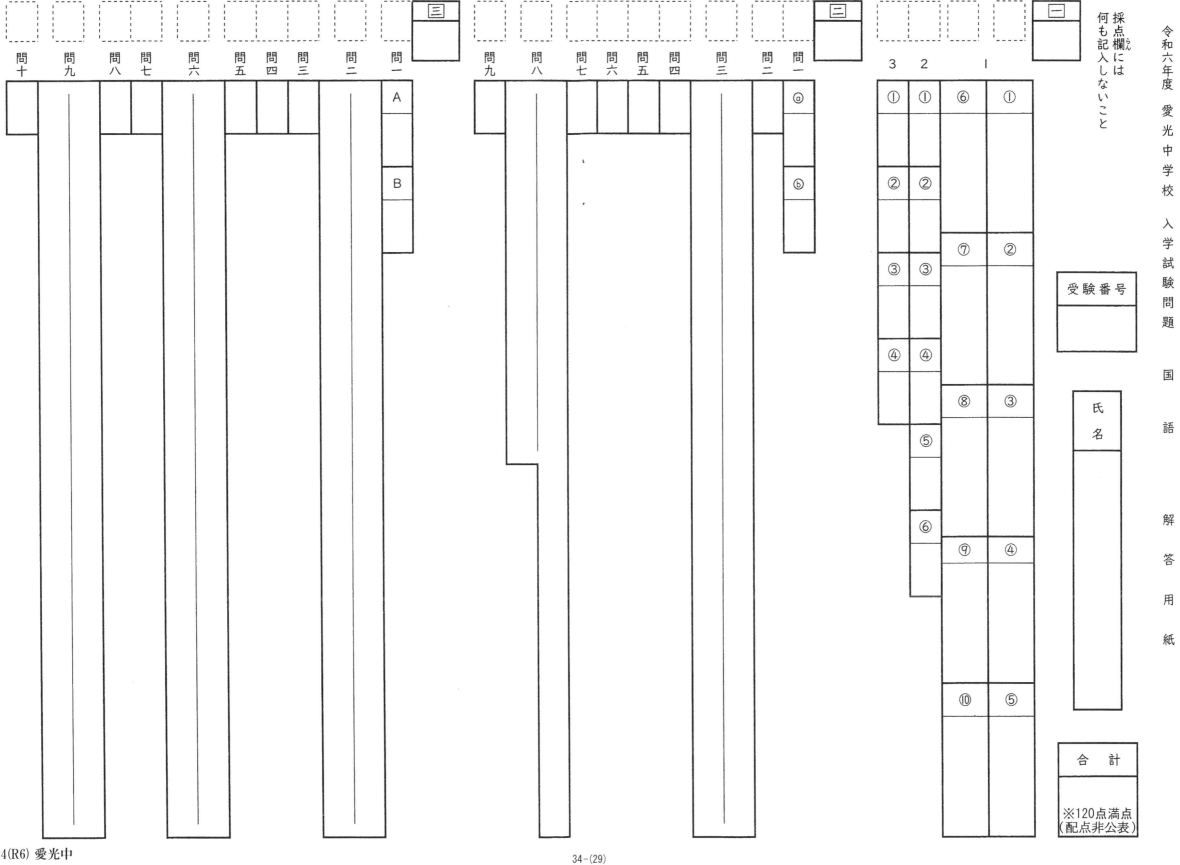

令和６年度　愛光中学校入学試験問題　理科（解答用紙）

※80点満点
（配点非公表）

【１】

（１）		（２）	幼虫		さなぎ	

（３）	A	実験 1		実験 2		実験 3		実験 4		実験 5		実験 6		実験 7	
	B	実験 1		実験 2		実験 3		実験 4		実験 5		実験 6		実験 7	

（４）	実験		結果	

【２】

（１）	A	内臓		役割		B	内臓		役割		（２）	

【３】

（１）	日の出		日の入り		（２）			
（３）		（４）	方位角	°	仰角	°		

【４】

（１）		（２）		（３）										
（４）		（５）		（６）	Ⅰ		Ⅱ							

【５】

（１）	g	（２）	cm	（３）	g				
（４）		（５）	①		②		③		

【６】

（１）	①	a		b		②	a		b
	③	a		b		④	a		b
（２）	⑤		⑥		⑦		⑧		

受験番号（　　　　　　）　名前（　　　　　　　　　　　　　　）

令和６年度　愛光中学校入学試験　解答用紙　（社会）

※小計・合計らんには記入しないこと

1

1　　2　　3

4

問１

問２　問３（１）　（２）　問４　問５

小計

問６　　年

問７

2

問１　問２　問３　問４　問５

小計

問６　問７　問８　問９　問10

3

【解答用紙3-(3)】 34-(33)

問１　問２　問３　　貿易

小計

問４　問５　問６　問７　問８

4

問１　問２　問３　問４

小計

問５　問６　問７

5

問１　問２

問３　問４　問５

小計

問６

合計

受験番号　　氏名

※80点満点
（配点非公表）

令和五年度　愛光中学校　入学試験問題　国語　(60分)　〈その一〉

一

1　次の――のひらがなを漢字に直しなさい。送りがなが必要なものはそれも書きなさい。

① 今回出品した作品は、私のかいしんの作だ。
② 親に頼《たよ》ってばかりで、親こうこうができていない。
③ こしょうした家電製品をすぐに修理に出した。
④ せんでん文句につられ、つい商品を買ってしまった。
⑤ 四月から、新しいぶしょに配属となった。
⑥ 全力を尽《つ》くして、みんなの期待にこたえる。
⑦ 午後から部活動があるので、先に宿題をすませておこう。
⑧ 料理を作ろうとして、長い髪《かみ》を後ろで一つにたばねる。
⑨ アンケートの受付期間を、来月末までにのばした。
⑩ 飼っていた小鳥を、かごから出して野にはなす。

2　①～④の文の□にあてはまる漢字として最も適切なものを、後のア～カの中から一つずつ選んで、記号で答えなさい。(同じものは二度使いません。)

① 加盟国の代表者たちが一□に会した。
② 商品の価格を一□5パーセント値上げした。
③ 彼らの一□乱れぬダンスに圧倒《とう》された。
④ 君の発言は一□に値する。

ア 考　イ 回　ウ 糸　エ 堂　オ 足　カ 律

3　【例題】にならって、(1)～(3)の①・②の文の□に、それぞれのア～カの言葉を適切な形にして入れたとき、文の意味が最も通るものを一つずつ選んで、記号で答えなさい。(同じものは二度使いません。)

【例題】① 新商品の売りこみに、彼は全国を□ている。
② 兄は大学合格の知らせに□て喜んだ。
ア 飛び立つ　イ 飛びかかる　ウ 飛び乗る　エ 飛び上がる　オ 飛び回る　カ 飛びこえる
〔答え〕① オ　② エ

(1)
① 試合に大敗して、自分のチームの実力のなさをつくづく□た。
② 級友との仲違《たが》いを解決する方法が見つからず、□て先生に相談した。
ア 思い余る　イ 思い当たる　ウ 思いえがく　エ 思い知る　オ 思いやる　カ 思いとどまる

(2)
① 月見うどんは、うどんに卵を割って入れたもので、黄身を月に□ている。
② 友人が家に帰ったころを□て、彼の家を訪ねた。
ア 見かねる　イ 見立てる　ウ 見くびる　エ 見すかす　オ 見積もる　カ 見計らう

(3)
① 「ここは危険だから近づかないように。」とわが子に□て、むこうで遊ばせる。
② 急いでいたので用件だけ言って電話を切ってしまい、この前のお礼をつい□た。
ア 言い負かす　イ 言いしぶる　ウ 言いそびれる　エ 言いつくろう　オ 言いふくめる　カ 言いふらす

二　次の文章を読んで、あとの問いに答えなさい。

研究者は新しいコトやモノが大好きである。新しいコトを見出《みいだ》すことを発見とよび、新しいモノを創り出すことを発明とよぶ。新たな発見が発明の A こともあれば、新たな発明が発見を促《うなが》すこともある。❶人工冬眠《みん》はまだ発明はされていないが、冬眠の原理はいずれ発見されるであろう。そして、冬眠の原理が明らかになれば、人工冬眠の発明に大きく近づくことになる。あるいはなにかのきっかけで人工冬眠が発明される可能性もある。本来冬眠をしない人間を冬眠させることができれば、冬眠の原理を理解するための大きな＊端緒《たんしょ》になることはいうまでもない。❷発明と発見は両方とも研究者の存在理由といってもよいが、研究者に生じる責任には大きな違《ちが》いがある。

発見によって今まで知られていなかったことが世の中に知れわたったとき、いかに社会にとって不都合なことであっても事実であれば発見者に責任はないと私は考える。一方で発明は今までに存在しないものを作るので、その発明によって人類や自然になにか不都合が生じれば発明者の責任は少なからずあると考える。

発明者の意図に反した使い方をされることは世の常であるが、発明者が思いつかなかった使用法もまた一つの発明であるから、おおもとの発明者よりも新しい使い方を発明した者の責任を問うべきであろう。しかしながら、意図はしないが想定できる使用法が存在するとき、おおもとの発明者はしっかりと対策をとる責任があると私は思う。

発見を主たる目的として研究を行っている研究者は興味の赴《おもむ》くままに突《つ》き進むことは構わないと思っている。わからないことを知りたいという好奇《き》心は人間の大きな特徴《ちょう》であり、研《と》ぎ澄《す》まされた好奇心で切り開かれた新発見は私たちの胸を打つものがある。一方で発明は同じ研究でも全く異なるマインドセットが要求される。罪のある発見はないが、罪深い発明はありうるのだ。

人工冬眠は現時点では存在しない技術である。私の研究チームは人類を冬眠させることを目指して研究開発を行っている。いわば人工冬眠の発明をしようとしているわけだ。人工冬眠を人間に誘《ゆう》導できれば、これまで助からなかった患《かん》者が救命できることに気づいて、私は冬眠研究を始めた。客観的に見ても純粋《すい》な動機といえるだろう。しかし、❸人工冬眠が発明されることにより人間社会が受ける影響《えいきょう》は、必ずしも医療《りょう》の革命的な進歩だけではないと考えている。

人工冬眠を発明しようとしている研究者として人類が受けるであろう影響を可能な限り見積もり、可能な限り準備をしておくことは、自分に課せられた責任であると考えている。

では、人工冬眠が存在する社会になると、今となにが変わるのであろうか。冬眠が生物学的に人間に与《あた》える影響についてはあとからしっかり議論をするとして、冬眠が社会的に大きく影響を与えうる3つの概《がい》念があると考えている。

1つは時間の概念だ。人類は医療技術や衛生観念の普及《ふきゅう》から過去最長の寿命《じゅみょう》を享《きょう》受している。多くの予測がなされているが、現在のテクノロジーが連続的に発展していくと、平均寿命は120歳《さい》くらいは可能ではないかという説がある。120歳というとかなりの高齢《れい》ではあるが、想像できないこともない。ところが、人工冬眠が自由に行われる社会になると「年齢」という考え方が大きく変わることになる。冬眠期間中は加齢が進まない、あるいは加齢を抑《よく》制できることが前提ではあるが、生まれてからの期間（実年齢）と、実際の体の年齢（積算年齢）に＊乖離《かいり》が生じることになる。実年齢ではなく、積算年齢が重要になってくるであろう。もちろん抗《こう》加齢技術や若返り医療が実現すると、いよいよ積算年齢も意味をなさなくなる可能性もある。そうなると、ある瞬《しゅん》間の身体の状態だけが意味を持つ時代が来るのかもしれない。

いずれにしても、人工冬眠が社会に普及すると年齢の概念は変容し、年齢の概念が変わると時間の概念が変貌《ぼう》する。これまで100年かけてたどり着いていた場所に、実質（実感といってもいいかもしれない）1年で行けるとしたらわかりやすいだろうか。相対的に自分の時の流れが1／100になったともいえるわけだ。医療技術の改良のように徐々《じょじょ》に寿命が伸《の》びていくのであれば、人間社会へもすんなりと受け入れられるかもしれないが、❹人工冬眠が導入されると時間の概念が非連続的に書き換《か》えられることになるだろう。

2つ目は、人権の概念だ。人権とはすべての人々が生命と自由を確保し各々《おのおの》の幸福を追求する権利とされる。人工冬眠という選択肢《たくし》が存在するときに、実際に冬眠するかどうかは人権に含《ふく》まれる「自由」によって＊担保される選択になるが、では冬眠から目覚める権利は誰《だれ》に帰属するのであろうか。冬眠をしている人間が有する権利だと考えるのが自然だ。しかし、冬眠中の動物は意識がないことが知られている。意識がない人間に選択の自由を与えたところで、選べないから実務的には不都合が生じる。冬眠前の本人の意思を最大限に尊重できる代理人に判断をしてもらうという考え方も成り立つであろう。いわゆる未成年者に対する後見人や、自分では判断できないと考えられる高齢者に対する成人後見人が良い参考となる。しかし、後見人を立てても問題は残る。近年、爆《ばく》発的に研究が進んでいる人工知能に代理人を任せるという解決法も十分に考えられると思っている。

いずれにせよ、これまでに人類が暗黙《もく》のうちに受け入れてきた生と死という＊二律背反する生命の＊均衡《こう》を、完全に打ち破ることになる。生でも死でもない新たな状態「休」。❺休を含んだ人権の定義や解釈《しゃく》を構築する必要があるだろう。

3つ目は❻倫《りん》理観の大きな変容が求められるであろう。これは人権の変化とも密接な関係があるが、冬眠中の人間になにかしらの人権があるとして、その被《ひ》冬眠者に対してどのような働きかけが倫理的に不適切となるのであろうか。そもそも倫理とは善悪の判断に関して人間の普遍《へん》的な基準だとすると、今までにない状態である人工冬眠に対する善悪の判断に普遍的な基準を要求することは無理があるので、やはりあらかじめ議論をしておく必要がある。

たとえば、冬眠中の人間を本人の意思に反して覚醒《せい》させることは倫理的に良くないことなのだろうか？　そもそも本人の意思は冬眠前の意思はあるとして、冬眠中には確認《にん》のしようもない。幸い人間には想像力がある。実際に人工冬眠ができなくても、思考実験として人工冬眠が存在する社会の倫理観について議論を始めることは今からでもできる。

このように、人工冬眠の登場は社会に大きな意識改革を突きつけるだろう。今の法体系や倫理観では多くの問題が起きそうである。だが、幸いまだ時間はある。❼できるだけの準備をして、来《き》たるべきときに備えていきたいと思う。

（砂川玄志郎『人類冬眠計画―生死のはざまに踏み込む』岩波科学ライブラリー※本文を改めた部分があります。）

〔注〕＊端緒……手がかり。　＊乖離が生じる……差が生まれる。　＊担保される……保証される。
＊二律背反……二つの矛盾《むじゅん》することが同時に成り立つこと。　＊均衡……バランス。

問一　［A］とありますが、ここに入る表現として、最も適切なものを次の中から一つ選んで、記号で答えなさい。

ア　太鼓《こ》判をおす　　イ　日の目を見る　　ウ　呼び水になる　　エ　矢面《おもて》に立つ　　オ　足かせになる

問二　❶「人工冬眠はまだ発明はされていないが、冬眠の原理はいずれ発見されるであろう」とありますが、どういうことですか。その説明として、最も適切なものを次の中から一つ選んで、記号で答えなさい。

ア　人間が冬眠できる理由を解明できるかどうかは分からないが、動物が冬眠できる理由はもう少しで解明されることになるだろうということ。

イ　人工冬眠という今までにない新しいものを創り出すことができたならば、それによって動物が冬眠する目的もやがて見つけられるだろうということ。

ウ　人間が人工冬眠できるような仕組みを創り出すのにはまだ時間がかかるが、動物を人工的に冬眠させる新たな技術は、近い将来創り出されるだろうということ。

エ　人間を人工的に冬眠させる技術を創るのにはまだ時間がかかるが、動物が冬眠する仕組みについては、そのうち明らかになるだろうということ。

オ　人間が冬眠に耐《た》えうる体の機能を持っているかどうかはまだ分からないが、どんな動物でも冬眠に耐えうる体にする手立てはもうすぐ編み出せそうだということ。

問三　❷「発明と発見は両方とも研究者の存在理由といってもよいが、研究者に生じる責任には大きな違いがある」とありますが、発明者に生じる責任について説明しなさい。ただし、「発見と違って発明は、～」に続くように書きなさい。

問四　❸「人工冬眠が発明されることにより人間社会が受ける影響は、必ずしも医療の革命的な進歩だけではないと考えている」とありますが、ここで筆者が言おうとしているのはどういうことですか。その説明として、最も適切なものを次の中から一つ選んで、記号で答えなさい。

ア　道徳的にも正しい目的から始まった自分の研究を進めていくことが、様々な面で人間社会の幸福につながるということ。

イ　冬眠の原理を知りたいという純粋な好奇心から始まった自分の研究は、人間社会に大きな影響を与えるものだということ。

ウ　自分の研究によって、人類を冬眠させることができれば、医療以外の面でも人類全体に利益をもたらすだろうということ。

エ　人工冬眠の方法を発見し、それを推《お》し進めていくことは、社会を不安に陥《おとしい》れることになるので警戒《けいかい》すべきだということ。

オ　多くの人を助けたいという目標から始めた自分の研究が、社会のあり方を大きく変えていく可能性があるということ。

問五　❹「人工冬眠が導入されると時間の概念が非連続的に書き換えられることになる」とありますが、どういうことですか。その説明として、最も適切なものを次の中から一つ選んで、記号で答えなさい。

ア　人工冬眠が導入されると、今まで持っていた年齢の考え方が変わることになるので、少しずつではあるが確実に、時間の持つ意味も変わっていくということ。

イ　人工冬眠が導入されると、人間が自分の寿命を自在に操《あやつ》れるようになるので、今まで持っていた死と生についての考え方が大きく変わり、社会に影響を与えてしまうということ。

ウ　人工冬眠が導入されると、加齢を抑制できるようになるので、生まれてからの期間と実際の体の年齢との間に、大きな差が生まれるようになるということ。

エ　人工冬眠が導入されると、今の年齢の考え方が意味をなさなくなるので、それに伴《ともな》い今までの時間に対する考え方も、我々がすぐには受け入れられないほど急激に変化するということ。

オ　人工冬眠が導入されると、人間のあり方や時間のあり方がこれまでと大きく変わるので、人間が今まで持っていた善悪についての基準を考え直す必要が生じるということ。

問六　❺「休を含んだ人権の定義や解釈を構築する必要があるだろう」とありますが、なぜですか。その説明として、最も適切なものを次の中から一つ選んで、記号で答えなさい。

ア　人工冬眠の事例も含め、意識を失っている間の判断については後見人に任せようという発想は、今の人権の考え方からすると問題があるものと言えるから。

イ　現在の人権の考え方では、死んではいないが生きているとも言いがたい、人工冬眠をしている期間においては、個人の意思の確かめようがないから。

ウ　現行の人権に対する意識からすると、人工冬眠をしている人に人権を認めることは絶対にできないので、目覚める権利がないまま冬眠することになるから。

エ　現状の人権の発想に沿って考えると、死人に人権を認めることはできない以上、人工冬眠をしている人に人権を認めるわけにはいかないと考えられるから。

オ　人工冬眠をしている人の人権についてはまだ定まった解釈がないので、このままでは人工冬眠中の人の意思を後見人に代わって人工知能に判断させることができないから。

問七　❻「倫理観の大きな変容が求められるであろう」とありますが、人工冬眠が存在していないうちに、どのようなことをするべきだと筆者は言っているのですか。説明しなさい。

問八　❼「できるだけの準備をして、来たるべきときに備えていきたいと思う」とありますが、筆者はどのようにしていきたいと思っているのですか。その説明として、最も適切なものを次の中から一つ選んで、記号で答えなさい。

ア　人工冬眠が実現する前に、それを発明しようとする者の責任として、今までの社会のあり方や考え方では対応できないような、社会に対する影響をあらかじめ考え、対処できるようにしていきたいと思っている。

イ　人工冬眠の研究をほかの人々が始める前に、その研究の第一人者として、人工冬眠が導入されることで生じるさまざまな影響について予測し、できるだけの準備をしておきたいと思っている。

ウ　人工冬眠が受け入れられることによって、これまでとは違う新しい社会に変わる前に、人工冬眠を発明した者の責任として、その新しい世界にしっかり順応できるように人々を導いていきたいと思っている。

エ　人工冬眠の研究が世間から批判されることになる前に、研究者の果たすべき責任として、人工冬眠によって起こりうる倫理観の変容について十分検討し、その批判に対応できるようにしておきたいと思っている。

オ　人工冬眠が導入されることになる前に、それを創り出した者の責任として、人工冬眠が導入されることによる利点を可能な限り想定し、人々にわかりやすく説明できるようにしていきたいと思っている。

三　次の文章は、瀧羽麻子『博士の長靴』の一節である。大学三年生の「僕《ぼく》」は、尊敬する気象学者である「藤巻《ふじまき》先生」に頼《たの》まれ、先生の息子《むすこ》で成績の悪い、中学三年生の「和也《かずや》」の家庭教師をしている。ある日、「僕」は和也の母（スミ）から、藤巻家恒《こう》例の「処暑の食事会」に招待され、夕食をともにすることになった。以下はそれに続く場面である。これを読んで、あとの問いに答えなさい。

「ねえ、お父さんたちは天気の研究をしてるんでしょ」
和也が箸《はし》を置き、父親と僕を見比べた。
「被《ひ》害が出ないように防げないわけ？」

「それは難しい」
藤巻先生は即《そく》座に答えた。
「気象は人間の力ではコントロールできない。雨や風を弱めることはできないし、雷《かみなり》も竜巻《たつまき》もとめられない」
「じゃあ、なんのために研究してるの？」
和也がいぶかしげに眉《まゆ》根を寄せた。
「知りたいからだよ。気象のしくみを」
「知っても、どうにもできないのに？」
「どうにもできなくても、知りたい」
「もちろん、まったく役に立たないわけじゃないですしね」
僕は見かねて口を挟《はさ》んだ。
「天気を正確に予測できれば、前もって手を打てるから。家の窓や屋根を補強するように呼びかけたり、住民を避《ひ》難させたり」
「だけど、家は流されちゃうんだよね？」
「まあでも、命が助かるのが一番じゃないの」
奥《おく》さんもⓐとりなしてくれたが、和也はまだ釈《しゃく》然としない様子で首をすくめている。
❶「やっぱり、おれにはよくわかんないや」
「わからないことだらけだよ、この世界は」
先生がひとりごとのように言った。
「だからこそ、おもしろい」

一時はどうなることかとはらはらしたけれど、それ以降は和也が父親につっかかることもなく、食事は和《なご》やかに進んだ。鰻《うなぎ》をたいらげた後、デザートには西瓜《すいか》が出た。
話していたのは主に、奥さんと和也だった。僕の学生生活についていくつか質問を受け、和也が幼かった時分の思い出話も聞いた。
中でも印象的だったのは、絵の話である。
朝起きたらまず空を観察するというのが、藤巻先生の長年の日課だという。晴れていれば庭に出て、雨の日には窓越《ご》しに、とっくりと眺《なが》める。そんな父親の姿に、幼い和也はおおいに好奇《き》心をくすぐられたらしい。よちよち歩きで追いかけていっては、並んで空を見上げていたそうだ。熱視線の先に、なにかとてつもなくおもしろいものが浮《う》かんでいるはずだと思ったのだろう。
「お父さんのまねをして、こう腰《こし》に手をあてて、あごをそらしてね。今にも後ろにひっくり返りそうで、見ているわたしはひやひやしちゃって」
奥さんは身ぶりをまじえて説明した。本人は覚えていないようで、首をかしげている。
「それで、後で空の絵を描《えが》くんですよ。お父さんに見せるんだ、って言って。親ばかかもしれないですけど、けっこうな力作で……そうだ、先生にも見ていただいたら？」
「親ばかだって。子どもの落書きだもん」
照れくさげに首を振《ふ》った和也の横から、藤巻先生も口添《ぞ》えした。
「いや、わたしもひさしぶりに見たいね。あれはなかなかたいしたものだよ」
「へえ、お父さんがほめてくれるなんて、珍《めずら》しいこともあるもんだね」
冗《じょう》談めかしてまぜ返しつつ、❷和也はまんざらでもなさそうに立ちあがった。
「あれ、どこにしまったっけ？」
「あなたの部屋じゃない？　納戸《なんど》か、書斎《さい》の押《お》し入れかもね」
奥さんも後ろからついていき、僕は先生とふたりで和室に残された。
「先週貸していただいた本、もうじき読み終わりそうです。週明けにでもお返しします」
なにげなく切り出したところ、先生は目を輝《かがや》かせた。
「あの超《ちょう》音波風速温度計は、実に画期的な発明だね」
超音波風速温度計のもたらした貢献《こうけん》について、活用事例について、今後検討すべき改良点について、堰《せき》を切ったように語り出す。
お絵描《か》き帳が見あたらなかったのか、和也たちはなかなか帰ってこなかった。その間に、先生の話は加速度をつけて盛りあがった。ようやく戻《もど》ってきたふたりが和室の入口で顔を見あわせているのを、僕は視界の端《はし》にとらえた。自分から水を向けた手前、話の腰を折るのもためらわれ、どうしたものかと弱っていると、❸スケッチブックを小脇《こわき》に抱《かか》えた和也がこちらへずんずん近づいてきた。
「お父さん」
うん、と先生はⓑおざなりな生返事をしたきり、見向きもしない。
「例の、南西諸島の海上観測でも役に立ったらしい。船体の揺《ゆ》れによる影響《えいきょう》をどこまで補正できるかが課題だな」
「ねえ、あなた」
奥さんも困惑《わく》顔で呼びかけた。
と、先生がはっとしたように口をつぐんだ。僕は胸をなでおろした。たぶん奥さんも、それに和也も。
「ああ、スミ。悪いが、紙と鉛《えん》筆を持ってきてくれるかい」
先生は言った。❹和也が踵《きびす》を返し、無言で部屋を出ていった。
おろおろしている奥さんにかわって、自室にひっこんでしまった和也を呼びにいく役目を僕が引き受けたのは、少なからず責任を感じたからだ。父親に絵をほめられたときに和也が浮かべた表情を、僕は見逃《のが》していなかった。雲間から一条《ひとすじ》の光が差すような、笑《え》顔だった。いつだって陽気で快活で、いっそ軽薄《はく》な感じさえする子だけれど、あんな笑《え》みははじめて見た。
「花火をしよう」

ドアを開けた和也に、僕は言った。

❺「おれはいい。先生がつきあってあげれば？　そのほうが親父《おやじ》も喜ぶんじゃない？」

和也はけだるげに首を振った。険しい目つきも、ふてくされたような皮肉っぽい口ぶりも、ふだんの和也らしくない。僕は部屋に入り、後ろ手にドアを閉めた。

「まあ、そうかっかするなよ」

藤巻先生に悪気はない。話に夢中になって、他のことをつかのま忘れてしまっていただけで、息子を傷つけるつもりはさらさらなかったに違《ちが》いない。「様子を見てきます」と僕が席を立ったときも、なにが起きたのか腑《ふ》に落ちない様子できょとんとしていた。

「別にしてない」

和也は投げやりに言い捨てる。

「昔から知ってるもの。あのひとは、おれのことなんか興味がない」

腕《うで》組みして壁《かべ》にもたれ、暗い目つきで僕を見据《す》えた。

「でも、おれも先生みたいに頭がよかったら、違ったのかな」

「え？」

「親父があんなに楽しそうにしてるの、はじめて見たよ。いつも家ではたいくつなんだろうね。おれたちじゃ話し相手になれないもんね」

うつむいた和也を、僕はまじまじと見た。妙《みょう》に落ち着かない気分になっていた。胸の内側をひっかかれたような。むずがゆいような、ちりちりと痛むような。

❻唐突《とうとつ》に、思い出す。

状況《きょう》はまったく違うが、僕もかつて打ちのめされたのだった。自分の親が、これまで見せたこともない顔をしているのを目《ま》のあたりにして。母に恋人《こい》を紹介《しょうかい》されたとき、僕は和也と同じ十五歳《さい》だった。こんなに幸せそうな母をはじめて見た、と思った。

「どうせ、おれはばかだから。親父にはついていけないよ。さっきの話じゃないけど、なにを考えてるんだか、おれにはちっともわかんない」

僕は小さく息を吸って、口を開いた。

「僕にもわからないよ。きみのお父さんが、なにを考えているのか」

和也が探《さぐ》るように目をすがめた。僕は机に放り出されたスケッチブックを手にとった。

「僕が家庭教師を頼まれたとき、なんて言われたと思う？」

和也は答えない。身じろぎもしない。

「学校の成績をそう気にすることもないんじゃないか、ってお父さんはおっしゃった。得意なことを好きにやらせるほうが、本人のためになるだろうってね」

色あせた表紙をめくってみる。ページ全体が青いクレヨンで丹《たん》念に塗《ぬ》りつぶされている。白いさざ波のような模様は、巻積雲《けんせき》だろう。

「よく覚えてるよ。意外だったから」

次のページも、そのまた次も、空の絵だった。一枚ごとに、空の色も雲のかたちも違う。確かに力作ぞろいだ。

「藤巻先生はとても熱心な研究者だ。もしも僕だったら、息子も自分と同じように、学問の道に進ませようとするだろうね。本人が望もうが、望むまいが」

僕は手をとめた。開いたページには、今の季節におなじみのもくもくと不穏《おん》にふくらんだ積雲が、繊《せん》細な陰翳《いんえい》までつけて描かれている。

❼「わからないことだらけだよ、この世界は——まさに先生自身が口にした言葉を、僕は思い返していた。

「わからないひとだよ、きみのお父さんは」

だからこそ、おもしろい。

僕と和也が和室に戻ると、先生は庭に下りていた。どこからかホースをひっぱってきて、足もとのバケツに水をためている。奥さんが玄《げん》関から靴を持ってきてくれて、僕たち三人も庭に出た。

縁《えん》側に、手持ち花火が数十本も、ずらりと横一列に並べてある。長いものから短いものへときれいに背の順になっていて、誰《だれ》がやったか一目瞭《りょう》然だ。色とりどりの花火に、目移りしてしまう。

どれにしようか迷っていたら、先生が横からすいと腕を伸《の》ばした。向かって左端の、最も長い四本をすばやくつかみ、皆《みな》に一本ずつ手渡《わた》す。

「花火奉行《ぶぎょう》なんだ」

和也が僕に耳打ちした。

花火を配り終えた先生はⓒいそいそと庭の真ん中まで歩いていって、手もとに残った一本に火をつけた。先端《たん》から、青い炎《ほのお》が勢いよく噴《ふ》き出す。

和也も父親を追って隣《となり》に並んだ。ぱちぱちと燃えさかる花火の先に、慎《しん》重な手つきで自分の花火を近づける。火が移り、光と音が倍になる。

僕と奥さんも火をもらった。四本の花火で、真っ暗だった庭がほのかに明るんでいる。昼間はあんなに暑かったのに、夜風はめっきり涼《すず》しい。虫がさかんに鳴いている。

ゆるやかな放物線を描いて、火花が地面に降り注ぐ。❽軽《かろ》やかにはじける光を神妙に見つめる父と息子の横顔は、よく似ている。

（瀧羽麻子『博士の長靴』※本文を改めた部分があります。）

問一　ⓐ～ⓒの、本文中での意味として最も適切なものを、次の中からそれぞれ一つずつ選んで、記号で答えなさい。

ⓐ「とりなして」
ア　なかだちをして
イ　なぐさめて
ウ　たしなめて
エ　つけたして
オ　話をそらして

ⓑ「おざなりな」
ア　無愛想な
イ　冷淡《たん》な
ウ　いいかげんな
エ　熱心な
オ　かすかな

ⓒ「いそいそと」
ア　あわてて
イ　面倒《どう》くさそうに
ウ　こっそりと
エ　うれしそうに
オ　ゆっくりと

問二　❶「やっぱり、おれにはよくわかんないや」とありますが、「和也」には何が分からないというのですか。その説明として、最も適切なものを次の中から一つ選んで、記号で答えなさい。

ア　素人《しろうと》には見つけられないようなわずかな手がかりから、父親たちが天気を正確に予測できる理由。

イ　世間の役に立たない父親の仕事に対する不満を、この場にいるだれも理解してくれない理由。

ウ　実際に何かの役には立たないとしても、父親たちが気象の研究に熱中している理由。

エ　尊敬する父親の取り組んでいる研究が、なかなか社会の利益に結びつくことがない理由。

オ　本当は役に立つことのない天気の研究に意味があるかのように、周りの人たちが言う理由。

問三　❷「和也はまんざらでもなさそうに立ちあがった」とありますが、ここでの「和也」の気持ちとして、最も適切なものを次の中から一つ選んで、記号で答えなさい。

ア　めったに自分をほめることのない父が自分の絵を評価しているので、半ば信じられない気持ちでいる。

イ　珍しく父が自分をほめたことに気を良くし、みんなにも自分の絵を見てもらいたいという気持ちでいる。

ウ　もともと失敗作だと思っていた絵が父にほめられたので、その絵を先生にも自慢《じまん》したいという気持ちでいる。

エ　絵を先生に見てもらいたいものの、昔の落書きをどこにしまったか思い出せず、不安な気持ちでいる。

オ　自分では単なる子どもの落書きとしか思っていないものを先生の前で突然《とつぜん》ほめられて、恥《は》ずかしい気持ちでいる。

問四　❸「スケッチブックを小脇に抱えた和也がこちらへずんずん近づいてきた。『お父さん』」とありますが、ここでの「和也」についての説明として、最も適切なものを次の中から一つ選んで、記号で答えなさい。

ア　空の絵を描いたスケッチブックを早く先生と父親に見せて、もう一度ほめてもらいたいと思っている。

イ　父親たちが天気の話で盛り上がっているので、天気の絵を見せることで会話に参加したいと思っている。

ウ　自分の存在に気づいているにも関わらず、声をかけることもしない先生の気の利かなさに怒《いか》りを覚えている。

エ　絵を探しに行った自分のことも忘れて話し込《こ》む父親にいらだち、こちらへの関心を取り戻そうと思っている。

オ　自信のある天気の絵を父親と先生に見せることで、二人を喜ばせることができるだろうと期待している。

問五　❹「和也が踵を返し、無言で部屋を出ていった」とありますが、この時の「和也」の心情はどのようなものだと読み取れますか。説明しなさい。

問六　❺「おれはいい。先生がつきあってあげれば？　そのほうが親父も喜ぶんじゃない？」とありますが、ここでの「和也」についての説明として、最も適切なものを次の中から一つ選んで、記号で答えなさい。

ア　天気という父親と共通の話題を持つ先生によって、自分に向けてほしい興味や愛情が奪《うば》われたように感じている。

イ　普《ふ》段は家の中で話し相手がおらず、孤《こ》立しがちな父親に、先生という良き理解者が現れてくれたことに安心している。

ウ　他人の気持ちなど考えず、思いつきのままに行動する父親の身勝手さに失望し、付き合いきれないとうんざりしている。

エ　父親は自分に興味がないので、共通の話題で会話ができる先生といた方が父も楽しめるだろうと、遠慮《りょ》している。

オ　自分と父親との関係のことで、部外者である先生に心配させ、様子を見にきてもらったことを申し訳なく感じている。

問七　❻「状況はまったく違うが、僕もかつて打ちのめされたのだった。自分の親が、これまで見せたこともない顔をしているのを目のあたりにして」とありますが、「自分の親が、これまで見せたこともない顔をしているのを目のあたりに」することで、「僕」が「打ちのめされた」のはなぜですか。理由を説明しなさい。

問八　❼「わからないことだらけだよ、この世界は――まさに先ほど先生自身が口にした言葉を、僕は思い返していた」とありますが、ここでの「僕」についての説明として、最も適切なものを次の中から一つ選んで、記号で答えなさい。

ア　藤巻先生がさきほど言った言葉の通りであったと気づき、藤巻先生の先を見通す力が素晴《すば》らしいことに感心している。

イ　分からないことがあるからこそ研究に魅《み》力を感じるのだと再確認し、今まで以上に研究に取り組もうと決心している。

ウ　勉強を苦手とする和也も、絵では意外な才能を持っていたと知り、人を一面だけから評価していた自分を恥じている。

エ　家庭教師として、教え子がこれから直面するだろう色々な問題を自分で解決できるように成長することを願っている。

オ　親が子供のことを想《おも》うあり方には、自分では推《お》し量《はか》ることのできないものもあるのだということに気づかされている。

問九　❽「軽やかにはじける光を神妙に見つめる父と息子の横顔は、よく似ている」とありますが、文章全体を通じて考えたとき、この表現から読み取れることとして、適切なものを次の中から二つ選んで、記号で答えなさい。

ア　すれ違いながらもお互《たが》いのことを考えている親子のつながりを、「僕」はうらやましくも感じている。

イ　ぎくしゃくとした関係も解消し、これからは親子が同じ目標に向かっていくであろうことが暗示されている。

ウ　すぐに終わってしまう花火のように、親子の関係といえども壊《こわ》れやすくはかないものであることが表現されている。

エ　二人がお互いに対する接し方を反省し改めていくことで、これからの親子の関係が良好なものになることが予想される。

オ　それぞれ興味を持つものは違うかもしれないが、興味を引かれたものを熱心に観察する姿は、親子で重なるところがある。

カ　お互いを誤解して仲違《たが》いしてしまっている二人を眺めていることしかできないことを、「僕」は歯がゆく思っている。

令和５年度　愛光中学校入学試験問題　算数　（その１）　※120点満点（配点非公表）

(60分)　　受験番号　（　　　　）　氏名　（　　　　　　）

1　次の各問題の□に当てはまる数や文字を，答のところに記入しなさい。答だけでよい。

(1)　$3.5\div2\frac{5}{8}-\left(2\frac{1}{4}\div0.6-2\frac{1}{7}\right)\div1\frac{13}{14}=\square$

(1)の答 □

(2)　$24\times\left(\frac{13}{5}-\square\right)\div8.8=3$

(2)の答 □

(3)　A君，B君，C君がある仕事をします。A君がこの仕事を１人で仕上げるとちょうど36日かかります。この仕事を，最初11日間はA君１人でやり，残りをA君とB君の２人でやるとちょうど10日かかりました。この仕事をB君１人で仕上げると ① 日かかります。また，この仕事をA君，B君，C君の３人で仕上げるとちょうど８日かかります。この仕事をC君１人で仕上げると ② 日かかります。

(3)の答 ①　②

(4)　現在，父は44歳《さい》，母は40歳，子ども２人はそれぞれ12歳と10歳です。父の年齢《れい》が子ども２人の年齢の合計と等しくなるのは ① 年後です。また，父と母の年齢の合計が子ども２人の年齢の合計の２倍になるのは ② 年後です。

(4)の答 ①　②

(5)　下の図は，１辺が1 cmの立方体を３段積み上げた立体です。同じように７段積み上げた立体をAとします。このとき，Aの体積は ① cm^3で，Aの表面積は ② cm^2です。ただし，表面積には底面の面積も含みます。

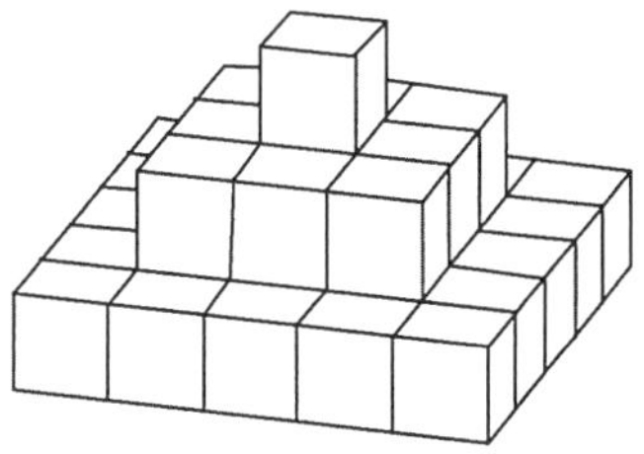

(5)の答 ①　②

(6)　ある店ではA，B，C，D，Eの５つの商品を売っており，この５つの値段の合計は540円です。商品A，B，Cの値段の平均は，商品D，Eの値段の平均より20円高いです。このとき，商品A，B，Cの値段の合計は ① 円です。さらに，商品A，B，Dの値段の平均は100円で，商品Cの値段は商品Dの値段の２倍より10円安いとき，商品Cの値段は ② 円です。

(6)の答 ①　②

(7)　１辺の長さが4 cmの正方形ABCDがあります。この正方形の辺上を，点Pは頂点Aを出発してBを通りCまで，点QはPと同時に頂点Cを出発してDまで，それぞれ一定の速さで動きます。ただし，PはQより速いとします。四角形APCQの面積が初めて10 cm^2となるのが出発してから２秒後のとき，Pの速さとQの速さの和は毎秒 ① cmです。さらに２回目に10 cm^2となるのが出発してから３秒後のとき，Pの速さは毎秒 ② cmです。

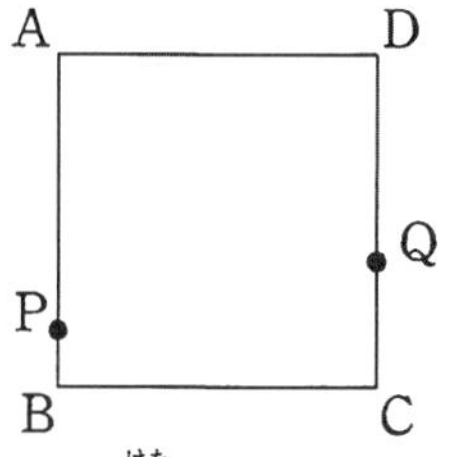

(7)の答 ①　②

(8)　５桁《けた》の整数34ア12が６で割り切れるとき，アに当てはまる整数をすべてあげると ① です。
また，６桁の整数4321イウが18で割り切れるとき，２桁の整数イウで最も大きいものは ② です。

(8)の答 ①　②

(9)　半径6 cm，中心角90°のおうぎ形２つを，図１のように並べました。このとき，斜線部分の面積は ① cm^2です。また，このおうぎ形３つを図２のように並べました。このとき，斜線部分の面積は ② cm^2です。ただし，円周率は3.14とします。

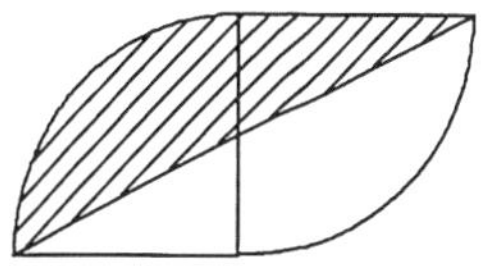
図１

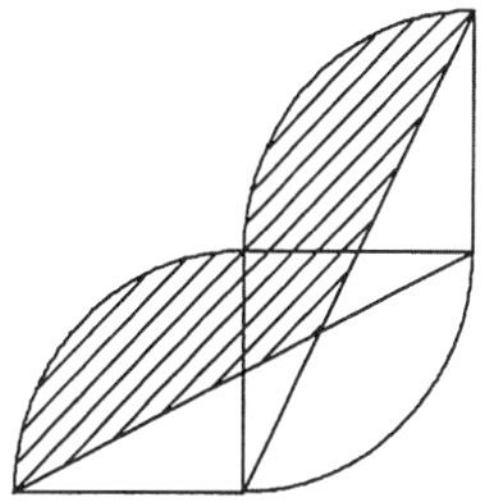
図２

(9)の答 ①　②

令和５年度　愛光中学校入学試験問題　算数　（その２）

受験番号　（　　　　　）　　氏名　（　　　　　　　　　　　）

2　袋の中に，赤球 150 個と白球 100 個が入っており，次の①と②の操作をそれぞれ何回か行います。

操作①　袋の中の赤球３個と白球２個を取り出す。
操作②　袋の中から赤球１個を取り出し，袋の中へ白球１個を入れる。

このとき，次の問いに答えなさい。ただし，袋の外には白球が十分にあるものとします。

(1)　最初の状態から，①と②の操作をそれぞれ何回行うと，袋の中の赤球が 106 個，白球が 84 個になりますか。

[式と計算]

答　①＿＿＿＿＿＿　②＿＿＿＿＿＿

(2)　最初の状態から，①と②の操作を合わせて 38 回行ったところ，袋の中の赤球と白球が同じ個数になりました。このとき，②の操作を何回行いましたか。

[式と計算]

答＿＿＿＿＿＿

3　ある月，Aさんは車に３回ガソリンを給油しました。１回目の給油では，ガソリン１Ｌあたりの価格は 146 円でした。２回目の給油では，１回目と同じ量のガソリンを給油しましたが，ガソリン１Ｌあたりの価格は１回目よりいくらか上がっていました。３回目の給油では，２回目より 60％多く給油し，また，ガソリン１Ｌあたりの価格は２回目より 12.5％上がっていました。結局，この月はガソリンを合計 72 Ｌ給油し，11880 円かかりました。

(1)　１回目に給油したガソリンは何Ｌですか。

[式と計算]

答＿＿＿＿＿＿

(2)　３回目に給油したガソリン１Ｌあたりの価格は何円ですか。

[式と計算]

答＿＿＿＿＿＿

4　池の周りを１周する１本の歩道を，Ａ君，Ｂ君の２人が同時にＰ地点を出発し，それぞれ一定の速さで反対方向に歩きました。Ａ君は，1080 歩進んだＱ地点でＢ君と出会い，さらに 810 歩進んでＰ地点に戻りました。その後，Ａ君はすぐに向きを変えて進み，２人がＱ地点で出会ってからちょうど 54 分後にＢ君に追いつきました。Ｂ君は１分につき 100 歩進み，Ａ君の１歩の長さはＢ君の１歩の長さより６cm 長いとき，次の問いに答えなさい。ただし，２人の１歩の長さはそれぞれ一定であるとします。

(1)　Ａ君の速さとＢ君の速さの比を，最も簡単な整数の比で答えなさい。答だけでよい。

答　（Ａ君の速さ）□：（Ｂ君の速さ）□

(2)　２人がＱ地点で出会ってからＡ君がＢ君に追いつくまでの 54 分間で，Ａ君とＢ君が進んだ距離の差はＡ君の何歩分の長さにあたりますか。答だけでよい。

答＿＿＿＿＿＿

(3)　Ａ君の１歩の長さは何 cm ですか。

[式と計算]

答＿＿＿＿＿＿

【4】　図1のように，重さ200g，長さ100cmの均一でない棒の左端《はし》の上下に糸をつなぎ，上下の糸のどちらかと右端の支えにより，棒を水平に保った。右端の支えを毎秒5cmの速さで，右端から左向きに動かしていくとき，次の問いに答えなさい。ただし，糸に重さはなく，400g以上の力がかかると切れる。

（1）　支えが右端にあるとき，支えにかかる力は120gであった。左端の糸のうち，力がかかるのは上下どちらの糸か。また，その力は何gか。

（2）　左端の糸にかかる力が0になるのは，支えを動かし始めてから何秒後か。

（3）　支えを動かし始めてから10秒後，左端の糸のうち，力がかかるのは上下どちらの糸か。また，その力は何gか。

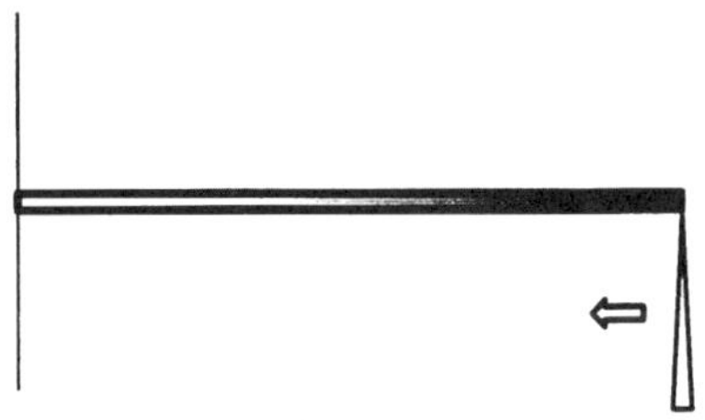
図1

（4）　糸が切れるのは，支えを動かし始めてから何秒後か。

棒には溝があり，その溝にそって球をころがすことができる。図2のように，300gの球を棒の左端から10cmのところに置き，支えを先ほどと同じ速さで右端から左向きに動かし始めると同時に，球を毎秒10cmの速さで右向きにころがした。

（5）　球をころがし始めてから5秒後，左端の糸のうち，力がかかるのは上下どちらの糸か。また，その力は何gか。

（6）　左端の糸にかかる力が0になるのは，球をころがし始めてから何秒後か。次の(ア)～(カ)のうち正しい答えを含む範囲を1つ選び，記号で答えよ。

（ア）　5.0～5.5秒後　　（イ）　5.5～6.0秒後
（ウ）　6.0～6.5秒後　　（エ）　6.5～7.0秒後
（オ）　7.0～7.5秒後　　（カ）　7.5～8.0秒後

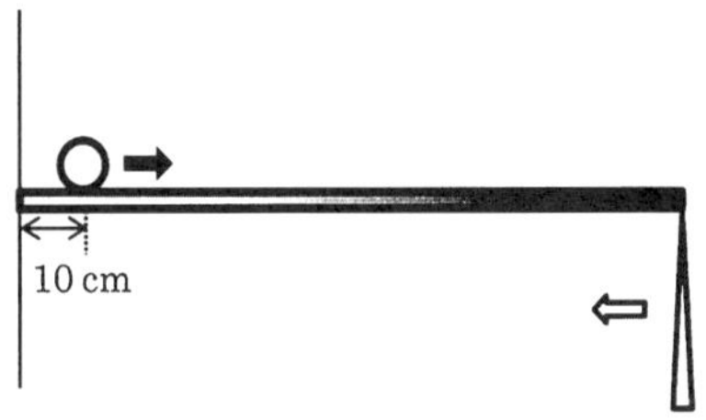

図2

（7）　その後，球が右端に達するまでに，左端の糸はどうなるか。最も適当なものを次の(ア)～(エ)から1つ選び，記号で答えよ。

（ア）　上側の糸だけ切れる　　（イ）　下側の糸だけ切れる
（ウ）　どちらの糸も切れない　　（エ）　両方の糸が切れる

【5】　図1のような，端《たん》子a，b，c，dをもつ，中が見えない箱がある。箱の中では，2個の電池が，いずれか2つの端子間に1個ずつつながれている。2個の電池がどのようにつながれているかを知るために，図2のような発光ダイオードの端子A，Bを，箱の端子a～dにそれぞれつないで，発光ダイオードの点灯の様子を調べた。その結果を下の表に示す。表をもとに，電池がどのようにつながっているかを，電池の記号を用いて解答欄に描きなさい。ただし，発光ダイオードはAからBの向きに電流が流れたときにしか発光しない。

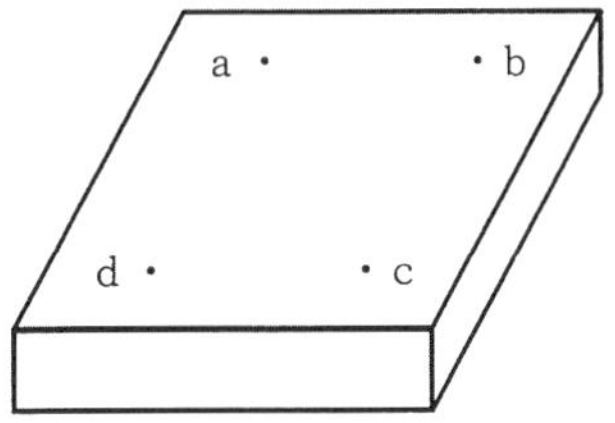

図1

図2

端子Bをつなぐ端子

端子Aをつなぐ端子	a	b	c	d
a		×	×	×
b	×		○	×
c	×	×		×
d	×	○	◎	

×光らない　○光る　◎より明るく光る

令和5年度　愛光中学校入学試験問題

理科

(40分)

【1】 生き物の生活に関するⅠ・Ⅱの各問いに答えなさい。

Ⅰ　ある日の理科の授業で，A先生は次のような話をされました。

「今日は生き物と季節の話をします。日本では，①多くの植物は春から秋にかけて芽を出して成長し，開花して種子をつくります。また，葉を食べるこん虫や，こん虫を食べるこん虫も，エサが豊富に存在し気温が活動に適する春から秋にかけて活動します。一方，②冬は気温が低く生き物の活動に適さないので，それぞれの生き物に適する方法で冬越《ご》しをします。」

（1）　下線部①について，アサガオの発芽の様子，根の形，葉脈の図として適当なものを，それぞれ(ア)と(イ)，(ウ)と(エ)，(オ)と(カ)から1つずつ選び，記号で答えよ。

［発芽の様子］

（ア）

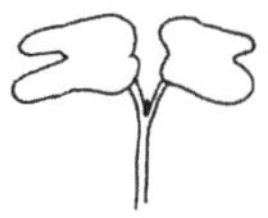

（イ）

［根の形］

（ウ）

（エ）

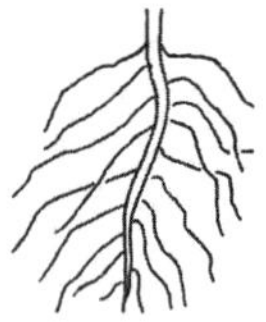

［葉脈］

（オ）

（カ）

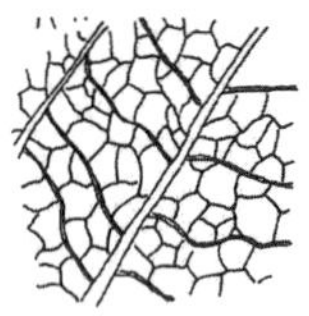

（2）　下線部②に関して，次の問いに答えよ。

（a）　こん虫の冬越しの方法は，卵の状態，幼虫の状態，さなぎの状態，成虫の状態など，種類によって異なることが知られている。次の(ア)～(カ)のこん虫のうち，成虫の状態で冬越しするものを2つ，さなぎの状態で冬越しするものを1つそれぞれ選び，記号で答えよ。

（ア）　テントウムシ　　（イ）　アゲハチョウ　　（ウ）　セミ
（エ）　アシナガバチ　　（オ）　カブトムシ　　（カ）　トノサマバッタ

（b）　樹木には，冬に葉を落として冬越しするものがある。次の(ア)～(オ)の樹木のうち，冬に落葉するものを2つ選び，記号で答えよ。

（ア）　クスノキ　　（イ）　サクラ(ソメイヨシノ)
（ウ）　マツ　　（エ）　イチョウ　　（オ）　ツバキ

（c）　カエルやカメは冬の間，地面の下に掘《ほ》った穴の中でじっと動かず冬越しをする。このような冬越しの方法を何と呼ぶか，名前を答えよ。

（3）　日本では3月末から5月にかけてサクラ(ソメイヨシノ)が開花する。この時期になると図1に示すような桜前線のニュースを目にするようになるが，桜前線は日本列島においてどのような向きに進むか。次の(ア)～(エ)から最も適当なものを1つ選び，記号で答えよ。ただし，桜前線とはサクラの開花日が同じ地点を結んだ線のことであり，図1では日付を除いてある。

（ア）　北の地方から南の地方へ，同じ地方では標高の高いところから低いところへ移っていく。
（イ）　北の地方から南の地方へ，同じ地方では標高の低いところから高いところへ移っていく。
（ウ）　南の地方から北の地方へ，同じ地方では標高の高いところから低いところへ移っていく。
（エ）　南の地方から北の地方へ，同じ地方では標高の低いところから高いところへ移っていく。

図1　ある年の桜前線

Ⅱ　シャボン玉遊びをしていた光さんは，シャボン玉の浮き方についても調べてみたいと考え，【実験1】を参考にしながら，次のような【実験2】をおこなった。

【実験2】

（ⅰ）　ちっ素，酸素，二酸化炭素，水素を用意し，1Lあたりの重さを調べた。
（ⅱ）　それぞれの気体でつくったシャボン玉が空気中で浮くかどうか調べた。

【結果】

気体の種類	1Lあたりの重さ〔g〕	シャボン玉の様子
ちっ素	1.25	ゆっくりと落ちていった
酸素	1.43	ゆっくりと落ちていった
二酸化炭素	1.98	落ちていった
水素	0.090	上がっていった

（3）　4種類の気体のうち，石灰水に通じると白くにごるものはどれか。気体の名前を答えよ。

（4）　空気1Lの重さは何gか。小数第三位を四捨五入して小数第二位まで答えよ。ただし，空気はちっ素と酸素のみからなり，体積の比がちっ素：酸素＝4：1で混ざり合っているものとする。

（5）　ちっ素で作ったシャボン玉1個の重さは何gか。小数第四位を四捨五入して小数第三位まで答えよ。ただし，シャボン玉1個あたり，含まれるちっ素の体積は100 cm^3，シャボン液の重さは0.010gとし，膜の厚さは無視できるものとする。

（6）　ちっ素で満たされた空間に，二酸化炭素と水素を混ぜた気体でつくったシャボン玉を浮かせるためには，体積の割合で何%以上の水素が混ざっている必要があるか。小数第一位を四捨五入して整数で答えよ。ただし，シャボン玉1個あたり，含まれる気体の体積は100 cm^3，シャボン液の重さは0.010gとし，膜の厚さは無視できるものとする。

【３】　次の文章Ⅰ，Ⅱを読んで，下の問いに答えなさい。

Ⅰ　泳ぐことが好きな光さんは，プールと海で体の浮《う》き方が違《ちが》うことに気づいた。その原因を調べるため，光さんは，次のような実験をおこなった。

【実験１】

（ｉ）　食用油，食塩水，さとう水，プールの水を用意して，１Ｌあたりの重さを量った。

（ii）　ある体積の容器におもりを入れて密閉し，（ｉ）のそれぞれの液体に沈《しず》めたとき，容器が浮かんでくるか調べた。

（iii）　容器に入れるおもりを少しずつ増やしながら（ii）をくり返し，容器がちょうど浮かなくなったときの容器とおもりの合計の重さを記録した。

【結果】

液体の種類	１Ｌあたりの重さ〔g〕	容器が浮かなくなったときの重さ〔g〕
食用油	920	230
食塩水	1100	275
さとう水	1200	300
プールの水	1000	250

（１）　この実験の結果からわかることをまとめた次の文を，「体積」，「重さ」の２つの語を用いて完成させよ。ただし，15字以内で答えること。

プールと比べて海のほうが体が浮きやすいのは，海の水はプールの水より（　　　　）からである。

（２）　プールで泳いでいるとき，光さんは息を大きく吸ったあとは体が浮き，息をはくと体が水中にしずむことに気づいた。光さんの体重を42 kg，光さんが呼吸をしたときに肺がふくらむ体積を300 mLとしたとき，光さんの体積は何Ｌか。次の（ア）～（エ）のうち正しい答えを含む範囲《はんい》を１つ選び，記号で答えよ。

（ア）　39.5 L～40.5 L　（イ）　40.5 L～41.5 L　（ウ）　41.5 L～42.5 L　（エ）　42.5 L～43.5 L

Ⅱ　理科研究部のＢさんは，家の庭の草抜《ぬ》きをとおして次のようなことに気がついた。

【Ｂさんの体験・疑問・考え】

「家の庭の草抜きをしていないところには小さな草の芽がほとんど見当たらないのに，すぐ隣《となり》の２週間前に草抜きをしたところには新たに小さな草の芽がたくさん生えていました。さらにその２週間後に庭を見ると，２週間前に草抜きをしたところには，たくさんの小さな草の芽が生えていましたが，庭の草抜きをしていなかったところには，やはり草の芽はほとんど見当たりませんでした。」

Ｂさんは，背の高い草が生えているところに草の芽が見当たらない理由について，次の考え１，２のように考えた。

「考え１」：草におおわれていることで，別の場所から種子が運ばれにくくなった。

「考え２」：草におおわれていることで日光がさえぎられ，種子が発芽しなかった。

Ｂさんは理科研究部で話し合い，考え１と２がそれぞれ正しいかどうかを実験で確かめることにした。

【実験と結果】

次の条件１～５の皿をそれぞれ５枚ずつ，計25枚用意した。

条件１：庭の，草が生えている場所の土を入れる。ふたはしない。

条件２：庭の，草が生えている場所の土を入れる。透《とう》明なふたをする。

条件３：庭の，草が生えている場所の土を入れる。透明なふたをし，その上に抜いた草を並べてすき間なくおおう。草は毎日新しいものにとりかえる。

条件４：ホームセンターで買った土を入れる。ふたはしない。

条件５：ホームセンターで買った土を入れる。透明なふたをする。

いずれの皿も家の庭の，草を抜いたところに並べて置き，毎日うす暗くなってから水やりをした。

２週間後にそれぞれの皿の草の芽を数え，条件ごとに平均して次の表にまとめた。

条件	1	2	3	4	5
草の芽の数の平均	84本	85本	15本	3本	0本

どの皿においても，草の芽の葉や茎《くき》に，こん虫やナメクジなどにかじられたような様子は観察されなかった。

【まとめ】

条件４と条件（　③　）の結果を比べることで，ごくわずかの種子が別のところから運ばれてくることがわかり，条件５と条件（　④　）の結果を比べることで，庭の土にはすでに草の種子がたくさん含《ふく》まれていることがわかる。これらのことから，「考え１」は，草抜きをしたところに多くの草の芽が現れる主要な原因とは考えにくい。

「考え２」について，条件３と条件（　⑤　）の結果を比べることで，草の種類によっては種子が発芽するために光の刺《し》激を必要とするものがあることがわかる。

（４）　結果を正しく比較《かく》できるように，空欄《らん》（　③　）～（　⑤　）に入る適当な条件の番号を答えよ。

（５）　草の種子が「考え２」のような性質をもつことは，どのようなことに役立つと考えられるか。次の（ア）～（オ）から最も適当なものを１つ選び，記号で答えよ。

（ア）　茎を長くのばして，他の草よりも多くの光を受けられる場所に葉を広げること。

（イ）　芽生えた後に光合成が十分に行えず，かれてしまうことを防ぐこと。

（ウ）　こん虫など葉を食べる生き物に見つかりにくくすること。

（エ）　種子が地面に落ちた後すぐに発芽を始められるようにすること。

（オ）　他の草よりも多くの水を吸収できるようにすること。

【2】 流れる水のはたらきについて，下の問いに答えなさい。

図１のような装置を使い，水がどのように流れるのか観察した。傾斜《けいしゃ》をつけた四角い容器に砂を入れ，砂にＳ字状の溝《みぞ》をつけた。次に，ペットボトルの水を水受けに入れ，水受けに開けた穴からＳ字状の溝に沿って水を流した。そのときの砂の様子，水の流れ方を観察すると，溝の周りの①砂はけずられ，容器の下の方に運ばれたのちに容器の底に②積もった。

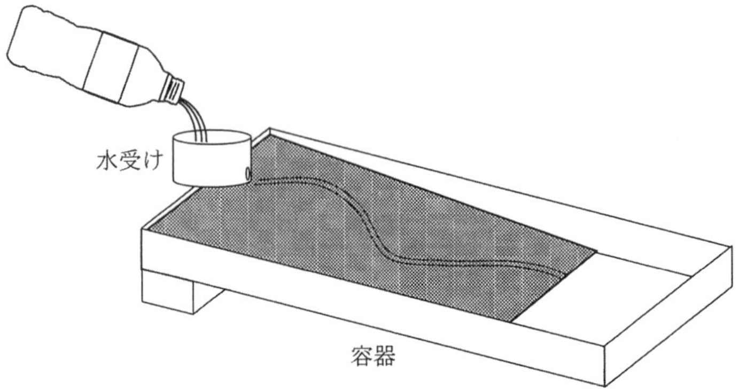

図１

（1） 文中の下線部①，②のはたらきをそれぞれ何というか，答えよ。

（2） 図１の実験で，水の流れがより速くなると考えられる操作を(ア)～(オ)から２つ選び，記号で答えよ。

(ア) 容器の傾きを大きくする。　(イ) 流す水の量を少なくする。

(ウ) 使う砂の粒《つぶ》の大きさを大きくする。　(エ) 水を流す溝を直線状にする。

(オ) 溝の途中に粘《ねん》土でつくった砂防ダムを設置する。

（3） 図１の実験を実際の川で考えた場合，川岸のけずられ方と流速はどのような関係になっているか。図２に示した川の川岸ａとｂを比べたときに，川岸が大きくけずられていた方と流速が大きい方の組合せとして正しいものを，次の(ア)～(エ)から１つ選び，記号で答えよ。

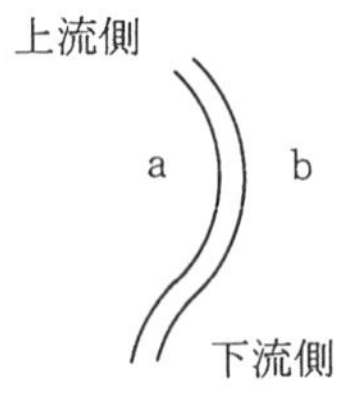

図２

	大きくけずられていた方	流速が大きい方
(ア)	a	a
(イ)	a	b
(ウ)	b	a
(エ)	b	b

（4） 図１の実験では，実際の川の様子のうち石の変化については再現できていない。石の大きさと形は川の上流と下流ではどのように異なるか。正しいものを次の(ア)～(エ)から１つ選び，記号で答えよ。

(ア) 川の上流の方が石は大きく，丸みをおびている。

(イ) 川の上流の方が石は大きく，角が立っている。

(ウ) 川の上流の方が石は小さく，丸みをおびている。

(エ) 川の上流の方が石は小さく，角が立っている。

（5） 図３はある地点の地図である。図中の地点Ａ，地点Ｂでは川はそれぞれどの向きに流れていると考えられるか。正しいものを次の(ア)～(エ)から１つずつ選び，記号で答えよ。

また，地点Ａでは文中の下線①，②のはたらきのうち，どちらが強いと考えられるか。正しいものを選び，番号で答えよ。ただし，地図の上側は北を示し，等高線は10ｍごとに引かれている。

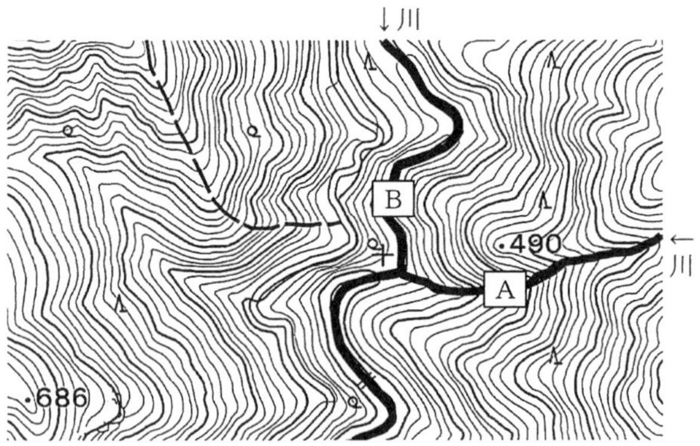

図３　「地理院地図(電子国土Web)」
(国土地理院）を加工して作成

(ア) 東から西　(イ) 西から東　(ウ) 南から北　(エ) 北から南

（6） 運ばれた土砂が積もるのは石の大きさ(粒《りゅう》径)と水の流れの速さ(流速)が関係している。この関係を示したものが，図４である。ある粒径の石に対して，図４中の曲線が示す流速よりも水の流れが速い場合にはその石は運ばれ，曲線が示す流速よりも遅くなると川底に積もる。ある日，川のある地点で川底を観察すると，川底には砂はほとんど見られず，細れきが積もっていた。大雨の後，川の流速が元に戻《もど》ってから川底を観察すると中れきの割合が増えていた。このとき，この地点での川の元の流速および，大雨の際の流速はそれぞれどの程度と考えられるか。最も適当なものを次の(ア)～(エ)から１つずつ選び，記号で答えよ。

(ア) 流速１から流速２の間　(イ) 流速２から流速３の間

(ウ) 流速３から流速４の間　(エ) 流速４以下

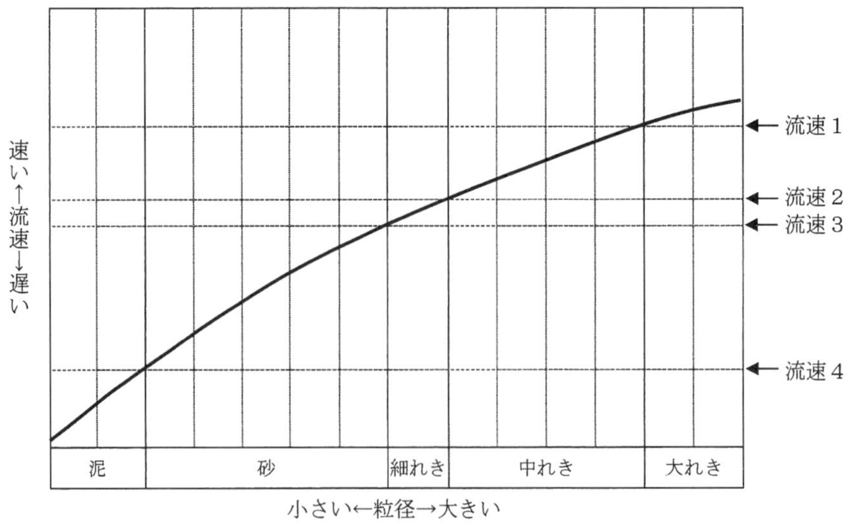

図４

令和５年度　愛光中学校入学試験問題

社会

（40分）

問１　下線部(ｱ)について述べた次の文Ｘ・Ｙについて，その正誤の組み合わせとして正しいものを，下の中から１つ選びなさい。

Ｘ　日本国憲法のもとでは，天皇は国の政治についての権限は持たず国会の助言と承認にもとづいて，憲法で定められた仕事をおこなう。

Ｙ　大日本帝国憲法《ていこくけんぽう》のもとでは，天皇は軍隊の最高指揮権を有していたが，それを使うには国会の承認が必要とされた。

（あ）Ｘ　正　　Ｙ　正　　　（い）Ｘ　正　　Ｙ　誤

（う）Ｘ　誤　　Ｙ　正　　　（え）Ｘ　誤　　Ｙ　誤

問２　下線部(ｲ)について述べた次の文Ｘ～Ｚのうち，正しいものをすべて選び，その組み合わせとして最も適当なものを，下の（あ）～（き）の中から１つ選びなさい。

Ｘ　憲法改正は国民投票による承認を必要とする。

Ｙ　市町村長は住民が選出した市町村議会議員の中から選出される。

Ｚ　最高裁判所の裁判官をやめさせることができるのは国民審査《こくみんしんさ》だけである。

（あ）Ｘ　（い）Ｙ　（う）Ｚ　（え）ＸとＹ

（お）ＸとＺ　（か）ＹとＺ　（き）ＸとＹとＺ

問３　文中の空らん［　Ｘ　］に当てはまる語句を答えなさい。

問４　下線部(ｳ)の一つとして日本の国際協力機構（ＪＩＣＡ）が母体となって行っている事業で，農林水産業や土木，教育，保健衛生などの分野で，主に発展途上国《はってんとじょうこく》の人びとを支援している青年たちの活動を何といいますか，漢字で答えなさい。

問５　下線部(ｴ)に関連して，日本はさまざまな条約に参加しています。次のうち，日本がまだ参加していない条約を１つ選びなさい。

（あ）対人地雷全面禁止条約《たいじんじらいぜんめんきんしじょうやく》　（い）核兵器禁止条約《かくへいききんしじょうやく》

（う）子どもの権利条約　（え）人種差別撤廃条約《じんしゅさべつてっぱいじょうやく》

問６　下線部(ｵ)について，日本国憲法が定めていることとして正しいものを，次の中から１つ選びなさい。

（あ）国民は，持続可能な社会の実現のために，環境を保全する義務を負う。

（い）国民は，働く権利を有し，働く者として団結する義務を負う。

（う）国民は，教育を受ける権利を有し，自らが普通教育を受ける義務を負う。

（え）国民は，だれもが安全で快適な生活が送れるように，税金を払《はら》う義務を負う。

《答えはすべて解答用紙に記入しなさい。選択《せんたく》問題については，記号で答えなさい。》

［1］　次の【Ａ】～【Ｃ】の文を読み，後の問いに答えなさい。

【Ａ】701年の(ｱ)大宝律令，710年の(ｲ)平城京と，中国の制度にならった新しい法律や都が整えられたことにより，(ｳ)天皇を頂点とする国家のしくみができあがりました。これにより，中央では，天皇から高い位をさずけられた貴族が二官八省などの重要な役職について政治をおこない，地方では，(ｴ)天皇から国司に任命された貴族が諸国を支配することによって，朝廷《ちょうてい》が全国を支配するようになりました。

問１　下線部(ｱ)に関連して，次の史料文は律令の条文の一部をやさしく書きかえたものです。この史料の内容に関連して述べた下の（あ）～（え）の文のうち，誤っているものを１つ選びなさい。

（戸令《こりょう》）	戸は，50戸をもって１里とせよ。１里ごとに里長を１人おけ。 戸籍《こせき》は，６年に１回作れ。
（田令）	口分田は，男が２段《たん》，女は３分の１を減らしたものを配分する。５才以下の者には与えない。 口分田は，６年に１回配分せよ。
（賦役令《ぶやくりょう》）	成年男子の歳役《さいえき》は，年間10日であるが，庸《よう》にかえる場合は麻布《あさぬの》２丈《じょう》６尺を納めよ。 雑徭《ぞうよう》は，均等に割り当てよ。年間60日を過ぎてはならない。
（軍防令）	兵役についたもので，都に服務するものは１年，北九州の防衛に当たるものは３年の期間であるが，往復の日数はいれない。

（あ）口分田は６年ごとに作成される戸籍にもとづいて，６年ごとに配られた。

（い）歳役とは，成年男子が都で10日間働く負担である。

（う）雑徭とは，配られた口分田の面積に応じて，国司のもとで最大60日働く負担である。

（え）「北九州の防衛に当たるもの」とは，防人《さきもり》のことである。

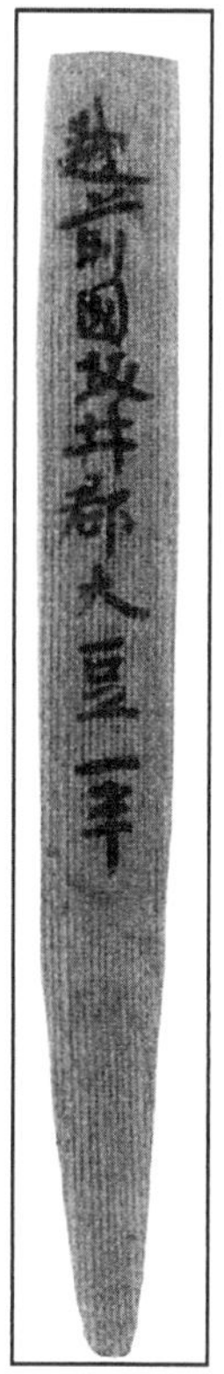

問２　下線部(ｲ)に関連して，平城京跡《へいじょうきょうあと》からは右の写真のような木簡《もっかん》がたくさん出土していますが，この木簡は何に使われていたのか，木簡に書かれている文字を参考にして簡単に説明しなさい。

問３　下線部(ｳ)について，このしくみができあがるまでのできごとについて述べた次の文Ⅰ～Ⅲを，古いものから年代順に正しく並べかえたものを，下のうちから１つ選びなさい。

Ⅰ　中大兄皇子《なかのおおえのおうじ》らが蘇我氏《そがし》をたおし，大化の改新とよばれる政治改革を進めた。

Ⅱ　中国を手本として，日本で最初の本格的な都である藤原京《ふじわらきょう》がつくられた。

Ⅲ　小野妹子《おののいもこ》らを中国に派遣《はけん》し，中国の制度や文化の導入を図った。

（あ）Ⅰ－Ⅱ－Ⅲ　（い）Ⅰ－Ⅲ－Ⅱ　（う）Ⅱ－Ⅰ－Ⅲ

（え）Ⅱ－Ⅲ－Ⅰ　（お）Ⅲ－Ⅰ－Ⅱ　（か）Ⅲ－Ⅱ－Ⅰ

問４　下線部(エ)に関連して，次の歌は，７世紀前半に筑前国《ちくぜんのくに》（福岡県）に派遣された国司が，当時の農民たちの苦しい生活についてよんだ歌ですが，この歌をよんだ国司と，この歌が収められている歌集の組み合わせとして正しいものを，下の（あ）～（え）から１つ選びなさい。

> 人間に生まれ，人なみに耕しているのに，綿もなく破れたぼろを肩にかけ，つぶれかかった家の中の地べたにわらをしき，父母はまくらのほうに，妻子は足のほうにいてなげき悲しむ。かまどには火の気がなく，飯を蒸すこしきにはくもが巣をかけている。そこへ，むちを持った里長が戸口で税を出せとどなりたてる。こんなにもしかたがないものか。この世に生きるとは。

a　山上憶良《やまのうえのおくら》　　b　紀貫之《きのつらゆき》　　c　古今《こきん》和歌集　　d　万葉集

（あ）a―c　　（い）a―d　　（う）b―c　　（え）b―d

令和５年度　愛光中学校入学試験　問題用紙　　（社会）

5　次の文はある小学校の授業のようすです。これを読み，後の問いに答えなさい。

先　生：今日は課題にしていた日本国憲法の三つの原則についてグループで調べてきたことを発表してもらいます。まずはＡさんからお願いします。

Ａさん：ぼくは「国民主権」について調べるために日本国憲法の前文を読んでみました。前文に「ここに主権が国民に存することを宣言し，この憲法を確定する。」とあり，憲法の最初に主権が国民にあることが書かれています。主権が国民にあることは大切なことなのだと思いました。

先　生：本文の第１条でも「(ア)天皇は，日本国の象徴《しょうちょう》であり日本国民統合の象徴であつて，この地位は，主権の存する日本国民の総意に基《もと》く。」とされていますね。前文で書かれたことが第１条でもくりかえされています。それだけ大事なことだということですね。国民主権を実現するためにはどんなことが重要になるでしょうか？

Ａさん：国民一人ひとりが政治に積極的に参加することが重要です。そのために(イ)国民が国や地方の政治に参加するためのしくみが整えられています。

先　生：とても大事なことですね。Ｂさんは何について調べてきましたか？

Ｂさん：私は平和主義について調べました。日本国憲法に示されている平和主義というとやっぱり第９条が一番に思い出されます。スライドで次に示します。

> 第９条
>
> ①　日本国民は，正義と秩序《ちつじょ》を基調とする国際平和を誠実に希求し，国権の発動たる戦争と，武力による威嚇又《いかくまた》は武力の行使は，国際紛争《こくさいふんそう》を解決する手段としては，［Ｘ］にこれを放棄《ほうき》する。
>
> ②　前項《ぜんこう》の目的を達するため，陸海空軍その他の戦力は，これを保持しない。国の交戦権は，これを認めない。

日本はかつて戦争をした時代があり，多くの人たちがなくなりました。その教訓を生かし，憲法では戦争をしないことを誓《ちか》っています。そして，(ウ)平和主義を達成するためにさまざまな取り組みがなされています。

先　生：平和主義に関することは憲法の前文でも書かれています。たとえば，「われらは，全世界の国民が，ひとしく恐怖《きょうふ》と欠乏《けつぼう》から免《まぬ》かれ，平和のうちに生存する権利を有することを確認する。」という表現があります。こうした表現は日本人だけでなく外国の人びとも一緒《いっしょ》に平和に安心して暮らせるように，(エ)日本が積極的に国際社会に関わっていこうという決意をあらわしているのかもしれませんね。最後はＣさんです。お願いします。

Ｃさん：私は基本的人権の尊重について調べてきました。日本国憲法はすべての人が生まれながらにして自由で平等であることや，だれもが幸せにくらす権利を基本的人権として国民に保障しています。人権を保障するために政府や都道府県，市町村はさまざまなしくみを整備しています。私は第11条の「国民は，すべての基本的人権の享有《きょうゆう》を妨《さまた》げられない。この憲法が国民に保障する基本的人権は，侵《おか》すことのできない［Ｘ］の権利として，現在及《およ》び将来の国民に与へられる。」という条文がとても印象に残りました。

先　生：基本的人権については前文から条文にいたるまで非常に多く示されています。わたしたちは憲法の定める権利をただしく行使するとともに，おたがいの権利を尊重する態度を身につけるよう努力しなくてはなりません。そして，(オ)国民としての義務を果たしていく必要があります。これらは社会生活を営んでいくうえで欠かせないことです。三人ともとてもよく調べていました。ありがとうございました。

2023(R5) 愛光中
教英出版
30-(16)
【社12-(4)】

問７　下線部(キ)に関連して，日本が輸入する食料や工業製品を生産するために，海外では大量の水が消費されています。次の表は，日本の主な農畜産物《のうちくさんぶつ》の輸入量に対するバーチャルウォーター（仮想水）*の量を示したものであり，表中のＡ～Ｃには，牛肉，米，とうもろこしのいずれかが当てはまります。農畜産物名とＡ～Ｃとの正しい組み合わせを，下の（あ）～（か）の中から１つ選びなさい。

＊ 食料輸入国において，もしその輸入食料を国内で生産したと仮定した場合に必要となる仮想の水のこと。

（単位：百万㎥）

	輸入量に対する バーチャルウォーターの量
A	12,360
B	6,614
C	2,453

統計年次は，2021年。

（『日本国勢図会 2022/23』および環境省《かんきょうしょう》「仮想水計算機」より作成）

	(あ)	(い)	(う)	(え)	(お)	(か)
牛肉	A	A	B	B	C	C
米	B	C	A	C	A	B
とうもろこし	C	B	C	A	B	A

【B】源頼朝《みなもとのよりとも》は，(オ)1185年に朝廷から守護・地頭をおく権利をみとめられ，さらに1192年には朝廷から征夷《せいい》大将軍《たいしょうぐん》に任命されました。こうして初の武家政権である(カ)鎌倉幕府《かまくらばくふ》が開かれましたが，この当時は，国司を任命して全国の行政を統括《とうかつ》していた京都の朝廷などの力もまだ強く残っており，日本には朝廷と幕府の二つの政権がならびたつことになりました。

問５　下線部(オ)に関連して，以下の設問に答えなさい。

（１）この年におこったできごととして正しいものを，次の中から１つ選びなさい。

（あ）富士川の戦い　　（い）平治の乱　　（う）壇ノ浦《だんのうら》の戦い　　（え）倶利伽羅峠《くりからとうげ》の戦い

（２）次の史料文は，幕府が1232年に定めた御成敗式目《ごせいばいしきもく》の中で，守護・地頭に関して書かれた条文の一部をやさしく書きかえたものです。この史料文中の空らん<①> ～ <③>に適する語句の組み合わせとして適当なものを，下の（あ）～（か）から１つ選びなさい。

第３条　諸国の<①>のする仕事
将軍頼朝の時に定められたことは，大番《おおばん》（京都・鎌倉の警備）を御家人《ごけにん》に催促《さいそく》すること，謀叛人《むほんにん》・殺害人をとりしまること。これに付け加えて夜討《ようち》・強盗・山賊《さんぞく》・海賊のとりしまりなどがある。ところが近年になると<①>が荘園《しょうえん》や公領に税や労役をかけ，<②>でもないのに国の政治を妨《さまた》げ，<③>でもないのに土地の利益をうばいとっている。このようなことはやめること。

第５条　諸国の<③>が年貢《ねんぐ》などの税を自分のものにしてしまうと荘園領主である貴族や寺社から訴《うった》えがあったら，すぐに調べよ。その結果，本当ならばすぐに弁償《べんしょう》させよ。この命令に従わない者からは，<③>としての職務をとりあげる。

（あ）①　守護　②　地頭　③　国司　　（い）①　守護　②　国司　③　地頭
（う）①　地頭　②　守護　③　国司　　（え）①　地頭　②　国司　③　守護
（お）①　国司　②　守護　③　地頭　　（か）①　国司　②　地頭　③　守護

問６　下線部(カ)について，頼朝が幕府を開いた時の幕府のしくみとして適当でないものを，次の中から１つ選びなさい。

（あ）御家人をとりしまる侍所《さむらいどころ》　　（い）政治をおこなう政所《まんどころ》
（う）将軍を助ける執権《しっけん》　　（え）裁判をとりあつかう問注所《もんちゅうじょ》

【C】(キ)徳川家康《とくがわいえやす》は，1600年の関ヶ原の戦いで西軍の諸大名を倒《たお》すと，その３年後には征夷大将軍に任命されて(ク)江戸《えど》に幕府を開きました。その後，1615年に豊臣《とよとみ》氏をほろぼした幕府は，一国一城令で大名の居城を一つに限り，さらに(ケ)武家諸法度《ぶけしょはっと》を定めて大名をきびしく統制しました。また幕府は，同じ年に禁中並《きんちゅうならびに》公家諸法度《くげしょはっと》を定め，天皇・朝廷に政治上の力を持たせないよう，皇族や公家も統制しました。

問７　下線部(キ)の徳川家康がおこなった政治について述べた次の文のうち，正しいものを１つ選びなさい。

（あ）徳川氏の力を世に示すため，一族の祖先をまつる日光東照宮を大名たちに命じて建てさせた。

（い）大名や商人に朱印状《しゅいんじょう》をあたえて，外国との貿易を保護した。

（う）島原や天草でキリスト教の信者を中心とした一揆《いっき》がおこると，禁教令を出して信者を取りしまった。

（え）豊臣秀吉《ひでよし》の出兵でとだえていた明との国交を回復し，通信使を派遣した。

問８　下線部(ク)に関連して，幕府所在地として発展した江戸のようすについて述べた次の文のうち，誤っているものを１つ選びなさい。

（あ）「将軍のおひざもと」である江戸は，人口が100万人をこえる世界最大級の都市になった。

（い）三井家《みついけ》が江戸で営む呉服店《ごふくてん》の越後屋《えちごや》が，「現金かけねなし」という新商法で繁盛《はんじょう》した。

（う）北海道の昆布《こんぶ》やにしんなどの産物が，北前船によって直接江戸にもたらされた。

（え）江戸の日本橋を起点に，東海道や中山道などの五街道が整えられた。

問９　下線部(ケ)に関連して，次の史料文は，幕府が1635年に定めた武家諸法度の条文の一部をやさしく書きかえたものです。この史料の内容に関連して述べた次の文Ｘ・Ｙについて，その正誤の組み合わせとして正しいものを，下の中から１つ選びなさい。

一　学問や武芸を身につけ，常にこれにはげむこと。
一　大名は，毎年四月中に江戸に参勤すること。
一　城を修理する場合は，幕府に届け出ること。
一　大名は，幕府の許可なくかってに結婚《けっこん》してはならない。
一　大きな船をつくってはいけない。

Ｘ　大名は妻子とともに，江戸と国もとに交互《こうご》に１年ずつ住まなければならなくなった。

Ｙ　大型船の建造禁止の条文は，徳川家光《いえみつ》によって新たに加えられた。

（あ）Ｘ　正　　Ｙ　正　　（い）Ｘ　正　　Ｙ　誤

（う）Ｘ　誤　　Ｙ　正　　（え）Ｘ　誤　　Ｙ　誤

令和５年度　愛光中学校入学試験　問題用紙　　（社会）

問６　下線部(カ)に関連して，次の図は，日本の主な電力源別の発電量の推移を示したものであり，図中のＡ～Ｃには，火力，原子力，水力のいずれかが当てはまります。電力源名とＡ～Ｃとの正しい組み合わせを，下の（あ）～（か）の中から１つ選びなさい。

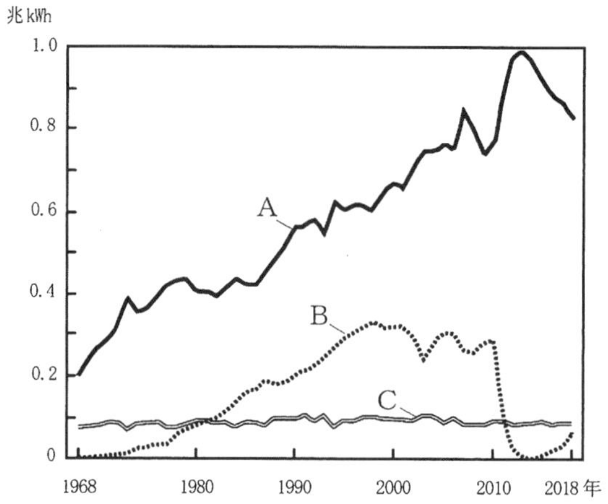

（『日本国勢図会 2020/21』より作成）

	（あ）	（い）	（う）	（え）	（お）	（か）
火力	Ａ	Ａ	Ｂ	Ｂ	Ｃ	Ｃ
原子力	Ｂ	Ｃ	Ａ	Ｃ	Ａ	Ｂ
水力	Ｃ	Ｂ	Ｃ	Ａ	Ｂ	Ａ

問４　下線部(エ)に関連して，国土の大半が乾燥《かんそう》しているアフガニスタンは，2000年にかつてない規模の干ばつに襲《おそ》われました。次の写真は，アフガニスタンのある村のようすを，2003年と2012年に同じ地点で撮影《さつえい》したものです。これらの写真から，砂漠化していた土地に緑が戻《もど》ったことがわかります。この背景には，日本人医師の中村哲《なかむらてつ》氏を中心とした，緑化にむけた地道な支援活動があったと言われています。彼《かれ》らのおこなった支援活動とは何か，写真を参考にしながら簡単に説明しなさい。

問５　下線部(オ)について，メコン川の河口付近にみられる地形およびこの地形で起こりうる災害について説明した次の文の空らん［X］・［Y］に当てはまる語句の組み合わせとして正しいものを，下の（あ）～（え）の中から１つ選びなさい。

メコン川の河口付近には，粒子《りゅうし》の細かい土砂や泥土《でいど》が堆積《たいせき》した［X］が形成されています。［X］では，生活用水や工業用水として大量の地下水が汲《く》み上げられることで，［Y］が起こることがあります。

	（あ）	（い）	（う）	（え）
X	三角州	三角州	扇状地《せんじょうち》	扇状地
Y	液状化	地盤沈下《じばんちんか》	液状化	地盤沈下

２　これまでの歴史の中ではさまざまな感染症《かんせんしょう》が流行し，感染拡大への対策がおこなわれてきました。これについて述べた次の【A】～【C】の文を読み，後の問いに答えなさい。

【A】コレラは，コレラ菌《きん》という細菌によって感染する病気です。元々インドで流行していて，19世紀に世界各地に広がりました。日本では，江戸時代の1822年に初めて流行しました。さらに，(ア)日米修好通商条約が結ばれた1858年にも流行し，この時に江戸では数万人以上がコレラによって死亡したと言われています。この後，1862年にもコレラは流行し，全国で56万人が感染したとされています。明治時代にも，1877年の(イ)西南戦争において政府軍の兵士の間でコレラが流行し，戦争から帰還《きかん》した兵士によって感染が全国に広がりました。コレラの感染拡大に対し，(ウ)近代化政策を進めていた明治政府は，コレラ対策を西洋から導入し，コレラの予防に関する規則を全国に公布するなどして対応しました。

問１　下線部(ア)について述べた次の文X・Yについて，その正誤の組み合わせとして正しいものを下の中から１つ選びなさい。

X　外国人が日本国内で罪をおかすと，日本の法律でその国の外交官がさばくことが決められた。
Y　朝廷の許しをえた幕府によって，アメリカとの間で結ばれた。

（あ）X　正　　Y　正　　　（い）X　正　　Y　誤
（う）X　誤　　Y　正　　　（え）X　誤　　Y　誤

問２　下線部(イ)について述べた次の文の空らん［X］に入る現在の都道府県名を漢字で答えなさい。

［X］の士族たちが，西郷隆盛《さいごうたかもり》をかついで反乱を起こしたが，政府軍に敗れた。

問３　下線部(ウ)について，近代化政策のひとつとして，政府は1872年に６才以上の男女が小学校に通うことを定めました。次のグラフは，明治時代の1873年から1910年までの就学率の変化を示したものです。このグラフについて述べた文Ｘ・Ｙについて，その正誤の組み合わせとして正しいものを下の中から１つ選びなさい。

就学率の変化

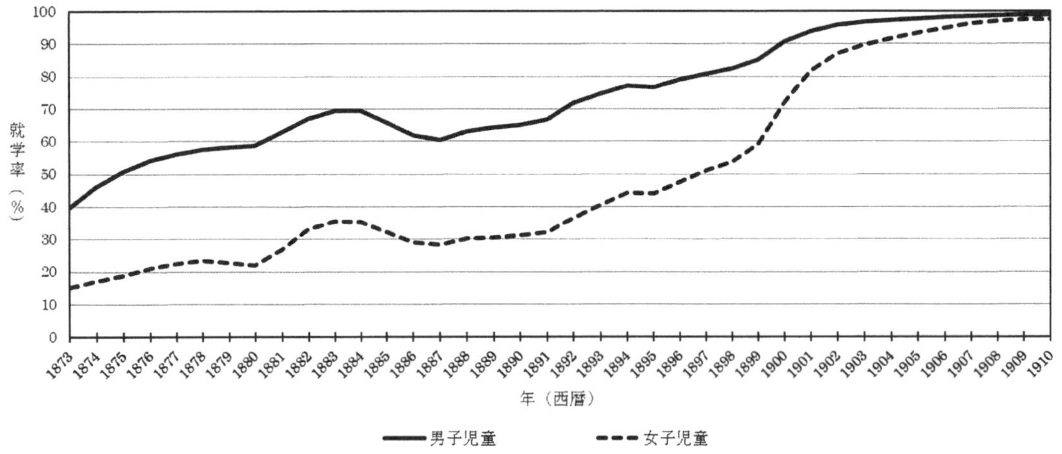

（『学制百年史』より作成）

Ｘ　授業料は無償《むしょう》であったが，子どもは家庭での重要な働き手であったため，1880年までの就学率は，男子児童は60％以下，女子児童は25％以下と低かった。
Ｙ　日露戦争《にちろせんそう》のころには，男子児童・女子児童ともに就学率が90％を上回った。

（あ）Ｘ　正　　Ｙ　正　　（い）Ｘ　正　　Ｙ　誤
（う）Ｘ　誤　　Ｙ　正　　（え）Ｘ　誤　　Ｙ　誤

問２　下線部(イ)について，次の図は，日本の主な地方別の生活用水，農業用水，工業用水の使用量（取水量ベース）を示したものであり，Ａ～Ｃには，関東地方，東海地方，東北地方のいずれかが当てはまります。地方名とＡ～Ｃとの正しい組み合わせを，下の（あ）～（か）の中から１つ選びなさい。

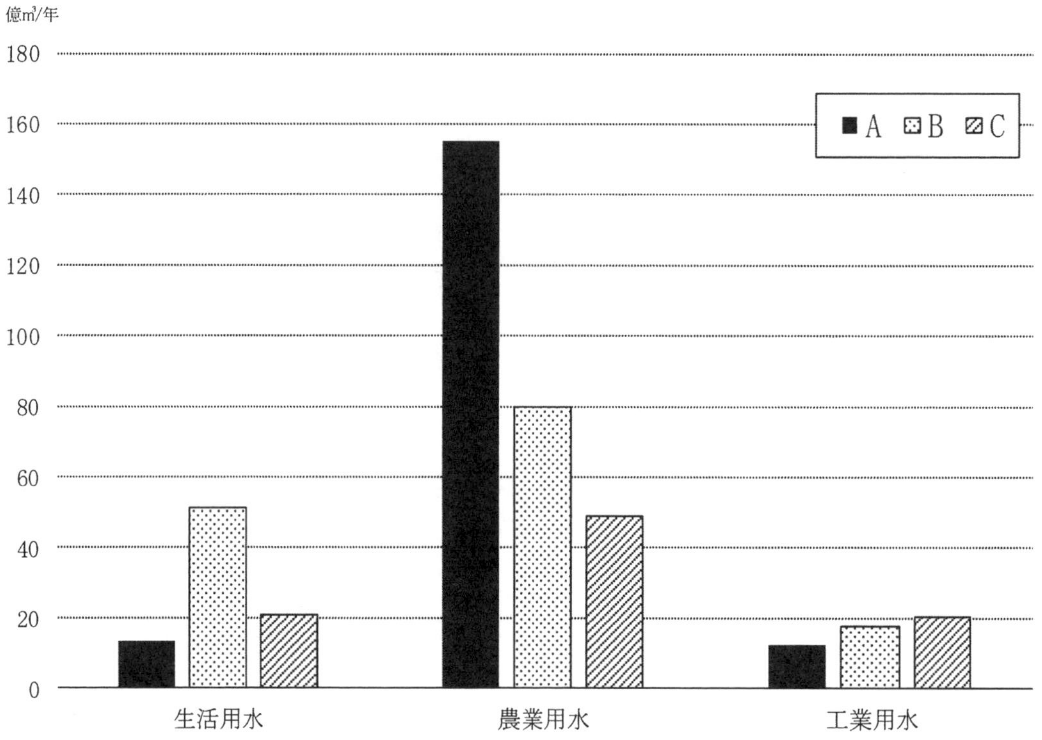

統計年次は，2018年。　　（国土交通省資料より作成）

	（あ）	（い）	（う）	（え）	（お）	（か）
関東地方	A	A	B	B	C	C
東海地方	B	C	A	C	A	B
東北地方	C	B	C	A	B	A

問３　下線部(ウ)について，その使用量の多い工業の１つに鉄鋼業があります。次の表は，世界の主な国の1980年から2018年にかけての粗鋼《そこう》の生産量の推移を示したものであり，（あ）～（え）には，インド，韓国《かんこく》，中国，日本のいずれかが当てはまります。日本にあたるものを（あ）～（え）の中から１つ選びなさい。

（単位：千トン）

	1980年	1990年	2000年	2010年	2018年
（あ）	111, 395	110, 339	106, 444	109, 599	104, 328
（い）	37, 121	66, 350	128, 500	638, 743	928, 264
（う）	9, 514	14, 963	26, 924	68, 976	106, 463
（え）	8, 558	23, 125	43, 107	58, 914	72, 463

（『データブック　オブ・ザ・ワールド　2021』より作成）

4　水問題について述べた次の文を読み，後の問いに答えなさい。

「水の世紀」といわれる21世紀，世界の水の需要《じゅよう》は，(ア)人口増加や農地・都市の拡大，開発途上国の工業化や生活水準の向上などを背景に増え続けており，2050年には2000年の約1.5倍になる見込《みこ》みです。(イ)水の利用は，生活用水や農業用水，工業用水に大きく分類されます。なかでも(ウ)工業用水の需要が急増しており，2050年には2000年の約３倍になると予測されています。

このように水の需要が高まる一方で，(エ)水は偏《かたよ》って存在する資源であるため，気候や地形などによって利用に制約を受ける地域があります。さらに，利用の集中する地域では水をめぐる争いも起こっています。例えば，(オ)インドシナ半島を流れるメコン川流域では，水の配分や(カ)水力発電の権利をめぐって，上流域と中・下流域の国との間で対立が表面化しています。

今後，世界的に水の需要がますます高まることで，水不足に苦しむ人びとの増加や，生態系・自然環境《しぜんかんきょう》に対する悪影響なども心配されています。(キ)食料や工業製品を大量に輸入している日本にとっても，世界の水問題は，決して無関係ではありません。私たちは身近な問題として，持続可能な水資源の利用を考えていく必要があるのです。

問１　下線部(ア)に関連して，次の図は，1950年から2050年にかけての世界の人口推移を地域別に示したものであり，図中の（あ）～（え）は，サブサハラ・アフリカ（サハラ砂漠《さばく》より南に位置する地域），東・東南アジア，南・中央アジア，ヨーロッパ・北アメリカのいずれかが当てはまります。東・東南アジアにあたるものを（あ）～（え）の中から１つ選びなさい。

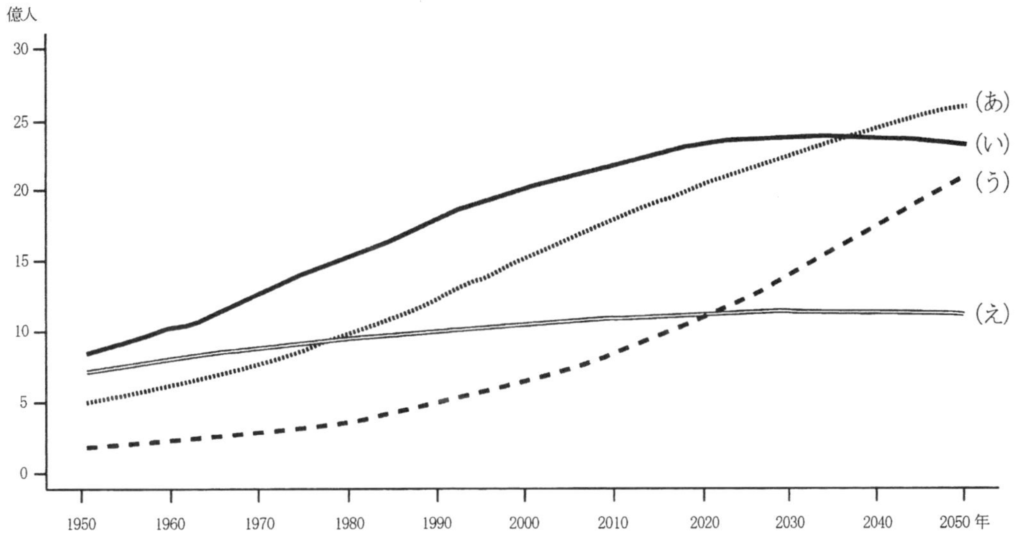

(World Population Prospects 2022より作成)

【B】マラリアは，マラリア原虫によって感染する病気です。日本がマラリアという病気を初めて知ったのは，(エ)日清戦争によって植民地とした台湾《たいわん》でのことと言われています。日本は，治療薬《ちりょうやく》の投与《とうよ》などによる対策を台湾で進めました。そして，この経験は，(オ)太平洋戦争で戦場となった東南アジアでのマラリア対策にもいかされました。しかし，(カ)日本国内で物資が不足するようになると，治療薬を作ることも難しくなり，現地に送られなくなったため，兵士の間でもマラリアの感染がまん延してしまいました。東南アジアでの戦死者の中には，マラリアなどの感染症による病死者も多く含《ふく》まれていたと考えられています。戦後，(キ)日本を占領《せんりょう》した連合国軍は，日本国内でマラリアの感染拡大を防ぐため，殺虫剤《さっちゅうざい》を散布するなどして，大きな成果をあげました。

問４　下線部(エ)に関連して，この戦争の直前に日本はある国との不平等条約の一部改正に成功しました。その国として適当なものを，次の中から１つ選びなさい。

（あ）アメリカ　（い）イギリス　（う）ロシア　（え）フランス　（お）オランダ

問５　下線部(オ)に関連して，日本とアメリカが太平洋戦争を始めるまでの状況《じょうきょう》について述べた次の文の空らん［X］に当てはまる語句を答えなさい。

ドイツ・イタリアと同盟を結んだ日本は［X］などの資源を求めて，東南アジアにも軍隊を進めましたが，こうした動きに対してアメリカは警戒《けいかい》を強め，［X］の日本への輸出を禁止するなどしたため，日本とアメリカの対立は深まりました。

問６　下線部(カ)に関連して，日本国内では物資の不足に対してさまざまな対策がおこなわれました。これについて述べた次の文X・Yについて，その正誤の組み合わせとして正しいものを下の中から１つ選びなさい。

X　生活に必要な物資は，切符《きっぷ》と引きかえに渡《わた》されるようになった。

Y　武器の原材料となる鉄などの使用が制限された。

（あ）X　正　Y　正　　（い）X　正　Y　誤

（う）X　誤　Y　正　　（え）X　誤　Y　誤

問７　下線部(キ)に関連して，以下の設問に答えなさい。

（１）連合国軍に占領された日本では，その指示のもとでさまざまな改革がおこなわれました。これについて述べた次の文のうち，誤っているものを１つ選びなさい。

（あ）満18才以上の男女に選挙権が保障された。

（い）義務教育が，小学校６年間と中学校３年間の９年間となった。

（う）労働者の権利が保障され，労働組合が相次いで結成された。

（え）日本国憲法が公布・施行《しこう》され，国民が主権者となった。

（２）連合国軍に占領された日本は，その後，主権を回復しました。そして，国際連合に加盟して国際社会に復帰しました。日本が国際社会に復帰するまでのできごとⅠ～Ⅲを，古いものから年代順に正しく並べかえたものを，下の中から１つ選びなさい。

Ⅰ　サンフランシスコ平和条約が結ばれた。

Ⅱ　朝鮮戦争《ちょうせんせんそう》がはじまった。

Ⅲ　ソ連との国交が回復した。

（あ）Ⅰ－Ⅱ－Ⅲ　（い）Ⅰ－Ⅲ－Ⅱ　（う）Ⅱ－Ⅰ－Ⅲ

（え）Ⅱ－Ⅲ－Ⅰ　（お）Ⅲ－Ⅰ－Ⅱ　（か）Ⅲ－Ⅱ－Ⅰ

【C】インフルエンザは，いくつかの種類があるインフルエンザウィルスによって感染する病気です。20 世紀には，インフルエンザの世界的な感染拡大が何度かありました。(ク)第一次世界大戦が終わるころ，世界各地で大流行したのがスペインインフルエンザです。日本では，1918 年の第１波・第２波，1919 年の第３波と，３度にわたって流行しました。日本国内のスペインインフルエンザによる死者数は約 45 万人と考えられており，(ケ)1923 年の関東大震災《かんとうだいしんさい》の死者数を大きく上回るものでした。第二次世界大戦の後にも，1957 年から 1958 年にかけてのアジアインフルエンザや，1968 年の香港《ほんこん》インフルエンザのように，インフルエンザの世界的な流行が発生し，日本でも感染が拡大しました。この後日本国内では，1977 年に小・中学校でのワクチンの集団接種を始めるなど，感染拡大を防ぐための対策がおこなわれました。

問８　下線部(ク)に関連して，第一次世界大戦が日本の経済に与《あた》えた影響《えいきょう》について述べた次の文の空らん [X]・[Y] に当てはまる語句・記述の組み合わせとして正しいものを，下の中から１つ選びなさい。

第一次世界大戦のために，ヨーロッパの国々の生産力が [X] すると，日本はヨーロッパやアジア [Y] を増加させ，これまでにない好景気となりました。

(あ) X　上昇《じょうしょう》　　Y　からの輸入　　　(い) X　上昇　　Y　への輸出
(う) X　低下　　Y　からの輸入　　　(え) X　低下　　Y　への輸出

問９　下線部(ケ)について，関東大震災で東京は大きな被害《ひがい》を受け，その後，復興をとげました。次の写真X・Yはそれぞれ，写真Xが関東大震災より前の 1920 年に東京でとられたもの，写真Yが関東大震災後の 1934 年に東京でとられたものです。写真X・Yと，それについて述べた文①～④の組み合わせとして正しいものを，下の（あ）～（え）から１つ選びなさい。

X

Y

① 写真Xは，普通選挙《ふつうせんきょ》の実現を求めて，デモ行進がおこなわれたことを示している。
② 写真Xは，多くの人が電車に乗って，農村に買い出しに行っていたことを示している。
③ 写真Yは，女性がバスの乗組員などのさまざまな職業で活躍《かつやく》するようになったことを示している。
④ 写真Yは，製糸工場などで働く女性が，バスで通勤するようになったことを示している。

(あ) X - ①　Y - ③　　(い) X - ①　Y - ④　　(う) X - ②　Y - ③　　(え) X - ②　Y - ④

問７　下線部(カ)について，次の図X～Zは，天然ガス，石油，石炭の日本の輸入量に占める国別の割合を示したものです。それぞれの組み合わせとして正しいものを，下の（あ）～（か）の中から１つ選びなさい。

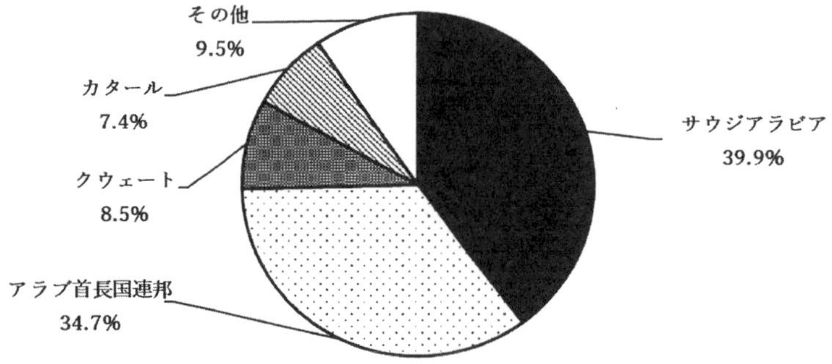

X

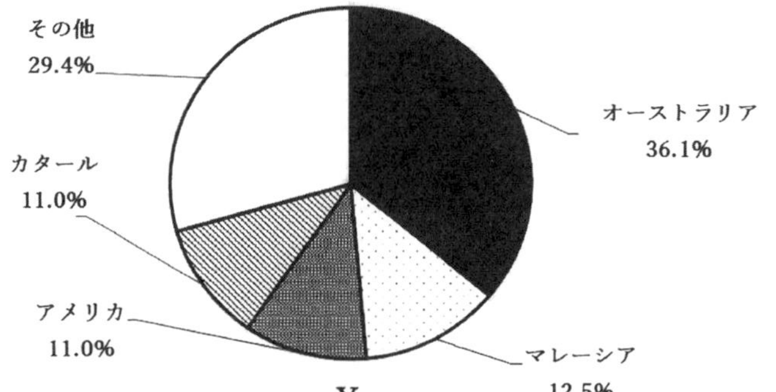

Y

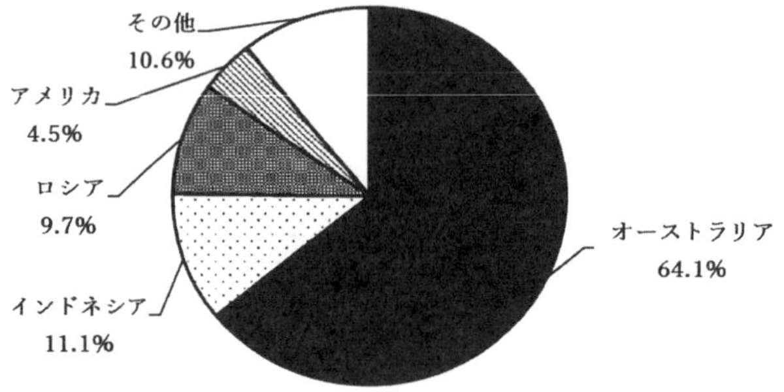

Z

（2021 年度　財務省貿易統計より作成）

	(あ)	(い)	(う)	(え)	(お)	(か)
石炭	X	X	Y	Y	Z	Z
天然ガス	Y	Z	X	Z	X	Y
石油	Z	Y	Z	X	Y	X

問４　下線部(ウ)に関連して，次の図は，アフリカ，中東，アジア，南北アメリカの国ぐにに向けて2019年度に日本がおこなった二国間ＯＤＡの地域別内訳を示したものです。下の図を見て，日本がアジアの国ぐにに向けておこなった開発援助の割合を示すものを，（あ）～（え）の中から１つ選びなさい。

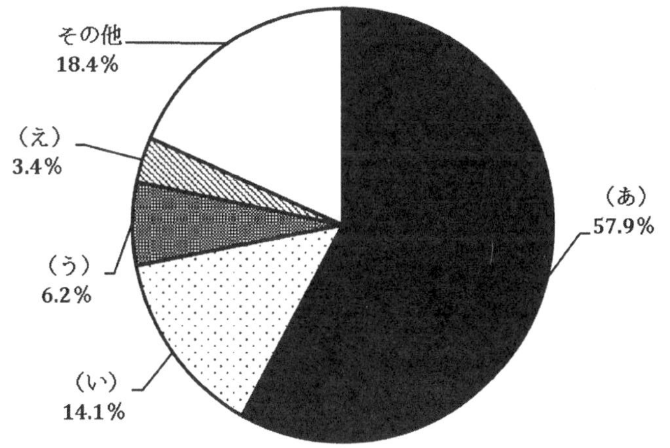

（ＯＤＡ白書2020年版より作成）

問５　下線部(エ)に関連して，次の地図はマラッカ海峡とその周辺を示したものです。赤道を示した線として最も適当なものを，下の地図中の（あ）～（え）の中から１つ選びなさい。

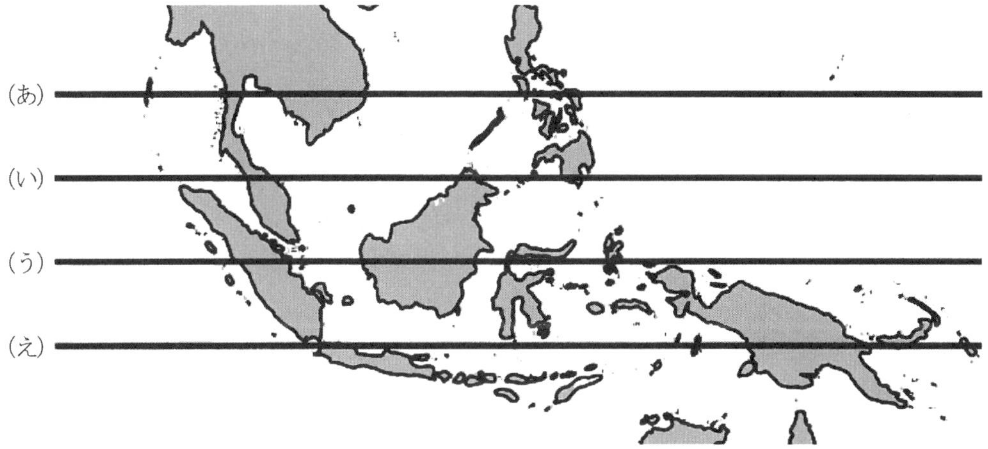

問６　下線部(オ)について述べた次の文のうち，正しいものを１つ選びなさい。

（あ）インドのブッダによってはじまった教えである。

（い）豚《ぶた》を食べることは禁じられている。

（う）現在のインドで最も多くの人びとに信じられている宗教である。

（え）その教えは，キリスト教の影響を受けている。

3　次の【Ａ】・【Ｂ】の文を読み，後の問いに答えなさい。

【Ａ】トルコ最大の都市［１］を東西にわける(ア)ボスポラス海峡《かいきょう》は，「牡牛《おうし》の通り道」という意味で，長さは約30㎞におよび，アジアとヨーロッパの中間に位置しています。沿岸には針葉樹や広葉樹がしげっており，古くから(イ)地中海を利用した貿易や，黒海と地中海をつなぐ交通路として多くの船がこの海峡を航行していました。現在でも，穀物や工業製品などを運ぶ多くの貨物船がこの海峡を貿易路として活用しており，日本にも工業製品などが運ばれています。また，［１］の市内を東西にわけるこの海峡には，(ウ)日本の政府開発《せいふかいはつ》援助《えんじょ》（ＯＤＡ）に基づいて日本の企業《きぎょう》が参加して架《か》けた橋もあります。

【Ｂ】マレー半島とスマトラ島をへだてる(エ)マラッカ海峡は，「隠《かく》れた逃亡者《とうぼうしゃ》」という意味で，長さは約900㎞におよび，沿岸では天然ゴムなどの栽培《さいばい》がさかんにおこなわれていました。インドと中国との貿易に利用されたり，インドへ(オ)仏教を学ぶために留学する人びとが航行したりしたことで知られています。現在でも，貿易のために多くの船が航行しており，特に石油タンカーなどの航行がさかんで，日本にもこの海峡を通過して，(カ)多くの資源が輸入されています。日本は，貿易船の安全な航行を守るために，灯台の設置や，海上警備に関わる人材の育成などを支援《しえん》しています。

問１　文中の空らん［１］に当てはまる語句を記入しなさい。

問２　下線部(ア)の場所を，次の地図中の（あ）～（え）から１つ選びなさい。

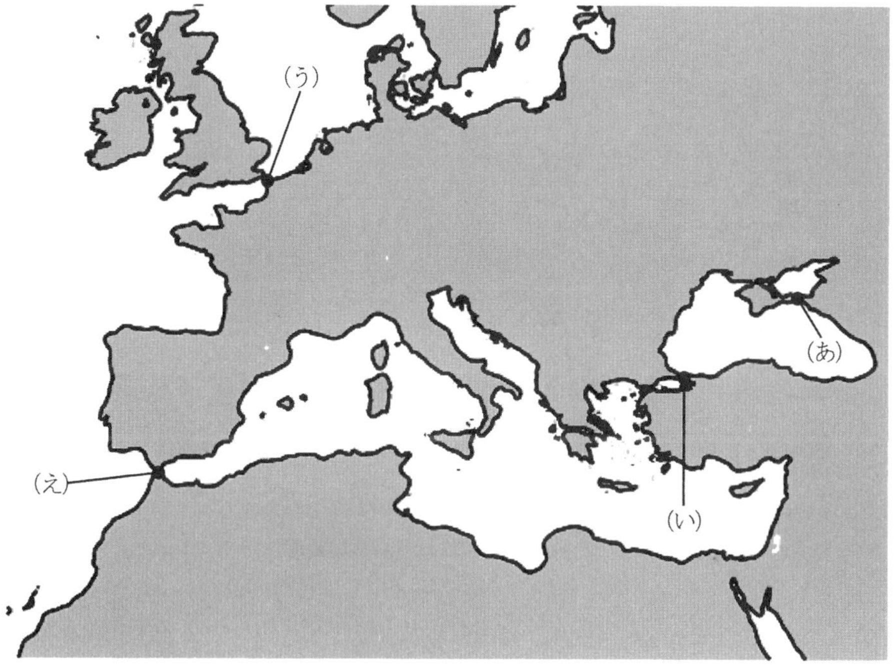

問３　下線部(イ)に関連して，以下の設問に答えなさい。

（1）地中海に面した国ぐにのようすについて述べた文Ｘ・Ｙについて，その正誤の組み合わせとして正しいものを，下の中から１つ選びなさい。

Ｘ　イタリアには，古代ローマの遺跡《いせき》が多く残っている。

Ｙ　エジプトには，イスラム教の聖地であるメッカがある。

（あ）Ｘ　正　　Ｙ　正　　　（い）Ｘ　正　　Ｙ　誤

（う）Ｘ　誤　　Ｙ　正　　　（え）Ｘ　誤　　Ｙ　誤

令和５年度　愛光中学校入学試験　問題用紙　　（社会）

（2）次の図は，アテネ，帯広，サンパウロ，リャドのいずれかの都市における月平均気温と月降水量を雨温図で表したものです。地中海に面するギリシャのアテネの雨温図として正しいものを，次の（あ）～（え）の中から１つ選びなさい。

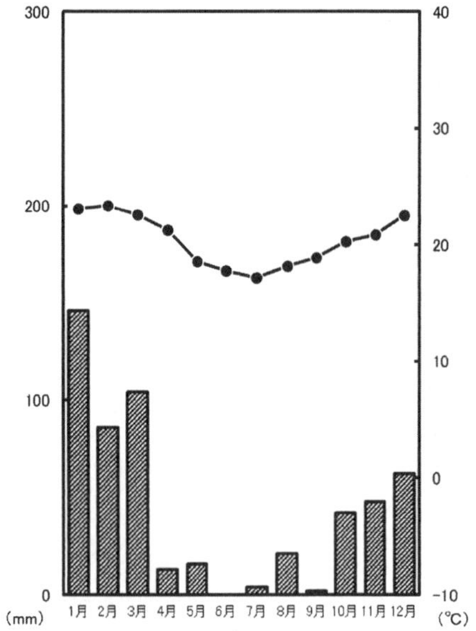

（あ）

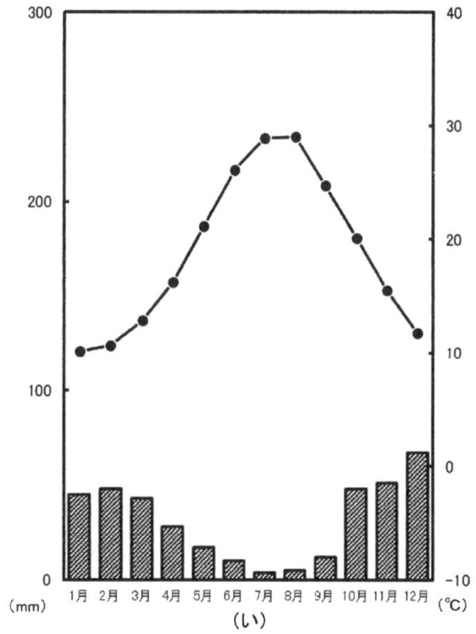

（い）

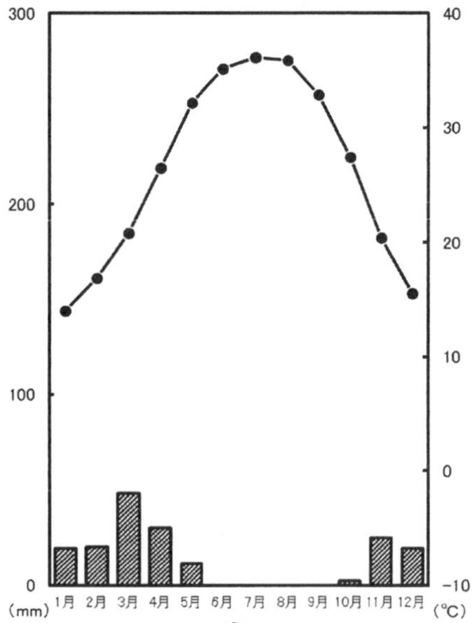

（う）

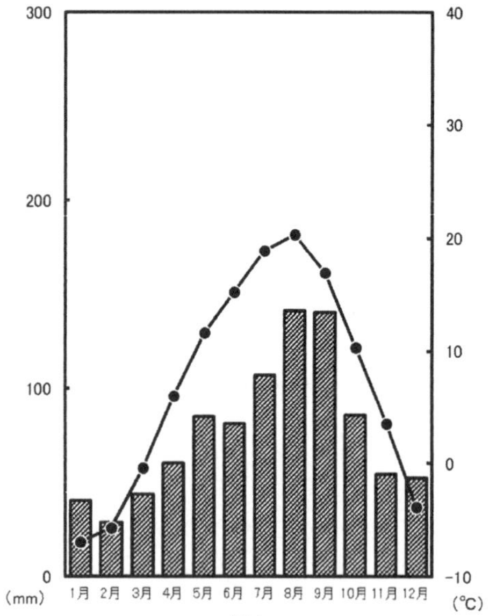

（え）

（気象庁HPより作成）

令和五年度　愛光中学校　入学試験問題　国語　解答用紙

採点欄《らん》には何も記入しないこと

受験番号

氏名

合計

※120点満点
（配点非公表）

一

1
①
②
③
④
⑤
⑥
⑦
⑧
⑨
⑩

2
①
②
③
④

3
(1)
①
②
(2)
①
②
(3)
①
②

二

問一

問二

問三
発見と違って発明は、

問四

問五

問六

問七

問八

三

問一
ⓐ
ⓑ
ⓒ

問二

問三

問四

問五

問六

問七

問八

問九

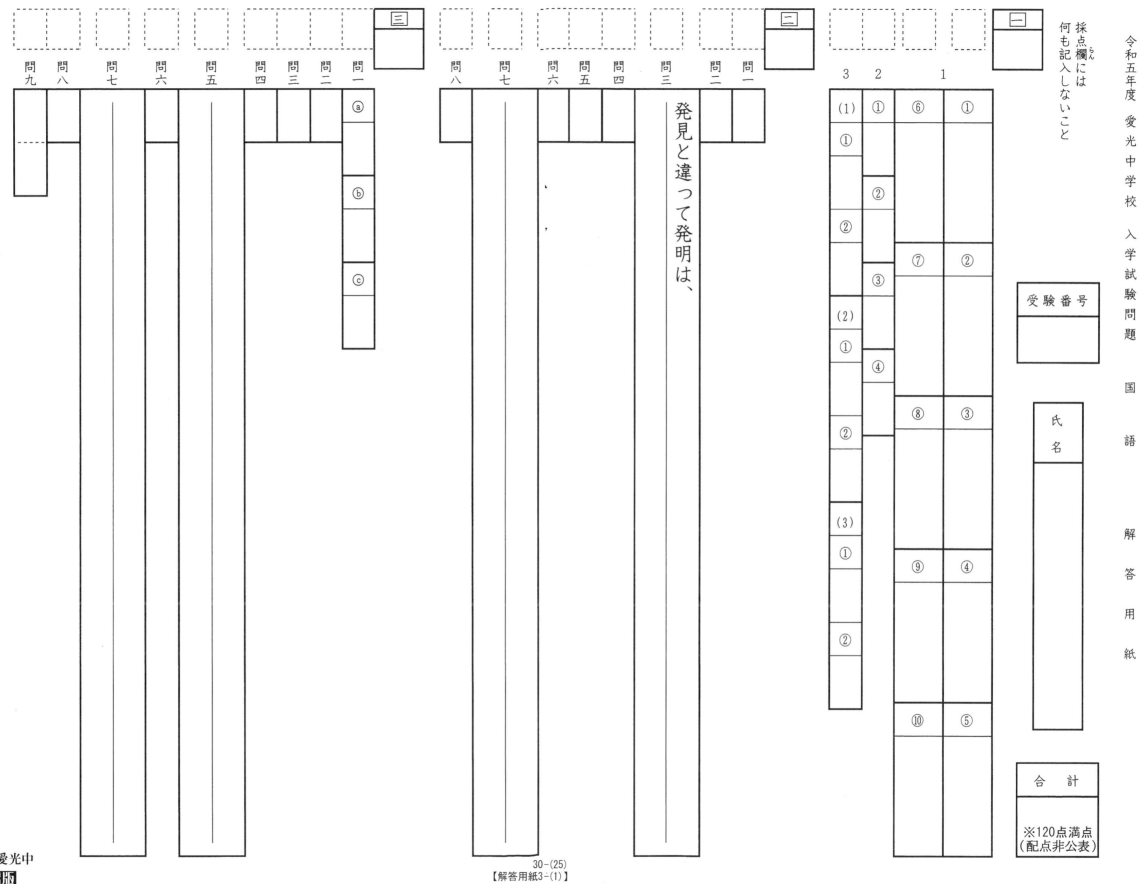

令和５年度　愛光中学校入学試験問題　理科（解答用紙）

【１】

(１)	発芽の様子		根の形		葉脈							
(２)	a	成虫			さなぎ		b			c		
(３)		(４)	③		④		⑤		(５)			

【２】

(１)	①		②											
(２)			(３)		(４)									
(５)	川の流れる方向	A		B		流れる水のはたらき		(６)	元の流速		大雨の際の流速			

【３】

(１)																(２)	
(３)		(４)	g	(５)	g	(６)	%										

【４】

(１)	上 下		力	g	(２)	秒後	(３)	上 下		力	g	(４) 秒後
(５)	上 下		力	g	(６)		(７)					

【５】

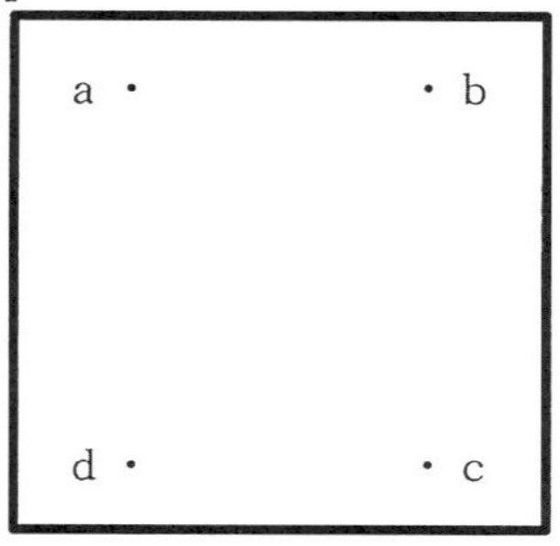

受験番号（　　　　　　）　名前（　　　　　　　　　　　　　　　）　※80点満点（配点非公表）

令和５年度　　愛光中学校入学試験　解答用紙　　（社会）

※小計・合計らんには記入しないこと

1

問１　問２

問３　問４　問５（１）（２）　問６

問７　問８　問９

小計

2

問１　問２　問３　問４

問５　問６　問７（１）（２）

問８　問９

小計

3

問１　問２　問３（１）（２）

問４　問５　問６　問７

小計

4

問１　問２　問３

問４

問５　問６　問７

小計

5

問１　問２

問３　問４

問５　問６

小計

受験番号		氏名	

合計

※80点満点
（配点非公表）

令和四年度　愛光中学校　入学試験問題　国語　(60分)　（その一）

一　次の１～３の問いに答えなさい。

１　次の――のひらがなを漢字に直しなさい。送りがなが必要なものはそれも書きなさい。

①　相手を追いつめるためのさくりゃくを立てる。
②　みじゅく者は修《しゅ》行して技《わざ》を身につけなければならない。
③　急に雲が発達して、きょくち的に雨が降り始めた。
④　たいきょくにある二つのものの例としては、「水と火」が挙げられる。
⑤　インターネットでその国の情報がかくさんされた。
⑥　伊予《いよ》絣《がすり》を織るには、あらかじめ糸を紺《こん》色にそめる作業を行う。
⑦　ウイルスから身を守るにはどのような手段をこうじるとよいのか。
⑧　忘れ物の弁当をあずかることも大切な役目だとその駅員は言う。
⑨　国の行く末を案じながら、つり糸をたらす。
⑩　コンクリートを作るには、セメントと砂と砂《じゃ》利とをまぜる。

２　次の①～⑤の文のうち、語句の最も適切な用い方をしている例文を、それぞれのア～オの中から一つずつ選んで、記号で答えなさい。

①
ア　ただいま先生も申し上げたように、失敗を良い経験にすることが大切です。
イ　ただいま先生もおっしゃられたように、失敗を良い経験にすることが大切です。
ウ　ただいま先生もおっしゃったように、失敗を良い経験にすることが大切です。
エ　ただいま先生も申されましたように、失敗を良い経験にすることが大切です。
オ　ただいま先生も申しましたように、失敗を良い経験にすることが大切です。

②
ア　大人としてみっともないことですから、やめませんか。
イ　大人としてみっともありませんから、やめませんか。
ウ　大人としてみっともございませんから、やめませんか。
エ　大人としてみっともありえませんから、やめませんか。
オ　大人としてみっとも悪いですから、やめませんか。

③
ア　そちらは私が喜んでやらさせていただきます。
イ　そちらは私が喜んでやらされていただきます。
ウ　そちらは私が喜んでやらさしていただきます。
エ　そちらは私が喜んでやられていただきます。
オ　そちらは私が喜んでやらせていただきます。

④
ア　こちらがご注文されたアイスコーヒーになります。
イ　こちら二点で、九百六十円になります。
ウ　こちらの部品の単価は五百円になります。
エ　こちらは加藤嘉明《かとうよしあき》が築いた松山城になります。
オ　こちらが新発売の携《けい》帯電話になります。

⑤
ア　ご注文の品はおそろいになりましたでしょうか。
イ　そのお召《め》し物は、ご兄弟でおそろいになりましたでしょうか。
ウ　おでかけの身支度《たく》はおそろいになりましたでしょうか。
エ　皆《みな》様、おそろいになりましたでしょうか。
オ　小学校への入学準備はおそろいになりましたでしょうか。

３　次の①～⑤の俳句と同じ季節（春・夏・秋・冬・新年）の俳句を、下のア～オの中から一つずつ選んで、記号で答えなさい。

①　去年《こぞ》今年貫《つらぬ》く棒の如《ごと》きもの　高浜虚子《たかはまきょし》
②　五月雨《さみだれ》をあつめて早し最上《もがみ》川　松尾芭蕉《まつおばしょう》
③　くもりたる古鏡《こきょう》の如し朧月《おぼろづき》　高浜虚子
④　いくたびも雪の深さをたづ《(ず)》ねけり　正岡子規
⑤　柿《かき》食へ《(え)》ば鐘《かね》が鳴るなり法隆寺《ほうりゅうじ》　正岡子規

ア　青蛙《がえる》おのれもペンキぬりたてか　芥川龍之介《あくたがわりゅうのすけ》
イ　雪とけて村いつ《(っ)》ぱいの子どもかな　小林一茶《いっさ》
ウ　名月をとつ《(っ)》てくれろと泣く子かな　小林一茶
エ　羽子板の重きが嬉《うれ》し突《つ》かで立つ　長谷川《はせがわ》かな女《じょ》
オ　学問のさびしさに堪《た》へ《(え)》炭をつぐ　山口誓子《せいし》

二　次の文章を読んで、あとの問いに答えなさい。

人間が生きるということは、大なり小なり環《かん》境に負担をかけることであり、食もまたそうである。原始時代、狩猟《しゅりょう》採集の生活を送っていた我《わ》が祖先たちのころは、環境にかける負担は野生動物のそれと同じであった。ところが、農耕牧畜《ちく》を覚えた人類は「*生態系エンジニア」として環境を改造しはじめる。

【　Ⓐ　】、お米を食べるためには水田が必要で、そのために川をせき止め、ある場所を水びたしにしたりする。ビーバーがやっていることと同じだ。人間が快適に暮らすために環境を改変し、その生態系に対する影響《えいきょう》はいろいろ発生する（ちなみに、人間の活動が悪だと言っているわけではない。人間の活動で恩恵《けい》を受ける生物だっているからだ。プラスとマイナスの両方のどちらの意味でも、人間は環境に影響を与《あた》えているのだ）。❶家畜を飼うことだってそうだ。ある場所を牧草地にするため定期的に火入れを行なって、若い樹木を焼き払《はら》うことで、人工的な草原をつくりだしたりする。

現代において、人間の食が環境に与える影響は大きくなってきている。顕《けん》著な例として肥料の使用があげられる。むかしの肥料といえば、たい肥とか、人や家畜の糞尿《ふんにょう》とか、干した小魚とか、自然界に存在する*オーガニックな素材を使ったものだった。

作物にとって窒《ちっ》素は重要な栄養素だが、大気中の窒素を植物が利用可能な形に変える能力（これを窒素固定という）を持った生物はひと握《にぎ》り。たとえばマメ科の植物は、この特殊《しゅ》能力を持った微《び》生物と共生関係にあるので、栄養に乏《とぼ》しい場所でも育つことができる。【　Ⓑ　】人間は、荒《あ》れ地でレンゲソウなどマメ科の植物を育て、成長したら土壌《じょう》と一緒《しょ》にすき込《こ》むことで、その場所の栄養分を増やしたりしたものである。

【Ⓒ】20世紀初頭、科学の進歩は農業に大きな変化をもたらした。生物を介《かい》さずに、大気中の窒素をいきなり固定する方法が確立されたのである。こうして窒素肥料は、工場でつくられることになった。

生態学で学ぶ概《がい》念に、物質循《じゅん》環というものがある。いわば生態系の［　X　］みたいなもので、ある場所にどれだけの水や炭素や窒素がインプットされるか、それが生態系のなかを通ってやがて外に出ていくというアウトプットはどのくらいか、という収支を考える研究である。

物質循環の視点から考えると、❷人工肥料が使われだす前は、自然界でつくり出されるⓐつつましやかな量の窒素を使って人間は農業をしていた。もちろん窒素固定を行なう植物を意図的に利用するなど涙《なみだ》ぐましい努力はしてきたのだが、窒素の総量という点では、人間は自然界の窒素循環にあまり影響を与えていなかった。

ところが、❸工場で窒素肥料がつくられるようになると、とにかく安く大量につくることが可能になった。人間はそれを田畑にガンガン投入し、単位面積あたりの収穫《かく》量は飛躍《やく》的に向上することになった。これはいわゆる「農業革命」の一因である。化学肥料はこのように人間に豊かな食料をもたらすことになった。実際、＊人体に存在する窒素原子の80％は、化学合成された窒素肥料で育てられた食物に由来しているとの研究もある。物質循環の視点から考えると、たくさんインプットされたものは、やがてアウトプットされることになる。こうして、田畑から流れ出す雨水には大量の窒素肥料が含《ふく》まれるようになった。

自然界の生物たちも窒素肥料の恩恵にあずかれるのではないだろうか。素朴《ぼく》に考えるとそうだ。そして事実、窒素肥料のおこぼれによってガンガン成長する野生の生物も数多い（陸上だけでなく、窒素肥料の流れ込む海や湖に暮らす生きものも含まれる）。

しかし地球の面積は有限であり、地球に降り注ぐ太陽光線も一定量である。ならば、ある植物が豊かな窒素のおかげで成長するということは、そのⓑ割を食って衰《すい》退する植物種も存在するということになる。このように、人間の活動からプラスの影響を受ける生物がいる一方で、マイナスの影響を受ける生物もいる。そして実際、ある種の生物は、絶滅《めつ》が危惧《ぐ》されるまで個体数を減らすこともある。

僕《ぼく》らが食べものを食べるとき、それが生態系に与える影響もⓒ念頭に置きたいものである。しかし僕は、オーガニックなものしか食べないというわけではない。動物がかわいそうでベジタリアンになる人もいれば、動物が好きでも肉や魚を食べる人もいる。環境問題を意識してオーガニックなものを食べる人もいれば、同じオーガニックでも自分の健康のためという理由の人もいる。いろんな信条を持つ人がいるので、他人のことをとやかく言いたくはないし、僕は自分のやり方を人に押《お》し付けるつもりはない。ただ、人間は環境に影響を与えているという意識は持っていてほしいなと思うのである。

近年、食にまつわる環境負荷《か》で大きいのは、輸送コストである。化石燃料を燃やして走る乗り物が普及《ふきゅう》する前、人びとは地元でとれる食べものを食べていた。遠くから別の食べものを運んでこられないから、あたりまえのことである。ところが現代は、トラックや貨物列車、輸送船とかが発達し、遠くから食べものを運んでくることが可能になった。たとえば、広大なアメリカ大陸で小麦・大豆・トウモロコシなどを生産して日本に運んでくれば、輸送コストを差し引いても、＊コスパのいい食材提供が可能になる。適地適作と大量輸送は、効率という一面から評価すれば、まことにけっこうなことなのだ。しかしその一方で、食べものを運ぶために多くの化石燃料が消費され、地球温暖化が進むことになる。その量は決して馬鹿にならないものだ。

人間が食べる食材の量は同じでも、それが近くで生産されたか、遠くから運ばれてきたかで、環境負荷は大きく変わる。かくして近年、地産地消のメリットが訴《うった》えられ、環境負荷がフードマイレージという基準で定量化されるにいたったのである。

このように考えると、❹地元でとれたオーガニックな食材を食べるのがもっとも環境負荷が低いということになる。ところが僕らは弱い人間であり、良心の呵《か》責《しゃく》を感じることはあったとしても、夜中におなかがすいたら、おもむろにアメリカ産トウモロコシのスナック菓子《がし》を食べたりしてしまうのだ（トルティーヤチップスにサルサソースをつけて食べることのすばらしさは、僕がアメリカで学んだ大事なことのひとつである）。

熊本県の天草諸島を旅していたときのこと。❺ひとりでふらりと立ち寄った居酒屋さんは、とってもすばらしい場所であった。天草は、九州本土と橋でつながったいくつかの比較《かく》的大きな島々で構成されている。それぞれの島と集落で文化や環境が微妙《びみょう》に異なり、それがまたこの場所の魅《み》力を増しているように思う。そしてこの居酒屋さんは、天草の「〇〇集落でとれた野菜」「〇〇漁港でとれたお魚」というふうに、とても具体的な産地の表示をしていたのである。

このように、消費者にチョイスを与えることはすばらしい。あるときはフードマイレージが最小かつもっとも新鮮《せん》であろう近くの食材を選ぶことが可能。またあるときは、天草内の多彩《さい》な食材を食べ比べすることも可能なのである。

僕はその夜、「そういえばさっきこの集落を通りかかったなあ」などと考えながら料理を味わった。もちろん素材も料理人の腕《うで》もすばらしかったんだけど、食材が自分の口に入るまでの背景を考えることも、僕に大きな満足感をもたらしたのである（なんせ味オンチで頭でっかちな学者だから仕方ない）。

旅先で地元の名産品や旬《しゅん》の食べものを味わうのは、かけがえのないすばらしい体験であるとともに、学んでいる生態学や環境科学が自分の暮らしにどうかかわるか実感する機会でもある。❻僕は生きているかぎり毎日が研究だと思うのである。

（伊勢武史『生態学者の目のツケドコロ　生きものと環境の関係を、一歩引いたところから考えてみた』※本文を改めた部分があります。）

〔注〕＊生態系エンジニア……「自分で環境を改変する生物のこと」と筆者は別の個所《か》で述べている。
＊オーガニック……農薬や化学肥料などの化学的なものを一切《さい》使わないこと。また、そうして作られた農産物。
＊人体に～研究もある……筆者は次の英語論文を紹《しょう》介している。Howarth, R. W.Coastal nitrogen pollution: a review of sources and trends globally and regionally. *Harmful Algae* 8, 14-20.2008.
＊コスパ……コストパフォーマンス。支払った労力や費用に対して、どれだけの効果があるかということ。

問一　【Ⓐ】～【Ⓒ】にあてはまる言葉として、最も適切なものを次の中からそれぞれ一つずつ選んで、記号で答えなさい。

ア　つまり　イ　たとえば　ウ　あるいは　エ　そこで　オ　ところが

問二　ⓐ～ⓒの言葉の言い換《か》えとして、最も適切なものを次の中からそれぞれ一つずつ選んで、記号で答えなさい。

ⓐ「つつましやかな」
ア　精一杯《ぱい》の
イ　期待以下の
ウ　不十分な
エ　豊かな
オ　ひかえめな

ⓑ「割を食って」
ア　しわ寄せを受けて
イ　矛《ほこ》を収めて
ウ　おこぼれを得て
エ　甲斐《かい》がなくて
オ　道連れとなって

ⓒ「念頭に置きたい」
ア　軽くしたい
イ　気にかけたい
ウ　実感したい
エ　学びたい
オ　我慢《まん》したい

問三　❶「家畜を飼うことだってそうだ」とありますが、「家畜を飼う」ことを筆者はどのように考えていますか。最も適切なものを次の中から一つ選んで、記号で答えなさい。

ア　家畜を飼うことで、人間は暮らしていくために良くも悪くも環境に影響を与えている。
イ　家畜を飼うことは、人間がより良い生活を求めて様々な試みを行ってきた例の一つである。
ウ　家畜を飼うことで、人間は飼われている動物に対して食料や住居などの恩恵を与えている。
エ　家畜を飼うことは、人間にとって良い影響を与えると同時に、良くない影響も及《およ》ぼしている。
オ　家畜を飼うことで、人間は自然環境に対して後戻《もど》りできないような悪影響を及ぼしている。

問四　［　X　］にあてはまる言葉として、最も適切なものを次の中から一つ選んで、記号で答えなさい。

ア　教科書　イ　日記帳　ウ　家計簿《ぼ》　エ　世界地図　オ　カレンダー

問五　❷「人工肥料が使われだす前」とありますが、化学肥料以前の農業について説明したものとして、最も適切なものを次の中から一つ選んで、記号で答えなさい。

ア　作物に含まれる窒素の量はごくわずかだったので、人間は必要以上の窒素を体に吸収することなく生活していた。
イ　マメ科の植物を用いて土壌に窒素を固定するという人間の試みは、結果としてはうまくいくことはなかった。
ウ　たい肥や干した小魚などの自然な素材を使うようになって、人間は環境に多大な影響を及ぼすようになった。
エ　大きな効果のある肥料が存在しなかったため、栄養の乏しい土地では農業が行われることはなかった。
オ　レンゲソウなどを用いて農地に栄養を増やすといった環境の改変は、環境への負担が比較的小さかった。

問六　❸「工場で窒素肥料がつくられるようになると、とにかく安く大量につくることが可能になった」とありますが、このことは人間の生活や周囲の環境にどのような影響をもたらしましたか。説明しなさい。

問七　❹「地元でとれたオーガニックな食材を食べるのがもっとも環境負荷が低いということになる」とありますが、なぜこのように言えるのですか。説明しなさい。

問八　❺「ひとりでふらりと立ち寄った居酒屋さんは、とってもすばらしい場所であった」とありますが、筆者にとってどのような点が「すばらしい」のかを説明したものとして、最も適切なものを次の中から一つ選んで、記号で答えなさい。

ア　どの食材も環境への負担が少なくなるように配慮《りょ》されていて、環境破壊《かい》をしている罪悪感を味わわずにすむ点。
イ　様々な産地の食材が集められており、多彩な食材から自分の味覚の好みに合うものを選択《たく》することができる点。
ウ　食材の産地が示されていることで、今までの旅で通過した地名を思い出しながら食事を楽しむことができた点。
エ　食材の産地が表示されており、食品が環境に与えている負荷を考えたうえで客側が食べるものを選択できる点。
オ　料理人の腕がすばらしく、食材も新鮮なものばかりで、どの料理も筆者にとって満足できる味だった点。

問九　❻「僕は生きているかぎり毎日が研究だと思うのである」とありますが、どういうことですか。最も適切なものを次の中から一つ選んで、記号で答えなさい。

ア　学問の研究は短い期間で成果を出すことができるとは限らないので、日々の努力を時間をかけて積み重ねていくことが重要であるということ。
イ　筆者の研究している学問は研究室の中だけのものではなく、日々の生活にもつながりをもっているのだと、暮らしの中で確かめることができるということ。
ウ　人生という限られた時間の中では、日常のどんなささいなことからでも知識を吸収していくという態度を保つことが、研究していく上で大切であるということ。
エ　われわれ人間は生きている限り様々な影響を環境に与え続けているのであり、世間の人々はそのことをもっと自覚すべきであるということ。
オ　人々がどのような暮らしをしているのかを実際に経験することで、筆者が行っている研究がどのように社会の役に立っているのかという成果を感じることができるということ。

2022(R4) 愛光中
K 教英出版

三　次の文章は、東直子『階段にパレット』の一節で、「実弥子《みやこ》」の絵画教室で生徒たちがお互《たが》いをモデルにして絵を描《か》いている場面である。生徒には「ルイ」「まゆちゃん」「ゆずちゃん」「俊子《としこ》」の四人がいる。なお、「実弥子」は雑誌などのイラストを描く仕事をしており、「俊子」はその「実弥子」を担当している編集者である。これを読んであとの問いに答えなさい。

「さて、ルイくんとまゆちゃんの絵も、みんなで見ましょうね」

ルイが描いたまゆちゃんは、今にも絵の中から飛び出してきそうだった。細密に描かれた鉛筆《えんぴつ》の下書きの上に、慎重《しんちょう》に絵の具が塗《ぬ》り重ねられていた。筆先を使って髪《かみ》の毛や眉《まゆ》や睫毛《まつげ》が一本一本描かれ、瞳《ひとみ》には淡《あわ》い光がともっていた。まゆちゃんの顔によく似ていると同時に、その心の奥《おく》にある芯《しん》の強さを感じさせる。頬《ほお》や指先、膝《ひざ》がしらには淡い桃《もも》色がかすかな青を滲《にじ》ませながら置かれていた。生き生きと血の通う、エネルギーの充《み》ちた子どもの身体なのだということを、実物以上に伝えているようだった。

「❶ルイくん、すばらしいね……」

実弥子は、ルイの絵のすばらしさを伝えるための言葉を探そうとしてうまく見つからず、口ごもった。

「わあ、すごい……。これが私……?」

「まゆちゃんに、にてる」

ゆずちゃんが、感心して言った。

「なんだろう、これ……。こんなふうに描いてもらうと、自分が今、ちゃんと生きてここにいるんだって、気がついた気がする……」

まゆちゃんがつぶやいた。❷実弥子ははっとする。

ルイが、まゆちゃんをモデルに絵を描いた。ただそれだけの、シンプルなこと。でも、描かれた絵の中には、今まで見えていなかったその人が見えてくる。言葉では言えない、不思議な存在感を放つ姿が。ルイと＊希一《きいち》、それぞれの母親がふと口にした「なんのために絵を描くのか」という問いの答えが、もしかするとこうした絵の中にあるのではないかと、実弥子は思った。

「ねえ、ルイくんって、何年生?」まゆちゃんが訊《き》いた。

「三年」

「うわあ、私より二コも下なんだあ。やだなあ、こっちは、見せるのはずかしすぎる」

まゆちゃんが自分の絵を隠《かく》すように、覆《おお》いかぶさった。

「まゆちゃん、絵はね、描き上がったときに、描いた人を離《はな》れるんだよ」

❸実弥子がやさしく言った。

「え?　離れる……?　どういうことですか?」

まゆちゃんが、絵の上に手をのせたまま顔を上げた。

「でき上がった絵は、ひとつの作品だから、でき上がった瞬《しゅん》間に、作者の手から離れて、まわりに自分を見てもらいたいな、という意志が生まれるのよ。それは作品自体の心。描いた人の心とは別に、新しく生まれるの」

「……ほんとに?」

まゆちゃんの眉が少し下がり、不安そうに数度まばたきをした。

「そうよ。たとえば、今ルイくんの描いたこの絵は、ルイくんだけのものだって思う?　ルイくんだけが見て、満足すれば、それでいいと思う?」

実弥子の質問に、❹まゆちゃんは長い睫毛を伏《ふ》せてしばらく考えた。

「そりゃあ、ルイくんの絵は、上手だから……みんなで一緒《いっしょ》に見たいなあって思うけど……」

「まゆちゃんの絵も、みんなが一緒に見たいなあって思ってるよ」

実弥子がそう言ったとき、ルイがその言葉にかぶせるように「見せてよ」と言った。

まゆちゃんは、少し照れたような表情を浮《う》かべて、ルイにちらりと視線を送ってから背筋を伸《の》ばした。

「わかった。モデルのルイくんが見たいって言うなら、見せないわけにはいかないよね」

まゆちゃんは、絵の上を覆っていたてのひらを滑《すべ》らせるように引いた。画用紙の中には、こちらをじっと見据《す》えてまっすぐに立つルイが現れた。手も足も細くてやや頼《たよ》りない身体をしているが、顔はしっかりと大きく描かれていた。

「私、人を描くの、あんまり得意じゃなくて……。バランスが変になっちゃって、なんか、やっぱり、下手だ」

まゆちゃんが、小さな声で言った。

「そんなことないよ、まゆちゃん。よく描けてる。とてもいいと思う」

実弥子がゆっくりと言った。

「ねえ、なんで緑色なの?」

ゆずちゃんが絵を見ながら訊いた。

まゆちゃんの絵の中で、ルイの顔の輪郭《りんかく》からはみ出しそうなほど切れ長に描かれた目の中の瞳と、ふわふわと描かれた髪が、深い緑色をしていた。

「なんでって……それは、なんとなく、かな。ルイくんのこと、じっと見ていたら、そんな色をしているような気がしたから」

「そうなのね、まゆちゃんには、ルイくんがこんなふうに見えるんだね」

実弥子が、絵を手に取って持ち上げた。

「ちょっと、ここに置いてみるね」

棚《たな》の上に、その絵を立てかけた。レモンイエローで塗られた肌《はだ》と、緑色の髪と瞳が溶《と》け合って、❺絵に描かれたルイが、一本ですっと立つ草の花のようだと、実弥子は思った。

「こうしてみると、ほんと、ルイくんと緑色って、似合うね。いいなあ、この絵も、気持ちがいいよ。子どもって、やっぱり自由だね。みんな天才だわ」

俊子が感心するように言うと、❻まゆちゃんが、棚の上の絵をさっと取って、くるくると丸めた。

「やっぱり、それほどでもないし、はずかしい」

くるくると丸めた画用紙を、ルイがつかんだ。

「これ、ほしい」

「ええっ⁉」

まゆちゃんが、目を丸くした。

「ほしいって……、私の、この絵が、気に入った、ってこと？」

ルイが、こくりと頷《うなず》いた。

「そっか、それって、やっぱりまゆちゃんの絵が、とってもすてきだからだよね！」

❼実弥子がまゆちゃんの肩《かた》に、ぽんと手を置いた。

「でも、みなさんの描いた絵は、それぞれ一度持ち帰って、お家の人に必ず見せて下さいね。そのあとで、どうするかはお母さんたちにも訊いて、みんなでよく相談して決めて下さい」

「相談ってことは、じゃあ、私の絵をルイくんにあげるかわりに、そのルイくんの絵を、私がもらったりしても、いいってこと？」

まゆちゃんが、ローテーブルの上に広げられたままの、自分が描かれたルイの絵を見た。

「いいよ」

ルイがさらりと返事をした。

❽まゆちゃんは、どきどきしてきた。ルイが描いた自分の顔が、自分を見ている、とまゆちゃんは思った。ルイが描いた自分。ルイが見ていた自分。自分が、他の人の目に映っているということを初めて知った気がしたのだった。

自分も、ルイを見て、描いた、とまゆちゃんは思う。よおく見ながら描いているうちに、なんとなく見ていたときには気付かなかったことが見えてきた。ルイの、一見どこを見ているかわからないその瞳をじっと見ているうちに、遠いところへ一瞬、一緒に行った気がしたのだ。そこに、風にゆれる草原が見えた、気がした。だから、その瞳を緑色に塗り、草原のような髪にも、同じ色を置いたのだ。

そんなふうに顔には時間をかけてこだわって描いたけれど、身体の形はうまく描けなかった気がして、まゆちゃんは自信がなかった。でも、ルイにこの絵がほしいと言われて、ずいぶんうれしかった。自分も、ルイが描いてくれた自分の絵はとてもきれいだと思った。その絵が、ほしくなった、とても。なんだろう、この感じ。そこには、自分ではない人がいるようで、確かに自分がいる、とも思う。自分が、別の世界にいる……。

絵の道具を片づけながらまゆちゃんは、❾水に浮かんだゴムボートに乗ってゆられているような、不思議な心地《ここち》がしていた。

（東直子『階段にパレット』※本文を改めた部分があります。）

〔注〕＊希一……亡《な》くなった「実弥子」の夫。「実弥子」とは美術大学で出会い、結婚《けっこん》した。

問一　❶「ルイくん、すばらしいね……」とありますが、ここでの「実弥子」について説明したものとして、最も適切なものを次の中から一つ選んで、記号で答えなさい。

ア　上手な絵を描いたルイを先生としてはほめてあげるべきだと思っているが、上手なほめ言葉がなかなか見つからず困っている。

イ　まゆちゃんの子どもらしさが実物以上に伝わってくる絵をルイが描いたことに感心し、しみじみと喜びにひたっている。

ウ　ルイの絵は目に見えないまゆちゃんの良さまでとらえた見事なものだと感動したが、その良さを簡単には言葉にできないでいる。

エ　ルイはまゆちゃんの顔をそっくりに描くことができており、ルイが子供とは思えないほど絵が上手なことにとても驚《おどろ》いている。

オ　自分の生徒であるルイが描いたまゆちゃんの絵はとてもすばらしく、その絵のあまりの迫《はく》力に何も言葉を出せないでいる。

問二　❷「実弥子ははっとする」とありますが、ここでの「実弥子」について説明したものとして、最も適切なものを次の中から一つ選んで、記号で答えなさい。

ア　以前問われた絵を描く目的についての答えが、ルイの絵にはあるかもしれないとまゆちゃんの言葉によって気づかされている。

イ　まゆちゃんがルイの絵について難しいことをつぶやいたので、絵を描くことに対する自分の考えが足りなかったのを反省している。

ウ　何のために絵を描くのかという問いの答えを、まゆちゃんが自力で出したことに驚きつつも、絵の先生としてうれしく思っている。

エ　ただお互いの絵を描き合ったというだけのシンプルなことによって、まゆちゃんが大きく成長したことにびっくりしている。

オ　絵を描いてもらうことは自分が生きている証明になるのだと気づき、他の子どもたちにもこのことを伝えたいと考えている。

問三　❸「実弥子がやさしく言った」とありますが、「実弥子」はどのようなことを伝えようと思って「やさしく言った」のですか。説明しなさい。

問四　❹「まゆちゃんは長い睫毛を伏せてしばらく考えた」とありますが、ここでの「まゆちゃん」について説明したものとして、最も適切なものを次の中から一つ選んで、記号で答えなさい。

ア　実弥子がルイの絵や自分の絵について難しいことを質問するので、実弥子が満足できるような答えを出すために、あれこれと思いをめぐらせている。

イ　みんなが自分の絵を見たいと思ってくれてうれしいものの、ルイの絵よりも下手な自分の絵をみんなに見せたくないので、どのようにして断ろうか悩《なや》んでいる。

ウ　自分の絵を上手だと思えないでいるが、実弥子の言うように自分の絵は自分だけのためにあるわけではないと思い、みんなに絵を見せる決意を固めつつある。

エ　絵は作者だけのものではないということには少し納得《なっとく》できるものの、やはり自分の絵に自信が持てず、みんなに絵を見せることをためらっている。

オ　年下のルイが自分たちのためを思って絵を見せてくれているのに、自分はなかなか絵を見せる勇気がわかず、どうしたものかと少し困っている。

問五　❺「絵に描かれたルイが、一本ですっと立つ草の花のようだ」とありますが、この「絵に描かれたルイ」について「実弥子」はどのように感じているのですか。その説明として、最も適切なものを次の中から一つ選んで、記号で答えなさい。

ア　体のバランスは少し悪いが、とてもきれいな草の花のような姿からは、だれからも愛されるルイの優《やさ》しい人柄《がら》がよく伝わってくる。

イ　瞳や顔が目立つように描かれてあり、草の花のような明るい色合いによって子どもらしいルイの活発な姿が上手に表現されている。

ウ　体つきがたくましいわけではないが、一本の草の花を思わせる姿からは、ルイが自分をしっかりともっていることが感じられる。

エ　大自然の中にある草の花を思わせる色で描かれているので、野性的で勇ましいルイの性格が伝わってくるようになっている。

オ　頼りない手足や、一本の草の花のような細い体が描かれていることで、深い悲しみにおそわれているルイの様子が分かる。

問六　❻「まゆちゃんが、棚の上の絵をさっと取って、くるくると丸めた」とありますが、ここでの「まゆちゃん」について説明したものとして、最も適切なものを次の中から一つ選んで、記号で答えなさい。

ア　予想していた以上に俊子が自分の絵をほめてくれるので、かえって自信がもてなくなり、投げやりな気持ちになっている。

イ　自分ではルイのことを上手《うま》く描けているとは思えないのに、周りが自分の絵を大げさにほめるので、きまりが悪くなっている。

ウ　決して上手だとは言えない自分の絵をみんながほめるので、馬鹿《ばか》にされている気持ちになり、絵を持って逃《に》げだそうとしている。

エ　みんなのおかげで実は自分は絵が上手だと分かり感謝しているものの、これ以上絵を見られ続けるのが恥《は》ずかしくなっている。

オ　自分の絵に自信がもてず、みんなに長い間絵を見られているのが恥ずかしいので、絵を早くルイにあげてしまおうとしている。

問七　❼「実弥子がまゆちゃんの肩に、ぽんと手を置いた」とありますが、ここで「実弥子」は「まゆちゃん」にどのようなことを伝えたいのですか。その説明として、最も適切なものを次の中から一つ選んで、記号で答えなさい。

ア　ルイが気に入るほどまゆちゃんの絵は上手に描けているから、まゆちゃんには特別な絵の才能があるんだよということ。

イ　ルイもまゆちゃんの絵をとても素敵《すてき》だと認めているから、まゆちゃんの絵をほめた自分の目は間違《まちが》ってないよねということ。

ウ　描いた絵をいち早くルイにあげたい気持ちはよく分かるが、まずはお家の人に見せて相談してからにしなさいということ。

エ　まゆちゃんの絵はまゆちゃんの思っているよりもすばらしいものだから、もっと絵を描くことに一生懸命《けんめい》になろうよということ。

オ　まゆちゃんの絵には、描いたまゆちゃんが気づいていないすばらしさがあるのだから、自信をもっていいんだよということ。

問八　❽「まゆちゃんは、どきどきしてきた」とありますが、なぜですか。説明しなさい。

問九　❾「水に浮かんだゴムボートに乗ってゆられているような、不思議な心地がしていた」とありますが、ここでの「まゆちゃん」について説明したものとして、最も適切なものを次の中から一つ選んで、記号で答えなさい。

ア　自分が描いたルイの絵は、自分の中では上手に描けているとは思えないのに、ルイや実弥子が自分の絵を認めてくれるので、今までは何の疑問をもつこともなかった自分の絵に対する考え方が揺《ゆ》らいでいる。

イ　ルイのことをよく見ながら描いているうちに、今まで行ったことのない遠い世界に来たような気持ちになり、その世界で新しい自分を見つけていくことに期待するとともに、不安な気持ちを抱《いだ》いてもいる。

ウ　自分のことをルイに描いてもらったはずなのに、ルイの絵の中の人物が自分とはまるで別人であるかのように思えてきて、自分が世界に二人いるかのような気持ちになり、自分が分からなくなっている。

エ　ルイとお互いを絵に描き合ったことで、いつもは見えてこなかった自分たちの一面に気づくことができ、自分の知らない自分と初めて出会ったような気がして、落ち着かない気持ちになっている。

オ　きれいな絵を描くことができるルイが自分の絵をほしいと言ってくれてうれしかったが、なぜルイがそのような気持ちになったのかが分からず、何とか自分の絵の良さを見つけようとしている。

令和４年度　愛光中学校入学試験問題　算数　（その１）　※120点満点（配点非公表）

（60分）　受験番号　（　　　　　）　　氏名　（　　　　　　　　）

1　次の各問題の□に当てはまる数や文字を，答のところに記入しなさい。答だけでよい。

(1)　$\left(\frac{15}{7}-\frac{4}{9}\times 2.5\right)\div\left(2\frac{1}{3}-1\frac{5}{7}\right)=\square$

(1)の答

(2)　$1-\left(3.2-\square\right)\times\frac{4}{9}=\frac{7}{15}$

(2)の答

(3)　りんごとナシがいくつかあり，りんごの個数はナシの個数の３倍です。これを何人かの子どもに分けるのに，ナシを５個ずつ配ったところ，ちょうど無くなり，りんごを９個ずつ配ったところ，24 個余りました。このとき，子どもは［①］人いて，りんごは［②］個ありました。

(3)の答　①　②

(4)　Ａ，Ｂ，Ｃ，Ｄの４人が算数のテストを受けました。Ａ，Ｂ，Ｃの平均点は 69 点，Ｂ，Ｃ，Ｄの平均点は 79 点，Ａ，Ｄの平均点は 68 点です。このとき，Ｄの得点は［①］点で，４人の平均点は［②］点です。

(4)の答　①　②

(5)　右の図１のようなおうぎ形の紙が 24 枚あります。全部の紙を使って，隣り合う紙の重なる部分の角度が［①］度ずつになるようにはると円を作ることができます。また，このうち［②］枚を使って隣《とな》り合う紙の重なる部分を５度ずつになるようにはると，図２のように角㋐の大きさが 148 度のおうぎ形ができます。

（図１）

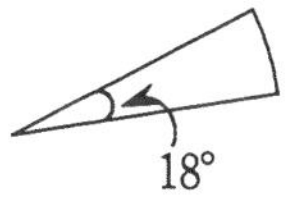

（図２）

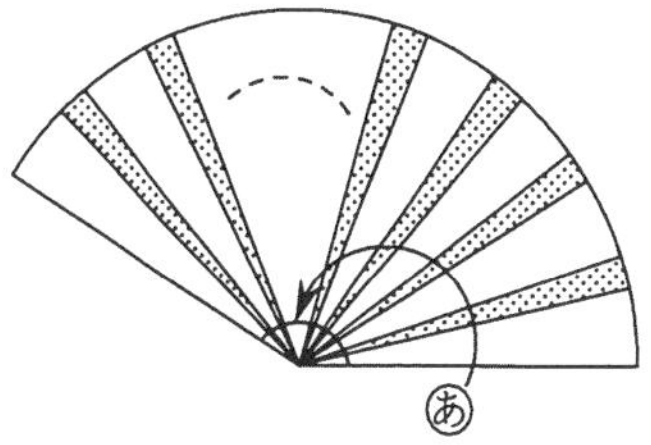

(5)の答　①　②

(6)　サイコロを３回ふって，出た目を順にＡ，Ｂ，Ｃとします。Ａ，Ｂ，Ｃの最小公倍数が 10 となるような目の出方は［①］通りあり，Ａ，Ｂ，Ｃの最大公約数が２となるような目の出方は［②］通りあります。

(6)の答　①　②

(7)　毎時 86.4 kmで走る８両編成の急行列車Ａと，毎時 64.8 kmで走る６両編成の普通列車Ｂが平行な線路を走っています。ＡとＢが同じ方向に進んでいるとき，Ａの先頭が，Ｂの最後尾に追いついてから，２つの列車の先頭が並ぶまでに 15 秒かかりました。このとき，Ｂの長さは［①］m です。また，ＡとＢが反対方向に進んでいるとき，すれ違うのに［②］秒かかります。ただし，Ａ，Ｂの１両の長さはすべて同じで，連結部の長さは考えないものとします。

(7)の答　①　②

(8)　右の図のような図形があります。三角形ABCは正三角形，四角形BCDEは長方形で，半円はDEを直径としています。半径２cmの円が，この図形のまわりを転がりながら１周したとき，円の中心が動いたあとにできる線の長さは［①］cm です。また，点Pは半円の周を二等分する点とします。斜線部分の面積は［②］cm^2 です。ただし，円周率は 3.14 とします。

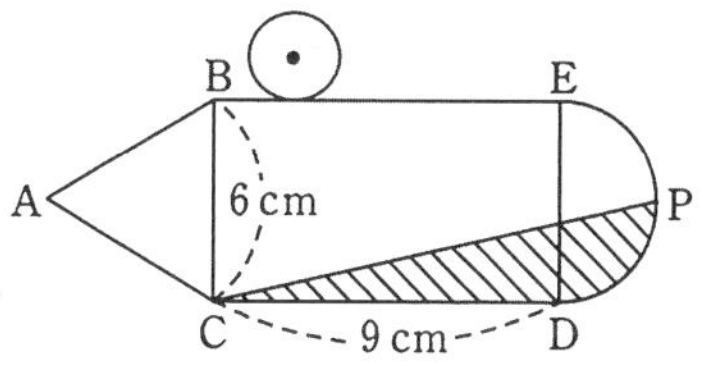

(8)の答　①　②

(9)　４枚のカード［A］，［B］，［C］，［D］にそれぞれ２から６の数字のうちいずれかが１つずつ書かれており，すべてのカードの数字は異なっています。１桁《けた》の整数［A］は３の倍数，２桁の整数［A］［B］は４の倍数，３桁の整数［A］［B］［C］は５の倍数，４桁の整数［A］［B］［C］［D］は７の倍数です。このとき，［B］に書かれた数字は［①］であり，［D］に書かれた数字は［②］です。

(9)の答　①　②

令和４年度　愛光中学校入学試験問題　算数　（その２）

受験番号　（　　　　　）　氏名　（　　　　　　　　　　）

2　右の図のように，直方体の形をした水そうに，動かすことのできる仕切りを底面に垂直に立てて，ＡとＢの２つの部分に分けます。ＡとＢそれぞれに同じ量の水を入れたところ，ＡとＢの水面の高さの比は４：５になりました。ただし，水そうと仕切りの厚さは考えず，水は仕切りや水そうからあふれないものとします。

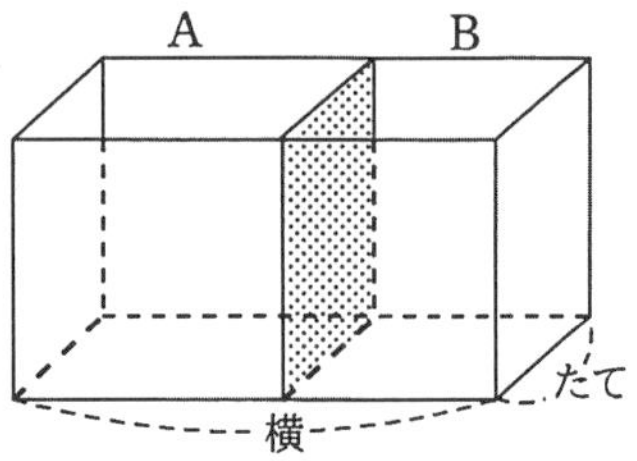

(1)　もとの面と平行に仕切りを６cm 動かすと，ＡとＢの水面の高さの比は１：２になりました。水そうの横の長さは何 cm ですか。

[式と計算]

答 ＿＿＿＿＿＿

(2)　(1)のあと，ＢからＡに1.8 Lの水を移したところ，ＡとＢの水面の高さの差が7.5 cmだけ縮まりました。水そうのたての長さは何 cm ですか。

[式と計算]

答 ＿＿＿＿＿＿

3　ある八百屋さんでは，みかんは１パック２個入りで 120 円，柿《かき》は１パック３個入りで 180 円，りんごは１パック２個入りで 200 円で売っています。Ａ君とＢ君がこの３種類の果物を買ったところ，２人の買ったパック数は同じでした。Ａ君が買った果物の数は合わせて 59 個で 4340 円，Ｂ君が買った果物の数は合わせて 64 個で 4080 円でした。

(1)　Ａ君，Ｂ君はそれぞれりんごを何パック買いましたか。

[式と計算]

答　Ａ君＿＿＿＿＿＿，Ｂ君＿＿＿＿＿＿

(2)　Ｂ君はみかんをＡ君より何パック多く買いましたか。

[式と計算]

答 ＿＿＿＿＿＿

4　図のように，Ａ君とＢ君が通う学校は丘《おか》の上にあり，２人は自転車で登下校しています。家と学校の間にはそれぞれ平坦《へいたん》な道と坂道があります。Ａ君の家と学校の間の道のりは 2.64 kmです。それぞれの家から登校するのにかかる時間は，Ａ君のほうがＢ君より１分３秒だけ短いです。また，登校するときと同じ道を通って下校すると，Ａ君は登校にかかる時間の $\frac{2}{3}$ の時間で家に着き，Ｂ君は登校にかかる時間より８分６秒だけ短い時間で家に着きます。２人はともに，平坦な道では毎時 12 km，坂道を上るときは毎時８ km，坂道を下るときは毎時 20 kmの速さで移動します。

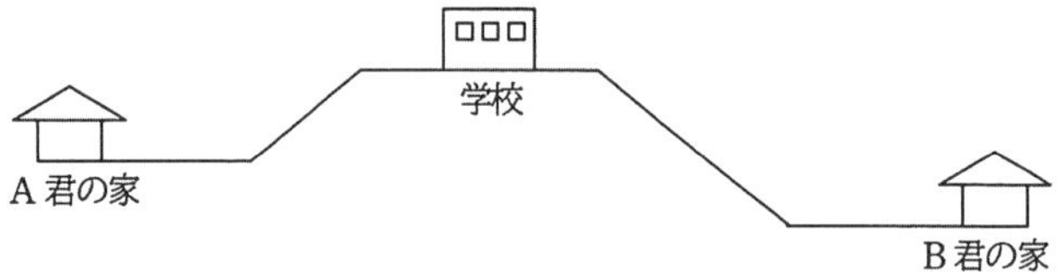

(1)　Ｂ君の家と学校の間で，坂道の部分の道のりは何 km ですか。

[式と計算]

答 ＿＿＿＿＿＿

(2)　Ａ君の家と学校の間で，坂道の部分の道のりは何 km ですか。

[式と計算]

答 ＿＿＿＿＿＿

(3)　下校にかかる時間は，Ａ君とＢ君のどちらが何分何秒だけ短いですか。

[式と計算]

答 ＿＿＿＿＿＿

令和４年度　愛光中学校入学試験問題

理科

（40分）

(4) 棒Aの右端と棒Bの左端を糸でつなぎ，棒Aと棒Bの真ん中をそれぞれ糸で支えた。すると，棒がかたむいてしまったので，図4のように棒Bの右端におもりをつるすことで棒を水平にした。つるしたおもりは何gか。

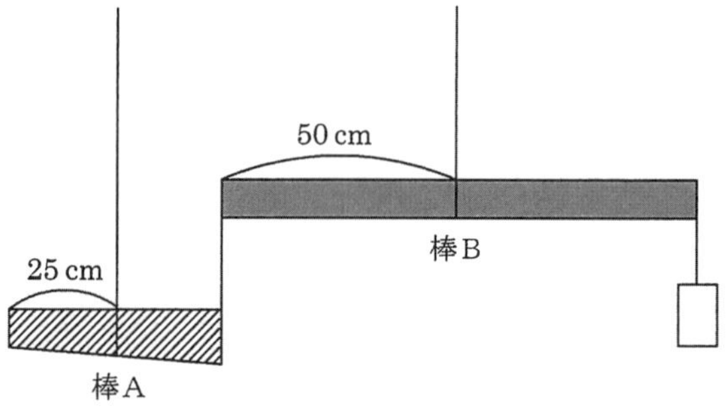

図4

(5) 図4の状態からおもりを外し，棒Aと棒Bがかたむかないように手で支えながら，棒Cの右端を棒Bの左端から60 cmのところにつなぎ，棒Cの左端を棒Aの右端から20 cmのところにつないだ。このままでは，手をはなすと棒がかたむいてしまうので，図5のように棒Bの右端におもりをつるすことで棒を水平に保った。つるしたおもりは何gか。ただし，棒Cをつるしている糸と棒Cの角度は直角である。

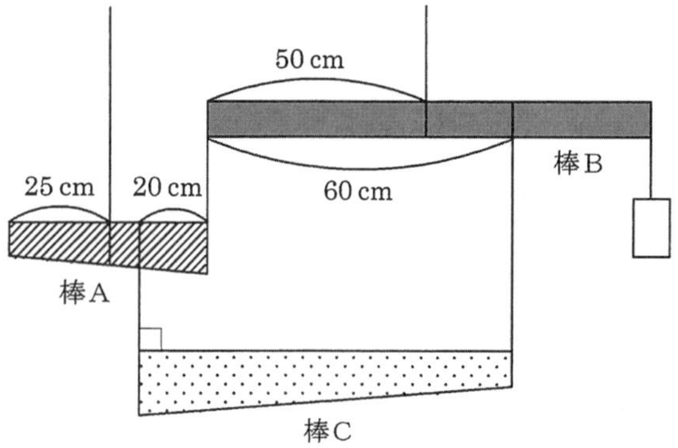

図5

【5】 長さ50 cmで重さ100 gの棒A，長さ1 mで重さがわからない棒B，長さ80 cmで重さ200 gの棒Cがある。棒Aは棒の真ん中を糸で支えたとき，棒の左端《はし》に20 gのおもりをつるすことで水平になった。棒Bは棒の真ん中を糸で支えることで水平になった。棒Cは棒の右端から50 cmのところを糸で支えたとき，棒の右端に40 gのおもりをつるすことで水平になった。次の図1はそれらの様子である。下の問いに答えなさい。

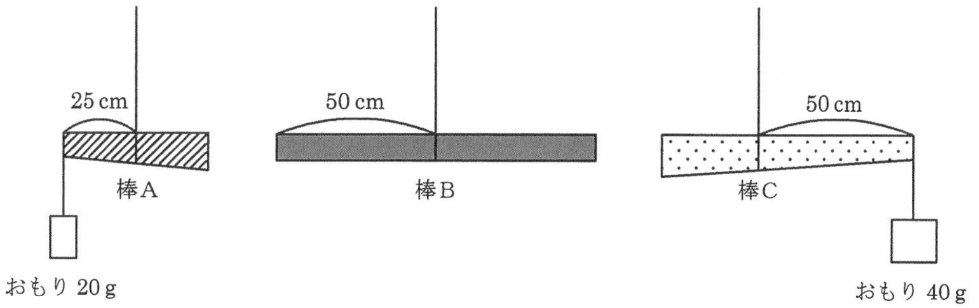

図1

（1） おもりをつるさずに，棒A，棒Cをそれぞれ1本の糸で支えて水平にするためには，棒の左端から何 cm のところを支えればよいか。

（2） 図2のように，棒Bの真ん中を糸で支え，棒Bに棒Aの両端を糸でつるした。このとき，棒Aも棒Bも水平になるためには，棒Aの左端の糸は棒Bの左端から何 cm のところにつるせばよいか。ただし，棒Aをつるしている糸と棒Aの角度は直角である。

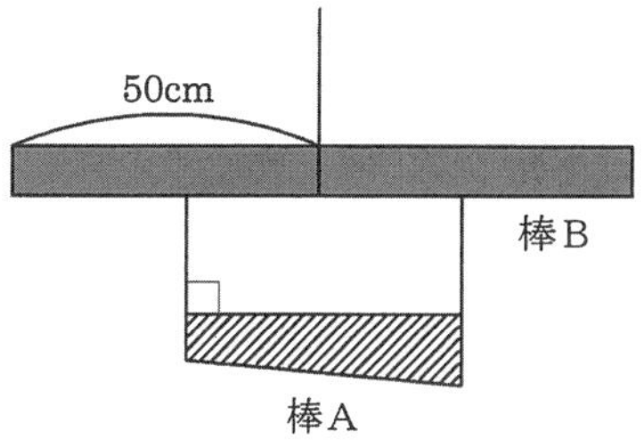

図2

（3） 図3のように，棒Aの右端と棒Bの左端を糸でつなぎ，棒Aの左端と，棒Bの左端から 30 cm のところをそれぞれ糸で支えると，棒Aも棒Bも水平になった。棒Bの重さは何 g か。

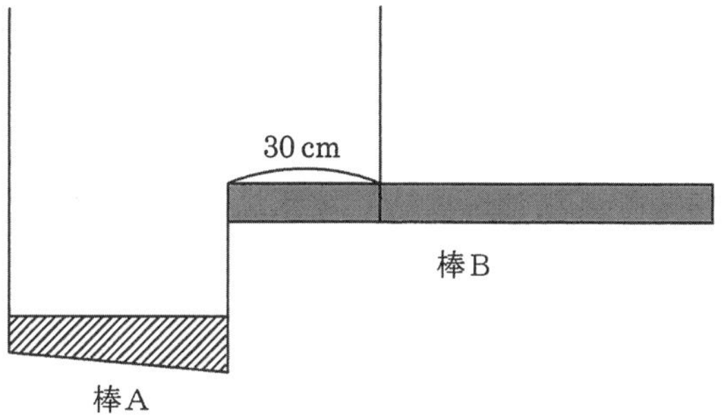

図3

【1】 花と種子に関する次の文章を読み，下の問いに答えなさい。

春，植物の花をながめていると，昆虫《こん》が花をおとずれているのをよく目にする。①昆虫はみつをもとめて花をおとずれ，その際に昆虫の体についた②花粉が花から花へと運ばれる。③花粉はめしべの先に付着し，その結果として種子がつくられる。

セイヨウタンポポは，もともとヨーロッパに生えていたものが日本に持ちこまれたものである。④セイヨウタンポポの花は他の花から花粉を受け取らなくても種子をつくることができ，あるいは，⑤花粉をまったく受け取らずに種子をつくることもできる。また，⑥セイヨウタンポポの種子は気温に関わらず発芽する性質がある。これらの性質をもつために，セイヨウタンポポは，今では日本に生えているタンポポの半数以上を占《し》めるまでになった。

（1） 下線部①について，みつをもとめて花をおとずれる昆虫を，次の(ア)～(カ)からすべて選び，記号で答えよ。

(ア) オオカマキリ　(イ) ショウジョウバッタ　(ウ) オオスズメバチ
(エ) ナナホシテントウ　(オ) ハナアブ　(カ) モンシロチョウ

（2） 下線部②について，花には，お花とめ花に分かれているものと，１つの花におしべとめしべの両方があるものがある。次の(ア)～(カ)から，お花とめ花をつくる植物を２つ選び，記号で答えよ。

(ア) アサガオ　(イ) カボチャ　(ウ) サクラ
(エ) ヒマワリ　(オ) ヘチマ　(カ) ホウセンカ

（3） 下線部③について，花粉がめしべの先に付着することを何というか。漢字２字で答えよ。

（4） 下線部④を示すことができる実験を【実験の選択肢《せんたくし》】(ア)～(ケ)から２つ，下線部⑤を示すことができる実験を【実験の選択肢】(ア)～(ケ)から１つ選べ。また，それぞれの実験の予想される結果を【結果の選択肢】(コ)，(サ)から選び，記号で答えよ。さらに，日本にもともと生えていたタンポポ(ここではニホンタンポポと呼ぶ)を使って同様の実験を行ったとき，結果はどうなると考えられるか。【結果の選択肢】(コ)，(サ)からそれぞれ選び，記号で答えよ。ただし，ニホンタンポポが種子をつくるためには花粉を受け取る必要がある。

【実験の選択肢】
(ア) 開花前のタンポポのつぼみを，花がしおれるまでビニール袋でつつむ。
(イ) 開花後のタンポポの花を，花がしおれるまでビニール袋でつつむ。
(ウ) まだ昆虫がおとずれていないタンポポの花から，花びらだけをすべて取りのぞく。
(エ) まだ昆虫がおとずれていないタンポポの花のめしべに，他のタンポポの花粉を筆を使ってつけ，ビニール袋でつつむ。
(オ) つぼみをすべて取りのぞく。
(カ) つぼみを横に切って，おしべ，めしべと花びらの先を取りのぞく。
(キ) つぼみの先を接着剤《ざい》などでかためて，つぼみが開かないようにする。
(ク) 調べたいタンポポの周囲5メートルのタンポポをすべて取りのぞく。
(ケ) 調べたいタンポポの周囲5メートルに殺虫剤をまく。

【結果の選択肢】
(コ) 種子ができる　(サ) 種子ができない

【4】 電気回路について，下の問いに答えなさい。

同じ豆電球A，B，Cと同じ乾《かん》電池を使って，次の図１～図３の回路をつくった。

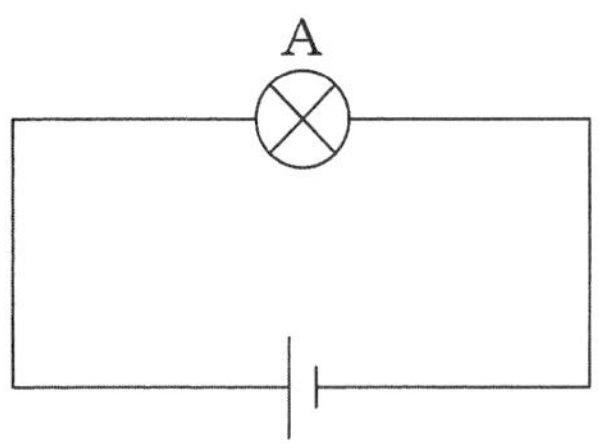

図１

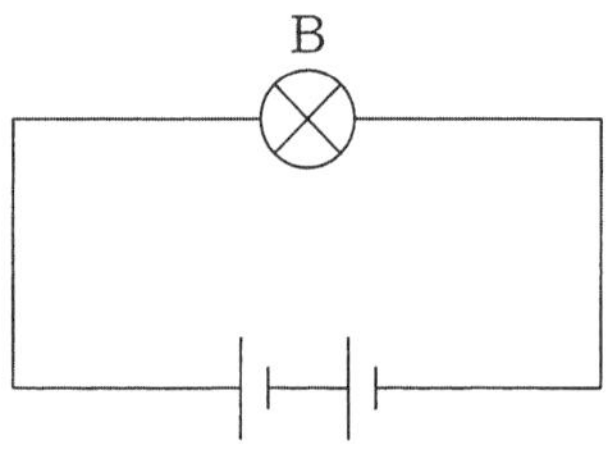

図２

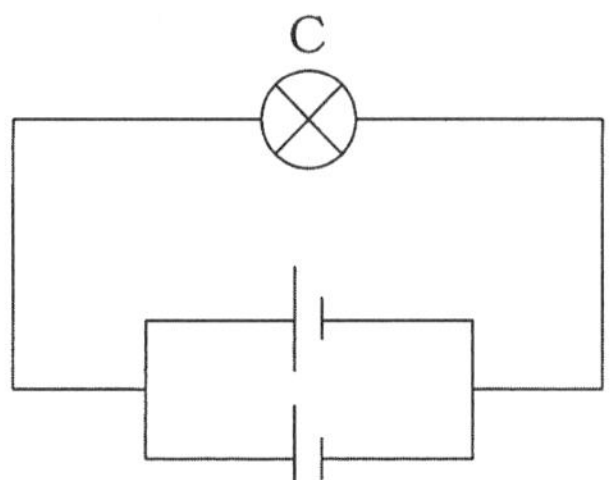

図３

（1） 豆電球A，B，Cの明るさの大小関係を，例を参考に(左側に明るいものがくるように)して記号を用いて表せ。

例：AがBより明るく，BとCが同じ明るさのとき・・・ A＞B＝C

（2） 図１～図３において，電池が長持ちする順番を，例を参考に(左側に電池が長持ちする回路がくるように)して記号を用いて表せ。ただし，電池に流れる電流が大きいほど，電池の減りがはやい。

例：図１が図２より電池が長持ちし，図２と図３の電池の持ちが同じとき・・・ 図１＞図２＝図３

次に，同じ豆電球D，E，F，Gと乾電池を使って，次の図４の回路をつくった。

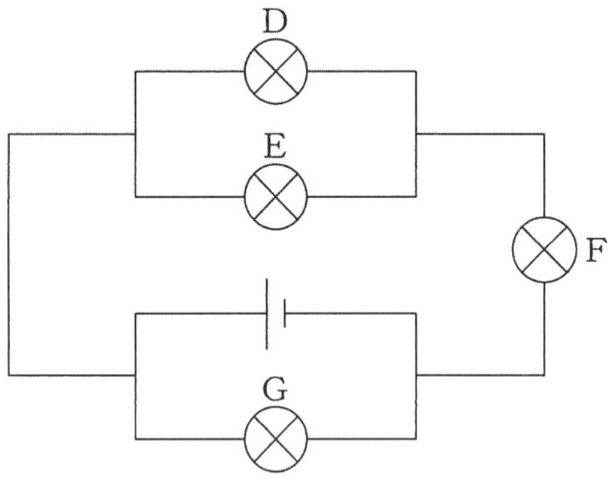

図４

（3） 豆電球D，E，F，Gのうち，最も明るい豆電球はどれか。ただし，答えが２つ以上ある場合は，当てはまる豆電球の記号をすべて答えよ。

（4） 豆電球D，E，F，Gのうち，最も暗い豆電球はどれか。ただし，答えが２つ以上ある場合は，当てはまる豆電球の記号をすべて答えよ。

【３】 次の文章を読み，下の問いに答えなさい。

物質を構成している小さな粒子《りゅうし》が規則正しく並んだ固体のことを「結晶《けっしょう》」という。ある結晶Ｘはきれいな青色をしており，結晶中に水の粒子をふくんでいる。重さの割合を調べると，結晶Ｘ100ｇあたりに水が36ｇふくまれていることがわかっている。

結晶Ｘ100ｇを加熱すると，ふくまれている水は結晶の外に出ていき，白色の結晶Ｙが64ｇできる。この結晶Ｙをしばらく放置しておくと，空気中の水分を再び吸収して結晶Ｘにもどる。

また，結晶Ｘが水にとけると，結晶Ｘにふくまれている水はまわりの水（溶媒《ようばい》）といっしょになるので，その分だけ溶媒の重さは増えることになる。その結果，結晶Ｙの水溶液《すいようえき》ができる。

（１） 水溶液には，文中の下線部のように，結晶（固体）がとけたもののほかに，液体や気体がとけたものもある。次の（ア）～（ク）の水溶液のうち，気体がとけた水溶液はどれか。すべて選び，記号で答えよ。

（ア） アルコール水　（イ） 砂糖水　（ウ） 炭酸水　（エ） 酢《す》
（オ） アンモニア水　（カ） 食塩水　（キ） 石灰水　（ク） 塩酸

（２） 結晶Ｘ60ｇを加熱して，結晶中の水をすべて取り除くと，結晶Ｙは何ｇできるか。小数第二位がでるときには，四捨五入して小数第一位まで求めよ。

次の表は，水の温度と水100ｇにとかすことができる結晶Ｙの限界の重さ（結晶Ｙの溶解度《ようかいど》）の関係をあらわしたものである。

水の温度（℃）	20	40	60
結晶Ｙ（ｇ）	20	29	40

（３） 20℃の水300ｇに結晶Ｘを70ｇ加えて完全にとかした。できた結晶Ｙの水溶液の濃《のう》度は何％か。小数第二位がでるときには，四捨五入して小数第一位まで求めよ。

（４） 40℃の水200ｇに結晶Ｘを50ｇ加えて完全にとかした。この水溶液にはさらに何ｇの結晶Ｙをとかすことができるか。小数第二位がでるときには，四捨五入して小数第一位まで求めよ。

（５） 60℃の水100ｇに結晶Ｘと結晶Ｙを混ぜ合わせたものを30ｇ加えて完全にとかした。この水溶液を加熱して水をすべて蒸発させると，結晶だけが残った。さらに加熱を続けると，残った結晶中の水もすべて出て白色の結晶になり，その重さは21ｇであった。最初に加えた30ｇのうち，結晶Ｘの重さの割合は何％か。小数第二位がでるときには，四捨五入して小数第一位まで求めよ。

（５） 下線部⑥に関連して，セイヨウタンポポの種子は気温に関わらず発芽するのに対し，ニホンタンポポの種子は夏の時期には発芽しない。タンポポの種子を植えて，20℃（□），25℃（△），30℃（○）の温度で育てたとき，セイヨウタンポポとニホンタンポポのグラフとして最も適当なものを，次の（ア）～（オ）からそれぞれ１つずつ選び，記号で答えよ。ただし，グラフの横軸《じく》は種子を植えてからの日数（日），縦軸は発芽した種子の割合（％）である。

（ア）
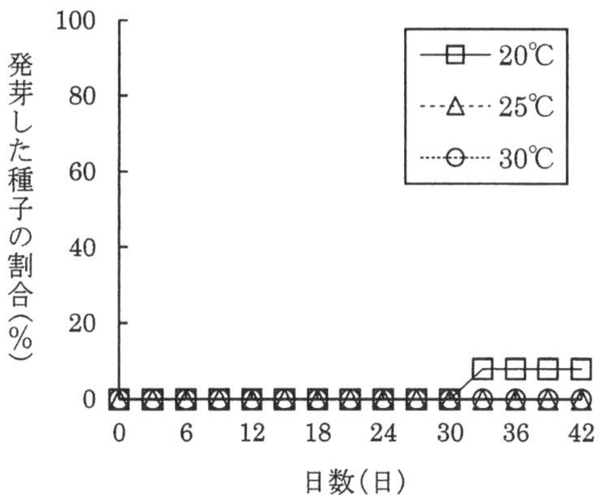

（イ）
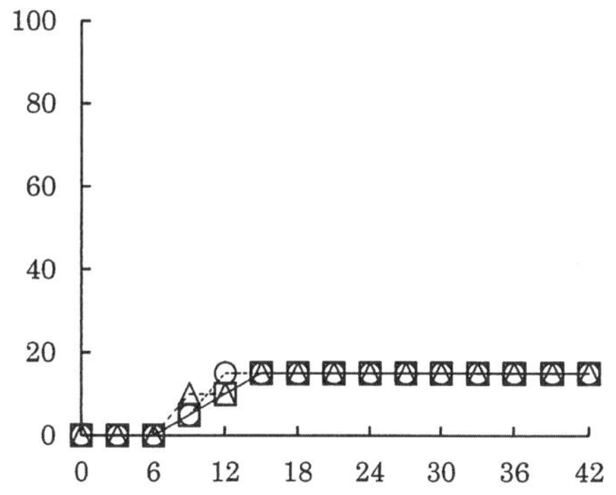

（ウ）
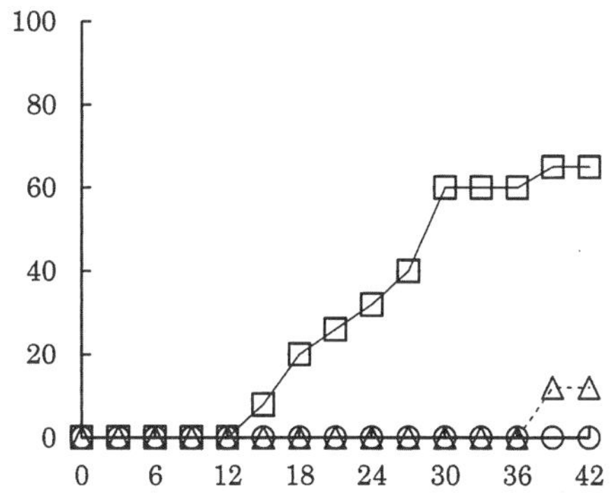

（エ）
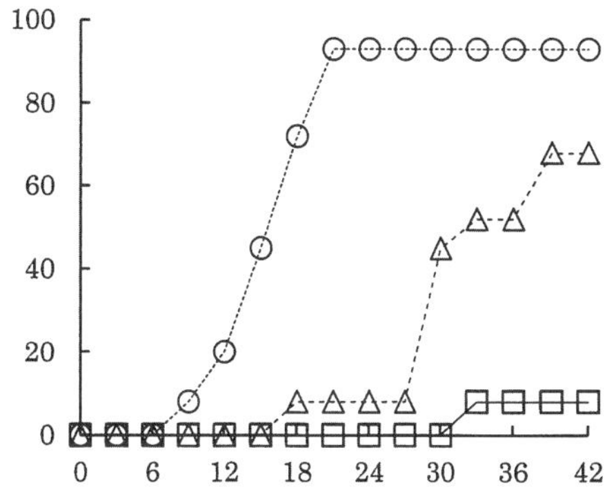

（オ）
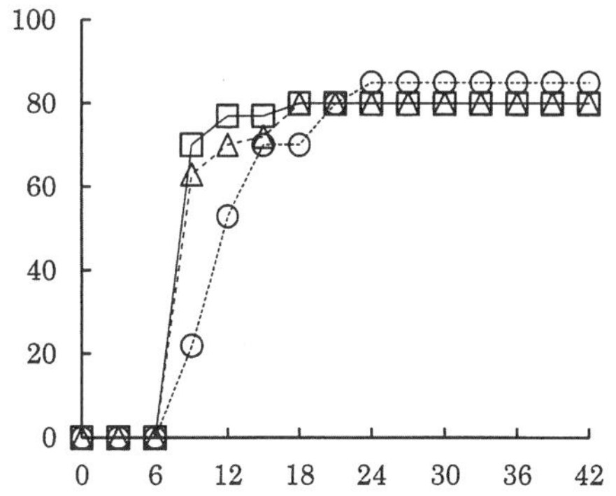

【2】 岩石の分類に関する次の文章を読んで，下の問いに答えなさい。

地球の表面は様々な岩石でおおわれており，Aどのような特徴《ちょう》をもっているかで岩石は分類されている。例えば，石灰岩は，海中のB生物の死がいがたい積することなどによって形成され，主に石灰石からできている。このため，石灰岩にC塩酸を少したらすと，あわを出しながらとける。このように，D岩石の特徴に関するいくつかの操作や観察を行うことによって，岩石が何であるかを決定することができる。

（1） 文章中の下線部Aに関連して，角がとれて丸くなった，直径が 0.5 mm 程度のつぶで構成された岩石を何というか。

（2） 文章中の下線部Bに関連して，大昔の生物の体や生活していたあとが地層の中に残ることがある。この残ったものを何というか。

（3） 文章中の下線部Cについて，石灰岩が塩酸と反応するときに発生する主な気体は何か。

（4） 文章中の下線部Dに関連して，下の表は，ある地域で採取できる６種類の岩石（石灰岩・チャート・岩塩・凝灰《ぎょうかい》岩・花こう岩・はんれい岩）に対して，次の操作①～③を行ったときの様子をまとめたものである。これを用いて，次ページの（ⅰ）～（ⅲ）に答えよ。ただし，この地域では，表の中にある岩石しか採取されないものとする。

操作① 岩石に塩酸を少したらす。
操作② 岩石をうすく切り，けんび鏡を用いてどのようなものが含《ふく》まれているかを観察する。
操作③ 岩石の一部を細かく砕《くだ》いて，水にとけるか確かめる。

表 岩石の種類と操作の結果

	操作①	操作②	操作③
石灰岩	あわが出る	小さな生物の死がいが含まれている	とけない
チャート	反応なし	小さな生物の死がいが含まれている	とけない
岩塩	反応なし	大きなつぶが含まれている	とける
凝灰岩	反応なし	角張った小さなつぶが含まれている	とけない
花こう岩	反応なし	大きなつぶが含まれている	とけない
はんれい岩	反応なし	大きなつぶが含まれている	とけない

（ⅰ） 凝灰岩は何が固まることでできた岩石か。その名前を，操作②の結果をもとに答えよ。

（ⅱ） この地域で採取された岩石Ⅰと岩石Ⅱに対して，操作①～③のうちのいくつかをそれぞれに行ったところ，岩石Ⅰはチャート，岩石Ⅱは岩塩であることがわかった。このとき，**必ず行わなければならない操作**の組合せとして最も適当なものを，次の（ア）～（キ）からそれぞれ選び，記号で答えよ。

（ア） 操作①のみ　（イ） 操作②のみ　（ウ） 操作③のみ
（エ） 操作①と操作②　（オ） 操作①と操作③　（カ） 操作②と操作③
（キ） 操作①と操作②と操作③

（ⅲ） 操作①～③を行っても，花こう岩とはんれい岩は区別できないが，操作②で観察したつぶの色を用いて，色指数という値を計算すると区別することができる。次の色指数についての説明文を読んで，図の岩石の色指数を整数値で求めよ。ただし，色指数は，図にえがかれた直線どうしの交点のみを用いて計算すること。

色指数とは，岩石における色が濃《こ》いつぶ（図中の灰色のつぶ）の割合を表したものであり，格子状の線を岩石の断面に引き，線と線のすべての交点に対する，色が濃いつぶの上にある交点の割合を求めて，百分率で表す。

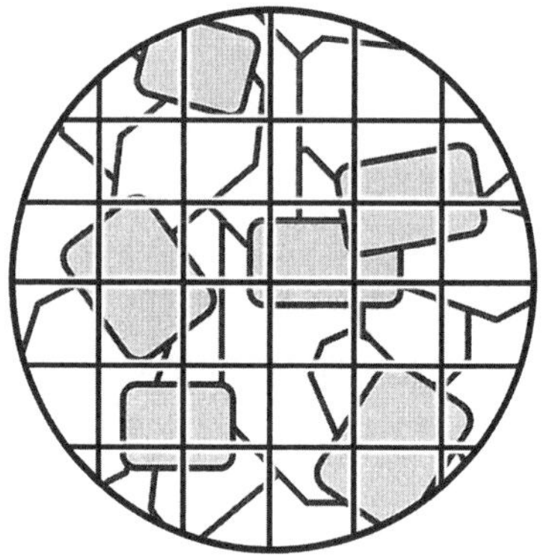

図 ある岩石の断面

令和４年度　愛光中学校入学試験　問題用紙　（社会）　その1

《答えはすべて解答用紙に記入しなさい。選択問題については，記号で答えなさい。》

(40分)

1　次の【Ａ】～【Ｄ】の文を読み，後の問いに答えなさい。

【Ａ】天皇の政治を助ける［１］という役職についた聖徳太子《しょうとくたいし》は，朝廷《ちょうてい》で大きな力をもっていた蘇我《そが》氏とともに，(ア)<u>天皇中心の国づくりを目ざして，政治の改革を進めました</u>。また，仏教をあつく信仰《しんこう》していた太子は，仏教の教えを人々に広めようとして《**ａ**》を建てたりしました。

【Ｂ】８世紀の中ごろ，都で伝染病が流行したり，全国各地できききんや反乱がおこったりしました。そこで，［２］天皇は仏教の力で社会の不安をしずめて国を治めようと考え，国ごとに国分寺を建てるように命じ，さらに都には国分寺の中心となる《**ｂ**》を建てて(イ)<u>大仏をつくる命令を出しました</u>。

【Ｃ】守護大名を従えた足利義満《あしかがよしみつ》は，南北朝の争いを終わらせて幕府の力を強め，京都の北山にごうかな《**ｃ**》を建てて天下に自分の力を示しました。しかし，孫の足利義政《あしかがよしまさ》のころには，将軍のあとつぎをめぐって［３］という大きな戦乱がおこり，その結果，幕府の力はおとろえて，全国各地に(ウ)<u>戦国大名が登場しました</u>。

【Ｄ】３代将軍の徳川家光《とくがわいえみつ》は，大名が領地と江戸《えど》を１年おきに行き来する［４］の制度を武家諸法度に加えて大名に対する支配を強《つよ》めたり，(エ)<u>鎖国《さこく》</u>によってキリスト教の禁止を徹底《てってい》したりして，幕府の支配をかためていきました。また，家光は尊敬する祖父の徳川家康《とくがわいえやす》をまつるために《**ｄ**》を建てましたが，その陽明門は将軍の力を示す勇壮《ゆうそう》さで知られています。

問１　文中の空らん［１］～［４］にあてはまる語句を記入しなさい。

問２　文中の空らん《**ａ**》～《**ｄ**》にあてはまる建物の名前を，次の（あ）～（こ）の中からそれぞれ１つずつ選びなさい。

（あ）延暦寺《えんりゃくじ》　（い）銀閣《ぎんかく》　（う）厳島《いつくしま》神社　（え）法隆寺《ほうりゅうじ》　（お）平等院鳳凰《びょうどういんほうおう》堂
（か）金閣《きんかく》　（き）東大寺《とうだいじ》　（く）日光東照宮《にっこうとうしょうぐう》　（け）北野《きたの》神社　（こ）唐招提寺《とうしょうだいじ》

問３　下線部(ア)に関連して，聖徳太子の行った政治について述べた次の文のうち，正しいものを１つ選びなさい。

（あ）対等な国交を結ぼうと小野妹子を中国に派遣《はけん》し，同行した留学生に中国の政治のしくみや文化を学ばせた。
（い）冠位《かんい》十二階を定めて家がらに応じて役人に位をあたえ，その一族が決まった仕事を担当するように改めた。
（う）中国の法律をもとに十七条の憲法を定め，税のしくみや土地制度などを整えた。

問４　下線部(イ)に関連して，大仏づくりが進められていたころ，ため池や道路などをつくって農民のくらしを助けながら仏教の教えを広め，多くの農民にしたわれていた僧《そう》がいました。この僧は，天皇の命令を受けて大仏づくりに協力しましたが，この僧の名前を答えなさい。

問５　下線部(ウ)に関連して，足利氏の将軍を京都から追放し，室町幕府をほろぼした戦国大名として正しいものを，次の中から１つ選びなさい。

（あ）豊臣秀吉《とよとみひでよし》　（い）明智光秀《あけちみつひで》　（う）織田信長《おだのぶなが》　（え）武田勝頼《たけだかつより》　（お）今川義元《いまがわよしもと》

問６　下線部(エ)に関連して，鎖国の下でも日本は周辺の国々や地域と交流をしていました。そのようすについて述べた次の文のうち，誤っているものを１つ選びなさい。

（あ）松前《まつまえ》藩は，幕府の許可を得てアイヌの人々と交易をしていたが，アイヌの人々の間に不満が高まり，シャクシャインを先頭に多くの人々が反乱をおこした。
（い）薩摩《さつま》藩は，琉球《りゅうきゅう》王国を支配すると，それまで琉球王国が行っていた中国との貿易をやめさせて，薩摩藩とだけ貿易できるようにした。
（う）対馬《つしま》藩は，国交が回復した朝鮮《ちょうせん》との交流の窓口となり，幕府の許可を得て貿易も行った。

2　次の【Ａ】～【Ｃ】の文を読み，後の問いに答えなさい。

【Ａ】(ア)明治政府は国内の近代化をすすめるために，さまざまな改革を行いました。その一方で，日本は朝鮮に開国をせまり，不平等な条約を結ばせて大陸に勢力をのばそうとしました。このため，朝鮮に対し強い影響《えいきょう》力をもっていた清との対立が深まり，1894年には日清戦争が始まりました。日本はこの戦争に勝利して，［１］条約を結び，朝鮮から清の勢力を追い出しました。その後，さらに，(イ)日露戦争の後に結ばれた講和条約では，朝鮮（韓国《かんこく》）を日本の勢力のもとに置くことが認められ，1910年に日本は朝鮮（韓国）を併合して，植民地にしました。

【Ｂ】日本は植民地とした朝鮮に役人を派遣し，(ウ)軍の力を背景に支配を行いました。このような状況《じょうきょう》の中，(エ)第１次世界大戦が終結した後，朝鮮の人々が三・一独立運動をおこしました。これに対しても日本は軍の力でおさえつけましたが，抵抗運動はその後も続きました。(オ)太平洋戦争が始まると，朝鮮に対する支配はさらに強化され，日本は朝鮮で徴兵《ちょうへい》を行い，日本軍の兵士として戦わせるなどしました。

【Ｃ】太平洋戦争が終わると，朝鮮は植民地支配から解放されました。しかし，アメリカとソ連の対立が深まる中，北緯《ほくい》［２］度線を境に南北に別々の国が成立しました。やがてこの２国の間で(カ)朝鮮戦争がおき，両国とも大きな被害《ひがい》を受けました。その一方で，この戦争をきっかけにして(キ)日本は48か国と講和条約を結び，独立を回復することに成功しました。その後，国際社会に復帰した日本は，南側の韓国と国交を結びました。

問１　文中の空らん［１］・［２］にあてはまる語句や数字を記入しなさい。

問２　下線部(ア)に関連して，こうした改革を行った役人の１人に板垣退助《いたがきたいすけ》がいましたが，1873年に政府を去りました。その後，彼が行ったことについて述べた次の文のうち，正しいものを１つ選びなさい。

（あ）国会開設をもとめる意見書を提出した。
（い）のちの早稲田《わせだ》大学となる学校を創設した。
（う）士族らとともに西南戦争をおこした。

問３　下線部(イ)に関連して，この条約の内容について述べた次の文のうち，誤っているものを１つ選びなさい。

（あ）日本は多額の賠償《ばいしょう》金を得た。　（い）日本は南樺太《からふと》の領有を認められた。　（う）日本は南満州の鉄道や鉱山の権利を得た。

問４　下線部(ウ)に関連して，この当時，朝鮮と同じように日本の支配下に置かれていた地域はどこか，正しいものを１つ選びなさい。

（あ）台湾《たいわん》　（い）香港《ほんこん》　（う）グアム　（え）シンガポール

問５　下線部(エ)に関連して，第１次世界大戦後の日本について述べた次の文のうち，正しいものを１つ選びなさい。

（あ）北九州に官営の八幡《やはた》製鉄所がつくられた。
（い）25才以上のすべての男子が選挙権をもてるようになった。
（う）教育勅語《ちょくご》が出され，国家主義の教育が強まった。

問６　下線部(オ)に関連して，太平洋戦争に至るまでのできごとについて述べた次の文Ⅰ～Ⅲを，古いものから年代順に正しくならべかえたものを，下の中から１つ選びなさい。

Ⅰ　日本が国際連盟を脱退《だったい》した。
Ⅱ　北京の郊外《こうがい》で日本軍と中国軍が衝突《しょうとつ》し，戦争が中国全土に広がった。
Ⅲ　日本はドイツ・イタリアと軍事同盟を結んだ

（あ）Ⅰ－Ⅱ－Ⅲ　（い）Ⅰ－Ⅲ－Ⅱ　（う）Ⅱ－Ⅰ－Ⅲ　（え）Ⅱ－Ⅲ－Ⅰ　（お）Ⅲ－Ⅰ－Ⅱ　（か）Ⅲ－Ⅱ－Ⅰ

問７　下線部(カ)について，朝鮮戦争中に日本でおこったできごととして，正しいものを１つ選びなさい。

（あ）日本国憲法が制定された。　（い）東海道新幹線が開通した。　（う）警察予備隊がつくられた。

問８　下線部(キ)について，この講和会議が開催《かいさい》された場所はどこか，正しいものを１つ選びなさい。

（あ）パリ　（い）ジュネーヴ　（う）サンフランシスコ　（え）ワシントン

2022(R4) 愛光中
教英出版

３　次の【A】～【C】の文を読み，後の問いに答えなさい。

【A】(ｱ)国会には衆議院と参議院があり，それぞれの議員が国の政治に関することがらを話し合い，多数決で決定しています。そのため，どのような考え方の人が議員になるかが，非常に重要になりますが，その議員を選ぶのは国民です。日本国憲法の３つの原則の１つである［１］にもとづいて，国民には参政権があたえられており，だれでも一定の年齢《ねんれい》になれば国会議員の選挙に立候補したり，投票したりすることができるようになっているのです。

【B】(ｲ)内閣は国の行政機関であり，日本の法律やその年の予算にしたがって政治を行っていきます。内閣の最高責任者は総理大臣ですが，総理大臣は，各省庁などの責任者として専門的なしごとをする［２］を任命し，閣議を開いて政治の進め方を決めていきます。そこで決められたことは，［２］が指揮する各省庁などがそれぞれ分担して実行していきます。このようにすることで，行政は全体のバランスを考えながら，さまざまな分野のしごとをきちんとこなすことができるのです。

【C】日本には最高裁判所をはじめ，［３］裁判所，地方裁判所などの裁判所があります。それぞれの裁判所では，(ｳ)犯罪に関する刑事裁判や個人間の争いごとなどを解決する民事裁判などさまざまな裁判が行われますが，裁判官は外部の誰《だれ》からも影響を受けず，憲法や法律にもとづいて公平・公正に判断を行います。また，たとえば地方裁判所で判決を受けた人がその判決に納得できない場合には，上級の［３］裁判所にうったえることができるなど，人々の権利が守られるようなしくみになっています。

問１　文中の空らん［１］～［３］にあてはまる語句を記入しなさい。ただし，いずれも正しい漢字を使用し，［１］・［２］は４文字で，［３］は２文字で記入しなさい。

問２　下線部(ｱ)に関連して述べた次の文のうち，誤っているものを１つ選びなさい。

（あ）法律案や予算案は，衆議院・参議院のどちらの場合も，委員会で審議《しんぎ》して可決したあと，本会議で審議し採決する。

（い）衆議院の議員の任期は４年だが，参議院の議員の任期は６年である。

（う）衆議院も参議院も，選挙権をもつために必要な年齢の条件は同じである。

（え）衆議院も参議院も，ともに内閣不信任を決議することができる。

問３　下線部(ｲ)に関連して，内閣の権限について述べた次の文のうち，正しいものが２つあるが，その組み合わせとして正しいものを下の選択肢《せんたくし》から１つ選びなさい。

①　内閣は都道府県の首長を任命することができる。

②　内閣は最高裁判所の長官を指名することができる。

③　内閣は国会が制定した法律が憲法に違反していないかどうか審査することができる。

④　内閣は外国と交渉して条約を結ぶことができる。

（あ）①②　（い）①③　（う）①④　（え）②③　（お）②④　（か）③④

問４　下線部(ｳ)について，地方裁判所で行われる重大な刑事《けいじ》裁判のときに，選挙権をもっている国民の中から数名がえらばれて，裁判に参加する制度がとられていますが，これを何制度といいますか，書きなさい。

26-(17)
【社5-(3)】

4　次の文は，ある中学校の地理の授業のようすを紹介したものです。これを読み，文中の空らん［１］・［２］にあてはまる語句や数字を記入し，後の問いに答えなさい。

先　生：今日の授業は，世界と日本との貿易というテーマでおこないます。その中で，まずは輸入について見てみましょう。さて，現在，日本はどこの国から多くのものを輸入していると思いますか。

Ａ　君：先生，アメリカが多いのではないでしょうか。

先　生：そうだね。日本はさまざまな(ア)農産物や工業製品を，アメリカから輸入していますね。日本にとってアメリカは重要な貿易相手国の一つといえます。その他に，アメリカ以外ではどこの国が思いつくかな。

Ｂ　君：先生，最近は(イ)中国からの輸入が多いと思います。

先　生：そうだね。中国と日本は地理的に近いので古くから交流があり，いろいろなものが日本に入ってきました。中国は近年，(ウ)工業が急速に発達し，「世界の［１］」と呼ばれています。日本が中国から輸入する工業製品も非常に増えました。

Ｃ　君：先生，地理的に近い国といえば，ロシアや韓国もあります。具体的にどのようなものを輸入しているのでしょうか。

先　生：(エ)ロシアからは主に(オ)天然ガスや木材などを輸入しています。韓国からは電子部品や石油製品などを輸入しているよ。韓国は(カ)対馬《つしま》をはさんで歴史的にも日本との交流が深い国ですね。

Ｃ　君：先生，日本の輸入品全体の中で多いものは何でしょうか。

先　生：いい質問だね。日本は一般《いっぱん》的に機械類や衣類，原油などの輸入が多いです。機械類や衣類は，近年アジア諸国からの輸入が増えています。原油はペルシア湾岸《わんがん》のサウジアラビアからの輸入が一番多いですよ。

Ｂ　君：先生，鉱物資源に関しては，オーストラリアやブラジルからの輸入が多いと思います。

先　生：そうですね。オーストラリアからは主に［２］や石炭を，ブラジルからは［２］を輸入しています。こうして見てみると，日本は世界の国々から多くのものを輸入して，経済的に成り立っていることがよくわかると思います。

問１　下線部(ア)について，日本がアメリカから輸入する農産物の中で，輸入額が多いものとして誤っているものを，次の中から１つ選びなさい。

（あ）大豆　（い）とうもろこし　（う）牛肉　（え）羊毛

問２　下線部(イ)について，日本が中国からの輸入するものの中で，輸入額が多いものとして誤っているものを，次の中から１つ選びなさい。

（あ）電気機器　（い）自動車　（う）衣料品　（え）がん具

問３　下線部(ウ)について，中国が工業国として発展した理由に，経済特区の設置があげられます。次の中から経済特区にあたるものを１つ選びなさい。

（あ）シャンハイ　（い）シェンチェン　（う）ホンコン　（え）ペキン

問４　下線部(エ)に関連して，日本はロシアと経済的に深いつながりがありますが，ロシアとの間には外交的に未解決の北方領土問題があります。下の図のＸは日本が固有の領土としてロシアからの返還《へんかん》を要求している島の１つです，Ｘの島の名称《めいしょう》として正しいものを，次の中から１つ選びなさい。

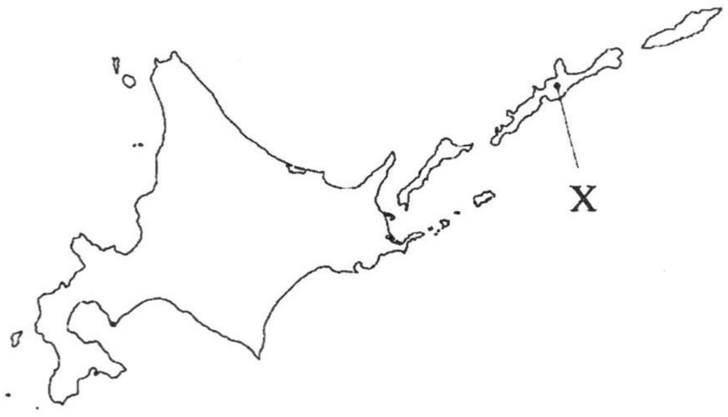

（あ）択捉島《えとろふ》　（い）国後島《くなしり》　（う）利尻島《りしり》　（え）色丹島《しこたん》

問５　下線部(オ)に関連して，日本は 2011 年以降，天然ガスの輸入量が増加したが，その理由について述べた次の文のうち，正しいものを１つ選びなさい。

（あ）天然ガスのパイプラインが，ロシアから日本まで建設されたため。
（い）東シナ海や南シナ海で中国企業《きぎょう》によるガス田開発が急速に進んだため。
（う）天然ガスを燃料にした火力発電所の利用が急増したため。
（え）天然ガスを利用したハイブリッド自動車の普及《ふきゅう》が急速に進んだため。

問６　下線部(カ)について，対馬は何県に属しているか。次の中から１つ選びなさい。

（あ）福岡《ふくおか》県　（い）佐賀《さが》県　（う）長崎《ながさき》県　（え）島根《しまね》県

5　次の文は，ある社会の授業での都道府県調べの発表のようすです。これを読み，後の問いに答えなさい。

Ａくん：ぼくは沖縄《おきなわ》県について調べてきました。(ア)沖縄県は，１年を通じて暖かい気候で，豊かな自然が残されていたり，古くから続く(イ)お祭りなどの独特の文化がみられたりするので，観光産業がさかんです。このようにはなやかなイメージがある一方で，県内にあるアメリカ軍基地から飛ぶ飛行機の騒音《そうおん》や事故などの問題に悩《なや》まされています。

Ｂさん：私は新潟《にいがた》県について調べてきました。(ウ)新潟県は，冬場にとても多くの雪が降ることで知られています。そこで，(エ)たくさんの雪の中で生活するためにいろいろな工夫がされていることがわかりました。また，日本有数の米どころとしても有名で，稲作《いなさく》がさかんに行われています。

Ｃさん：私は長野《ながの》県について調べました。長野県は，(オ)「日本の屋根」と呼ばれる標高3,000ｍ級の山々がそびえ，豊かな森林が広がり，きれいな川が流れる雄大《ゆうだい》な自然にかこまれた，日本を代表する山岳《さんがく》県・森林県です。その(カ)地形や気候を活かした農業がさかんなところでもあります。

Ｄくん：ぼくは三重《みえ》県について調べました。中京工業地帯に含《ふく》まれるこの県は，北部を中心に工業が盛んです。鈴鹿《すずか》市では(キ)自動車の製造がさかんで，出来上がった自動車は国内で販売《はんばい》されるだけでなく，外国へも輸出されています。しかし，県内の沿海部の工場からでる汚染《おせん》物質が原因となった(ク)公害病が問題になったこともあります。

問１　下線部(ア)に関連して，沖縄県の自然や産業について述べた次の文のうち，誤っているものを１つ選びなさい。

（あ）県内では，ヤンバルクイナやイリオモテヤマネコなど，他ではみられないめずらしい動物がみられる。

（い）サンゴ礁《しょう》の広がる海では，近年のリゾート開発によって赤土が流れこむ環境破壊《かんきょうはかい》が問題になっている。

（う）暖流の親潮が流れているため，さまざまな魚がみられ，都道府県別でみると漁獲《ぎょかく》量は日本一多い。

問２　下線部(イ)について，次の写真は日本各地で行われる祭りや伝統行事のようすをしめしたものです。沖縄県のものを１つ選びなさい。

（あ）

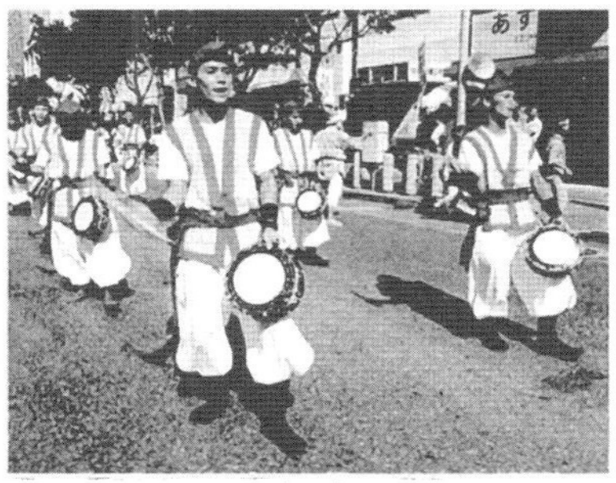
（い）

（う）

（え）

26-(19)【社5-(5)】

問３　下線部(ウ)のようになる理由を述べた次の□の文の空欄［Ｘ］に当てはまる語句として正しいものを，次の中から１つ選びなさい。

冬は季節風が［Ｘ］から吹く。この風が海上をとおり，日本の山脈にぶつかり雪を降らせる。

（あ）北西　（い）北東　（う）南西　（え）南東

問４　下線部(エ)について述べた次の文のうち，誤っているものを１つ選びなさい。

（あ）道路の下にパイプを通してお湯を流し，熱で雪をとかしている。

（い）信号機は雪の重みを考えて，たて長に作られている。

（う）伝統的な家屋では，赤瓦《あかがわら》をしっくいで固めて雪の重みに耐えられるようにしている。

問５　下線部(オ)に関連して，右の図は長野県周辺の山脈をしめしています。①の山脈の名前として正しいものを，次の中から１つ選びなさい。

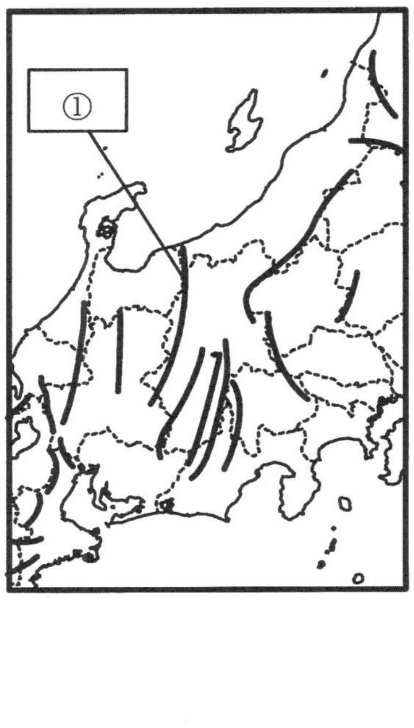

（あ）赤石《あかいし》山脈　（い）木曽《きそ》山脈　（う）飛騨《ひだ》山脈　（え）奥羽《おうう》山脈

問６　下線部(カ)に関連して，長野県の農業について述べた次の文のうち，正しいものを１つ選びなさい。

（あ）ダムを使った水力発電所が多く，電気料金が安いため，電照菊《でんしょうぎく》の栽培《さいばい》がさかんである。

（い）夏の涼《すず》しい気候を活《い》かし，他の地域が暑さで生産しにくい夏にキャベツなどの野菜の栽培がさかんである。

（う）太陽がよく当たる山の斜面《しゃめん》を利用して，段々畑でミカンの栽培がさかんである。

問７　下線部(キ)に関連して述べた次の文のうち，正しいものを１つ選びなさい。

（あ）部品の生産から，自動車の組み立てまで同じ１つの工場で行っている。

（い）工場では，すべて人間の手作業によって製造している。

（う）製造された自動車の多くは船で輸出される。

問８　下線部(ク)に関連して，四大公害病のうち，三重県でおこったものの主な原因物質を，次の中から１つ選びなさい。

（あ）亜硫酸《ありゅうさん》ガス　（い）有機水銀　（う）ヒ素　（え）カドミウム

令和四年度　愛光中学校　入学試験問題　国語　解答用紙

採点欄《らん》には何も記入しないこと

一

1
①
②
③
④
⑤
⑥
⑦
⑧
⑨
⑩

2
①
②
③
④
⑤

3
①
②
③
④
⑤

二

問一
Ⓐ
Ⓑ
Ⓒ

問二
ⓐ
ⓑ
ⓒ

問三

問四

問五

問六

問七

問八

問九

三

問一

問二

問三

問四

問五

問六

問七

問八

問九

受験番号

氏名

合計

※120点満点
（配点非公表）

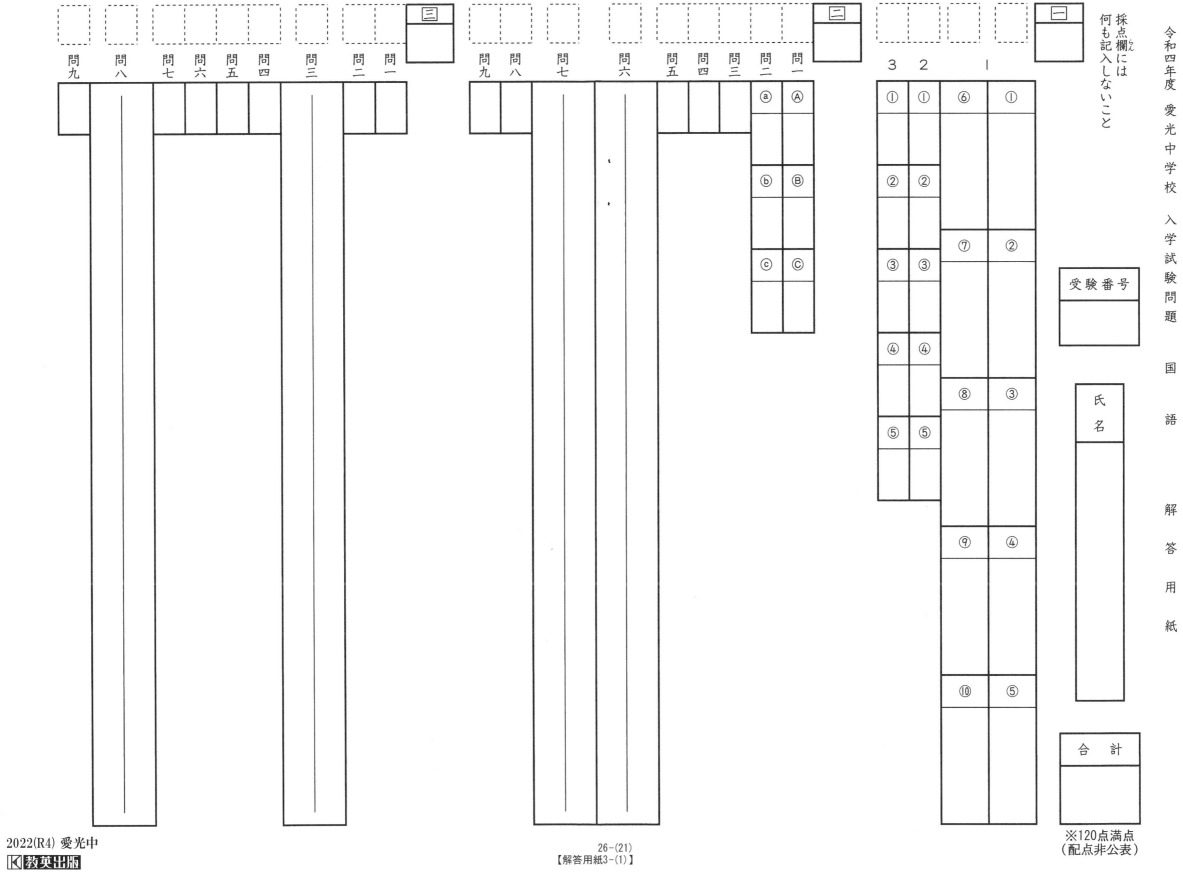

令和４年度　愛光中学校入学試験問題　理科（解答用紙）

【１】

(1)		(2)			(3)	

(4)	④	実験		セイヨウタンポポの結果		ニホンタンポポの結果	
		実験		セイヨウタンポポの結果		ニホンタンポポの結果	
	⑤	実験		セイヨウタンポポの結果		ニホンタンポポの結果	

(5)	セイヨウタンポポ		ニホンタンポポ	

【２】

(1)		(2)		(3)	

(4)	(i)		(ii)	岩石 I		岩石 II		(iii)	%

【３】

(1)		(2)	g	(3)	%
(4)	g	(5)	%		

【４】

(1)		(2)	
(3)		(4)	

【５】

(1)	棒A	cm	棒C	cm	(2)	cm

(3)	g	(4)	g	(5)	g

受験番号（　　　　　　）　名前（　　　　　　　　　　　　）

※80点満点
（配点非公表）

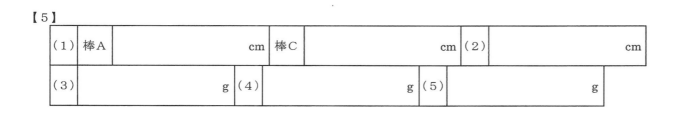

令和4年度　愛光中学校入学試験　解答用紙　（社会）

※小計・合計らんには記入しないこと

1

問1　1　2　3　4

問2　a　b　c　d

問3　問4　問5　問6

小計

2

問1　1　2

問2　問3　問4　問5

問6　問7　問8

小計

3

問1　1　2　3

問2　問3　問4　制度

小計

4

1　2

問1　問2　問3　問4　問5　問6

小計

5

問1　問2　問3　問4

問5　問6　問7　問8

小計

受験番号		氏名	

合計

※80点満点
（配点非公表）

2022(R4) 愛光中
教英出版

一　次の1～3の問いに答えなさい。

1　次の――のひらがなを漢字に直しなさい。送りがなが必要なものはそれも書きなさい。

①　辞書で、はせい語を調べてみよう。
②　明日、新型の飛行機がしゅうこうする予定だ。
③　バスを車庫へとかいそう運転させた。
④　交通量の激しいおうらいで遊んではいけない。
⑤　雲は、水滴《てき》やひょうへんが群れとなったものだ。
⑥　将来は、建築家をこころざすことにした。
⑦　強敵に立ち向かう戦士のさまは、何ともいさましい。
⑧　孫からのたよりが、数年ぶりに届いた。
⑨　政府からの重要な使命をこの身におびる。
⑩　簡単なはずの機械の操作をあやまる。

2　次の①～⑤の□に入る漢字と同じ漢字が□に入るものを、それぞれのア～オの中から一つずつ選んで、記号で答えなさい。

①　友好関係に□を差す。
ア　この発見が従来の治療《りょう》法に一□を投じた。
イ　さびれた商店街が□を吹《ふ》き返す。
ウ　恥《は》ずかしくて□があったら入りたい。
エ　□を打ったように静まり返る。
オ　□のにじむような努力をする。

②　喉《のど》から□が出るほどほしい。
ア　大雪で通勤の□が乱れた。
イ　□に衣《きぬ》着せずものを言う。
ウ　強風にあおられて火の□が強まる。
エ　友達の成功を□をくわえて見ている。
オ　□も当てられないほど散らかす。

③　先んずれば□を制すと聞く。
ア　勝つか負けるかは□の運だ。
イ　□を食ったような話だ。
ウ　□の顔も三度までと言うじゃないか。
エ　□の毛がよだつような恐《おそ》ろしい場面だ。
オ　旅は道連れ□は情けと言うから一緒《しょ》に行こう。

④　お願いしたが□であしらわれた。
ア　□先三寸でまるめこむ。
イ　言わぬが□だ。
ウ　感動的な場面で□頭を押《お》さえる。
エ　鰯《いわし》の□も信心からと言われる。
オ　今に彼《かれ》らの□を明かしてみせる。

⑤　爪《つめ》に□をともすようにして生活する。
ア　皆《みな》が反発することは□を見るより明らかだ。
イ　あの二人は仲が悪くて□と油の関係だ。
ウ　やっと□の目を見た。
エ　□は禍《わざわい》の元だから気を付けよう。
オ　うまくできていて□の打ちどころがない。

3　次の①～⑤の□の中に入る語を、あとのア～コの中から一つずつ選んで、記号で答えなさい。

①　無名のあの子が突《とつ》然主役に選ばれるとは、まさに現代の□だ。
②　まるで□のように身軽に立ち回って、大きな力士を倒《たお》した。
③　君には何度もだまされたから、皆は君を□だと言って、もう信用しない。
④　周囲の忠告も聞き入れないとは、社長はすっかり□だ。
⑤　久しぶりに日本に帰ってきたらまるで□だったよ。

ア　こぶとりじいさん	イ　かぐやひめ	ウ　裸《はだか》の王様	エ　おおかみ少年	オ　桃《もも》太《た》郎《ろう》
カ　赤ずきん	キ　牛若丸	ク　浦《うら》島太郎	ケ　舌きり雀《すずめ》	コ　シンデレラ

二　次の文章を読んで、あとの問いに答えなさい。

学習とは何か、教育とは何かということについて、ここでは、「なりたい自己」と「なれる自己」を広げるということを考えてみます。こうした見方をすることによって、新しいことを積極的に学んで自分の可能性を広げていこうという意欲につながるものと思うからです。

なりたい自己というのは、[X]です。自分の夢と言ってもいいかもしれません。仕事を例にあげると、子どもに「将来、何になりたい？」と聞いてみると、いろいろあがってきます。❶たとえば「タレントになりたい」とか「スポーツ選手になりたい」とか「学校の先生になりたい」とか「お医者さんになりたい」とか。しかし、そういうものは、子どもの生活の非常に狭《せま》いチャンネルから見えているものだけなんですね。テレビをひねれば、タレントやスポーツ選手が出る。仕事としてやっていることを知っている大人というと、学校に行けば先生、病気になればお医者さんにかかる。自分の親が具体的にどんな仕事をしているかなんて知らないことが多いです。どうしても子どもの普《ふ》通の生活からでは、社会にいる大人がどんなことをしているのかということが見えてこない。それをもっといろいろ取り上げて、「ああいう仕事もおもしろそうだな。なってみたいな」というように広げていく、これが学習の大切な側面だし、それを広げる、支援《えん》するということが教育の重要な役割だと思うのです。

私が見学した東京学芸大学附《ふ》属大泉小学校の授業では、市役所の都市計画を担当している人を授業に呼んできたことがあります。自分たちのまわりの、自転車置き場のようすとか道路のようすとかを調べて、いろいろな問題点を考えてどうすればいいかということを学習した後に、市役所の人に来てもらうんですね。子どもたちが疑問を出したり、「こんなふうにするといいんじゃないか」というアイデアを出したりする。それについて市の職員の人が答えてくれたり、「いや、そういうやり方ではなくて、もっとこういうふうなやり方が今考えられているんですよ」という話が聞けると、子どもたちは感激するんですね。「そこまでいろいろ考えて職員の人たちが仕事をしているんだ」と。子どもたちの中には、「ああいう仕事っていいな、やり甲斐《がい》があるな」と思う子どもも、きっと何人かは出てくるでしょう。それは子どもの❷「なりたい自己」のイメージを膨《ふく》らませたことになるわけです。

職業に限らず、ほかにももっと社会的な役割、たとえば地域でボランティアをしている人たちなどもいます。それからものの考え方、むずかしく言えば思想ですけれども、いろいろなものの考え方に触《ふ》れる。「なるほど、そういう考え方っていいな」というものを知る。あるいは、「ああいう趣《しゅ》味って楽しそうだな」ということもあるでしょう。音楽であったり、ダンスであったり、スポーツであったりですね。広く言えば、どのような生き方があるのかを知って、自分の選択肢《せんたくし》を広げていくというのが、学習の重要な側面です。

一方では、なれる自己を広げるということがあります。今の自分の延長としてだったら、どういうものになれそうかというのが❸「なれる自己」です。たとえばスチュワーデスになりたいと思っても、英語ができなければ、それはなれませんね。プロのサッカーの選手になりたいと思っても、今の自分の運動能力の延長ではなれそうにない。私たちが学ぶという時には、とりあえずこういう学習をしておくと、こういうものにだったらなれるという「なれる選択肢」を広げるということもやっているわけです。それには、今なりたいと思っているかどうかにかかわらず、とりあえずやっておくというものもあるでしょう。

たとえばある生徒にとっては、英語を学ぶということが、自分にとってその時には意味のあるものに思えない。今使うわけでもないし、将来、英語なんて使う職業に就《つ》きたいとは思っていない。しかし、学校で英語を学んでおくことによって、「もしそれを必要とするものになりたいと思った時にはなれる」という選択肢ができるわけですね。❹そういう学習は学校にはいっぱいあります。それによってなれる選択肢の集合を広げることができる。最終的には、私たちはこの❺「なりたい自己」と「なれる自己」の重なるところから何かを選び取って、それになっていくわけですから、なれる自己を広げておくことは、結局自分の自由度を広げることになるわけです。

「自分はサッカー選手になるんだから、数学なんていらないよ」と言って、もう早々と数学を放棄《き》してしまえば、もうそれはそれっきりですね。「なれる自己」は広がらない。それは自分の可能性をそこで閉じてしまうことになるわけです。むしろ自分の中に眠《ねむ》っている可能性をどんどん開いて選択肢を広げていくということが学習であると考えると、新しいことにチャレンジする、トライするという意欲がわいてくるのではないでしょうか。

私にはこういうイメージがあるんです。［　Y　］たとえば何か新しいスポーツをやってみると、意外とそれが好きになれる自分があったり、上達できる自分があったりするかもしれない。音楽を例にあげると、普通、「作曲してみよう」なんて思う人はそんなにいないかもしれないけれど、もしそういう場があって作ってみたら、意外と自分でも満足できたり、あるいは他の人も喜んでくれたりするようないものができるのかもしれない。そういう芽が伸《の》びてくるかもしれないのです。

食べ物の好き嫌《きら》いをたとえとして言えば、何か新しい食べ物にトライしてみると、「あ、意外とおいしい」と思って自分の食事のレパートリーの中に入ってくるかもしれないですよね。見ただけで、「おいしくなさそうだから、やめた」と言ってしまえばそれっきりです。何か新しいことに対して取り組むという時に、❻そういう捉《とら》え方ができるのではないかと思います。

（市川伸一『学ぶ意欲の心理学』ＰＨＰ研究所　※本文を改めた部分があります。）

問一　［　X　］に当てはまる言葉として、最も適切なものを次の中から一つ選んで、記号で答えなさい。

ア　自分はいったいどんな人になってみたいかという選択肢
イ　自分はいったいどんな職業についてみたいかという選択肢
ウ　自分はこれからどのように成長していきたいかという選択肢
エ　自分はどのような能力を身に付けていくべきかという選択肢
オ　自分は将来どんな生活を送っていくべきかという選択肢

問二　❶「たとえば『タレントになりたい』とか『スポーツ選手になりたい』とか『学校の先生になりたい』とか『お医者さんになりたい』とか」とありますが、これらの例の共通点を筆者はどのようなものだと考えていますか。最も適切なものを次の中から一つ選んで、記号で答えなさい。

ア　子どもには仕事の内容が想像しにくいが、好奇《き》心をあおり、興味を引く職業であるという点。
イ　子どもには社会的に重要な役割だというイメージがあり、プライドを満たす職業であるという点。
ウ　子どもでも面《おも》白い仕事であると感じられ、遊びの延長で仕事ができる職業であるという点。
エ　子どもには幅《はば》広い職業の選択肢があるが、その中でもやり甲斐がある職業であるという点。
オ　子どもでも仕事をする姿を目にしたことがあり、仕事の内容も想像できる職業であるという点。

問三　❷「『なりたい自己』のイメージを膨らませた」とありますが、イメージが膨らむとはここではどのようになることですか。最も適切なものを次の中から一つ選んで、記号で答えなさい。

ア　子どもが色々な職業の人とふれあうことで、自分の将来をより自由に想像することができるようになること。
イ　子どもが早いうちから将来の仕事の内容に慣れることで、実際に職業についたときに困らないようになること。
ウ　子どもが色々な職業の実際の仕事内容を知ることで、自分の将来のあり方を選ぶ幅が広がるようになること。
エ　子どもが仕事の持つさまざまな側面を学ぶことで、職業を選ぶ際に判断する材料が増えるようになること。
オ　子どもが社会問題の解決に関わる仕事について知ることで、将来社会の役に立とうと考えるようになること。

問四　❸「『なれる自己』」とありますが、どのようなものか説明したものとして、最も適切なものを次の中から一つ選んで、記号で答えなさい。

ア　現在の自分でも将来の選択肢の一つとしてイメージすることのできる自己。
イ　現在の自分が持っている能力のままでも実現することができるような自己。
ウ　現在の自分の持つ可能性をいろいろ検討して、興味に従って決定される自己。
エ　現在の自分がそのまま成長していった結果として、なることのできる自己。
オ　現在の自分でもなることはできるが、そうなることを望んでいない自己。

問五　❹「そういう学習は学校にはいっぱいあります」とありますが、学校での「そういう学習」とは、どのような学習ですか。「～学習。」につながるように説明しなさい。

問六　❺「『なりたい自己』と『なれる自己』の重なるところから何かを選び取って、それになっていく」とありますが、人はどのように将来を決定していくのが良いと筆者は考えていますか。説明しなさい。

問七　［Y］には、次のア～ウを並び替《か》えたものが入ります。正しく並び替えて、記号で答えなさい。

ア　水をかけなければ絶対伸びてこないけれども、水をかけることによって、すうっと伸びてくるものがあるかもしれない。
イ　何か新しいことを学んでみると、そういうものが思いがけなく出てくるかもしれない。
ウ　人の中には、いろんな可能性をもった何か種のようなものがあると。

問八　❻「そういう捉え方」とありますが、「そういう捉え方」の例としてふさわしくないものを次の中から一つ選んで、記号で答えなさい。

ア　作曲に興味はないが、やってみたら案外良い曲ができて将来の趣味になるかもしれないから挑《ちょう》戦してみよう。
イ　自分の将来の夢はもうある程度決まっているけれど、学校の勉強だけでなく他のいろんな事にも興味を持とう。
ウ　朝食はパンを食べると決めているが、たまにはご飯を食べてみたら意外と悪くないことに気付くかもしれない。
エ　今はスポーツ選手になりたいと思っているけれど、学校の勉強や芸術の分野にも一生懸《けん》命取り組むことにしよう。
オ　自分は勉強ができないけれど、医者になりたいから理科だけでなく英語や数学といった科目も積極的に学ぼう。

問九　本文における筆者の論の進め方として、最も適切なものを次の中から一つ選んで、記号で答えなさい。

ア　具体例やたとえ話を多く用いることで、どのようにすれば学習を効率よく行えるかを分かりやすく論じている。
イ　問題提起をしてから筆者の考えを述べるということを繰《く》り返すことで、学習についての主張が説得力を増している。
ウ　会話文を多く引用することで、筆者が子どもとの対話を通じて学びについての考えを深めていく様子を描《えが》いている。
エ　子どもの将来の夢の話題から広い意味での学習に話題を広げることで、どの年代にも当てはまる文章となっている。
オ　世間で言われていることと筆者の意見を対比させて論じることによって、筆者の主張の独自性が強調されている。

三　次の文章を読んで、あとの問いに答えなさい。

一九三五年、大恐慌《きょうこう》時代（世界的に最悪の経済状態になった時代）のある冬の朝のことである。十四歳《さい》のケニーは、三週間前に父を亡《な》くした。家にはケニーの他に、母親と、十一歳のダンと九歳のジョーイ、六歳のドリーと赤ん坊《ぼう》のトムが一緒に住んでいた。ケニーは家族の貧しい生活を支えるため、家から離《はな》れた場所にある工場へ仕事探しに出ることになり、早朝に母親と二人で食事をとった。

令和三年度　愛光中学校　入学試験問題　国語　（その四）

（ジュディス・クラーク『オオカミが来た朝』　ふなとよし子訳　※本文を改めた部分があります。）

〔注〕＊目をしばたたいた……しきりにまばたきをした。
＊クリケット……バットとボールを用いて広い芝《しば》地でプレーする競技。ボールは野球と同じ大きさで、非常に硬《かた》い。
＊仕事にあぶれていた……募《ぼ》集された人数からはみだして、仕事をもらえなくなっていた。
＊パブ……大衆酒場。
＊奥地……未開地の荒《こう》野や森。

問一　ａ「なごんだ」・ｂ「後ろめたい」・ｃ「たむろしていた」のここでの意味として、最も適切なものを次の中からそれぞれ一つずつ選んで、記号で答えなさい。

ａ「なごんだ」
ア　ゆかいになった　イ　なぐさめられた　ウ　おだやかになった　エ　満たされた　オ　すっきりした

ｂ「後ろめたい」
ア　くやしい　イ　じれったい　ウ　頼《たよ》りない　エ　やましい　オ　情けない

ｃ「たむろしていた」
ア　騒《さわ》いでいた　イ　集まっていた　ウ　行き来していた　エ　働いていた　オ　うろついていた

問二　❶「ケニーの顔を見つめて目をしばたたいた」とありますが、ここから読み取れる母親の気持ちを説明したものとして、最も適切なものを次の中から一つ選んで、記号で答えなさい。
ア　食事を子どもたちに分け与《あた》えて自分は満足に食べていないことを、息子のケニーが気づかっているのに驚《おどろ》いている。
イ　家族に食事を与え自分のことはいつも後回しにしていることを、息子のケニーが感謝してくれているので喜んでいる。
ウ　自分が子どもの好きな甘《あま》いおかゆの朝食を作ったことを、息子のケニーがあまり喜んでいないので気落ちしている。
エ　自分が家族の食事の量を減らしてでも倹《けん》約していることを、息子のケニーが不満に思っているのでがっかりしている。
オ　十分な食事を家族に与えられず自分も何も食べていないことを、息子のケニーが心配しているのにとまどっている。

問三　❷「仕事が見つかるまでは、こんなことしかしてあげられない」とありますが、ケニーの言う「こんなこと」とはどういうことですか。最も適切なものを次の中から一つ選んで、記号で答えなさい。
ア　生活が厳しい中で子どもたちに朝食を作ってくれる母に、明るく元気な受け答えをすること。
イ　息子の朝食の量を気にかけている母に、その心配をかき消すような大声で受け答えをすること。
ウ　子どもたちが終わった後にしか食事をしない母に、自分よりも先に温かい朝食を食べさせること。
エ　父が亡くなった悲しみから食事を取ろうとしない母に、自分の朝食を何とか食べさせること。
オ　頼りにしていた父が亡くなって苦労をしている母に、自分の朝食を少し分けて食べさせること。

問四　❸「ケニーはこの入れ歯が大きらいだった」とありますが、ケニーが今朝それを改めて感じているのはなぜですか。最も適切なものを次の中から一つ選んで、記号で答えなさい。
ア　歯医者は入れ歯の方が安あがりだと言ったが、こんな歯では初めて行く工場の人に貧乏《ぼう》な子だとからかわれるだろうから。
イ　まだ入れ歯を使うのに慣れていないので、こんな歯では工場に行っても突然ずれてしまい笑い者にされるだろうから。
ウ　これから工場で初対面の人と仕事をもらう話をするのに、こんな歯では自分の思いをきちんと伝えられないだろうから。
エ　たとえ工場で仕事をもらうことができたとしても、こんな歯では大人と同じ仕事をこなすことはできないだろうから。
オ　入れ歯をした顔はみにくく小鬼のようなので、こんな歯では初めて会う工場の人が嫌《いや》がって仕事をくれないだろうから。

問五　❹「身がすくむのは、何がなんでも仕事を手に入れなくてはいけないのに、全く望みうすときているからだった」とありますが、ケニーはなぜ「全く望みうすときている」と感じているのですか。説明しなさい。

問六 ❺「ケニーはスプーンを放り投げ、その手を食卓にたたきつけたかった」とありますが、ケニーがこう思うのはなぜですか。最も適切なものを次の中から一つ選んで、記号で答えなさい。

ア 自分や家族を残して父が亡くなったことで皆《みな》でこの家を出て行くことになったが、思い出深いこの家に他の家族が住むことになるというのは、許しがたかったから。

イ 家族を支えてくれた父が亡くなってしまい、まだ十四歳の自分が仕事について収入を得なければ家を失い家族もばらばらになるというのは、受け入れがたかったから。

ウ 頼りにしていた父が亡くなり、もう仕事がもらえる年とはいえ、今日から自分が働かなければ家を失い家族から恨《うら》まれるというのは、とても納《なっ》得できなかったから。

エ 自分には他にも兄弟がいるのに、いきなり亡くなった父の代わりに一家の主として家族を支える役目を負わされることになるのは、明らかに不公平だと思ったから。

オ 一家の主であった父が亡くなって以来、一人前の大人としての振《ふ》る舞《ま》いや考え方を祖母から求められるようになったのは、まだ甘えていたい自分には不満があったから。

問七 ❻「洗濯物はよれよれの段ボール箱におしこみ、古い敷物でおおって洗濯場の裏にかくした」とありますが、ケニーはなぜそのようにしたのですか。理由を説明しなさい。

問八 ❼「外に出ると、すぐに出発できるように自転車が洗濯場のかべに立てかけてある」とありますが、この情景にはケニーの覚悟《ご》が示されているように読めます。それはどのような覚悟ですか。最も適切なものを次の中から一つ選んで、記号で答えなさい。

ア 使い古された自転車ではあるが、父の残してくれた自転車で仕事に通うことで、家計のためにも少しでも無駄《だ》なお金を使うことなく、質素に生活をしようという覚悟。

イ 父の使っていた自転車に乗って行けば、工場で父の仕事仲間も自分を受け入れてくれるだろうから、今まで苦労してきた母のことをしっかり支えていこうという覚悟。

ウ 母が誕生日のプレゼントとして用意してくれた父のかたみの自転車に乗って工場に通い、亡くなった父に負けないような立派な大人になろうという覚悟。

エ 家族を残して亡くなった父のことを思い続けるのをやめて、父が自転車に乗って家族のために働いてくれたことに感謝し、前向きな気持ちで仕事に取り組もうという覚悟。

オ 工場は家からかなり遠いけれども、父の代わりとなって家族を支えるために、父の残した自転車に自分が乗り、なんとしてでも仕事をもらってこようという覚悟。

問九 ❽「ケニーはひどくまごついてしまった」とありますが、この時のケニーの様子を説明したものとして、最も適切なものを一つ選んで、記号で答えなさい。

ア 意を決して今から工場へ出発しようとする時に、いきなり母に子どもの頃《ころ》のように服装を正されて、とまどっている。

イ 小さな子どもに言い聞かせるように母が引き止めて話すので、昔しかられたのを思い出して、気が張りつめている。

ウ 母に服装を確認《にん》されたことで、人前に出る身だしなみさえ満足にできていない自分に気づき、恥《は》ずかしがっている。

エ 朝食の時には元気がなさそうだった母が、見送りに出てきて楽しそうに服装を整えてくれたので、うろたえている。

オ 仕事を探しに出ることになって初めて、息子の帰りを心配しながら一人で待つ母の気持ちが分かり、心配している。

問十 ❾「『もう、行くよ』ケニーは小声でそう言うと、前かがみになって母親のほおにおずおずとくちびるをよせた。けれど、くちびるはまとをはずしたように、母親の冷えきった鼻先をかすっただけだった」とありますが、どういうことを言っているのですか。最も適切なものを一つ選んで、記号で答えなさい。

ア 母はケニーが工場へ行く時間なのに出かける服の準備ができていないのであせっているが、ケニーは緊《きん》張した母を見るとかえって冷静になり、落ち着いた態度で工場に向かおうと心に決めているということ。

イ 母は出発しようとするケニーの世話を焼きたがるが、ケニーは幼い頃と変わらない母の態度を懐《なつ》かしく感じつつも、今朝は工場で仕事を探さなくてはならないので、母の愛情をわずらわしく思っているということ。

ウ 母はケニーが大人に交じって仕事を探すことができるか不安を感じているが、ケニーは出発前に服装を確認する母からその気持ちを感じ取り、工場はどのようなところなのか心配になっているということ。

エ 母はこれから仕事を探しに出るケニーを幼い頃と変わらぬ愛情ではげましているが、ケニーは貧しさにたえる母の期待を感じつつも、工場で仕事を手に入れる自信は無いので気後《おく》れしているということ。

オ 母はケニーがようやく仕事を探しに出る決心をしたのを喜んでいるが、ケニーは自分を一人前の働き手として頼ってくる母の思いを感じつつも、工場で働く大人として扱《あつか》われることに寂《さび》しさを感じているということ。

※120点満点

令和３年度　愛光中学校入学試験問題　算数　（その１）(配点非公表)

(60分)　受験番号　(　　　　　)　氏名　(　　　　　　　　　)

1　次の各問題の□に当てはまる数や文字を，答のところに記入しなさい。答だけでよい。

(1)　$2\frac{1}{4}\div 1.05-\left(\frac{15}{7}-\frac{3}{2}\times\frac{7}{6}\right)\times 1\frac{7}{11}=\square$

(1)の答

(2)　$\left(2.4-\frac{2}{3}\times\square\right)\times\left(0.75+\frac{3}{16}\right)=1$

(2)の答

(3)　あるお店では，税抜き価格に消費税８％を加えた金額を税込み価格としています。ただし，１円未満は切り捨てます。このお店で商品を買うとき，税抜き価格が120円の商品は税込み価格で［①］円になり，税抜き価格が［②］円の商品は税込み価格で500円になります。

(3)の答　①　②

(4)　２桁《けた》の整数の中で，３で割って２余る数の中から７の倍数を除いて，小さい順に並べました。最も大きい整数は［①］で，整数は全部で［②］個あります。

(4)の答　①　②

(5)　ある本を毎日同じページ数ずつ読むと，６日間で全体の$\frac{1}{9}$を読み終えました．７日目からは，１日に読む量を４ページ増やしてさらに20日間読むと，26日間で全体の$\frac{2}{3}$を読み終えました。この本は全部で［①］ページで，そのまま最後まで読むとあと［②］日かかります。

(5)の答　①　②

(6)　右の図のように同じ間かくで１から24まで書いてある時計があります。この時計の短針と長針は，右回りでそれぞれ一定の速さで動き，短針は１日に一周し，長針は１時間に一周します。午前０時には短針も長針もちょうど24を指しています。短針が16と17の間で長針がちょうど10を指しているとき，午後４時［①］分です。また，午前10時以降で最初に短針と長針のつくる角度が58°になるのは午前10時［②］分です。

(6)の答　①　②

(7)　右の図は，正五角形ABCDEとその５本の対角線をすべて引いたものです。角㋐の大きさは［①］度で，角㋑の大きさは［②］度です。また，この図の中に二等辺三角形は全部で［③］個あります。

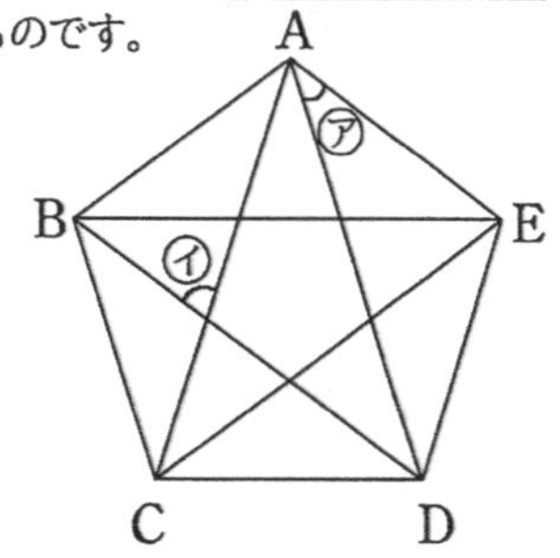

(7)の答　①　②　③

(8)　右の図のように，２つの三角形㋐，㋒と，中心がOである２つのおうぎ形㋑，㋓からなる図形があります。このとき，㋑の面積は［①］cm^2，㋒の面積は［②］cm^2です。ただし，円周率は3.14とします。

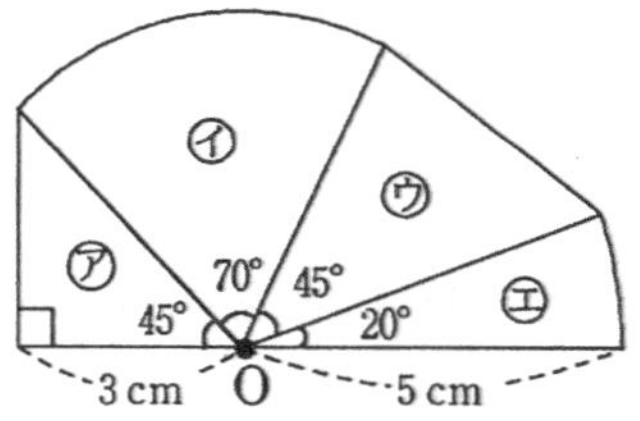

(8)の答　①　②

(9)　小さい順に４つの整数A，B，C，Dがあります。この中の２つずつの積をすべて求め，小さい順に並べると 90，108，270，ア，720，イ となりました。このとき，４つの整数A，B，C，Dの積は［①］です。また，アは［②］，イは［③］です。

(9)の答　①　②　③

令和３年度　愛光中学校入学試験問題　算数　（その2）

受験番号　（　　　　　　）　氏名　（　　　　　　　　　　）

[2]　父と母と３人の子供がいて，現在父は母より４歳《さい》年上で，子供は２歳ずつちがいます。また，５人の年齢《れい》の合計は 120 歳で，父と母の年齢の合計と子供３人の年齢の合計の比は 4:1 です。

(1)　父と一番年下の子供の年齢は，それぞれ何歳ですか。

[式と計算]

答　父　　　　　　一番年下の子供

(2)　父と母の年齢の合計が，子供３人の年齢の合計のちょうど２倍になるのは何年後ですか。

[式と計算]

答

[3]　10 円硬貨《こうか》，50 円硬貨，100 円硬貨が何枚かずつ机の上にあります。はじめ，表を向いている硬貨は 100 枚あり，その合計金額は 6570 円でした。ここで，50 円硬貨をすべて表向きにし，100 円硬貨をすべて裏向きにしたところ，表を向いている硬貨の枚数は，はじめと変わりませんでした。また，表を向いている硬貨の合計金額ははじめより 2250 円少なくなり，裏を向いている硬貨の合計金額は表を向いている硬貨の合計金額より 850 円多くなりました。

(1)　はじめ，表を向いている 100 円硬貨は何枚ありましたか。

[式と計算]

答

(2)　はじめ，表を向いている 10 円硬貨は何枚ありましたか。

[式と計算]

答

(3)　100 円硬貨が 10 円硬貨より５枚多いとき，硬貨は全部で何枚ありますか。

[式と計算]

答

[4]　A君は 980m 離れた学校へ向けて，家を出発しました。しばらくして，A君の忘れ物に気付いた母が家を出発し，同じ道を通ってA君を追いかけました。その後，忘れ物に気付いたA君が，家に戻り始め，母と出会いました。母から忘れ物を受け取った後，A君は速さを上げ再び学校に向かい，母は速さを下げ家に戻ったところ，２人は同時に着きました。出会う前のA君の速さと母の速さの比は３：７で，出会った後にA君が上げた速さと母が下げた速さは同じです。また，グラフはA君が家を出てからの時間と，A君と母との距離の関係を表したものです。

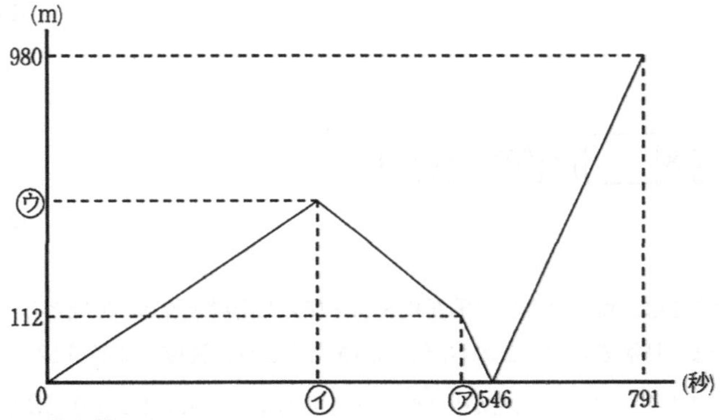

(1)　グラフのアに入る数を答えなさい。

[式と計算]

答

(2)　はじめのA君の速さは毎秒何mですか。

[式と計算]

答

(3)　グラフのイ，ウに入る数を答えなさい。

[式と計算]

答　イ　　　　　　ウ

(4)　出会った後のA君の速さは毎秒何mですか。

[式と計算]

答

【５】 同じ豆電球(a)～(f)と同じ電池を用いて，図１，図２のような回路を作った。図２の S_1，S_2，S_3 はスイッチで，すべて開いてある。

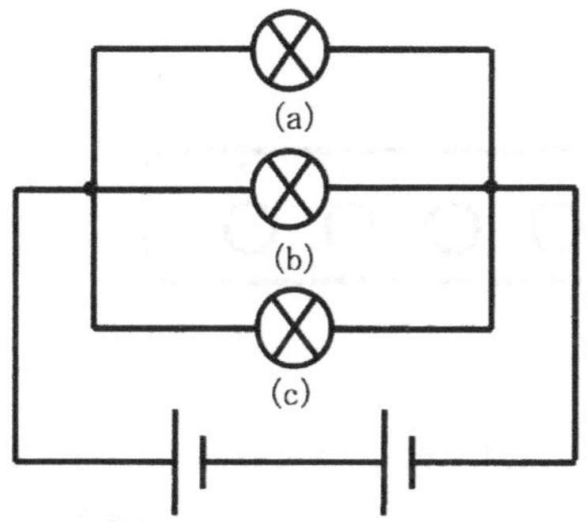

図１

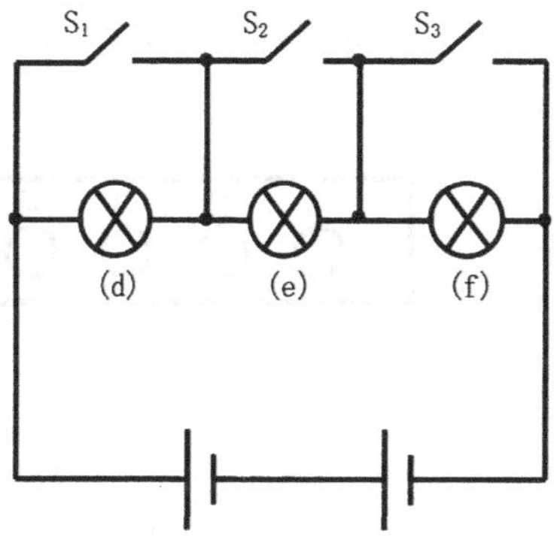

図２

（１） 豆電球(a)と(d)はどちらが明るいか。

（２） 豆電球(b)のフィラメントが切れると，豆電球(a)の明るさは切れる前と比べてどうなるか。次の(ア)～(ウ)から１つ選び，記号で答えよ。

(ア) 明るくなる　　(イ) 暗くなる　　(ウ) 変わらない

図２の回路について，次の操作(あ)～(か)をそれぞれ行い，豆電球(f)の明るさを調べる。

(あ) 何もしない。

(い) スイッチ S_1 を閉じる。

(う) スイッチ S_1 と S_2 を閉じる。

(え) スイッチ S_1，S_2，S_3 をすべて閉じる。

(お) 電池と電池の間に，同じ電池１個を逆向きに直列でつなぐ。

(か) 電池と電池の間に，同じ豆電球１個を直列でつなぐ。

（３） 豆電球(f)の明かりが消えるものを(あ)～(か)からすべて選べ。

（４） 豆電球(f)の明るさが，(あ)のときよりも明るくなるものを(い)～(か)からすべて選べ。

（５） 豆電球(f)の明るさが明るい順になるように(あ)～(か)を並べよ。ただし，(３)で答えたものはのぞくこと。

令和３年度　愛光中学校入学試験問題

理科

(40分)

【1】 アイとヒカルは，夏休みの自由研究で呼吸や光合成について先生と相談しながら調べることにした。次の対話文を読んで，下の問いに答えなさい。

ア　イ：ヒトは何のために呼吸をするのかな？

ヒカル：酸素を体の中に取り入れ，二酸化炭素を体の外に出すのだから，体の中でものを燃やすのと同じようなことが起こっているんじゃないかな。

先　生：その通り。a 体に吸収された栄養の一部を燃やして，活動するためのエネルギーや体温を一定に保つための熱を得ているんだよ。

ア　イ：b 吸った空気とはいた空気では，どれくらい酸素や二酸化炭素の濃《のう》度が変化するのかな？

ヒカル：実際に測定してみようよ。先生，簡単に測定する方法はありませんか？

先　生：そこの棚《たな》に気体検知管があるから，それを使って測定しよう。

ア　イ：見つけました。でも，３種類ありますよ。

先　生：全種類持って来てね。酸素用検知管は6～24%用の１種類しかないけれど，二酸化炭素用検知管には0.03～1%用と0.5～8%用の２種類があるんだ。濃度によって使い分けるんだよ。

ヒカル：早速，次の①と②のようにして気体検知管で測定してみよう。

① ポリエチレンの袋《ふくろ》に実験室の空気を集める。

② ポリエチレンの袋に息をふきこむ。

先　生：気体検知管を使うときは，［　c　］いけないよ。

ア　イ：d ①と②の測定結果から，呼吸で消費する酸素の量と排《はい》出する二酸化炭素の量が同じことが分かったね。光合成ではどうかな？

ヒカル：試してみよう。まず，校庭のサクラで同じような枝を４本選び，次の③～⑥の操作をしよう。

③ 無色とう明なポリエチレンの袋をかけ，葉が 15 枚のところで袋の口元を閉じる。

④ 光を通さないポリエチレンの袋をかけ，葉が 15 枚のところで袋の口元を閉じる。

⑤ 葉をすべて取り，無色とう明なポリエチレンの袋をかけ，袋の口元を閉じる。

⑥ 葉をすべて取り，光を通さないポリエチレンの袋をかけ，袋の口元を閉じる。

ア　イ：実験開始時の袋の中の空気は①と同じだよ。今日は良く晴れているから，午前11時から午後1時までに袋の中のようすや気体の濃度がどのように変わるのか調べてみよう。

（1） 下線部aについて，口から入った食べ物が消化され，吸収された栄養が右手に届くまでの最短経路を最も適切に示しているものを，次の(ア)～(カ)から１つ選び，記号で答えよ。

(ア) 小腸 → 心臓 → 右手
(イ) 小腸 → 肝臓 → 心臓 → 右手
(ウ) 小腸 → 心臓 → 肺 → 右手
(エ) 小腸 → 肝臓 → 心臓 → 肺 → 右手
(オ) 小腸 → 心臓 → 肺 → 心臓 → 右手
(カ) 小腸 → 肝臓 → 心臓 → 肺 → 心臓 → 右手

（2） 下線部bについて，鼻から吸った空気中の酸素が，最短経路で右手に届くまでに流れる血管の順を正しく示しているものを次の(ア)～(カ)から１つ選び，記号で答えよ。

(ア) 肺動脈 → 大動脈 → 右手の動脈
(イ) 肺静脈 → 大動脈 → 右手の動脈
(ウ) 肺動脈 → 肺静脈 → 大動脈 → 右手の動脈
(エ) 肺静脈 → 肺動脈 → 大動脈 → 右手の動脈
(オ) 大静脈 → 肺静脈 → 肺動脈 → 大動脈 → 右手の動脈
(カ) 大静脈 → 肺動脈 → 肺静脈 → 大動脈 → 右手の動脈

【4】 図１のような等間かくに９つの穴があいた金属の棒がある。それぞれの穴には１番から９番の番号がついており，支柱を取り付けたり，おもりをつるしたり，ばねばかりを取り付けたりすることができる。また，つるすおもりはすべて同じ重さで，1kgである。

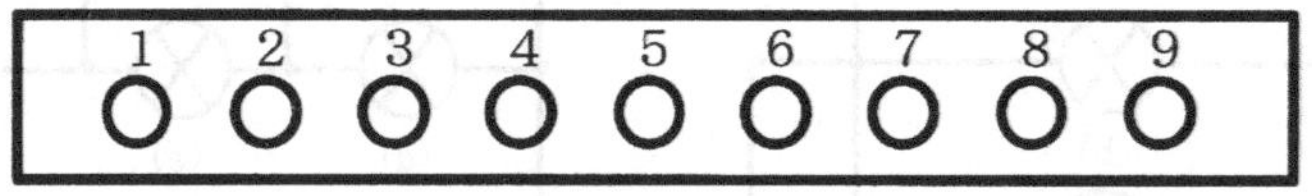

図１

図２のように５番の穴に支柱を取り付けたところ，棒は水平を保ったまま静止した。その後，２番の穴におもりを２個つるし，６番から９番の穴におもりをつるして棒の水平を保つことを考える。ただし，複数の穴に複数のおもりをつるしてもよい。

（1） 使用するおもりの数が最も少なくなるとき，６番から９番の穴に合計で何個のおもりが必要か。

（2） 使用するおもりの数が最も多くなるとき，６番から９番の穴に合計で何個のおもりが必要か。

（3） ６番の穴におもりをつるさない場合，おもりのつるし方は何通りあるか。

（4） おもりのつるし方は全部で何通りあるか。

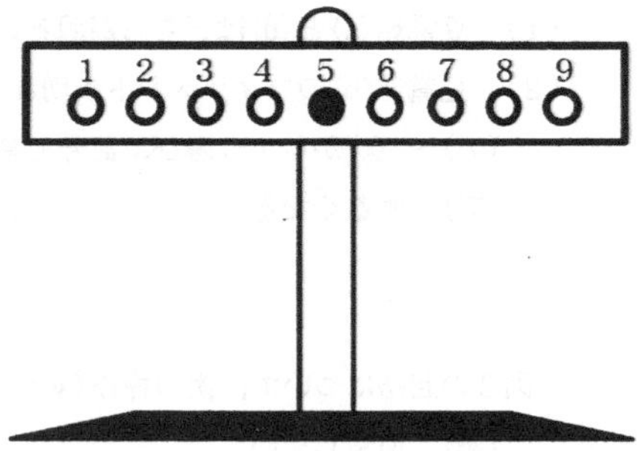

図２

次に，図３のように４番の穴に支柱を付けかえた。

（5） １番と２番の穴に１個ずつおもりをつるしたところ，棒は水平を保った。棒の重さは何 kg か。

（6） 図４のように９番の穴にばねばかりを取り付け，１番から８番の穴のいずれか１つにおもりを１個だけつるしたところ，棒は水平を保ち，ばねばかりは 1.6kg を示した。おもりをつるした穴の番号を答えよ。

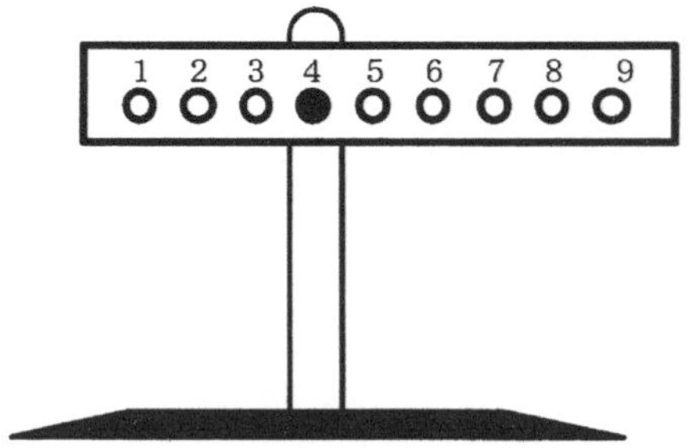

図３

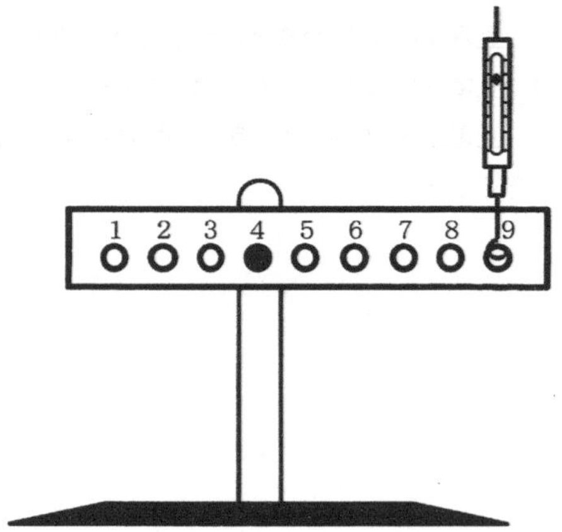

図４

【３】 レジ袋などの石油化学製品の原料には，エチレンという物質がよく使われている。エチレンは非常に燃えやすい気体であり，燃えると二酸化炭素と水になる。次の文章を読んで，下の問いに答えなさい。

５つの容器①～⑤を用意し，それぞれの容器にエチレンを30 cm³ずつ入れ，さらに酸素を次の表に示した量だけ加えてよく混ぜ，容器内の気体を燃やした。その後，生じた水を適当な方法によって取り除き，気体の体積を調べた。次に，石灰水を入れてよく振《ふ》った後，気体の体積を調べた。このとき石灰水と反応する気体はすべて吸収されたものとする。また，燃やしたときに生じる熱の量も調べ，それらをまとめると次の表のようになった。なお，表中の「カロリー」は，熱の量を表す単位であり，１カロリーは水1 gの温度を1℃高くするのに必要な熱の量である。また，気体の体積を調べるときは，気体中の水分を取り除き，温度と圧力を同じにしている。

容　器	①	②	③	④	⑤
加えた酸素の体積〔cm³〕	30	60	90	120	150
燃やして水を取り除いた後の気体の体積〔cm³〕	40	50	60	90	120
石灰水を入れてよく振った後の気体の体積〔cm³〕	20	10	0	30	60
燃やしたときに生じた熱の量〔カロリー〕	150	300	450	450	450

（１） 石灰水を入れてよく振った後に気体の体積を調べた際，容器①と⑤に残っていた気体の名称をそれぞれ答えよ。
（２） 50 cm³のエチレンを完全に燃やすのに必要な酸素は何cm³か。
（３） 50 cm³のエチレンを完全に燃やしたときに生じる二酸化炭素は何cm³か。

エチレンなどの気体を燃やして，水を温めることを考える。

（４） 0.6 Lの水の温度を５℃高くするのに必要なエチレンは何Lか。ただし，エチレンを燃やしたときに生じる熱はすべて水に吸収される。また，1 L＝1000 cm³であり，水１gの体積は1 cm³である。
（５） 別の気体Ｘを燃やして16 Lの水の温度を６℃高くするには，気体Ｘが４L必要であった。エチレン0.4 Lと気体Ｘを混ぜ合わせた気体を燃やして６Lの水を温めると，水の温度が７℃高くなった。混ぜ合わせた気体Ｘの体積は何Lか。ただし，気体を燃やしたときに生じる熱はすべて水に吸収される。

（３） c に入る文として**誤っているもの**を，次の(ア)～(エ)から１つ選び，記号で答えよ。
（ア） 管の両はしを折り取っては
（イ） ポンプに差し込む向きを間違っては
（ウ） 水などの液体を吸っては
（エ） 酸素用検知管はとても熱くなるので，冷えるまで触っては

（４） 下線部ｄについて，①と②では３種類の気体検知管はどのようになったと考えられるか。それぞれについて，次の(ア)～(エ)，(オ)～(キ)，(ク)～(コ)から適当なものを１つずつ選び，記号で答えよ。

酸素（酸素用検知管６ ～ 24%用）

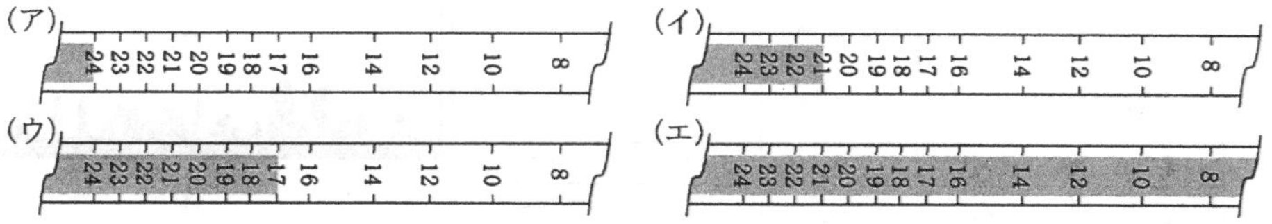

二酸化炭素（二酸化炭素用検知管 0.03 ～ 1%用）

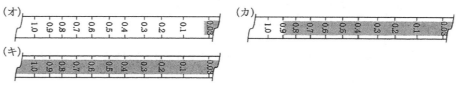

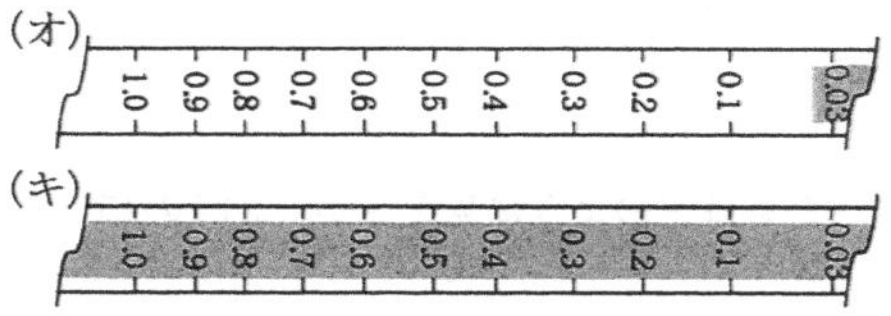

二酸化炭素（二酸化炭素用検知管 0.5 ～ 8%用）

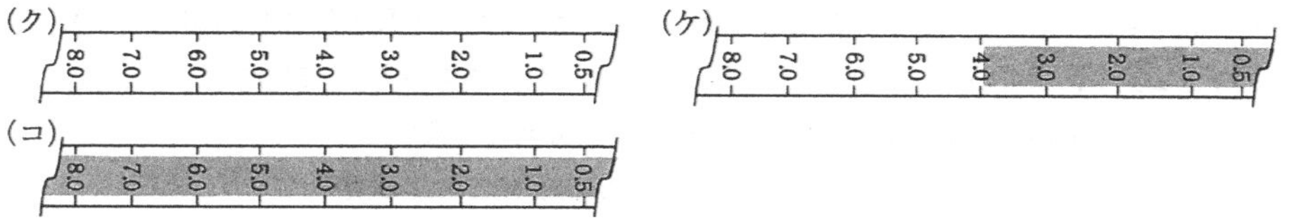

（５） 午後１時の③の袋中の気体の濃度を酸素用検知管で測定すると，①に比べて酸素はあまり増えていなかった。その理由として考えられる最も適当なものを，次の(ア)～(オ)から１つ選び，記号で答えよ。
（ア） 十分な水がなかった。　（イ） 十分な養分がなかった。
（ウ） 十分な酸素がなかった。　（エ） 十分な二酸化炭素がなかった。
（オ） 十分な温度まで上昇しなかった。

（６） 午後１時に③の袋を見ると，少量の水がたまっていた。このように，植物体から水が出ていく作用を何というか。**漢字２文字**で書け。

（７） 午後１時に⑤の袋を見ると，中がわずかにくもっていた。アイとヒカルが考えた次のⅠ～Ⅲの理由のうち，実際に可能性のあるものはどれか。下の(ア)～(キ)から１つ選び，記号で答えよ。
Ⅰ　葉を取った切り口から出た水のため。
Ⅱ　実験開始時の袋中にあった空気中の水分のため。
Ⅲ　（６）の作用で枝から出た水のため。
（ア） Ⅰ　（イ） Ⅱ　（ウ） Ⅲ
（エ） ⅠとⅡ　（オ） ⅠとⅢ　（カ） ⅡとⅢ　（キ） ⅠとⅡとⅢ

（８） (ⅰ)枝の呼吸量，(ⅱ)葉の呼吸量，(ⅲ)葉の光合成量を，①と③～⑥の測定で得られた二酸化炭素量で表すとどうなるか。適当な式を次の(ア)～(カ)からそれぞれ１つずつ選び，記号で答えよ。
（ア） ⑥　（イ） ⑥－①　（ウ） ④－⑥
（エ） ④－⑥－①×２　（オ） ④－③　（カ） ④－③＋①×２

【2】 松山に住む太郎君は，月の観察を行った。次の問いに答えなさい。

（1） ある日，太郎君が月を観察したところ，ちょうど半月が南中していた。この数時間後，月が図1のAの位置にきたとき，月はどのように見えるか。次の(ア)～(コ)から正しいものを1つ選び，記号で答えよ。

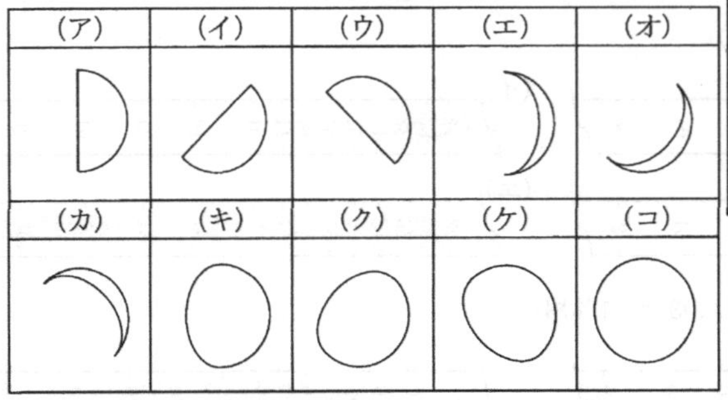

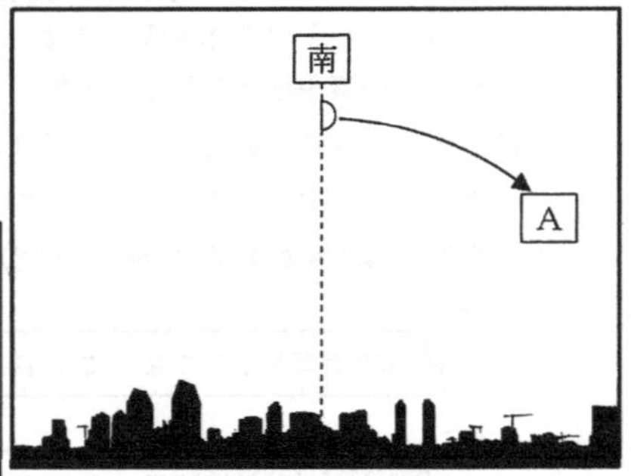

図1

（2） (1)の4日後に再び月を観察したとき，南中した月はどのように見えるか。(1)の(ア)～(コ)から正しいものを1つ選び，記号で答えよ。

（3） 太郎君は，満月と下弦《げん》の月を観察したいと思った。これらの月を観察するには，いつ，どの方角の空を観察すればよいか。次の(ア)～(カ)からそれぞれ1つずつ選び，記号で答えよ。

(ア) 午前6時ごろ南の空　　(イ) 午前6時ごろ東の空
(ウ) 午前6時ごろ北の空　　(エ) 深夜12時ごろ南の空
(オ) 深夜12時ごろ西の空　　(カ) 深夜12時ごろ北の空

太郎君は月の高度を測定するため，分度器とタピオカミルクティー用の太いストロー，ひもとおもりを組み合わせて図2のような器具を作った。

（4） 月の高度をより正確に測定するための工夫として，適当なものを次の(ア)～(エ)から1つ選び，記号で答えよ。

(ア) 長いストローと大きい分度器を用いる。
(イ) 長いストローと小さい分度器を用いる。
(ウ) 短いストローと大きい分度器を用いる。
(エ) 短いストローと小さい分度器を用いる。

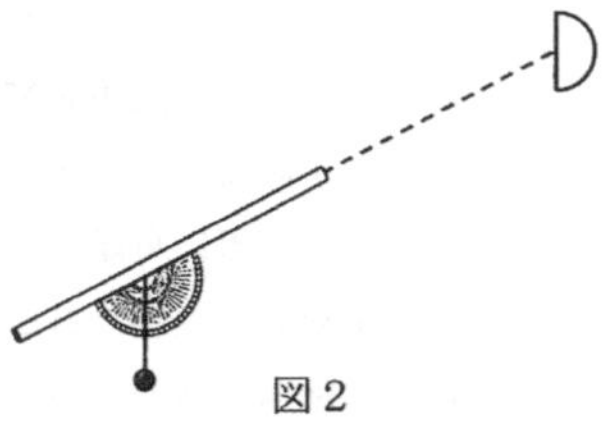
図2

（5） 太郎君は，大阪，仙台，東京，八丈島，福岡に住む友人をさそって，同じ日に月の南中時刻と南中高度を測定することにした。観測当日，大阪，仙台，東京，八丈島，福岡に住む友人は観測を無事行うことができたが，太郎君の住む松山(北緯《い》33.9度，東経132.8度)はくもっていたため，月の観測を行うことができなかった。もし松山で観測ができていた場合，月の南中時刻と南中高度はどのようになるか。次に示す観測結果をもとにして，下の(ア)～(カ)から適当なものをそれぞれ1つずつ選び，記号で答えよ。必要であれば，下のグラフ用紙を自由に使ってよい。

場所	北緯(度)	東経(度)	月の南中時刻	月の南中高度(度)
大阪	34.7	135.5	19:41:12	62.6
仙台	38.3	140.9	19:19:05	58.9
東京	35.7	139.8	19:23:45	61.5
八丈島	33.1	139.8	19:23:41	64.1
福岡	33.6	130.4	20:02:22	63.7

南中時刻
(ア) 19:30～19:35　(イ) 19:35～19:40　(ウ) 19:40～19:45
(エ) 19:45～19:50　(オ) 19:50～19:55　(カ) 19:55～20:00

南中高度
(ア) 58.0度以上59.0度未満　(イ) 59.0度以上60.0度未満　(ウ) 60.0度以上61.0度未満
(エ) 61.0度以上62.0度未満　(オ) 62.0度以上63.0度未満　(カ) 63.0度以上64.0度未満

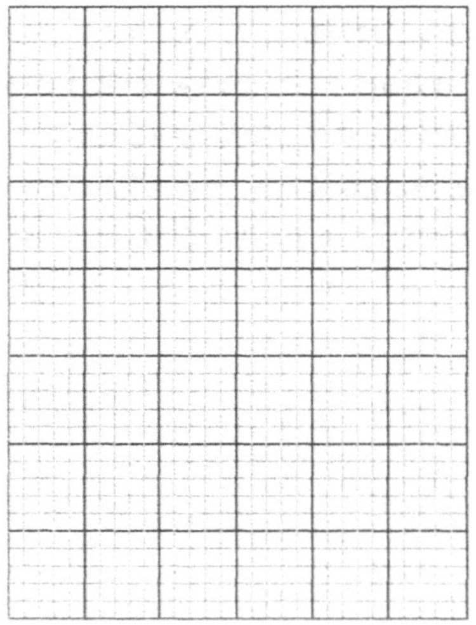

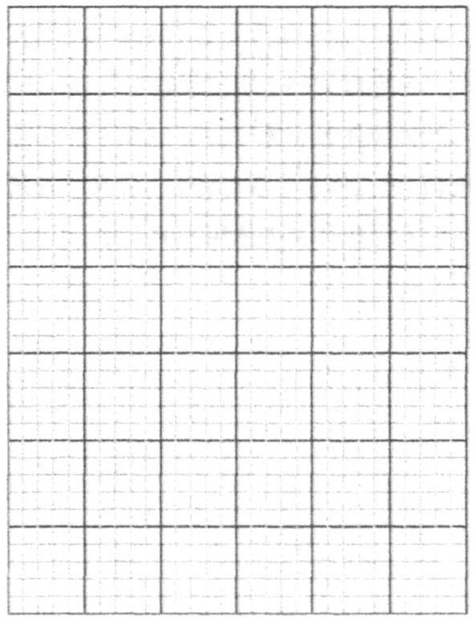

令和３年度　愛光中学校入学試験問題

社会

（40分）

問２　下線部(イ)に関連して，国会・内閣・裁判所の関係を示す右の図中のＸ・Ｙ・Ｚには，以下の①～④の内容があてはまる。その組み合わせとして適当なものを，下の（あ）～（か）の中から１つ選びなさい。

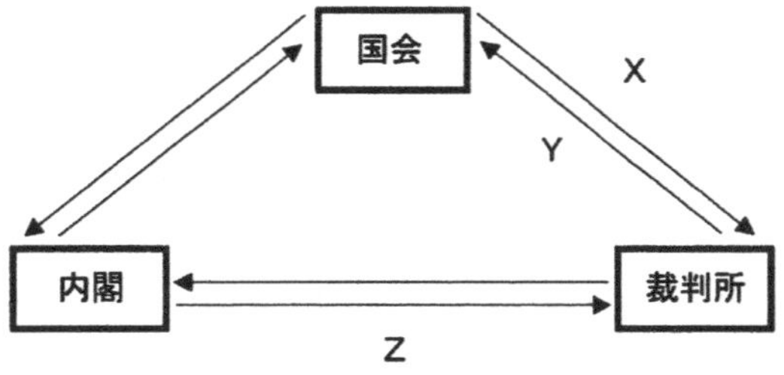

①　最高裁判所長官を指名する。
②　裁判官をやめさせるかどうかの裁判をおこなう。
③　衆議院の解散を決める。
④　法律が憲法に違反《いはん》していないかを審査《しんさ》する。

	(あ)	(い)	(う)	(え)	(お)	(か)
X	①	①	①	②	②	②
Y	③	③	④	③	③	④
Z	②	④	②	①	④	①

問３　下線部(ウ)に関連して述べた次の文のうち，誤っているものを１つ選びなさい。
(あ) 国民の意見を裁判にいかすため国民が裁判員として裁判に参加する。
(い) 国民は国会議員をやめさせる請求《せいきゅう》をすることができる。
(う) 憲法を改正するときには国民投票をおこなうことが必要である。
(え) 最高裁判所の裁判官について国民審査がおこなわれている。

問４　下線部(エ)に関連して述べた次の文のうち，誤っているものを１つ選びなさい。
(あ) 国際連合の本部はニューヨークにある。
(い) 国際連合の活動を支える分担金にしめる日本の負担の割合は，加盟国の中で最大である。
(う) 国際連合では，安全保障理事会を中心に国際社会の争いごとを解決する。
(え) 教育・科学・文化のための国際連合の組織としてユネスコがある。

問５　下線部(オ)に関連して述べた次の文のうち，誤っているものを１つ選びなさい。
(あ) 政府は，支援を必要とする国に対して，ＯＤＡとして資金や技術を提供している。
(い) ＪＩＣＡの事業として，発展途上《とじょう》国に青年海外協力隊が派遣されている。
(う) 国際協力を進めるために，政府はNGOを運営している。
(え) 日本は，ユニセフから子どもたちの給食への支援を受けていた時期がある。

《答えはすべて解答用紙に記入しなさい。選択《せんたく》問題については，記号で答えなさい。》

1　次の文章は，日本に住んでいる直樹さんが海外に住んでいる日本人の小学生とそれぞれの国の行事についてテレビ電話で会話しているようすです。これを読み，後の問いに答えなさい。

直樹：みなさん，こんにちは。今日はみなさんの国で行われている行事やお祭りについて教えて下さい。最初に，中国にいる陽子さんからお願いします。

陽子：こんにちは，(ア)シャンハイに住んでいる陽子です。中国では旧暦《きゅうれき》の正月を祝う春節という伝統的な行事があります。正月を迎《むか》えるために家族みんなで掃除《そうじ》をして，玄関《げんかん》に赤い提灯を飾《かざ》って準備をします。街のあちこちで商売繁盛《はんじょう》を願う獅子舞《ししまい》や竜舞《りゅうまい》がおこなわれ，爆竹《ばくちく》を鳴らす大きな音が聞こえてきます。この春節の期間には，多くの学校や会社がお休みになり，都市部の人たちはそれぞれの故郷に帰って親せきや家族と一緒《いっしょ》に過ごします。

直樹：親せきや家族が集まって新年をお祝いするのですね。日本のお正月とよく似ていますね。

陽子：近年では(イ)貿易や観光などで結びつきが強い日本と中国ですが，歴史的にも古くからつながりがあります。実は，お年玉を子どもにわたす習慣も，中国に起源があるのですよ。

直樹：そうなんですね，お年玉の起源が中国にあったとは知らなかったです。ありがとうございました。次は，アメリカに住んでいる太郎《たろう》君に，アメリカのお祭りについて聞いてみます。太郎君，よろしくお願いします。

太郎：こんにちは，(ウ)ニューヨークに住んでいる太郎です。アメリカでは10月31日の夜に仮装した子供たちが近所の家々をまわり，お菓子《かし》をもらうハロウィンが行われます。このお祭りはヨーロッパからアメリカにわたってきた人たちによって伝えられ，(エ)アメリカ全土に広まったといわれています。最近では日本でもあちらこちらでハロウィンのイベントが行われていると聞きました。楽しそうですね。

直樹：去年のハロウィンには僕《ぼく》も仮装をしてお父さんと街へ行きました。とても楽しかったです。アメリカでもハロウィンに参加してみたいと思いました。

太郎：とても楽しいお祭りなので，ぜひ一度，アメリカでのハロウィンを経験してほしいです。

直樹：太郎君，どうもありがとうございました。次は修一君に聞いてみたいと思います。修一君は石油会社で働くお父さんの仕事のため，(オ)サウジアラビアのリャドでくらしています。よろしくお願いします。

修一：サウジアラビアの修一です。こんにちは。(カ)イスラム教が人々のくらしと結びついているこの国では，お祭りについても宗教とのつながりが強いです。中でも，断食明けの大祭は多くの人たちが楽しみにしています。その日は親せきや家族が集まり，みんなでごちそうを食べたり，プレゼントを交換《こうかん》し合ったりする特別な日です。イスラム教徒ではない僕たち家族も，近所の人に招かれて一緒にお祝いをしました。食べきれないくらいのごちそうをいただいて，お腹いっぱいになったことを覚えています。

直樹：日本ではイスラム教やそのお祭りに触《ふ》れる経験はあまりないのでうらやましいです。イスラム教のお祭りは他にもあると思うので，どんなものがあるかまた教えて下さい。(キ)それぞれの地域にさまざまな宗教やくらし方があるように，いろいろな行事やお祭りがあることが分かりました。みなさん，今日はありがとうございました。

問1　下線部(ア)に関連して，この都市の雨温図として正しいものを，次の中から1つ選びなさい。

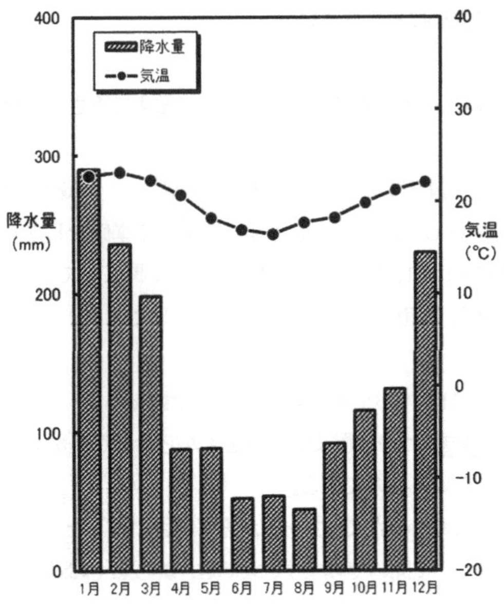

(あ)

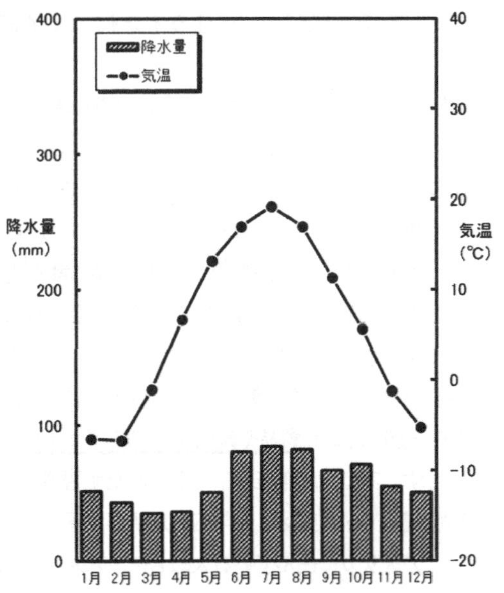

(い)

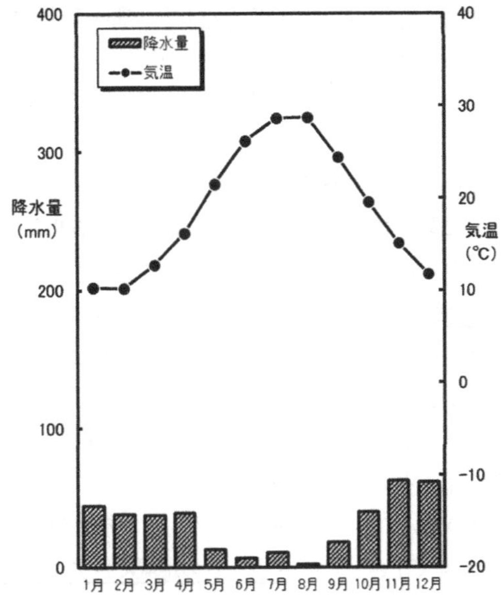

(う)

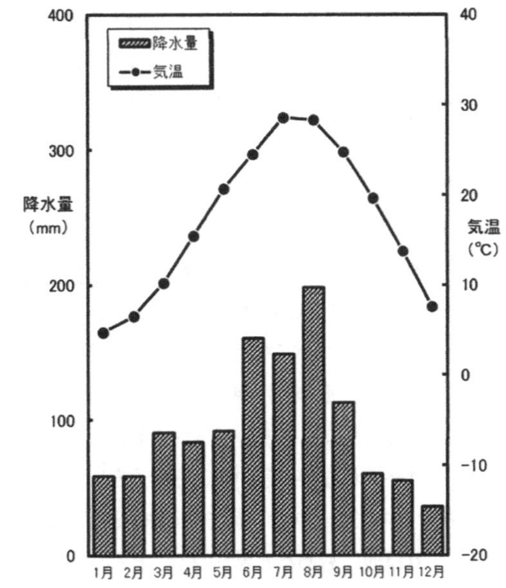

(え)

(2019年　気象庁HPより作成)

5　ある小学校の社会科の授業のようすを示した次の文を読んで，後の問いに答えなさい。

先　生：小学校生活ももうすぐ終わりますね。今日は6年生になって学習した日本の政治のしくみや，国際社会とそこでの日本の役割について思い出してみましょう。では，Aさんは，真っ先に何を思いうかべますか。

Aさん：初めに(ア)日本国憲法について学習したことを思い出します。私たちのおじいさんやおばあさんが生まれたころに新しい憲法がつくられたと知りました。

先　生：今の憲法がつくられて，まだ70年ほどしかたっていないのですね。Bさんは何か思いつきますか。

Bさん：日本の政治制度について学びました。みんなで三権分立を示した三角形の図をえがきました。

先　生：(イ)国会・内閣・裁判所がそれぞれ仕事を分担して，おたがいに確認し合うしくみになっているのでしたね。Cさんはどうですか。

Cさん：国民と政治とのかかわりについて興味をもちました。(ウ)国民の政治参加は選挙だけではないことを知りました。

先　生：国民が政治にかかわるためのさまざまな方法を学びましたね。ここまでの話は日本に関することでしたが，国際社会に関することでは，Dさん何かありませんか。

Dさん：私は，(エ)国際連合が世界の平和をまもるために，経済，社会，文化，人権などに関してさまざまな活動をしていることが印象深かったです。

先　生：そうですね，国連は，そのためにたくさんの組織を設けていることを学習しましたね。Eさんは，何かありますか。

Eさん：私は，(オ)戦後の復興の時期に支援《しえん》を受けた日本や日本人が，今日では世界中でいろいろな国際協力をしていることが心に残りました。

先　生：みんなのなかにも，海外で活やくする人も出てくるでしょうね。今日ふりかえったことがらは，中学校の社会科では公民という分野にあたります。政治に加えて経済のこともくわしく学ぶことになります。楽しみにしてくださいね。

問1　下線部(ア)について述べた次の文X・Yについて，その正誤の組み合わせとして正しいものを，下の中から1つ選びなさい。

X　前文に示される三つの原則とは，国民主権，三権分立，基本的人権の尊重である。

Y　天皇は，国や国民のまとまりの象徴《しょうちょう》であり，政治についての権限はもたない。

(あ) X　正　　Y　正　　　(い) X　正　　Y　誤

(う) X　誤　　Y　正　　　(え) X　誤　　Y　誤

問５　下線部(ｵ)に関連して，日本ではラジオ放送が1925年に開始されました。次のうちで，この1925年の日本でのできごととして誤っているものを１つ選びなさい。

（あ）世界恐慌《きょうこう》の影響でひどい不景気におちいった。

（い）男子普通《ふつう》選挙法が制定された。

（う）治安維持《いじ》法が制定された。

（え）ソ連との国交を樹立した。

問６　下線部(ｶ)について，これらの戦争に関連して述べた文として，誤っているものを１つ選びなさい。

（あ）第一次世界大戦に日本は参戦し，戦勝国となった。

（い）第一次世界大戦の末期に，日本では米騒動《そうどう》がおこった。

（う）第二次世界大戦中に満州国が建国された。

（え）第二次世界大戦で日本は，スマトラやジャワなどを占領《せんりょう》した。

問７　下線部(ｷ)について，この1980年の大会に参加しなかった国として誤っているものを，次のうちから１つ選びなさい。

（あ）日本　　（い）イタリア　　（う）西ドイツ　　（え）ポーランド

問８　下線部(ｸ)について，日本は1938年にこの大会の開催を断りました。断った理由の説明として最も適切なものを，次のうちから１つ選びなさい。

（あ）五・一五事件で首相が暗殺された。

（い）日本への非難決議を受けて，国際連盟を脱退《だったい》した。

（う）中国との全面的な戦争に突入《とつにゅう》し，首都南京《なんきん》を占領《せんりょう》した後も戦争が継続《けいぞく》していた。

（え）日本各地の都市が空襲《くうしゅう》を受けた。

問９　下線部(ｹ)に関連して，次のできごとのうち，1964年よりも後におこったものを１つ選びなさい。

（あ）日本でテレビ放送が開始された。　　（い）日本が国際連合に加盟した。

（う）初めて日米安全保障条約が締結《ていけつ》された。　　（え）沖縄《おきなわ》が日本に返還《へんかん》された。

問10　下線部(ｺ)について，日本の高度経済成長に関係する次のできごとⅠ～Ⅲを，古いものから年代順に正しくならべかえたものを，下の中から１つ選びなさい。

Ⅰ　国民総生産が世界第２位になった。

Ⅱ　所得倍増計画が発表された。

Ⅲ　『経済白書』で「もはや戦後ではない」と書かれた。

（あ）Ⅰ－Ⅱ－Ⅲ　　（い）Ⅰ－Ⅲ－Ⅱ　　（う）Ⅱ－Ⅰ－Ⅲ

（え）Ⅱ－Ⅲ－Ⅰ　　（お）Ⅲ－Ⅰ－Ⅱ　　（か）Ⅲ－Ⅱ－Ⅰ

問２　下線部(ｲ)に関連して，以下の設問に答えなさい。

（１）日本は，中国から多くのものを輸入しています。次の図（あ）～（え）は，アメリカ・中国・韓国《かんこく》・ブラジルのいずれかの国からの日本の輸入品目とその割合を示したものです。中国にあてはまるものを１つ選びなさい。

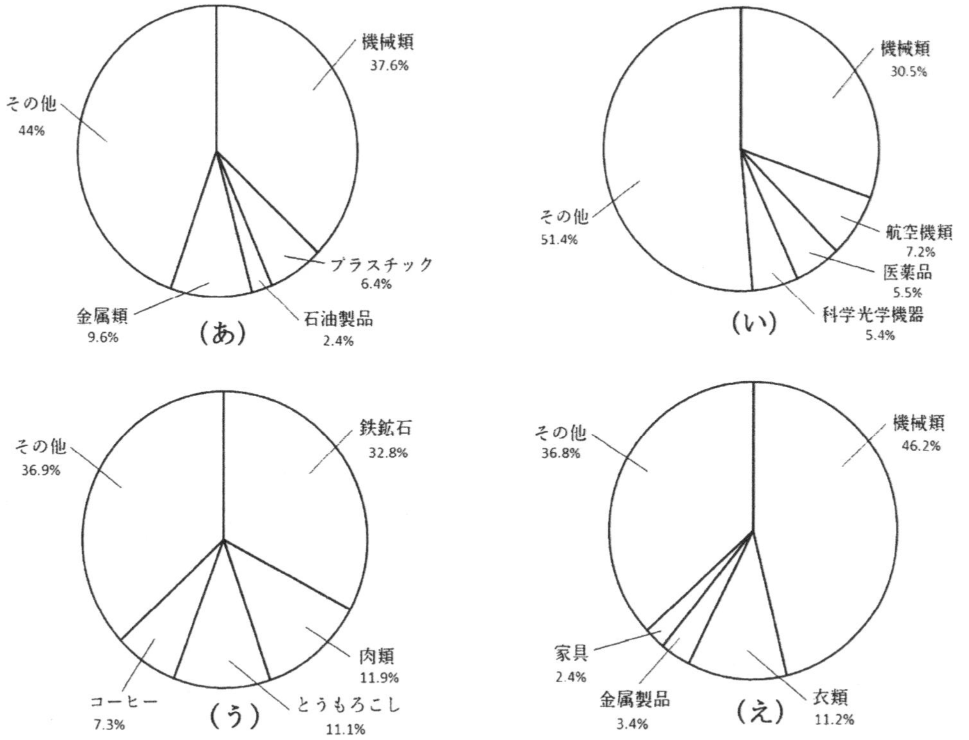

（『日本国勢図会 2017／2018』より作成）

（２）現在では，海外の国々との結びつきが強くなり，さまざまな国に住む日本人も多くなりました。同時に，日本に住む外国人も多くなりました。次の表は，海外に住んでいる日本人の国ごとの人数，および日本に住む外国人の国ごとの人数，それぞれの上位５か国を示したものです。表の①～④には，中国，韓国，アメリカのいずれかがあてはまります。このうち，中国にあたるものの組み合わせとして正しいものを，下の（あ）～（え）の中から１つ選びなさい。

（単位：人）

海外に住んでいる日本人		日本に住んでいる外国人	
①	446,925	③	813,675
②	120,076	④	446,364
オーストラリア	98,436	ベトナム	411,968
タイ	75,647	フィリピン	282,798
カナダ	73,571	ブラジル	211,677

（外務省「2019年海外在留邦人《ほうじん》数調査統計」および法務省「2019年在留外国人統計表」より作成）

（あ）①③　　（い）①④　　（う）②③　　（え）②④

問3　下線部(ウ)に関連して，東京からニューヨークまで，飛行機で最短コースを進むとしたとき，次のうちのいずれの上空を通過しますか。最も適当なものを１つ選びなさい。

(あ) ハワイ諸島　　(い) フロリダ半島　　(う) メキシコ高原　　(え) 五大湖

問4　下線部(エ)に関連して，アメリカの国土や人々について述べた次の文X・Yについて，その正誤の組み合わせとして正しいものを，下の中から１つ選びなさい。

X　ニューヨークとロサンゼルスの間に時差はない。

Y　日本の約 25 倍の国土を持ち，14 億人あまりの人々がくらしている。

(あ) X 正　Y 正　　(い) X 正　Y 誤

(う) X 誤　Y 正　　(え) X 誤　Y 誤

問5　下線部(オ)について，サウジアラビアの場所を次の地図中の（あ）～（え）の中から１つ選びなさい。

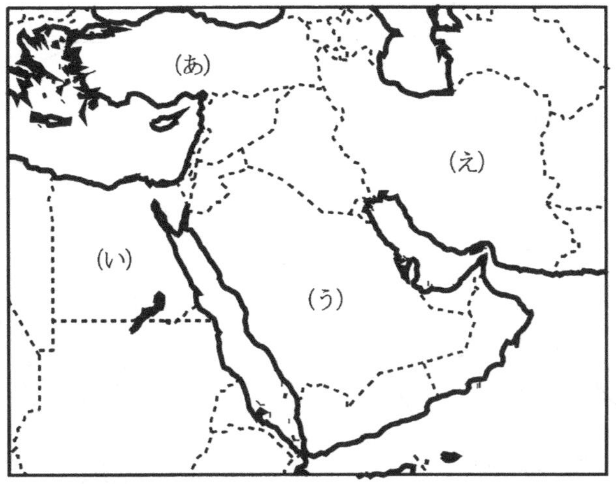

問6　下線部(カ)について，イスラム教に最も関係の深いものを，次の写真の中から１つ選びなさい。

(あ)

(い)

(う)

(え)

4　次の文は，ある中学生が夏休み明けの社会の授業中に発表したものです。これを読んで，後の問いに答えなさい。

僕《ぼく》はこの夏に東京オリンピックを見に行く予定でしたが，延期になって見に行くことができませんでした。オリンピックが延期になったのは初めてだそうで，オリンピックや，オリンピックにまつわる日本の歴史について興味を持ちました。(ア)近代オリンピックが始まったのは 1896 年だそうです。日本が初めて参加したのは(イ)1912 年のストックホルム大会で，選手はたった２名だったそうです。結果は予選落ちや棄権《きけん》などで，(ウ)「世界の一等国」と自覚していた日本でしたが，スポーツではまだまだ世界との差が大きいことを見せつけられたとのことです。しかし 1924 年のパリ大会で日本は初のメダルを獲得《かくとく》し，さらに 1928 年のアムステルダム大会では金メダル２個を含《ふく》む合計５個のメダルを獲得して大躍進《やくしん》しました。そのような中，(エ)1936 年のベルリン大会では初めての聖火リレーがおこなわれたり，(オ)初めて日本に向けたラジオによる実況中継《じっきょうちゅうけい》がおこなわれたりするなどして，人々の関心は高まっていきました。

ところで今回の東京大会は延期となりましたが，夏のオリンピックは過去には中止になったことや，多くの国が参加しないこともありました。前者は(カ)1916 年，1940 年，1944 年の大会です。これらはいずれも戦争が原因です。また後者は(キ)1980 年のモスクワ大会と，1984 年のロサンゼルス大会です。これらは東西冷戦が原因ということです。

今述べたように，(ク)1940 年の大会は中止になりましたが，これはもともと東京で開催《かいさい》される予定でした。実は冬のオリンピックも，1940 年に札幌《さっぽろ》で開催される予定だったそうです。これらは日本で初めて開催されるはずの大会でしたが，幻《まぼろし》のものとなってしまいました。実際に日本で初めて開催されたのは(ケ)1964 年の東京大会で，この大会は敗戦後の復興や(コ)高度経済成長のシンボルとして世界には受け止められたそうです。その後，日本では 1972 年の札幌，1998 年の長野と，冬の大会が開催されています。2020 年は 56 年ぶりの東京での開催予定でしたが延期となりました。けれども 2021 年には実施《じっし》される予定ですから，とても楽しみです。

問1　下線部(ア)に関連して，近代オリンピックは古代ギリシャのスポーツの祭典の理念をモデルとして始まりました。そのため第１回の近代オリンピックはギリシャの首都で開催されましたが，それはどこですか。

問2　下線部(イ)に関連して，次のうちで 1912 年までにおこったできごととして，誤っているものを１つ選びなさい。

(あ) 日本が韓国《かんこく》を併合《へいごう》して植民地とした。

(い) 関東大震災《しんさい》が発生した。

(う) 日本がアメリカと関税自主権を回復する取り決めをした。

(え) 南満州鉄道株式会社が設立された。

問3　下線部(ウ)について，このような意識は日露《にちろ》戦争に勝利したことが大きく影響《えいきょう》しています。日露戦争に関連して述べた次の文のうち，誤っているものを１つ選びなさい。

(あ) 日露戦争を前に，日本はイギリスと同盟国となった。

(い) 日露戦争中にロシアでは革命運動がおこった。

(う) 日本海海戦では東郷平八郎《へいはちろう》の指揮する艦隊《かんたい》がロシアの艦隊を破った。

(え) 日露戦争後の講和条約で日本は多額の賠償《ばいしょう》金をえた。

問4　下線部(エ)について，ベルリン大会は，当時ドイツで政権を握《にぎ》ったある政党が政治的に利用した大会といわれることがあります。この政党の名前をカタカナで答えなさい。

問８　下線部(ク)に関連して，次の浮世絵をえがいた人物を下の中から１つ選びなさい。

(あ) 葛飾北斎《かつしかほくさい》　(い) 雪舟《せっしゅう》　(う) 歌川広重《うたがわひろしげ》　(え) 東洲斎写楽《とうしゅうさいしゃらく》

【Ｅ】2020年の年明けに，西郷隆盛《さいごうたかもり》が1868年に出したと考えられる手紙が発見されました。見つかった手紙は，(ケ)明治新政府軍と旧江戸幕府軍の戦いのさなかに出されたようで，新政府軍の西郷が部下を心配しているようすが読み取れるそうです。この戦いに勝利した新政府は，その後さまざまな改革をおこなっていきます。しかし，1873年に西郷は政府をはなれ，(コ)政府に反対することになります。この手紙を書いた時の西郷は，そのような未来を知るよしもありません。

問９　下線部(ケ)に関連して，この戦いがおきたころのできごとを述べた次の文Ⅰ～Ⅲを，古いものから年代順に正しくならべかえたものを，下の中から１つ選びなさい。

Ⅰ　江戸城が新政府軍に開城された。

Ⅱ　薩摩藩《さつまはん》と長州藩が同盟をむすんだ。

Ⅲ　徳川慶喜《よしのぶ》が政権を朝廷《ちょうてい》に返した。

(あ)　Ⅰ－Ⅱ－Ⅲ　　(い)　Ⅰ－Ⅲ－Ⅱ　　(う)　Ⅱ－Ⅰ－Ⅲ

(え)　Ⅱ－Ⅲ－Ⅰ　　(お)　Ⅲ－Ⅰ－Ⅱ　　(か)　Ⅲ－Ⅱ－Ⅰ

問10　下線部(コ)に関連して，明治政府に反対する動きは，武力による反乱と言論での主張のふたつに分けることができます。これらについて述べた次の文Ｘ・Ｙについて，その正誤の組み合わせとして正しいものを下の中から１つ選びなさい。

Ｘ　士族によって西南戦争がおこされたが，その後，士族による反乱はなくなった。

Ｙ　板垣退助《いたがきたいすけ》から国会開設の要望書が出されたため，政府は10年後に国会を開くことを約束した。

(あ) Ｘ　正　　Ｙ　正　　(い) Ｘ　正　　Ｙ　誤

(う) Ｘ　誤　　Ｙ　正　　(え) Ｘ　誤　　Ｙ　誤

問７　下線部(キ)に関連して，世界の人々のくらしについて述べた文Ｘ・Ｙについて，その正誤の組み合わせとして正しいものを，下の中から１つ選びなさい。

Ｘ　韓国の人々は，独自のハングル文字を使っている。

Ｙ　インドでは，多くの人々がヒンドゥー教を信仰《しんこう》している。

(あ) Ｘ　正　　Ｙ　正　　(い) Ｘ　正　　Ｙ　誤

(う) Ｘ　誤　　Ｙ　正　　(え) Ｘ　誤　　Ｙ　誤

2　ある中学校の社会の授業で，「東日本大震災《だいしんさい》後の復興に向けた取り組みについて調べる」という宿題が出されました。次の文は，３人の生徒の発表のようすです。この文を読み，後の問いに答えなさい。

【Ａ】私は，宮城県南三陸《みなみさんりく》町の復興に向けた取り組みを紹介《しょうかい》します。この町で長年行われてきたかきなどの(ア)養殖《ようしょく》業は，(イ)2011年３月11日に発生した大地震《じしん》による津波《つなみ》でいかだなど必要な設備や道具が流されてしまい，大変な被害《ひがい》を受けました。廃業《はいぎょう》寸前にまで追《お》い込《こ》まれたこの町の漁師たちは，ゼロから再スタートするならもとの養殖業にもどるのではなく，自然になるべく負荷をかけない養殖業をめざすことを決め，いかだの数を減らすことで海中の酸素のめぐりをよくするなどの工夫を始めたそうです。こうした取り組みが実を結び，この町でとれる「南三陸戸倉《とぐら》っこかき」は，(ウ)環境《かんきょう》と社会に配慮した養殖業を認証するＡＳＣ国際認証を日本で初めて取得しました。津波による大きな被害というピンチを，持続可能な水産業へと転換《てんかん》するチャンスに変えた，とても興味深い取り組みだと思いました。

【Ｂ】私は，福島県いわき市の復興に向けた取り組みを紹介します。(エ)福島第一原子力発電所の事故によって，放射性物質が広範囲《こうはんい》に放出されたことで，いわき市の農業にも大きな被害が出ました。長く続いた出荷制限や，その後の風評被害などで，農業を断念する人たちが多く出てしまったそうです。こうした苦境のなか発足したのが「ふくしまオーガニックコットンプロジェクト」です。このプロジェクトは放射性物質の影響を受けにくいといわれる綿花を，生産者や市民，学校，企業《きぎょう》の人たちが一緒になって，無農薬で育て収穫されたコットン（木綿）を製品化して販売するというもので，(オ)地域の農業の再生だけでなく，新たな雇用を生み出すことにもつながっているそうです。今後も，いわき市から環境にも健康にも優しい綿花生産を世界にアピールし続けて欲しいです。

【Ｃ】私は，(カ)岩手県宮古《みやこ》市の復興に向けた取り組みを紹介します。私のおじいさんの家は，宮古市田老《たろう》地区にあります。おじいさんから，この地区は昔からたびたび津波に襲《おそ》われてきたため，震災前から巨大な防潮堤が築かれていたと聞きました。しかし大地震による津波でその一部が壊《こわ》れ，低地の建物の多くは被災《ひさい》してしまいました。４階まで浸水《しんすい》した「たろう観光ホテル」もその１つです。震災後，宮古市では，このホテルのような田老地区の被災した建物を取り壊すのではなく，津波の教訓を語り継《つ》ぐ震災遺構として保存することが決まりました。ここではこれらの遺構をめぐりながら，震災の恐《おそ》ろしさや命の大切さを伝える「学ぶ防災ガイドツアー」が実施《じっし》されています。こうした取り組みは，日本全国や世界中から訪れた人々の(キ)防災意識を高めることにもつながる，貴重なものだと感じました。

問１　下線部(ｱ)に関連して，次の図は日本の漁業種類別生産量の推移を示したものであり，(あ)～(え)には，遠洋漁業，沖合《おきあい》漁業，沿岸漁業，海面養殖業のいずれかがあてはまります。海面養殖業の生産量にあたるものを（あ）～（え）の中から１つ選びなさい。

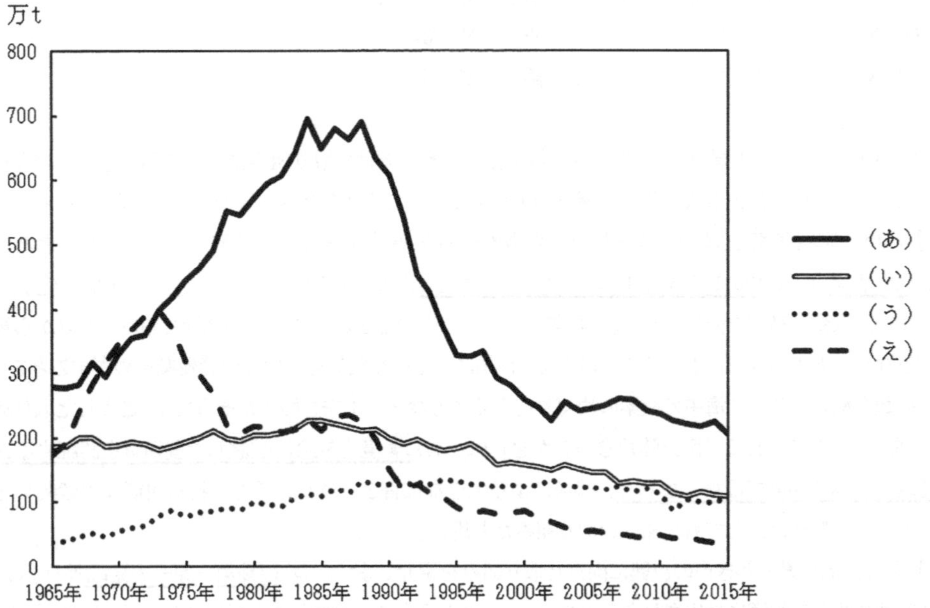

（農林水産省「漁業・養殖業生産統計」より作成）

問２　下線部(ｲ)について述べた次の文中の空らん X ・ Y にあてはまるプレート名の組み合わせとして正しいものを，下の（あ）～（く）の中から１つ選びなさい。

> この大地震は， X プレートが Y プレートに沈《しず》み込む日本海溝《かいこう》付近で発生した地震で，日本周辺における観測史上最大のマグニチュード9.0を記録しました。

(あ) X　北アメリカ　　Y　太平洋　　　(い) X　北アメリカ　　Y　フィリピン海
(う) X　ユーラシア　　Y　太平洋　　　(え) X　ユーラシア　　Y　フィリピン海
(お) X　太平洋　　Y　北アメリカ　　　(か) X　太平洋　　Y　ユーラシア
(き) X　フィリピン海　　Y　北アメリカ　　　(く) X　フィリピン海　　Y　ユーラシア

問３　下線部(ｳ)に関連して述べた次の文中の，下線部の略称《りゃくしょう》をアルファベット４字で答えなさい。

> 2015年９月，ニューヨークの国連本部で「持続可能な開発サミット」が開かれ，持続可能な社会を実現するための2030年までの行動計画が立てられました。この計画の中心として示されたのが「持続可能な開発目標」で，17個の目標が示されました。その14番目の「海の豊かさを守ろう」という目標を達成するには，「海のエコラベル」と呼ばれるＡＳＣの認証制度は有効な手段の１つといわれています。

問４　下線部(ｴ)について述べた次の文Ｘ・Ｙについて，その正誤の組み合わせとして正しいものを，下の中から１つ選びなさい。

Ｘ　承久の乱の勝利によって，幕府の支配は西国にまでおよぶようになった。
Ｙ　幕府は御成敗式目《ごせいばいしきもく》をつくっていたため，承久の乱で御家人《ごけにん》たちは結束して戦った。

(あ) X　正　Y　正　　　(い) X　正　Y　誤
(う) X　誤　Y　正　　　(え) X　誤　Y　誤

【Ｃ】2020年６月，(ｵ)豊臣秀吉《とよとみひでよし》につかえた武将によって書かれた日記が，インターネット・オークションに出品されていたことが明らかになりました。この日記には，秀吉が天下統一をなしとげた後のできごとが記されています。秀吉は，(ｶ)大阪《おおさか》に城を築いて拠点《きょてん》としましたが，天下を統一したあとは，京都にも城を築き，そこでくらしていました。見つかった日記には，秀吉による最初の朝鮮《ちょうせん》への出兵がおわった次の年のことが書かれており，このころの秀吉のくらしや政治について，新しく知ることができるかもしれません。

問５　下線部(ｵ)に関連して，豊臣秀吉について述べた次の文中の空らん X ・ Y にあてはまる人物名の組み合わせとして正しいものを，下の中から１つ選びなさい。

> 豊臣秀吉は， X につかえて有力な武将となり，1582年に Y が X にそむくと，直ちに Y を打ち破りました。

(あ) X　武田勝頼《たけだかつより》　Y　明智光秀《あけちみつひで》　　　(い) X　武田勝頼　Y　徳川家康《とくがわいえやす》
(う) X　織田信長《おだのぶなが》　Y　明智光秀　　　(え) X　織田信長　Y　徳川家康

問６　下線部(ｶ)に関連して，大阪は豊臣秀吉が死んだ後の江戸《えど》時代にも発展しました。江戸時代の大阪について述べた下の①～④の文の中には，正しいものが２つあります。①～④から正しい文を選んだときに，組み合わせとして正しくなるものを，次の（あ）～（か）から１つ選びなさい。

(あ) ①②　(い) ①③　(う) ①④　(え) ②③　(お) ②④　(か) ③④

①　大塩平八郎《おおしおへいはちろう》が反乱をおこした。　　②　伊能忠敬《いのうただたか》が天文学や測量術を学んだ。
③　吉田松陰《よしだしょういん》が私塾《しじゅく》を開いた。　　④　近松門左衛門《ちかまつもんざえもん》が人形浄瑠璃《じょうるり》の脚本を書いた。

【Ｄ】2019年の秋に，江戸時代の修行僧《しゅぎょうそう》によって書かれた四国遍路《へんろ》の日記が，愛媛県《えひめけん》の伊方町《いかたちょう》から見つかりました。これは，現在愛媛県内で見つかっている四国遍路の日記としては，最も古い1757年のものです。四国遍路は，空海《くうかい》にゆかりのある88の四国のお寺をまわるもので，江戸時代にさかんになりました。また，江戸時代には (ｷ)さまざまな身分の人が，四国遍路のみではなく，さまざまな場所を旅行するようになりました。そのため，(ｸ)観光名所をえがいた浮世絵《うきよえ》やガイドブックもつくられるようになります。

問７　下線部(ｷ)に関連して，江戸時代の身分について述べた次の文Ｘ・Ｙについて，その正誤の組み合わせとして正しいものを，下の中から１つ選びなさい。

Ｘ　百姓《ひゃくしょう》身分は人口の80％以上をしめた《ほうげん》。
Ｙ　城下町では身分ごとに住む場所が決められていた。

(あ) X　正　Y　正　　　(い) X　正　Y　誤
(う) X　誤　Y　正　　　(え) X　誤　Y　誤

問7　下線部(キ)について，人々が自然災害に対する防災意識を高めたり，災害発生時に取るべき行動を考えたりすることができるように，災害範囲や被害状況《じょうきょう》の予測，避難《ひなん》経路や避難場所などを示した地図の名称《めいしょう》をカタカナで答えなさい。

3　次の【A】～【E】の文は，日本の歴史に関する最近の発見を述べたものです。これを読み，後の問いに答えなさい。

【A】2019年の秋に，(ア)藤原京《ふじわらきょう》の跡《あと》を発掘《はっくつ》したところ，貴族の屋しきの跡が見つかったことが発表されました。これは，門をかまえた立派な屋しきで，(イ)碁盤《ごばん》の目のような区切りのなかの一部に建っていたようです。歴史書には，あるくらいの貴族には，約130メートル四方の土地があたえられる決まりがあったことが書かれており，この屋しきはこの広さの土地に建てられていました。今回の発見によって，この決まりを裏づけることができそうです。

問1　下線部(ア)について，藤原京に都がうつったのは7世紀のおわりのことです。藤原京に都がうつった後のできごとを，次の中から1つ選びなさい。

（あ）蘇我《そが》氏が中大兄《なかのおおえ》皇子らにたおされた。　（い）初めて仏教が伝わってきた。

（う）国ごとに国分寺がつくられた。　（え）日本で最も大きい古墳《こふん》がつくられた。

問2　下線部(イ)のような区切り方は中国の都にならったものですが，古代の日本は，中国との交流をおこないながら，さまざまな技術や文化を取り入れました。これに関連する次のできごとⅠ～Ⅲを，古いものから年代順に正しくならべかえたものを，下の中から1つ選びなさい。

Ⅰ　ワカタケル大王が中国に手紙を送った。

Ⅱ　中国からもたらされた楽器などの品々が，正倉院におさめられた。

Ⅲ　小野妹子《おののいもこ》らが使者として中国へ行った。

（あ）Ⅰ - Ⅱ - Ⅲ　（い）Ⅰ - Ⅲ - Ⅱ　（う）Ⅱ - Ⅰ - Ⅲ

（え）Ⅱ - Ⅲ - Ⅰ　（お）Ⅲ - Ⅰ - Ⅱ　（か）Ⅲ - Ⅱ - Ⅰ

【B】2019年の冬からの京都市内での発掘で，平安時代のおわりに政治を行っていた平氏の屋しきの跡と考えられる場所が見つかりました。ここからは，石垣《いしがき》や堀《ほり》の跡が見つかっており，(ウ)それまでの貴族の屋しきとはちがった造りであることが分かりました。発掘されたのは六波羅《ろくはら》という場所で，ここには(エ)承久の乱のあとに，鎌倉《かまくら》幕府によって六波羅探題《たんだい》が置かれました。京都で平氏の屋しきの跡が見つかったのは初めてのことで，平氏がどのような政治をしたのかを知ることができるかもしれません。

問3　下線部(ウ)に関連して，下の①～④の文の中には，平安時代の貴族の屋しきでのくらしについて述べた文として正しいものが2つあります。①～④から正しい文を選んだときに，組み合わせとして正しくなるものを，次の（あ）～（か）から1つ選びなさい。

（あ）①②	（い）①③	（う）①④	（え）②③	（お）②④	（か）③④

①　屋しきでは和歌やけまりを楽しんだ。　②　屋しきのなかには水墨画《すいぼくが》がかざられた。

③　屋しきでは囲碁《いご》や双六《すごろく》で遊んだ。　④　屋しきで能や狂言《きょうげん》を見ていた。

問4　下線部(エ)に関連して，次の図は，日本の主な発電所の所在地を示したものであり，X～Zには，火力発電所，原子力発電所，水力発電所のいずれかがあてはまります。発電所の所在地とX～Zとの正しい組み合わせを，下の（あ）～（か）の中から1つ選びなさい。

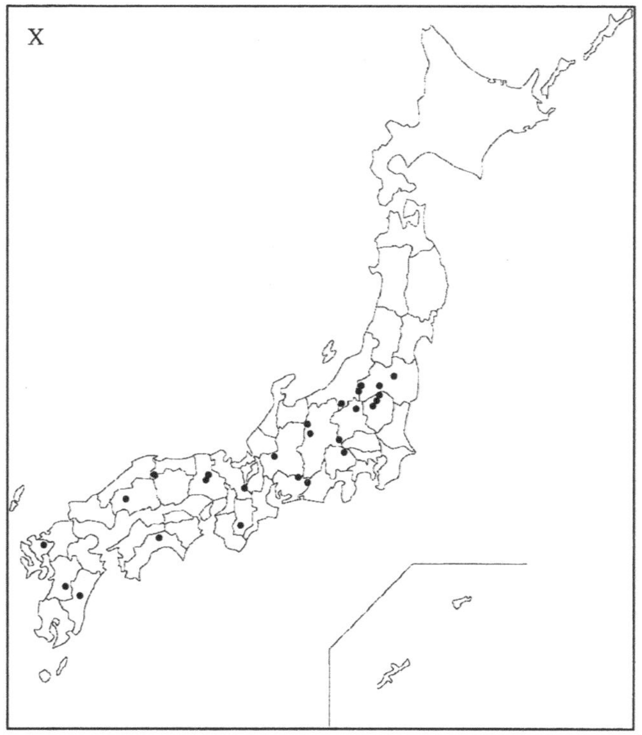

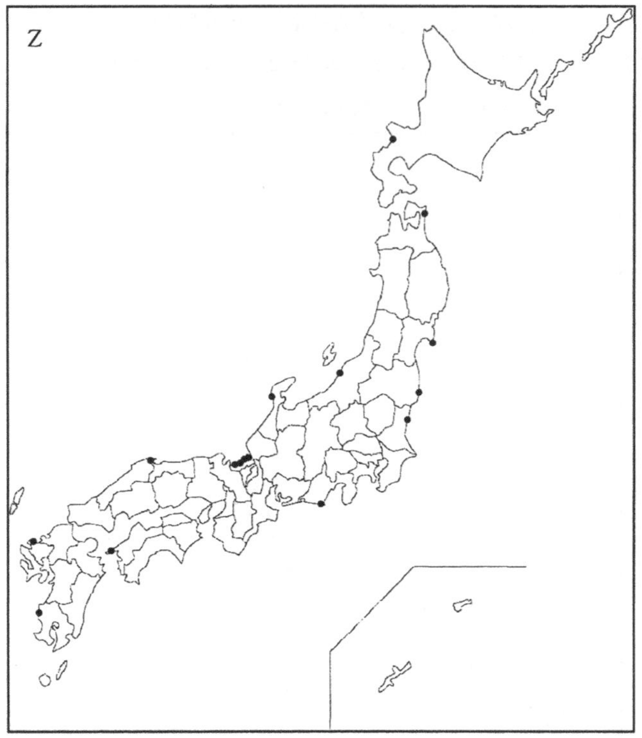

1点が1発電所。火力発電所は最大出力150万kW以上，水力発電所は最大出力40万kW以上の発電所のみ。

(平成26年版「電気事業便覧」より作成)

	(あ)	(い)	(う)	(え)	(お)	(か)
火力発電所	X	X	Y	Y	Z	Z
原子力発電所	Y	Z	X	Z	X	Y
水力発電所	Z	Y	Z	X	Y	X

問5　下線部(オ)に関連して，次の表は，東北地方で生産がさかんな果物について，生産量上位の都道府県とその生産量を示したものであり，X～Zには，西洋なし，もも，りんごのいずれかがあてはまります。農作物名とX～Zとの正しい組み合わせを，下の（あ）～（か）の中から1つ選びなさい。

(単位：t)

X		Y		Z	
青森	470,000	山形	19,000	山梨	38,600
長野	157,200	青森	2,090	福島	26,600
山形	50,600	長野	1,820	長野	15,900
岩手	48,600	新潟	1,760	和歌山	9,360
福島	26,300	福島	703	山形	8,190

統計年次は，2015年。　　(『日本国勢図会2017/2018』より作成)

	(あ)	(い)	(う)	(え)	(お)	(か)
西洋なし	X	X	Y	Y	Z	Z
もも	Y	Z	X	Z	X	Y
りんご	Z	Y	Z	X	Y	X

問6　下線部(カ)について，次の図は，2006年に発行された岩手県宮古市の中心部の地形図に，2011年3月11日に発生した大地震による津波の浸水範囲《しんすいはんい》を重ねて示したものです。この図から読み取れる内容について述べた文X・Yについて，その正誤の組み合わせとして正しいものを，下の中から1つ選びなさい。

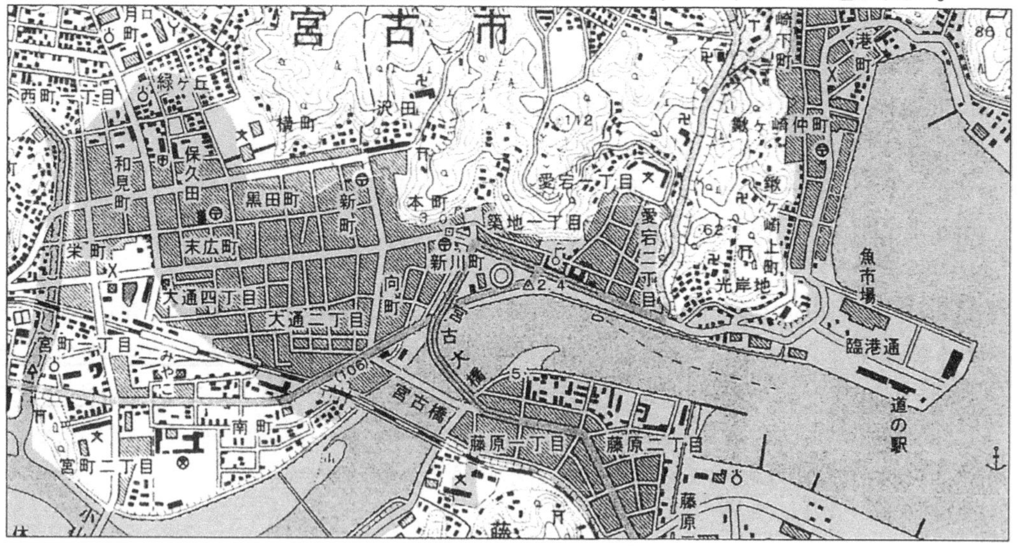

(「今昔マップ on the web」および「宮古市ホームページ」より作成)

X　図中に所在する高校は1つだけであるが，その高校の敷地《しきち》は浸水の被害を受けた。

Y　宮古大橋近くにある市役所は浸水の被害を受けたが，市役所から北西の場所にある消防署は浸水の被害を受けなかった。

(あ) X　正　Y　正　　(い) X　正　Y　誤

(う) X　誤　Y　正　　(え) X　誤　Y　誤

令和三年度 愛光中学校 入学試験問題 国語 解答用紙

採点欄《らん》には何も記入しないこと

受験番号

氏名

合計

※120点満点
(配点非公表)

一

1
①
②
③
④
⑤
⑥
⑦
⑧
⑨
⑩

2
①
②
③
④
⑤

3
①
②
③
④
⑤

二

問一

問二

問三

問四

問五

学習。

問六

問七

問八

問九

三

問一
a
b
c

問二

問三

問四

問五

問六

問七

問八

問九

問十

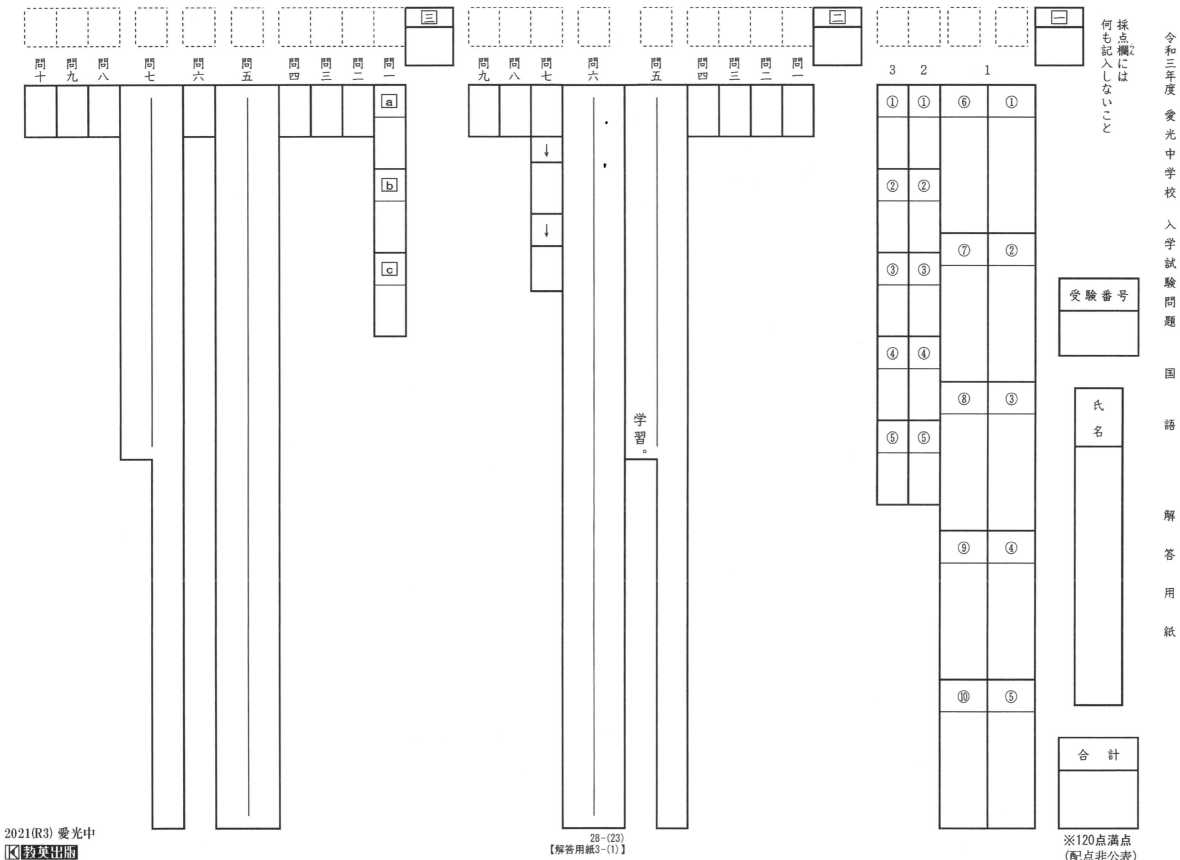

※80点満点
（配点非公表）

令和３年度　愛光中学校入学試験問題　理科（解答用紙）

【１】

(1)			(2)		(3)			
(4)	①	酸素		二酸化炭素(0.03～1%用)		二酸化炭素(0.5～8%用)		
	②	酸素		二酸化炭素(0.03～1%用)		二酸化炭素(0.5～8%用)		
(5)			(6)		(7)			
(8)	(i)		(ii)		(iii)			

【２】

(1)		(2)		(3)	満月		下弦の月	
(4)		(5)	南中時刻		南中高度		

【３】

(1)	①		⑤		(2)	cm³
(3)	cm³	(4)	L	(5)	L	

【４】

(1)	個	(2)	個	(3)	通り	(4)	通り
(5)	kg	(6)	番				

【５】

(1)		(2)	
(3)		(4)	
(5)			

受験番号（　　　　　　）　名前（　　　　　　　　　　　　　　）

2021(R3) 愛光中
K 教英出版

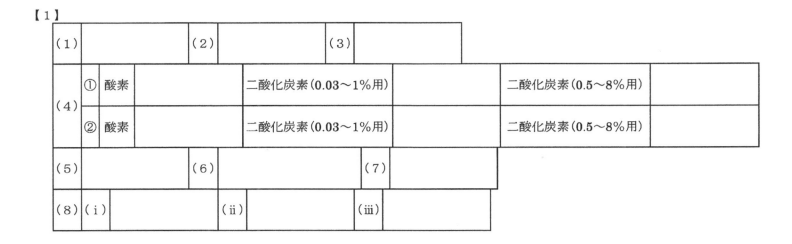

2021年度　愛光中学校入学試験　解答用紙　（社会）

※80点満点
（配点非公表）

※小計・合計らんには記入しないこと

1

問1 ☐　問２ （１）☐ （２）☐　問３ ☐　問４ ☐

問５ ☐　問６ ☐　問７ ☐

小計

2

問1 ☐　問２ ☐　問３ ☐☐☐☐

問４ ☐　問５ ☐　問６ ☐

問７ ☐

小計

3

問１ ☐　問２ ☐　問３ ☐　問４ ☐　問５ ☐

問６ ☐　問７ ☐　問８ ☐　問９ ☐　問10 ☐

小計

4

問１ ☐　問２ ☐　問３ ☐

問４ ☐

問５ ☐　問６ ☐　問７ ☐　問８ ☐　問９ ☐　問10 ☐

小計

5

問１ ☐　問２ ☐　問３ ☐　問４ ☐　問５ ☐

小計

受験番号		氏名	

合計

28-(27)
【解答用紙3-(3)】

令和二年度　愛光中学校　入学試験問題　国語　（60分）

（その一）

一　次の1～3の問いに答えなさい。

1　次の――のひらがなを漢字に直しなさい。送りがなが必要なものはそれも書きなさい。

① 旅先でしょうそくを絶った友人からの突《とつ》然の知らせ。
② 仲間どうしで新しく店を開く。
③ めいろう快活な人物になってほしいという父の願い。
④ 仲間を裏切る気持ちなどもうとう無い。
⑤ 犯人が誰《だれ》なのか私にはだいたいけんとうがついている。
⑥ 夕暮れの湖面にうつる五重塔《ごじゅうのとう》。
⑦ 重い荷物を運んで体力を使いはたす。
⑧ 旅先であついもてなしを受ける。
⑨ 議論を尽《つ》くして最終的に決をとる。
⑩ 有名選手にファンがむらがる。

2　次の①～③の文の――のことばの使い方として**ふさわしくないもの**を、それぞれのア～オの中から一つずつ選んで、記号で答えなさい。

①
ア　首脳会談を前に、ものものしい警備体制が敷《し》かれた。
イ　看護師は患《かん》者を気遣《づか》ってかいがいしい言葉をかけた。
ウ　雪をかぶった富士山のこうごうしい姿に感動する。
エ　そらぞらしいお世辞を言って、店員が商品を勧《すす》めてきた。
オ　小学校の入学式でういういしい返事をする新入生。

②
ア　難しい問題を抱《かか》えていたが、ようやく解決の目鼻がついた。
イ　素人《しろうと》とは思えない彼《かの》女のすばらしい演技に、みなが舌を巻いた。
ウ　「たまには親孝行しなさい」と忠告されて、耳が痛かった。
エ　困っていたときに助けられて、友人の優《やさ》しさが身につまされた。
オ　地道な練習のおかげで、彼《かれ》は陸上選手として頭角を現した。

③
ア　住めば都という通り、地方の若者は住むならば都会がいいと言って上京する。
イ　何度も息子《むすこ》に手紙を送ったが、なしのつぶてで、一向に返事を寄こさない。
ウ　彼女はいつも尾《お》ひれをつけて話すので、話のすべてを信じてはいけない。
エ　やぶから棒に、そんなことを言われても、どう答えていいかわからないよ。
オ　どこで油を売っているのか、弟はお使いに出たもののなかなか帰って来ない。

3　次の①・②の文の□に、下の三つの語のどれをあてはめても正しい文になるものを、それぞれのア～オの中から一つずつ選んで、記号で答えなさい。

①
ア　自由研究で「銀賞」を取ったのを、おじいちゃんだけが□くれた。　「ほめて・たたえて・賞して」
イ　自分勝手な政治家たちに□若者たち。　「いかる・いきどおる・すねる」
ウ　長く続いたドラマの幕がある日突然□。　「おりる・さがる・くだる」
エ　世界制覇《は》の夢を胸に□、選手団一行が羽田から飛び立った。　「だいて・かかえて・いだいて」
オ　詩人気取りの兄は時々、よその土地をひとり□ことがある。　「うろつく・ぶらつく・さまよう」

②
ア　記者会見は□十五分程度だろう。　「せいぜい・たかだか・なるべく」
イ　一輪活《い》けられた白バラの□香《かお》りが漂《ただよ》う。　「こまかな・かすかな・ほのかな」
ウ　□した性格が際《きわ》立つ人物の登場。　「さっぱり・さばさば・あっさり」
エ　みんなの気持ちはもう□になった。　「離《はな》れ離《ばな》れ・切れ切れ・ばらばら」
オ　その件は□皆《みな》に知らせるまでもない。　「わざわざ・わざと・ことさら」

二　次の文章を読んで、あとの問いに答えなさい。

個性を重視する欧《おう》米では、子どもたちはこう言われて育つ。「あなたの他の人と違《ちが》うところはどこなの？」

これに対して、日本の子どもたちはこう言われる。「どうして他の人と同じようにできないの？」

日本では、他の人と同じであることが必要以上に求められるのである。

あるいは、新渡戸稲造《にとべいなぞう》の『武士道』の中で、アメリカ人の新渡戸稲造の妻が驚《おどろ》いたエピソードが出てくる。

暑い日、日本人の女性二人が道ばたで出会う。一人は日傘《がさ》をさしている。もう一人は日傘を持っていない。すると、日傘をさしていた女性は炎《えん》天の下で、日傘を閉じたのである。

自分だけ、涼《すず》しい思いをするのは悪い、という日本人にはごく当たり前の感覚だが、アメリカ人の新渡戸稲造の妻には、それが不思議だったという。

傘が大きければ、二人で日傘の下に入れば合理的である。たとえ、一人しか入れなかったとしても二人で暑い思いをするよりは、日傘をさしている人だけでも日蔭《かげ》に入った方が効率的だ。しかし、二人で暑さを分かちあう、❶それが日本人なのである。

自分の意見を押《お》し殺しても集団に同調しようとする。しかし一方で協調性を重んじ、集団で力を合わせて行動をすることに長《た》けている。こうした日本人の気質は、水田稲《いな》作によって育まれてきたと指摘《てき》されている。

イネを作るときには、集団作業が不可欠である。

すべての田んぼは水路でつながっているから、自分の田んぼだけ勝手に水を引くことはできない。水路を引き、水路を管理することも共同で行わなければならないのだ。そして、自分の都合のいいように勝手なことをすることは、自分の田んぼだけに水を引く意味の「 X 」と言われて批判されてきた。

さらにイネの栽培《さいばい》も手がかかるので一人ではできない。特に田植えは多大な労働力を必要とする。みんなで並んで揃《そろ》って田植えをする必要がある。そのため、村中総出で協力しあって作業をしてきた。❷こうした稲作の特徴《ちょう》が協調性や集団行動を重んじる日本人の国民性の基《もと》にあると考えられているのである。

日本人特有の気質の大きな要因は「稲作」にあると指摘されている。しかし、他人を思いやり、協力し合う日本人の協調性を作り上げてきたのは、稲作ばかりではないだろう。

❸米は日本人にとって重要な食糧《りょう》ではあったが、日本を見渡《わた》せば水がなく田んぼを拓《ひら》くことのできない地域もたくさんあったのである。

私は日本人の気質を醸《じょう》成してきたものとして、稲作と共に、度《たび》重なる災害があったのだと思う。

日本は世界でも稀《まれ》に見る天災の多い国である。日本人は長い歴史の中で幾《いく》たびもの自然災害に遭遇《そうぐう》し、それを乗り越《こ》えてきた。

科学技術が発達した二一世紀の現在であっても、私たちは災害を避《さ》けることはできない。

毎年のように日本のどこかで水害があり、毎年のように日本のどこかで地震《しん》の被《ひ》害がある。防災技術の進んだ現在でもこれだけの被害があるのだから、防災設備や予測技術がなかった昔の日本であればなおさらだろう。

長い歴史の中で、日本人にとって災害を乗り越えるのに必要なことは何だったのだろう。それこそが、力を合わせ、助け合うという協調性だったのではないだろうか。

東日本大震災のときに、日本人はパニックを起こすことなく、秩《ちつ》序を保ちながら長い行列を作った。そして、被災者どうしが思いやり、助け合いながら、困難を乗り越えたのである。その冷静沈《ちん》着で品格ある日本人の態度と行動は、世界から賞賛された。

災害のときに、もっとも大切なことは助け合うことである。人は一人では生きていけない。ましてや災害の非常時にはなおさらである。

短期的には、自分さえ良ければと利己的に振《ふ》る舞《ま》うことが有利かも知れない。しかし、大きな災害を乗り越えるためには、助け合うことが欠かせない。

くりかえされる自然災害の中で助け合うことのできる人は助かり、助け合うことのできる村は永続していったのだろう。そして、世界が賞賛するような、❹協力し合って災害を乗り越える日本人が作られたのである。

もちろん、水田を復興し、イネを作るためにも力を合わせなければならない。

日本の人たちは、水害で田んぼが沈《しず》んでも、冷害でイネが枯《か》れても、地震で田んぼがひび割れても、けっしてイネを作ることを諦《あきら》めなかった。どんなに打ちのめされても、どんなにつらい思いをしても、変わることなく次の年には種子をまき、イネの苗《なえ》を植えたのである。励《はげ》まし合い、助け合いながら、日本人は災害を乗り越えイネを作り続けてきた。

おそらくは度重なる災害が、日本人の協調性をさらに磨《みが》き上げた。そして、❺その協調性によって、日本人は力を合わせて稲作を行ってきたのではないだろうかと思えるのである。

外に向かわず、内向きな国民性。個人の意見を言わず、個人では判断しない同質集団。このような日本人の気質は、手を掛《か》ければ生産性が高まる日本の田んぼや、力を合わせて行う日本の稲作によって培《つちか》われてきた。

ただ一方で、こうした日本人の特徴は、外交的で、個性を尊重する欧米からは理解されずに、❻ときに批判を浴びてきた。そして、日本人は批判されるたびに、欧米流のものの考え方を取り入れようと努力してきた。もちろん、集団を優先し、個人を犠牲《ぎせい》にしがちな日本人の気質には、欠点もある。

しかし、悪いところばかりではない。

大災害にあったときに、パニックや暴動を起こさずに、❼泣きわめくこともなく、ときには笑顔《えがお》でインタビューを受ける姿を見て、世界の人々は不思議がった。しかし、日本人であれば、この行動はよくわかる。

もちろん、悲しくないはずはない。大声をあげて泣きたいに決まっている。しかし、それでは相手が悲しい気持ちになってしまう。相手に悲しい思いをさせないために、じっと耐《た》えて、笑顔を見せているのだ。

相手の心に同調して、悲しい気持ちを共有できる日本人。そして、相手の気持ちを慮《おもんぱか》って笑顔を見せる日本人気質がそこにはあるのだ。

グローバル化の時代である。自分の国の欠点は反省し、他の国の良いところは取り入れることはもちろん大切である。しかし、外国をうらやむだけでもいけないだろう。

稲作は大陸から海を越えてやってきた。それ以来、日本では新しいもの、優《すぐ》れたものはすべて海を越えてやってきた。そのため、日本では今でも外国のものをありがたがり、外国の考え方や習慣を取り入れようとする傾《けい》向にある。

しかし、日本には日本の良さもある。

相手のことを思いやる気持ち。相手に寄り添《そ》う心。❽悠《ゆう》久の稲作の歴史の中で日本人が育んできた大切なものは失わずに、むしろ海を越えて世界に伝えていきたい、私はそう思う。

（稲垣栄洋『イネという不思議な植物』ちくまプリマー新書 ※本文を改めた部分があります。）

問一　本文中の X にあてはまる四字熟語を、漢字で答えなさい。

問二　❶「それが日本人なのである」とありますが、日本人は辛《つら》いことや苦しいことに出会うとどうしていましたか。最も適切なものを次の中から一つ選んで、記号で答えなさい。

ア　同じ困難にある人たちのことを思いやるよりも、周りの人に自分がどう思われるかを心配していた。
イ　なぜそのような困難が起こったかの原因を明らかにするよりも、自分の何が悪かったのかと反省していた。
ウ　自分一人だけが困難から抜《ぬ》けだすことよりも、周りの人たちとその苦難をともにしていた。
エ　困難から抜けだすにはどうするかを考えるよりも、自分一人で黙《だま》って耐えていくことを優先していた。
オ　自分で最善だと思うことをするよりも、周りの人たちの行動をそのままま ねようとしていた。

問三　❷「こうした稲作の特徴」とはどのような特徴ですか。わかりやすく説明しなさい。

問四　❸「米は日本人にとって重要な食糧ではあったが、日本を見渡せば水がなく田んぼを拓くことのできない地域もたくさんあったのである」とありますが、筆者はどのようなことを主張しようとしていますか。最も適切なものを次の中から一つ選んで、記号で答えなさい。

ア　日本人全体に共通する特質である協調性は稲作以外の要因によっても養われたということ。
イ　日本人の協調性が稲作以外のどのような産業によって育まれてきたのかということ。
ウ　稲作を可能にするためにより強力な協調性が必要とされる地域があったということ。
エ　地域によっては日本人の多くに共通する特質である協調性は養われなかったということ。
オ　日本人の特徴である協調性よりも個人の能力を伸《の》ばすことの方が重要だったということ。

問五　❹「協力し合って災害を乗り越える日本人が作られたのである」とありますが、「協力し合って災害を乗り越える日本人」が「作られた」理由として、最も適切なものを次の中から一つ選んで、記号で答えなさい。

ア　狭《せま》い地域でお互《たが》いに周りの人々に配慮《りょ》しながら生活してきたので、周囲の人々と力を合わせて災害を乗り越えることが容易だったから。
イ　困難を乗り越え稲作を続けてきた中で、団結して行動するという素質を持っていた人々だけしか生き残ることができなかったから。
ウ　協調性に富む人々の中で自分のことだけを考えていたのでは、周囲の人たちから相手にされなくなり生活できなくなってしまうから。
エ　繰《く》り返される災害に対して、時間をかけて新しい技術を開発するよりも、短期間に集団の力で災害に対処していく方が効果的だったから。
オ　災害が多発する環《かん》境の中で、個人の力だけでは十分に対処できず、生き残るためには多くの人たちと協力することが求められたから。

問六　❺「その協調性によって、日本人は力を合わせて稲作を行ってきた」とありますが、稲作を続けていくにあたって何が重要だったということですか。最も適切なものを次の中から一つ選んで、記号で答えなさい。

ア　自分たちの利益は二の次にして、集団の決定に素直に従うという協調性。
イ　災害を乗り越える中で鍛《きた》えあげた、周囲の人たちと支えあうという協調性。
ウ　災害に押しつぶされそうになりながらも、不平を言わず譲《ゆず》りあうという協調性。
エ　納得できないことがあっても、災害にうち勝つためには我慢《まん》しあうという協調性。
オ　集団内で利害が対立した時でも、知恵《え》を出してうまく調節しあうという協調性。

問七　❻「ときに批判を浴びてきた」とありますが、日本人へのどのような批判ですか。最も適切なものを次の中から一つ選んで、記号で答えなさい。

ア　自分たちの集団の中での生産性の向上や協調性を重視するあまり、他の集団との積極的な関わりや個性を軽視しているという批判。
イ　集団内の他人と協調することを求めるあまり、個性がなく、自分の意見や判断に責任を持たなくなってしまっているという批判。
ウ　稲作を続けることにこだわるあまり、様々な災害を受け続けても今までの農業のやり方を変化させようとはしてこなかったという批判。
エ　集団に同調しようとするあまり、他人や海外の考え方に簡単に流されてしまっているという批判。
オ　稲作に適した集団を目指すあまり、稲作以外にはほとんど役に立つことのない協調性を必要以上に発達させ続けてきたという批判。

問八　❼「泣きわめくこともなく、ときには笑顔でインタビューを受ける」とありますが、インタビューを受ける人がそのようにするのはなぜですか。最も適切なものを次の中から一つ選んで、記号で答えなさい。

ア　日本人は集団内が同質であることを求めているので、個人的な感情を表せばそれを見た人から批判されることになるから。
イ　日本人は長い歴史における度重なる自然災害の経験があるので、自分が被《ひ》災した悲しみを押し殺すことにも慣れているから。
ウ　日本人は思いやりの心を大切にしているので、自分が笑顔を見せることでそれを見た日本中の人を笑顔にしようとするから。
エ　日本人は相手の心に同調する気質があるので、自分が悲しみを表に出せばそれを見ている人まで悲しませてしまうと考えるから。
オ　日本人は他人の感情を読み取ることに長けているので、むしろ笑顔でいた方がそれを見た人に心の中の悲しみが伝わるから。

問九　❽「悠久の稲作の歴史の中で日本人が育んできた大切なものは失わずに、むしろ海を越えて世界に伝えていきたい」とはどういうことですか。説明しなさい。

三　次の文章を読んで、あとの問いに答えなさい。

「僕《ぼく》（太一《たいち》）」は、母を亡《な》くし、父と妹の菜月《なつき》とともに、母の生まれ故郷の、九州にある小さな町に引っ越《こ》してきた。亡くなった母に似て本が好きな「僕」は、町にある本屋で「中村さん」という女の子と出会う。本屋で出会うたびに、おすすめの本を教えてくれる「中村さん」に、「僕」はなぜかなつかしさを感じて、彼女《かの》に惹《ひ》かれていく。次の場面は、中間テストや球技大会などで忙《いそが》しく、本屋に行く暇《ひま》もないほどだった「僕」がようやく週末をむかえたところである。

やっと週末になったのに、土曜日は父さんに釣《つ》りに誘《さそ》われた。

当然菜月も行くものと思ったのに、あっさり断られた。父さんは戸惑《まど》ったみたいだ。

「読みたい本があるから」

菜月はいった。ずるいぞ、菜月。僕だって読みたい本はあるし、行きたい本屋がある。睨《にら》んでみせたけど、知らん顔されてしまった。

ふたりで出かけた。

「こんなに水の澄《す》んだ川があるんだなあ」

父さんはしみじみといった。

すっかり秋の気配がしていた。川面《も》は細かく波立って、意外に強い光を反射させていた。無数の魚が跳《は》ねているのかと見紛《みまご》うほどだった。

「釣らなきゃ」

そうして、❶まるで親の仇《かたき》みたいに釣り竿《ざお》を振《ふ》っては餌《えさ》を飛ばしていた。

母さんが死んで、仕事を変えて、家も売って、とりあえず息子《むすこ》と釣り糸を垂らすくらいしかすることがないんだろう。父さんは釣りをしながらよく笑った。ぜんぜん楽しそうじゃなかったけれど。

「こっちへ来て、よかったかな」

不意に父さんがいって、こっちというのが今釣りをしているこの川辺のことのように思えた。でも、きっと違《ちが》う。こっち。母さんの生まれ故郷であるこの町のことだ。小さい頃《ころ》こそ夏休みには毎年遊びに来ていたけれど、高学年になると毎年ではなくなり、来ても数日しか滞《たい》在しなかった。それでも、❷去年のお盆《ぼん》に遊びに来たのは、虫の知らせだったのだろうか。母さんは東京へ戻《もど》って間もなく病気がわかった。

「父さんはどう思う？」

見ると、父さんは困ったような顔をして川の向こう岸を眺《なが》めていた。

「俺《おれ》にはよくわからないんだよ。こっちへ来たほうがよかったのか、がんばって残るべきだったのか」

残るという選択肢《せんたくし》はなかったのだ。がんばれなかった。父さんだけじゃない、僕も、母さんのいないあの部屋ではがんばれなかったと思う。

「太一と菜月がこっちで少しでも前を向いて暮らせればいいんだが」

「前ってどっち」

笑いながらいうと、父さんもつられて笑った。

「どっちだろうな。そんなこと、考えたこともなかったのにな」

父さん、と僕はいった。

「友達ができたんだ」

「お、おお、そうか」

父さんは釣り糸を垂れたまま、顔だけこちらに向けた。

「❸だからさ、こっちが前でいいんだよ、たぶん」

もう父さんの顔は見られなかった。照れくさくて、僕は川の真ん中辺りをじっと見つめていた。

日曜に、ようやく本屋へ行くことができた。

彼女がいると思ったわけじゃない。むしろ、いなくて当然だと思った。でも、文庫の棚《たな》の前に、あのなつかしい姿がなかったとき、僕はやっぱり落胆《たん》した。

あ。また「なつかしい」と思った。この辺のひとの顔はみんななんとなく似ている。そうつぶやいた父さんの言葉を思い出している。

❹そうか。謎《なぞ》が解けた気がした。彼女はこの辺のひとの顔をしている。つまり、母さんとどことなく似ているのだ。だから、惹かれた。恋《こい》とか愛とかじゃなく、本能的に惹かれたのだと思う。

「こんにちは」

背後で声がして、振り向いた。

彼女だった。

僕はその顔を見て、すぐに目を逸《そ》らした。❺どきどきしていた。たしかに、似ていた。みんな似ている、その*範疇《はんちゅう》を少し超《こ》えているような気がした。

「……こんにちは」

彼女の目を見ずに軽く頭を下げる。

「ちょっと久しぶりだったね」

微笑《ほほえ》んでいるかのようなやわらかな声が、僕の身体に染《し》み込《こ》んでくる。その声までも、似ている、気がした。

「どうかした？」

彼女がいった。僕は黙《だま》って首を横に振った。彼女も黙った。目を見合わせないで、ふたりで立っていた。

「読んだよ、重松清」

僕がいうと、彼女はほっとしたように表情を崩《くず》した。

「『流星ワゴン』が今のところ一番好きだ」

「ああ、よかった」

「それから、『きみの友だち』。『再会』も」

彼女はちょっと声のトーンを上げた。

「そんなに読んだの？　こんな短い間に？」

僕はうなずいた。お小遣《づか》いではすべては買えないから、学校の図書室から借りたものも混じっている。

❻「かあちゃん」

「……え？」

僕は顔を上げ、真正面から彼女を見た。

「『かあちゃん』っていう本もすごくよかった」

半分、嘘《うそ》だ。すごくよかったけれど、半分までしか読んでいない。いろんな「かあちゃん」が出てきて、涙《なみだ》で最後まで読み通すことができなかった。

「あれから考えたんだけど」

中村さんは『かあちゃん』には触《ふ》れずに話題を変えた。

「新しいおすすめの本。たぶん、小説は重松清から広げていけると思うから。もし興味があったら、　の新ジャンル」

うん、とうなずくと、彼女は先に立って歩き出した。背格好も似ている。女の子というのは、中学生くらいで身長が伸《の》び止まってしまうのだろうか。

彼女に連れていかれたのは、意外な棚だった。

「何、これ、どうして。僕に？」

料理の本が並んでいる。初めての料理。和食の基礎《そ》。スープの本。本場のパスタをおいしくつくるには。

「案外、お料理の本って読んでると楽しいのよ」

彼女はくすくす笑った。それから、真顔になって付け足した。

「いつか必ず役に立つから。ご家族のためにも」

ご家族。やけに大人びたいい方だった。彼女は知っているのだ。僕の「ご家族」から大切なひとりが欠けてしまったこと。今度は僕が「ご家族」のためにがんばるときだということ。

落ち着いた表情で僕を見ている彼女に向き直った。

「ありがとう。読んでみるよ」

そういうのが精いっぱいだった。

家に、母さんの使っていた料理の本が何冊もあったはずだ。あれを読んで、何かつくってみよう。母さんほどうまくはつくれないに決まっているけど、❼「ご家族」のために、何か、おいしいものを。

「ご家族に、母さんは含《ふく》まれるのかな」

おそるおそる聞いてみた。彼女は目を伏《ふ》せた。

「あたりまえじゃない。母さんはもちろん太一の家族でしょう」

❽顔は穏《おだ》やかだったけど、語尾《び》が震《ふる》えた。

「中村さん」

名前はなんていうの。その見かけない制服はどこの学校のものなの。

何も聞けなかった。聞かなくても知っていた。家に帰って、おばあちゃんに古いアルバムを借りればわかることだと思った。

「ありがとう」

❾はっきりと、しっかりと、伝わるように祈《いの》りながら僕はいった。彼女はにこにこと笑った。いつもそうしていたみたいに、小さく首を振って。

「こちらこそ」

涙でかすんだ目を上げると、彼女はもういなかった。

（宮下奈都『つぼみ』所収「なつかしいひと」光文社　※本文を改めた部分があります。）

〔注〕＊範疇……考えの枠《わく》組みや範囲。

問一　❶「まるで親の仇みたいに釣り竿を振っては餌を飛ばしていた」とありますが、このときの「父さん」についての説明として、最も適切なものを次の中から一つ選んで、記号で答えなさい。

ア　母さんが死んだことで、ただでさえ気持ちが落ちこんでいるのに、ちっとも魚が釣れないことにいらだちを感じている。

イ　母さんが死んで、仕事も変わり、心休まることがないので、この機会に息子との時間を楽しいものにしようとしている。

ウ　母さんが死んだ後、家族のことでいろいろとなやみ続けており、なんとか気をまぎらわせようと一生懸《けん》命になっている。

エ　死んでしまった母さんのためにも、息子と二人でたくさん魚を釣らなくてはならないと考え、必死になっている。

オ　太一と菜月のことを気づかって釣りに誘ったのに、二人が全然乗り気ではなかったのでがっかりしてしまっている。

問二　❷「去年のお盆に遊びに来たのは、虫の知らせだったのだろうか」とありますが、ここで「僕」はどのようなことを思っているのですか。最も適切なものを次の中から一つ選んで、記号で答えなさい。

ア　去年のお盆に久々に母さんの故郷に遊びに来たのは、今考えてみると、それとなく母さんの死が予感されたからだったのかもしれないということ。

イ　去年のお盆に久々に母さんの故郷に遊びに来たのは、今考えてみると、母さんをいたわりたい気持ちがあったからだったのかもしれないということ。

ウ　去年のお盆に久々に母さんの故郷に遊びに来たのは、今考えてみると、九州で生活していく準備をするためだったのかもしれないということ。

エ　去年のお盆に久々に母さんの故郷に遊びに来たのは、今考えてみると、家族の大切さを僕に分からせるためだったのかもしれないということ。

オ　去年のお盆に久々に母さんの故郷に遊びに来たのは、今考えてみると、豊かな自然が僕たち家族を呼び寄せたからだったのかもしれないということ。

問三　❸「だからさ、こっちが前でいいんだよ、たぶん」とありますが、ここで「僕」はどういうことを言おうとしているのですか。説明しなさい。

問四　❹「そうか。謎が解けた気がした」とありますが、ここで「僕」はどのようなことが分かったのですか。最も適切なものを次の中から一つ選んで、記号で答えなさい。

ア　この辺の人はみんな似ているとつぶやいた父さんの言葉が正しいと分かったので、中村さんに惹かれるようになったのだということ。

イ　この辺に住んでいる中村さんと何回も本屋で会っているうちに、中村さんに対してなんとなく心惹かれるようになったのだということ。

ウ　中村さんは母さんと似ているのだから、恋とか愛とかいった感情を自分が抱《いだ》くはずはなく、本能的に惹かれただけなのだということ。

エ　会うたびになつかしいと思っているうちに、自分は母さんと顔がどことなく似ている中村さんに次第《しだい》に心惹かれていったのだということ。

オ　この近くに住んでいるせいか、中村さんは母さんともどこか似ているので、中村さんになつかしさを感じて心惹かれたのだということ。

問五　❺「どきどきしていた」とありますが、「僕」はなぜ「どきどきしていた」のですか。説明しなさい。

問六　❻『かあちゃん』」とありますが、この言葉を発した「僕」についての説明として、最も適切なものを次の中から一つ選んで、記号で答えなさい。

ア　中村さんは母さんと似ているので、『かあちゃん』という本をぜひ読んでもらいたいと思い、強くすすめようとしている。

イ　本の名前を挙げていく会話の流れの中で、それとなく中村さんのことを「かあちゃん」と呼び、反応を見ようとしている。

ウ　中村さんと話をするのが恥《は》ずかしいので、冗《じょう》談交じりに中村さんを「かあちゃん」と呼ぶことで、照れを隠《かく》そうとしている。

エ　学校の図書館にも重松清の作品がたくさんあったのを思い出し、とりあえず見たことのある作品を挙げていこうとしている。

オ　中村さんが短い間に本をたくさん読んだことに感心してくれたので、自分が読書家であることをさらに自慢《まん》しようとしている。

問七　❼「『ご家族』のために、何か、おいしいものを」とありますが、このときの「僕」の気持ちについての説明として、最も適切なものを次の中から一つ選んで、記号で答えなさい。

ア　母さんの使っていた料理の本を使えば、みんな母さんのことを思い出してくれるだろうと考え、何かつくってみようと思い立っている。

イ　母さんほどうまくは料理をつくれなくても、今家族を支えられるのは自分しかいないので、がんばって料理をつくろうと心に決めている。

ウ　本にくわしい中村さんが料理の本を選んでくれたので、これを読んで家族のためにおいしいものをつくってみようとやる気になっている。

エ　家族のために自分が料理を作ることが母さんの願いなのかもしれないと考え、これからはできる限り家族を助けていこうと決意している。

オ　自分の家族のことをよく知っている中村さんに驚《おどろ》き、とっさに家族のために料理の本を読むと言った以上、もう後に引けないと思っている。

問八　❽「顔は穏やかだったけど、語尾が震えた」とありますが、ここでの「中村さん」についての説明として、最も適切なものを次の中から一つ選んで、記号で答えなさい。

ア　僕と話をしているうちに、母さんを失った僕の悲しみを強く感じ、あまりにもかわいそうだと同情している。

イ　僕が父さんや菜月を支えることは、母さんのためにもなるのだということを強い思いで伝えようとしている。

ウ　死んでしまったからといって、母さんを家族の一員として考えようとしない僕に対して少し怒《いか》りを感じている。

エ　母さんが死んだことで落ち込んでしまっている僕のことを、どうにかして元気づけてあげようと必死になっている。

オ　母さんが家族の一員であることはあたりまえのことなのに、それをわざわざ僕が聞いたので不安をおぼえている。

問九　❾「はっきりと、しっかりと、伝わるように祈りながら僕はいった」とありますが、ここで「僕」はどういう気持ちを伝えたかったのですか。説明しなさい。

令和2年度 愛光中学校入学試験問題　算数　（その1）※120点満点
（配点非公表）

（60分）　受験番号（　　　　　）氏名（　　　　　　　　　　）

1 次の各問題の［　］にあてはまる数や図を，答のところに記入しなさい。答だけでよい。

(1) $15\div\left(6-\square\times\frac{2}{3}\right)=4.5$

(1)の答［　　　　］

(2) $\left\{\left(0.24+\frac{4}{5}\right)\times6.25\right\}\div\left(3\frac{3}{4}-\frac{8}{3}\right)=\square$

(2)の答［　　　　］

(3) 2つの容器A，Bがあり，Aには7%の食塩水が300g，Bには5%の食塩水が300g入っています。Aから100gだけとってBに入れてよくかき混ぜると［①］%の食塩水ができます。さらに，Bから100gだけとってAにもどすと，Aの中の食塩の量は［②］gになります。

(3)の答　①［　　］　②［　　］

(4) ある品物を240個仕入れ，仕入れ値の2割の利益を見込んで定価をつけたところ，全体の$\frac{5}{8}$が売れました。残りを定価の1割引きの486円で売り出したところ，残りの$\frac{2}{3}$が売れました。この品物1個の仕入れ値は［①］円で，全体の利益は［②］円でした。

(4)の答　①［　　］　②［　　］

(5) 面積が18 cm^2の正方形ABCDの対角線BDの長さは［①］cmです。また，右の図のように，この正方形を点Dを中心として60°回転させると，正方形A′B′C′Dになります。このとき，正方形ABCDが通った部分のうち，図の斜線部分の面積は［②］cm^2です。ただし，円周率は3.14とします。

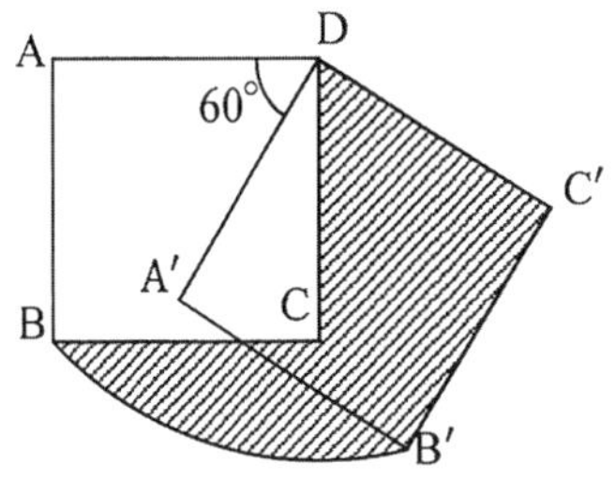

(5)の答　①［　　］　②［　　］

(6) 太郎さん，次郎さん，三郎さんがAかBの二択《たく》で答える問題5問に，表のように答えました。正解した問題数は，太郎さんが4問，次郎さんが3問でした。また，三郎さんは4問目までに3問正解していました。次郎さんが間違えた問題は［①］問目と［②］問目です。また，三郎さんが正解した問題数は全部で［③］問です。

	問1	問2	問3	問4	問5
太郎さん	A	A	B	B	B
次郎さん	B	A	B	A	A
三郎さん	A	B	B	B	A

(6)の答　①［　　］　②［　　］　③［　　］

(7) ある小数Aをかくとき，太郎さんは小数点を忘れて整数でかき，次郎さんは小数点の位置を間違えてかいてしまったので，太郎さんのかいた数と次郎さんのかいた数の差は41217.741になりました。このとき，次郎さんのかいた数は［①］で，小数Aとして考えられる最大の数と最小の数の差は［②］です。

(7)の答　①［　　］　②［　　］

(8) 同じ長さの棒をたくさん並べて，右の図のように，1段の図形，2段の図形，… を作ります。10段の図形には，3本の棒で作られる正三角形は［①］個あり，10段の図形を作るのに棒は全部で［②］本使います。

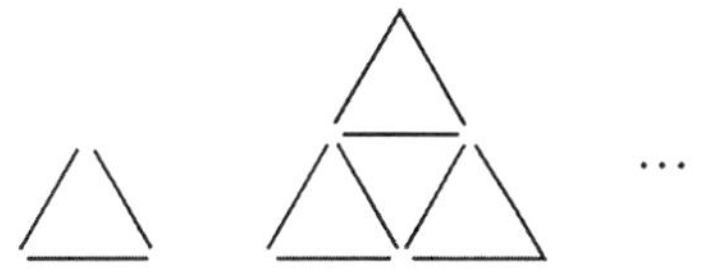

1段の図形　2段の図形

(8)の答　①［　　］　②［　　］

(9) 1辺2cmの立方体があります。

㋐ この立方体の3つの面に矢印を図1のようにかきました。このとき，右の展開図に矢印をかき入れなさい。

㋑ この立方体を何個か組み合わせて図2のような立体を作りました。この立体を作るには立方体が［①］個必要です。また，この立体の表面積は［②］cm^2です。

図1

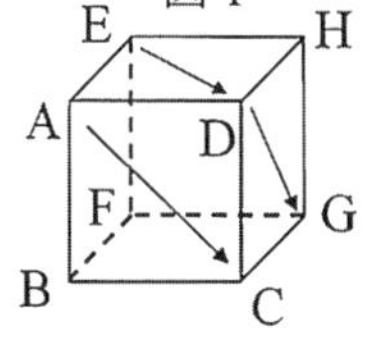

図2

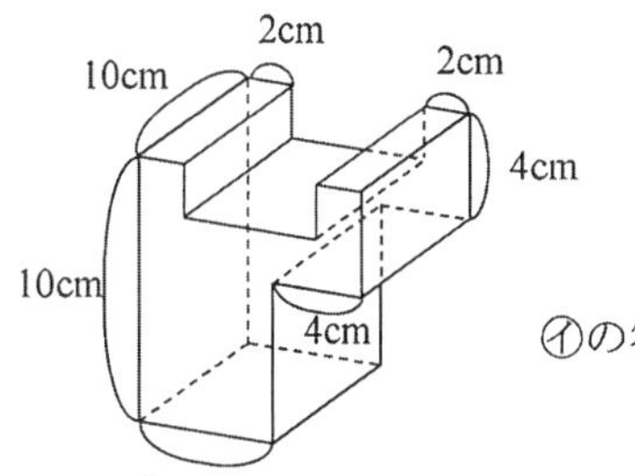

(9)㋐の答

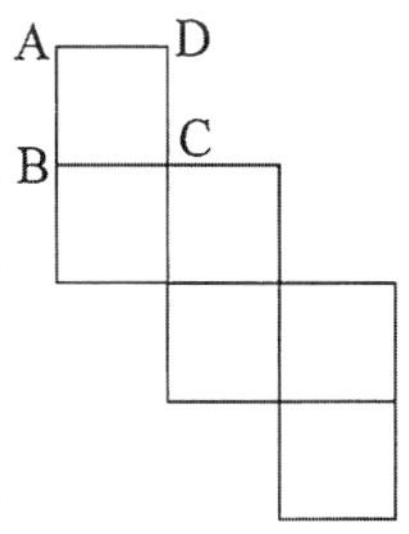

㋑の答　①［　　］　②［　　］

令和２年度 愛光中学校入学試験問題　算数　（その２）

受験番号（　　　　　）氏名（　　　　　　　　　　）

2　A 君と B 君はバイクで同時に P 市を出発し，同じ道を通ってそれぞれ一定の速さで Q 市に向かいました。出発してから 2 時間 15 分たったとき，A 君は B 君より 18 km 先にいました。そのときから，A 君は速さを毎時 6 km 下げ，B 君は速さを毎時 5 km 上げ，それぞれ一定の速さで走りました。速さを変えてから Q 市に着くまでに A 君は 1 時間，B 君は 1 時間 20 分かかりました。

(1)　はじめの A 君と B 君の速さの差は毎時何 km ですか。

［式と計算］

答＿＿＿＿＿＿＿＿

(2)　P 市と Q 市の間の道のりは何 km ですか。

［式と計算］

答＿＿＿＿＿＿＿＿

3　ある商品を 3 台の機械 A，B，C で作ります。A，B，C で 1 時間あたりに作ることができる商品の個数の比は 3：5：6 です。ある日，午前 9 時に 3 台で作り始めようとしたところ，A と B が故障していたので C だけで作り始めました。しばらくして B が直ったので B と C で作り，さらに，午前 11 時に A も直ったので，それからしばらくの間 3 台で作りました。

(1)　この日の午前 9 時から午前 11 時までの間で，B で作った商品と C で作った商品の個数の比は 3：8 でした。B で商品を作り始めた時刻を求めなさい。

［式と計算］

答＿＿＿＿＿＿＿＿

(2)　その後，C が故障したので，A と B だけで午後 5 時まで作りました。この日に作った商品の個数と，3 台で 8 時間作り続けたときにできる商品の個数の比は 5：7 でした。C が故障した時刻を求めなさい。

［式と計算］

答＿＿＿＿＿＿＿＿

4　体育館に長いすが 14 脚《きゃく》あります。生徒が 1 脚に 9 人ずつ座っていくと，使っている長いすにはすべて 9 人ずつ座りますが，使わない長いすがいくつかできます。1 脚に 8 人ずつ座っていくと，1 脚だけ 8 人に満たない状態で全員座れます。このとき，次の問いに答えなさい。

(1)　生徒は何人いますか。答だけでよい。

答＿＿＿＿＿＿＿＿

(2)　はじめ何脚かに 7 人ずつ座り，残りに 9 人ずつ座ると，全員がちょうど座れます。7 人座る長いすは何脚ですか。

［式と計算］

答＿＿＿＿＿＿＿＿

(3)　はじめ何脚かに 5 人ずつ座り，次の何脚かに 7 人ずつ座り，残りに 9 人ずつ座ると，全員がちょうど座れます。それぞれ何脚ずつにすればよいですか。その組み合わせをすべて求め，例のように答えなさい。

例　5 人ずつ座る長いすが 1 脚，7 人ずつ座る長いすが 2 脚，9 人ずつ座る長いすが 11 脚のとき，(1, 2, 11) と答える。

［式と計算］

答＿＿＿＿＿＿＿＿＿＿＿＿＿＿＿＿

令和２年度　愛光中学校入学試験問題

理科

（40分）

太郎君が魚を売っているところに，タイを釣ったお父さんがやってきて，タイの重さをはかろうとしたが，タイは重すぎてはかれなかった。そこで，太郎君は図１のはかりを２通りの方法で改造した。

【改造１】図１の状態から支点の位置は変えずに，おもりの重さを２倍にした。

（３）　魚を皿にのせていないとき，棒が水平になるおもりの位置は，棒の左端から何 cm か。

（４）　タイ１匹を皿にのせたとき，おもりの位置が棒の左端から 90 cm のところで棒が水平になった。タイ１匹の重さはイワシ何匹の重さと同じか。

【改造２】図１の状態からおもりの重さは変えずに，支点の位置を左へ 5 cm ずらした。

（５）　魚を皿にのせていないとき，棒が水平になるおもりの位置は，棒の左端から何 cm か。

（６）　タイ１匹を皿にのせたとき，棒が水平になるおもりの位置は，棒の左端から何 cm か。

【６】　同じ豆電球６個と電池１個を使って図のような回路を作った。図の①から⑥の番号は，豆電球の場所を表している。下の問いに答えなさい。ただし，答えが２つ以上ある場合は，当てはまる豆電球の番号をすべて答えよ。

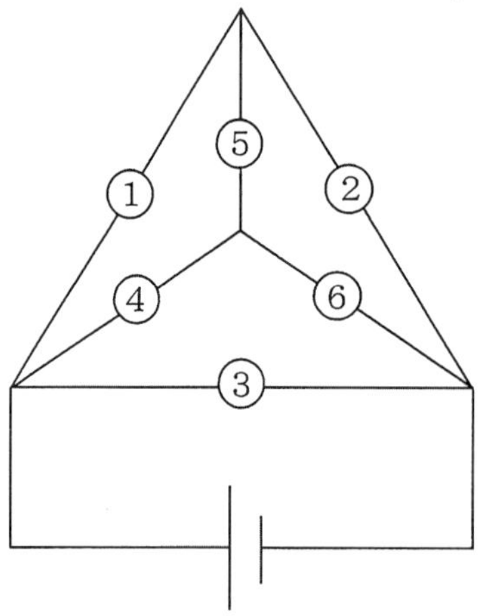

（１）　図のとき，⑤の豆電球には電流が流れずに光らなかったが，⑤以外の豆電球はすべて光った。このとき，一番明るい豆電球は何番の豆電球か。

（２）　④の豆電球をはずすと，⑤の豆電球が光った。このとき，光っていた豆電球の中で一番暗いものは何番の豆電球か。

（３）　②と④の豆電球をはずした。このとき，光っていた豆電球の中で一番暗いものは何番の豆電球か。

（４）　②以外の２か所の豆電球をはずして，残った４個の豆電球のうち②の豆電球だけが光らないようにしたい。何番と何番の豆電球をはずせばよいか。

【５】 イワシやアジやサバなどの魚をたくさん釣《つ》った太郎君は，それらを友達に売ろうと，図１のようにはかりをつくった。1 m の棒の左端《はし》に皿をつるし，左端から 10 cm 右にひもをつけて支点とし，そこから 40 cm 右におもりをつるして水平にした。次に，図２のように，皿にイワシを１匹《ひき》のせたとき，おもりを 10 cm 右にずらすと再び水平になった。棒やひもの重さは考えないものとし，魚１匹あたりの重さは同じ種類であれば同じ重さとする。下の問いに答えなさい。

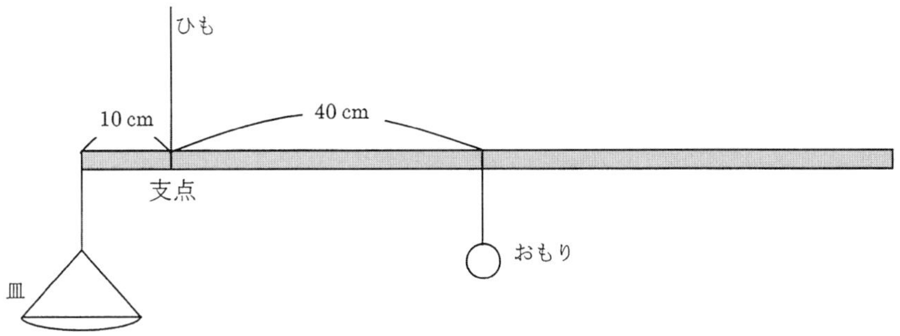

図１

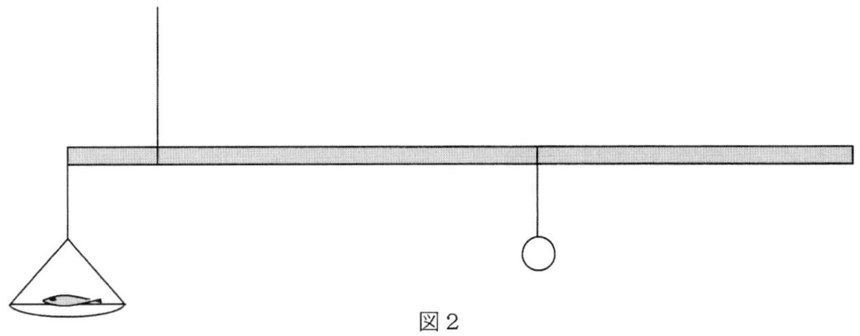

図２

（１） 太郎君は，魚を皿にのせ，図１の状態からおもりを右側に何 cm ずらせば棒が水平になるかをはかり，おもりのずれ 1 cm ごとに 10 円として魚の値段を決めた。太郎君がＡ君とＢ君に表のように魚を売ったとき，アジ１匹とサバ１匹の値段はそれぞれいくらか。

	売った魚	おもりのずれ	代金
Ａ君	イワシ１匹，アジ１匹，サバ１匹	37 cm	370 円
Ｂ君	アジ２匹，サバ１匹	39 cm	390 円

（２） 魚の価値は種類によってちがうので，太郎君はおもりのずれ 1 cm あたりの値段に差をつけようと考えた。（１）のときはどの魚も 1 cm あたり 10 円としていたが，イワシは 1 cm あたり 8 円，アジは 1 cm あたり 10 円，サバは 1 cm あたり 12 円とした。そうした場合，（１）でＡ君に売った魚の代金は，370 円だったものが何円になるか。また，Ｂ君に売った魚の代金は何円になるか。

【1】 ダイズの種子に関する下の問いに答えなさい。

ダイズの種子を2つに切ったところ，図のような断面が観察された。①この断面にヨウ素液をかけたところ，ある部分がこい青むらさき色に染まった。染まっている部分を②顕微《けんび》鏡で観察したところ，③小さなつぶが多く観察され，これらのつぶが青むらさき色に染まっていた。

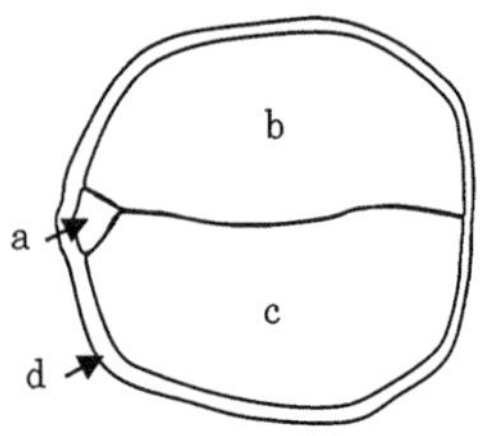

図

（1） 下線部①について，ヨウ素液をかけたときに，こい青むらさき色に染まった部分を図の a～d からすべて選び，記号で答えよ。

（2） ダイズの種子の中で1つ取り除いたときに発芽しないと考えられるものはどれか，図の a～d から1つ選び，記号で答えよ。

（3） 下線部②について，次の(ア)～(エ)を顕微鏡の正しい使い方の順に並べかえよ。

（ア） 横から見ながら調節ねじを回し，対物レンズとプレパラートを近づける。
（イ） プレパラートをステージにのせ，クリップでとめる。
（ウ） 接眼レンズをのぞきながら調節ねじを回し，対物レンズとプレパラートを遠ざける。
（エ） 接眼レンズをのぞきながら反射鏡を動かし，明るく見えるようにする。

（4） 下線部③で青むらさき色に染まっていたつぶには何が多くふくまれているか。物質名を答えよ。

次に，ダイズの種子の発芽条件を調べるために，次の実験1～5を行った。種子を入れたビーカーはすべて日当たりのよい，温かい場所に置いた。

実験1． ビーカーに種子のみを入れたところ，種子は発芽しなかった。
実験2． ビーカーに種子を入れ，種子が半分つかるように水を注いだところ，種子は発芽した。
実験3． ビーカーに多めに水を注ぎ，そこに種子を完全にしずめたところ，種子は発芽しなかった。
実験4． ビーカーによく乾《かわ》かした土を入れ，そこに種子をうめたところ，種子は発芽しなかった。
実験5． ビーカーに湿《しめ》らせた土を入れ，そこに種子をうめたところ，種子は発芽した。

（5） ダイズの発芽条件に関して，次の(ア)と(イ)をそれぞれ示すには，実験1～5のうち，どの実験の結果をみればよいか。実験の番号を答えよ。また，2つの実験の結果を比較してみる必要がある場合には，実験の番号を2つ答えよ。

（ア） ダイズの発芽には土は必要ない。
（イ） ダイズの発芽には空気が必要である。

【2】 ダンゴムシに関する下の問いに答えなさい。

ダンゴムシの①からだはふしに分かれていて，②あしは左右に7本ずつ，全部で14本ある。また，③頭部には触角《しょっかく》がある。メスは保育のうに④卵を産み，卵からふ化するまで育てる。ある程度成長すると，ダンゴムシの赤ちゃんは保育のうを破って出てくる。このとき，ダンゴムシの赤ちゃんは2mmほどの大きさだが，⑤脱皮《だっぴ》をくり返すことで大きくなる。

（1） 下線部①～⑤のダンゴムシの特徴《ちょう》のうち，昆《こん》虫と共通するものには○を，異なるものには×をそれぞれ書け。

（2） ダンゴムシが主に食べているものを次の(ア)～(オ)から1つ選び，記号で答えよ。

(ア)枝についた生の葉　(イ)落葉　(ウ)植物の樹液　(エ)花のみつ　(オ)生きた昆虫

物質Dと物質Bは2:1の体積比で燃焼して水(液体)になる。生じた水の体積は非常に小さいので，水の影響《えいきょう》は考えなくてよい。また，物質Gは他の物質と反応しないものとして，次の実験1を行った。

【実験1】

最初に物質Gを用意し，そこに物質Dを加えると気体の体積は53Lになった。この53Lの気体に物質Bを6L加えると59Lになり，この59Lの気体を燃焼させると，燃焼後に41Lの気体が残った。この燃焼後の41Lの気体に，さらに物質Bを6L加えて燃焼させると，燃焼後に29Lの気体が残った。同じように，残った気体に物質Bを6L加えては燃焼させ，気体の体積を測定すると，次の表1のような結果になった。

表1

加えた物質Bの体積(L)	6	12	18	24	30
燃焼後の気体の体積(L)	41	29	17	20	26

（3） 実験1で，最初に用意した物質Gの体積は何Lか。

物質Aと物質Bは1:2の体積比で燃焼して物質Eと水(液体)になる。このとき，物質Eは燃焼に使われた物質Aと同じ体積だけ生じる。生じた水の体積は非常に小さいので，水の影響は考えなくてよい。また，物質Gは他の物質と反応しないものとして，次の実験2を行った。

【実験2】

最初に物質Gを用意し，そこに物質Aを加えると気体の体積は22Lになった。この22Lの気体に物質Bを4L加えると26Lになり，この26Lの気体を燃焼させると，燃焼後に22Lの気体が残った。この燃焼後の22Lの気体に，さらに物質Bを4L加えて燃焼させると，燃焼後の気体の体積はまた22Lになった。同じように，残った気体に物質Bを4L加えては燃焼させ，気体の体積を測定すると，物質Bを16L加えて燃焼させたところで気体の体積に変化があらわれ，次の表2のような結果になった。

表2

加えた物質Bの体積(L)	4	8	12	16	20
燃焼後の気体の体積(L)	22	22	22	24	28

（4） 実験2で，最初に用意した物質Gの体積は何Lか。

【4】 物質A～Hの説明を読み，下の問いに答えなさい。

物質A：この物質は無色無臭《むしゅう》の気体であり，強力な温室効果ガスのひとつである。よく燃えるため，燃料としても使われている。例えば，都市ガスの主成分はこの気体である。また，海底からハイドレートというかたちで多く発見され，新しいエネルギー源として期待されている。

物質B：この物質は無色無臭の気体であり，植物が光合成するときにつくられ，空気の体積の約 20％をしめている。実験室では，(　あ　)に二酸化マンガンを加えると発生させることができる。

物質C：この物質は無色で鼻をさすようなにおい(刺激臭《しげきしゅう》)がある気体である。この気体がとけた水よう液は，BTB液を黄色に変色させ，塩酸と呼ばれる。

物質D：この物質はロケットの燃料や燃料電池に使われる無色無臭の気体である。水にとけにくく，非常に軽い気体である。実験室では，亜鉛《あえん》やマグネシウムなどの金属にうすい塩酸を加えると発生させることができる。

物質E：この物質は空気より重く無色無臭の気体である。空気中に少し存在しており，植物が光合成するときに使われる。実験室では，石灰石にうすい塩酸を加えると発生させることができる。また，この物質を圧縮して冷やすことで固体状にしたものは(　い　)と呼ばれ，さまざまな所で利用されている。

物質F：この物質はおもに上空 10～50 km あたりに存在している気体で，地上で暮らす生物にとって有害な紫外線《しがいせん》を吸収している。この気体が減少することにより，地上にとどく紫外線量が多くなることが問題とされている。

物質G：この物質は水にとけにくい無色無臭の気体で，空気の体積の約 80％をしめている。また，他の物質と反応しにくいので，おかしなどのふくろの中につめて，中身の品質をより良く保つために使われている。

物質H：この物質は無色で鼻をさすようなにおい(刺激臭)がある気体である。空気より軽く，水に非常によくとける。この気体をとかした水よう液は，赤色リトマス紙を青く変色させる。また，虫さされ薬の成分にふくまれていることがある。

（1） 物質A～Hの名前を答えよ。
（2） 説明文中の(　あ　)，(　い　)に適する語句を答えよ。

ダンゴムシは通路を進むとき，左右どちらかのかべに沿って移動する。かべが途《と》切れると，図1のように沿っていたかべ側に平均 45°向きを変えて移動し，⑥新たなかべに当たると，左側のかべに沿っていた場合には左折し，右側のかべに沿っていた場合は右折し，再びかべに沿って移動する。このような習性があるため，ダンゴムシを連続したT字路からなる迷路に入れると，ダンゴムシは(　⑦　)。

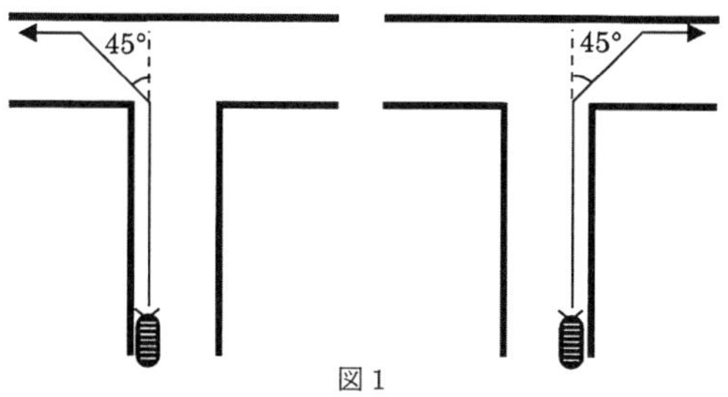

図1

（3） (　⑦　)に入る言葉を次の(ア)～(エ)から1つ選び，記号で答えよ。
(ア) 最初に曲がった向きに曲がり続ける　(イ) 左右交互《ご》に曲がる向きを変える
(ウ) ランダムに曲がる向きを変える　(エ) 立ち止まってしまい，動かなくなる

（4） 下線部⑥の習性が現れるしくみについて，次の仮説を立てた。

仮説：ダンゴムシは左右どちらの触角が先にかべに触れたかにより，曲がる向きを決定している。

この仮説を確かめるため，図2のようにT字路の先に板を置き，T字路の左側のかべに沿ってダンゴムシを進ませた。T字路と板のなす角度aを変えて，ダンゴムシが板に当たったときに右側に進んだ割合を調べた。このとき，仮説が正しいとすると，実験の結果はどのようになると考えられるか。正しいものを次の(ア)～(カ)から1つ選び，記号で答えよ。ただし，グラフの縦軸《じく》は右側に進んだ割合(％)を，横軸は板の角度aを表している。

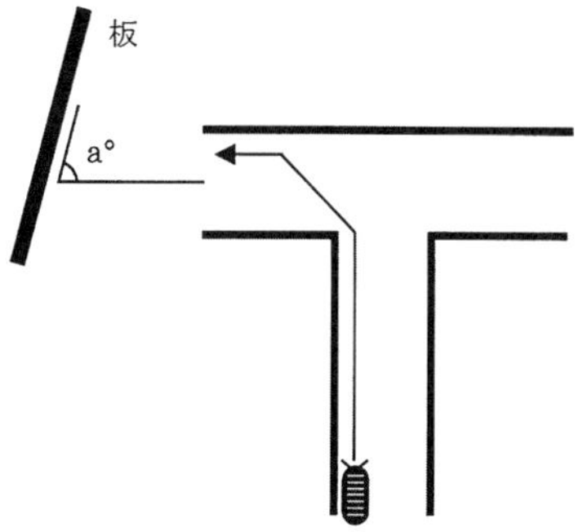

図2

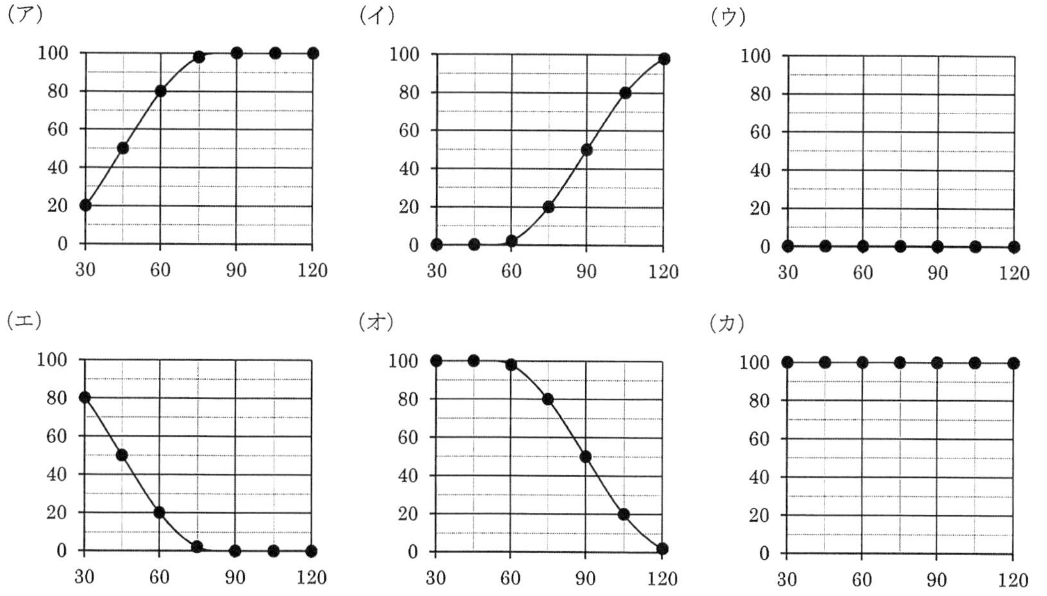

【３】 図１は地球の自転と月の公転の様子を北極星の方向から見たものである。図１の①～④はそれぞれ，ある時刻における日本の位置を示し，地球の自転とともに点線に沿って移動する。次の問いに答えなさい。

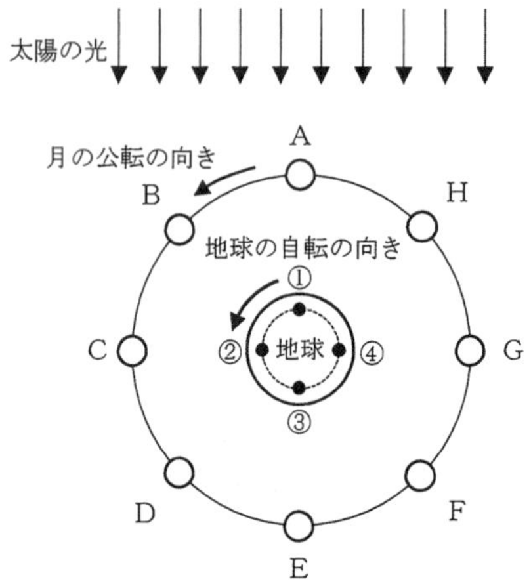

図１　北極星の方向からみた地球の自転と月の公転の様子

（１）　日本において，月が夕方南西の空に観察された。このときの日本の位置および月の位置はどこか。日本の位置に関しては図１の地点①～④から，月の位置に関してはＡ～Ｈから選び，それぞれ番号と記号で答えよ。

（２）　図１における月の位置と見え方について，次の(ア)～(エ)から正しい文をすべて選び，記号で答えよ。

（ア）　月がＣにあるとき，月は午前０時ごろ東の空からのぼってくる。

（イ）　月がＥにあるとき，月は夕方東の空からのぼってくる。

（ウ）　月がＦにあるとき，月は午前９時ごろ西の空に沈む。

（エ）　月がＧにあるとき，月は夕方西の空に沈む。

月が地球と太陽の間に入ることで太陽の光がさえぎられ，太陽が欠けて見えることがある。このような現象は日食と呼ばれる。また，月が地球のかげに入ることで月を照らす太陽の光がさえぎられ，月が欠けて見えることがある。このような現象は月食と呼ばれる。

（３）　日食および月食が観察される地球上の地点について，次の(ア)～(エ)から最も適当なものを１つ選び，記号で答えよ。

（ア）　日食も月食も，月や太陽が見えているなら地球上のどの地点からでも観察される。

（イ）　日食も月食も，地球上の狭い範囲でだけ観察され，月や太陽が見えていても観察できるとは限らない。

（ウ）　日食は太陽が見えているなら地球上のどの地点からでも観察されるが，月食は地球上の狭い範囲でだけ観察され，月が見えていても観察できるとは限らない。

（エ）　日食は地球上の狭い範囲でだけ観察され，太陽が見えていても観察できるとは限らないが，月食は月が見えているなら地球上のどの地点からでも観察される。

（４）　日食が起きているときの太陽の形をよく観察すると，太陽の欠け方が少しずつ変化していることがわかる。これは月の公転により，地球から見る月と太陽の位置関係が短い時間でも変化しているからである。日食グラスを用いて日食を観察したとき，太陽はどのように欠けていくと考えられるか。次の(ア)～(エ)から最も適当なものを１つ選び，記号で答えよ。ただし，日食は正午ごろ観察され，各図の下側に南の地平線があるものとする。

(ア)

(イ)

(ウ)
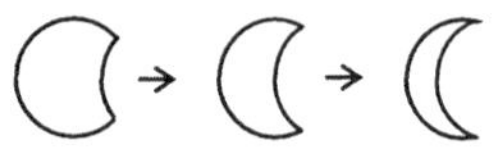

(エ)
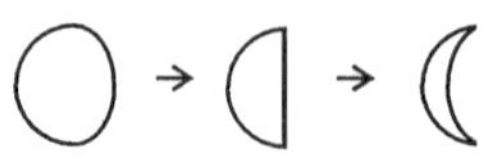

図２は，地球の自転の様子を真横から見たものである。この図のように，北極点と南極点を結ぶ地球の自転の軸は少しかたむいている。図２の①～③は，図１の①～③と同じであり，地球の自転とともに点線に沿って移動する。なお，図１の④は，図２においては②の裏側の位置にあり，また，斜線部は夜の領域を表している。

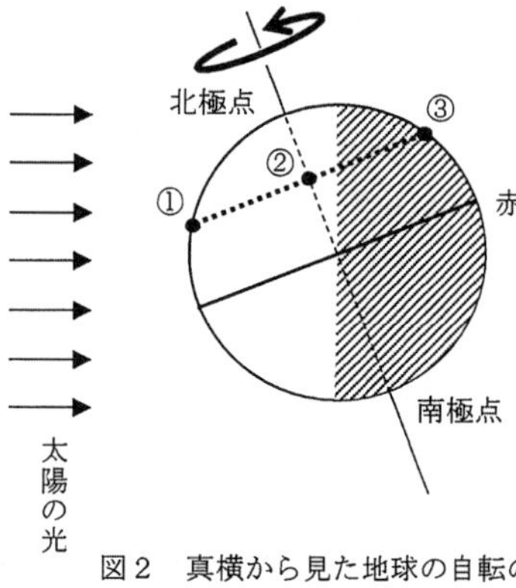

図２　真横から見た地球の自転の様子

（５）　図２の日本・赤道上の地点・南極点における昼と夜の時間の長さについて，次の(ア)～(オ)から正しい文をそれぞれ１つずつ選び，記号で答えよ。

（ア）　一日中昼である。

（イ）　昼と夜があり，昼の方が夜よりも長い。

（ウ）　昼と夜があり，昼と夜の長さが同じである。

（エ）　昼と夜があり，夜の方が昼よりも長い。

（オ）　一日中夜である。

（６）　図２において，愛媛県松山市で日の出と日の入りを迎えたときの昼と夜の領域は，それぞれどのように表されるか。次の(ア)～(カ)から最も適当なものをそれぞれ１つずつ選び，記号で答えよ。ただし，各図の斜線部は夜の領域を表している。

(ア)
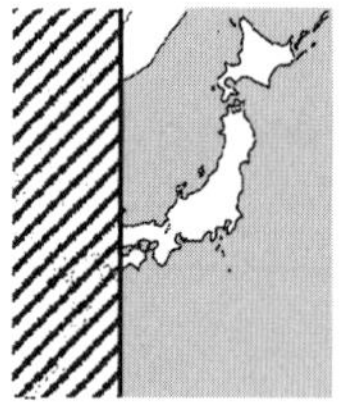

(イ)
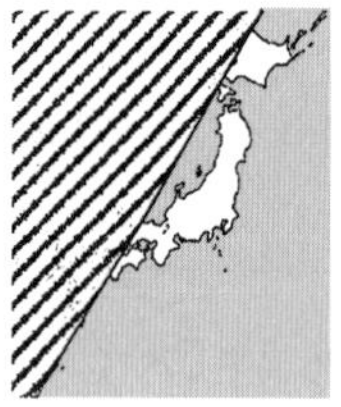

(ウ)
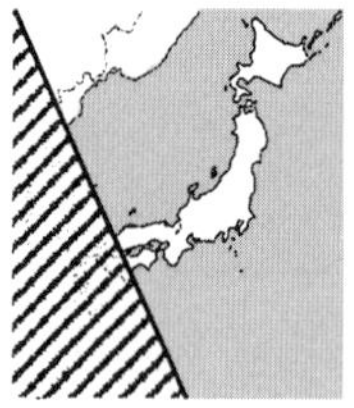

(エ)
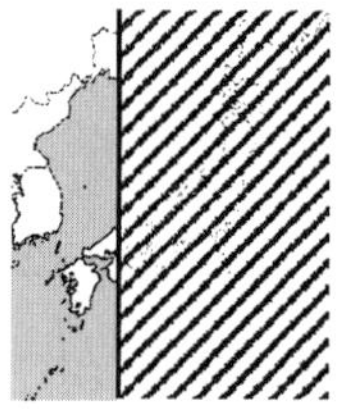

(オ)
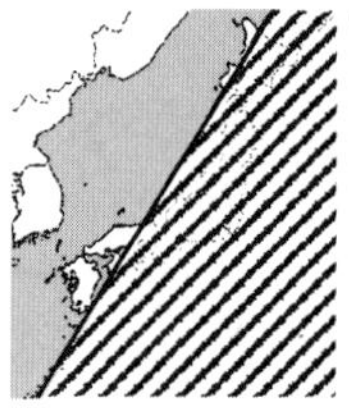

(カ)
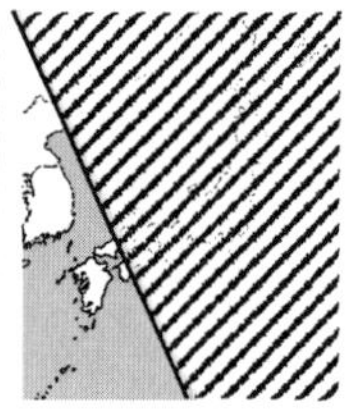

令和２年度　愛光中学校入学試験問題

社会

（40分）

2020(R2) 愛光中
K 教英出版

《答えはすべて解答用紙に記入しなさい。選択問題については，記号で答えなさい。》

1　次の【A】～【E】の文を読み，後の問いに答えなさい。

【A】８世紀の初めには，国を治めるための新しい法律がつくられ，貴族が天皇のもとで政治をおこなうしくみが整いました。人々は国からあたえられた土地を耕し，＜ａ＞などの負担を負いましたが，その負担が重かったので土地を捨てて逃《に》げ出す人々も少なくなく，また，貴族どうしの争いもおこり，政治は不安定になりました。こうした中，(ア)聖武《しょうむ》天皇は，仏教の力で政治の安定をはかろうと考えました。

問１　文中の空らん＜ａ＞におぎなう文として誤っているものを，次の中から１つ選びなさい。
（あ）織物や地方の特産物を納める　　（い）兵士として都や北九州の守りにつく
（う）稲の収穫《しゅうかく》の半分を納める　　（え）１年に10日都で働くか，布を納める

問２　下線部(ア)について，聖武天皇のころの仏教について述べた次の文のうち，誤っているものを１つ選びなさい。
（あ）大仏づくりに農民の協力をもとめるため，政府は農民にしたわれている行基《ぎょうき》を高い僧《そう》の位につけた。
（い）僧の重源《ちょうげん》が中心になって全国に寄付をよびかけ，東大寺が建てられた。
（う）全国の国ごとに，国分寺と国分尼寺《にじ》が建てられた。
（え）唐から鑑真《がんじん》がまねかれ，日本の寺や僧の制度が整えられた。

【B】平安時代の中ごろには，藤原氏《ふじわらし》が天皇を補佐《ほさ》する役職につき，天皇にかわって政治の実権をにぎるようになりました。藤原氏は，＜ｂ＞などして，道長《みちなが》・頼通《よりみち》父子のときに全盛期をむかえました。一方，このころの地方の政治は，ほとんど国司にまかされるようになりました。国司の中には，余分に税を取り立てるなど，自分の収入を増やすことだけにはげむ者もあらわれたため，しだいに地方の政治は乱れていき，その混乱の中で各地に武士《ぶし》がおこりました。

問３　文中の空らん＜ｂ＞におぎなう文として誤っているものを，次の中から１つ選びなさい。
（あ）むすめを天皇のきさきにする　　（い）地方の豪族《ごうぞく》から土地の寄付を受ける
（う）地方の役人から貢《みつ》ぎ物をえる　　（え）侍所を設けて武士をたばねる

問４　文章【B】のころの文化について述べた次の文のうち，誤っているものを１つ選びなさい。
（あ）阿弥陀《あみだ》仏にすがり，死後に極楽浄土《じょうど》に行くことを願って，平等院鳳凰堂《ほうおうどう》が建てられた。
（い）藤原道長のむすめに教育係として仕えた紫式部《むらさきしきぶ》は，かな文字で「源氏物語」を書いた。
（う）寝殿造《しんでんづくり》の屋しきの中は，日本の風景などをえがいた大和絵でかざられた。
（え）国の成り立ちを明らかにするため，「日本書紀」という歴史書がつくられた。

【C】源頼朝《みなもとのよりとも》は，1185年に壇ノ浦《だんのうら》の戦いで平氏をほろぼすと，その後，守護・地頭の設置を朝廷《ちょうてい》に認めさせ，1192年には征夷《せいい》大将軍に任命されて武士を統率する地位につき，鎌倉《かまくら》に幕府を開いて東国を支配しました。この幕府は，「御恩《ごおん》と(イ)奉公《ほうこう》」という，将軍と御家人《ごけにん》との土地を仲立ちとした強い結びつきによって支えられていました。1221年の(ウ)承久の乱の後には，幕府の支配が西日本にまで広がり，幕府の力は朝廷をしのぐようになりました。

問５　下線部(オ)に関連して，次の表はアメリカの人口構成を示しています。表中のX～Zにあてはまる語句の正しい組み合わせを，下の（あ）～（か）の中から１つ選びなさい。

	全人口に占《し》める割合（%）
X	76.6
ヒスパニック	18.1
Y	13.4
Z	5.8
その他	4.2

（『地理統計要覧 2019年度版』より作成）

（あ）X　アジア系　　Y　ヨーロッパ系　　Z　アフリカ系
（い）X　アジア系　　Y　アフリカ系　　Z　ヨーロッパ系
（う）X　アフリカ系　　Y　アジア系　　Z　ヨーロッパ系
（え）X　アフリカ系　　Y　ヨーロッパ系　　Z　アジア系
（お）X　ヨーロッパ系　　Y　アジア系　　Z　アフリカ系
（か）X　ヨーロッパ系　　Y　アフリカ系　　Z　アジア系

問６　下線部(カ)に関して，アメリカで栽培《さいばい》されている穀物の中に，原産地は中国ですが，現在はアメリカで多く栽培されている穀物があります。この穀物は現在，中国に大量に輸出され，家畜《かちく》の飼料や食用油などに利用されています。この穀物名を答えなさい。

問７　下線部(キ)に関連して，次の地図中で，情報通信産業が集まっているシリコンバレーがある州を，（あ）～（お）の中から１つ選びなさい。

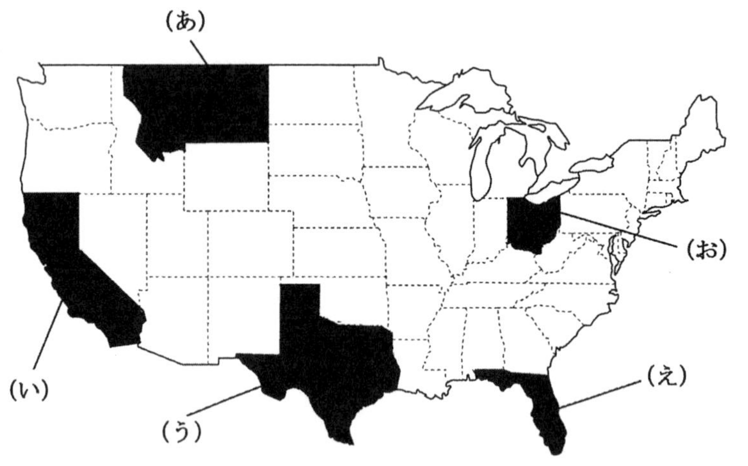

2020(R2) 愛光中
K 教英出版
28-(16)
【社8-(2)】

問３　下線部(ウ)に関連して，次のグラフは 1990 年と 2016 年の二酸化炭素排出《はいしゅつ》量の国・地域別の割合（%）を示したものである。グラフのＸ～Ｚに入る国名の正しい組み合わせを，下の（あ）～（か）の中から１つ選びなさい。

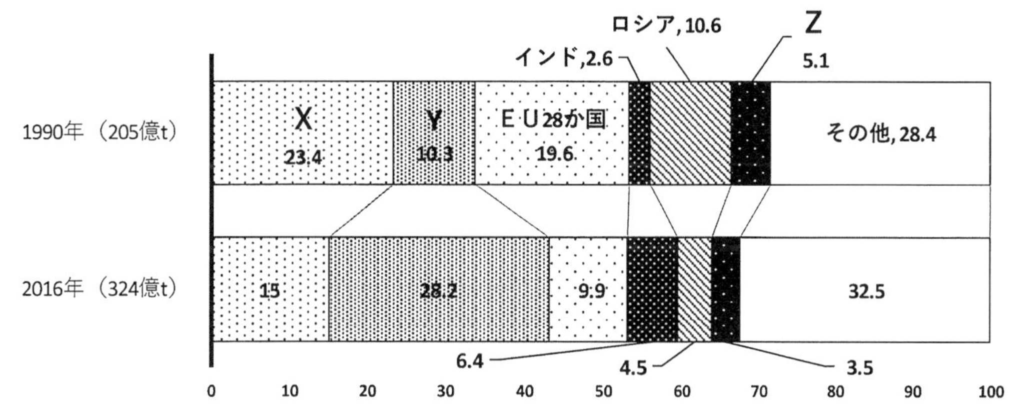

（『世界国勢図会　2018/2019』より作成）

	X	Y	Z
(あ)	中　国	アメリカ	日　本
(い)	中　国	日　本	アメリカ
(う)	アメリカ	中　国	日　本
(え)	アメリカ	日　本	中　国
(お)	日　本	中　国	アメリカ
(か)	日　本	アメリカ	中　国

問４　下線部(エ)に関連して，アメリカのニューヨークから中国の北京に飛行機で行くときの最短ルートとなるものはどれか。次の中から正しいものを１つ選びなさい。

（あ）ニューヨーク⇒ホノルル（ハワイ）⇒北京　　（い）ニューヨーク⇒アンカレジ（アラスカ）⇒北京

（う）ニューヨーク⇒ロンドン（イギリス）⇒北京　　（え）ニューヨーク⇒カイロ（エジプト）⇒北京

問５　下線部(イ)について，御家人は奉公として，戦いがおこったときには命がけで戦いましたが，戦いのないときには，どのようなつとめをおこないましたか。

問６　下線部(ウ)に関連して，承久の乱後のできごととして，誤っているものを１つ選びなさい。

（あ）武士の裁判の基準として，御成敗式目《ごせいばい》がつくられた。

（い）朝廷を監視するため，京都に六波羅探題《ろくはらたんだい》が置かれた。

（う）源氏の将軍が３代で絶え，執権《しっけん》の北条氏が幕府の政治をすすめるようになった。

（え）元の来しゅうに備えて，博多湾《わん》沿岸に防塁《ぼうるい》が築かれた。

【Ｄ】室町時代になると，地方では守護大名があらわれて力を伸《の》ばしましたが，(エ)足利義満《あしかがよしみつ》はこうした大名をおさえて幕府の力を強めました。ところがその後将軍の力が弱まり，足利義政《よしまさ》のあとつぎをめぐって応仁の乱という大きな戦乱が京都でおこると，争いは全国の大名をまきこんで長期化しました。こうして，幕府は京都を中心とするわずかな地域を支配するだけになり，全国各地に(オ)戦国大名が登場しました。

問７　下線部(エ)の人物について述べた次の文のうち，誤っているものを１つ選びなさい。

（あ）明との国交を開き，貿易をはじめて大きな利益をえた。

（い）能を芸術として完成させた観阿弥《かんあみ》・世阿弥《ぜあみ》父子を保護した。

（う）武士としてはじめて太政大臣になり，朝廷の中で強い力をもった。

（え）南北に分かれて争っていた朝廷を１つにまとめた。

問８　下線部(オ)に関連して，足利氏の将軍を京都から追放し，室町幕府をほろぼした戦国大名はだれですか。

【Ｅ】1600 年の関ヶ原の戦いに勝利した徳川家康《とくがわいえやす》は，1603 年に征夷大将軍となって江戸《えど》に幕府を開くと，まもなく将軍職を子の秀忠《ひでただ》にゆずって，徳川家が代々将軍になることを示しました。その後幕府は，1615 年に(カ)豊臣氏《とよとみ》をほろぼすと，武家諸法度を定めて大名をきびしく統制しました。また，３代将軍の家光《いえみつ》は，(キ)武家諸法度を改めて，大名に対する支配を強めたり，鎖国《さこく》によってキリスト教の禁止を徹底《てってい》したりして，幕府の支配をかためました。

問９　下線部(カ)に関連して，豊臣秀吉《ひでよし》がおこなったことについて述べた次の文のうち，誤っているものを１つ選びなさい。

（あ）農民の一揆《いっき》を防ぎ，また，農民と武士の身分を区別するため，農民から武器を取り上げた。

（い）村ごとに田畑の面積や収穫高などを調べ，耕作者から収穫高に応じて税を取るようにした。

（う）明を征服《せいふく》しようと考えて２度にわたって朝鮮《ちょうせん》に大軍を送ったが，失敗におわった。

（え）安土の城下町で，商人たちが自由に営業できるように，楽市令を出した。

問10　下線部(キ)について，徳川家光が武家諸法度に新たに加えたものとして，正しいものを１つ選びなさい。

（あ）城を修理する場合は，幕府に届け出ること。

（い）学問や武芸を身につけ，常にこれにはげむこと。

（う）大名は領地と江戸に交代で住み，江戸に参勤すること。

（え）幕府の許可をえずに結婚《けっこん》してはならない。

2　次の【A】～【C】の文は，日本にある世界遺産について述べたものです。これを読み，後の問いに答えなさい。

【A】(ア)明治時代，政府は西洋の国々と対等につき合えるようになることをめざし，近代化をすすめていました。とくに産業の分野では，当時日本の重要な輸出品であった生糸に注目し，政府は1872年にⓐ富岡《とみおか》製糸場をつくりました。(イ)工場建設には，大隈重信《おおくましげのぶ》や伊藤博文《いとうひろぶみ》，渋沢栄一《しぶさわえいいち》らが中心的な役割を果しました。また工場で働く工女たちは日本全国から集められ，(ウ)彼女《かのじょ》たちはここで最新の器械製糸の技術を学び，それを各地に伝えていきました。その後，日本の製糸業は大きく発展し，明治時代の終わりには，生糸の生産量・輸出量が世界一になりました。富岡製糸場は，海外から取り入れられた製糸技術が日本で改良・発展され，世界の服飾産業や文化に大きな影響《えいきょう》をあたえたという点が評価され，文化交流を証明する遺産として世界遺産に登録されました。

【B】(エ)19 世紀末ごろから，日本では産業革命の時代をむかえました。はじめは，生糸や綿糸・綿織物などをつくる軽工業がさかんになりましたが，(オ)日清・日露《にちろ》戦争の後には，製鉄業などの重工業も発達し，大型の兵器や機械も国内で生産されるようになりました。1901 年に操業を開始したⓑ八幡《やはた》製鉄所は，日清戦争でえた賠償《ばいしょう》金をもとに建設されました。この製鉄所は，国内での鉄鋼生産の大部分をしめ，日本の重化学工業発展の基礎《きそ》となりました。八幡製鉄所は，西洋の技術を取り入れながら近代化をとげた技術発展を示す遺産として，(カ)「明治日本の産業革命遺産」という名称で世界遺産に登録されています。

【C】(キ)1941 年，太平洋戦争がはじまりました。はじめは勝利を重ねていた日本でしたが，アメリカ軍の反撃《はんげき》がはじまると戦況《せんきょう》は不利になっていきました。そして，1945 年 8 月 6 日，日本に世界ではじめて原子爆弾《ばくだん》が投下されました。熱線と爆風《ばくふう》で多くの建物は崩《くず》れましたが，爆心地近くの産業奨励《しょうれい》館は真上から爆風を受けたため，ドームの骨組みや中心部分は奇跡《きせき》的に崩れずに残りました。この建物は，一時は解体することも検討されましたが，保存を求める運動が広がり，ⓒ原爆ドームとして永久保存されることになりました。(ク)その後，被爆 50 年にあたる 1995 年に原爆ドームは国の史跡《しせき》となり，その翌年には人類初の原子爆弾がもたらした悲劇を後世に伝える「負の遺産」として世界遺産に登録されました。

問１　文中の破線部ⓐ～ⓒの世界遺産の場所を，下の地図からそれぞれ１つずつ選びなさい。

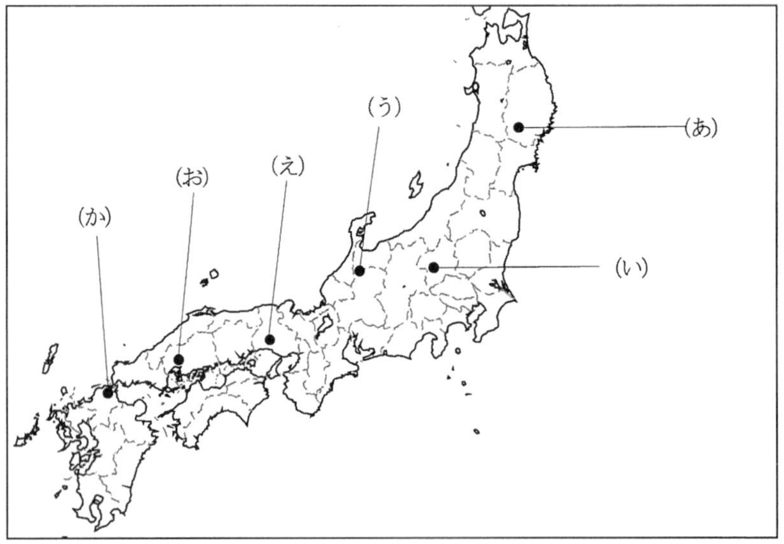

問２　下線部(イ)に関連して，次の表は中国，アメリカ，シンガポールのいずれかの国の１人当たりの貿易額と主な輸出品（2017 年度，１位・２位）を表したものです。表中のＸ～Ｚに入る国名の正しい組み合わせを，下の（あ）～（か）の中から１つ選びなさい。

国名	１人当たり貿易額（ドル）		主な輸出品	
	輸出	輸入	１位	２位
X	4,767	7,426	機械類	自動車
Y	65,379	57,401	機械類	石油製品
Z	1,618	1,310	機械類	衣類

（『地理統計要覧 2019 年度版』より作成）

	X	Y	Z
(あ)	中　国	アメリカ	シンガポール
(い)	中　国	シンガポール	アメリカ
(う)	アメリカ	中　国	シンガポール
(え)	アメリカ	シンガポール	中　国
(お)	シンガポール	中　国	アメリカ
(か)	シンガポール	アメリカ	中　国

5　次の会話文は，ある中学校の社会の授業のようすです。この文を読み，後の問いに答えなさい。

先　生：今日は，世界に大きな影響《えいきょう》を与《あた》えている中国とアメリカのようすについて，ＡくんとＢくんにそれぞれ，夏休み中に調べてきたことを発表してもらいましょう。では，Ａくんお願いします。

Ａくん：はい，(ア)中国は現在人口が14億を超える世界一の人口大国です。賃金がとても安かったため，海外から多くの工場が中国国内に進出し，(イ)世界中に工業製品を輸出する「世界の工場」と呼ばれるようになりました。それにともなって，経済が発展して国民の所得が上がり，国内に巨大《きょだい》な消費市場ができました。しかし，急速な経済成長の一方で，近年では(ウ)環境問題が注目されるようになりました。

先　生：そうですね，大気汚染《おせん》も問題となっており，日本も影響を受けていますね。ありがとうございました。それでは次にＢくんお願いします。

Ｂくん：はい，(エ)アメリカは中国とほぼ同じ広大な面積をほこり，現在人口が世界第３位です。(オ)17世紀以降多くの移民を受け入れて発展してきました。アメリカではさまざまな産業が発達しています。農業では牛肉やトウモロコシなどの，多くの(カ)農畜産物《のうちくさん》を生産しています。工業では，豊かな鉱産資源を利用して，20世紀前半までは，鉄鋼業などの重工業が発展してきました。そして，第二次世界大戦後は(キ)コンピュータや航空宇宙産業などの新しい工業分野が開拓《かいたく》され，世界の最先端《せんたん》を行く技術が生み出されています。

先　生：アメリカでは問題は起こっていないのでしょうか。

Ｂくん：さまざまな分野で成功をとげているアメリカですが，中国をはじめとした国々との貿易赤字の問題，移民受け入れの問題など，国内外に大きな諸問題をかかえています。

先　生：ＡくんとＢくん，発表ありがとうございました。

問１　下線部(ア)に関連して，次の（あ）～（え）は，スウェーデン（2016年），エチオピア（2007年），インド（2011年），中国（2011年）のいずれかの国における人口ピラミッドをあらわしたものです。中国（2011年）にあてはまるものを１つ選びなさい。

（あ）　（い）　（う）　（え）

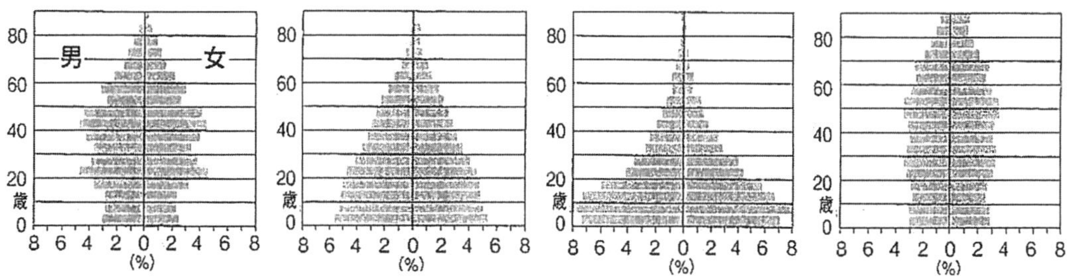

（『地理統計要覧 2019年度版』より）

問２　下線部(ア)に関連して，明治政府が近代化をすすめるためにおこなった改革について述べた文として誤っているものを，次の中から１つ選びなさい。

（あ）衆議院と貴族院で成り立つ議会をつくり，議員はすべて国民の選挙で選ばれるようにした。

（い）江戸時代の身分制度を廃止《はいし》して，国民はすべて平等とし，住む場所や職業などの制限をなくした。

（う）土地の値段を決めて，その３％を税として現金で納めさせるようにした。

問３　下線部(イ)に関連して，次のＸ～Ｚの文は，富岡製糸場の建設に力をつくした３人がそれぞれおこなったことについて述べたものです。Ｘ～Ｚの文とそれをおこなった人物の組み合わせとして正しいものを，下の中から１つ選びなさい。

Ｘ　イギリスを手本にした憲法と議会設立を主張し，立憲改進党をつくった。

Ｙ　日本で最初の銀行のほか，500余りの会社の設立にたずさわり，日本の経済の発展に力をつくした。

Ｚ　ドイツなどで憲法を学び，帰国後は憲法草案をつくる中心となって活躍《かつやく》した。

（あ）Ｘ　大隈重信　　Ｙ　伊藤博文　　Ｚ　渋沢栄一

（い）Ｘ　大隈重信　　Ｙ　渋沢栄一　　Ｚ　伊藤博文

（う）Ｘ　伊藤博文　　Ｙ　大隈重信　　Ｚ　渋沢栄一

（え）Ｘ　伊藤博文　　Ｙ　渋沢栄一　　Ｚ　大隈重信

（お）Ｘ　渋沢栄一　　Ｙ　大隈重信　　Ｚ　伊藤博文

（か）Ｘ　渋沢栄一　　Ｙ　伊藤博文　　Ｚ　大隈重信

問４　下線部(ウ)に関連して，富岡製糸場の工女たちに製糸技術を指導したのは主にどの国の人々か，次の中から１つ選びなさい。

（あ）イギリス　　（い）ドイツ　　（う）フランス　　（え）アメリカ

問５　下線部(エ)に関連して，日本の産業が発展した結果，明治時代の後半にはさまざまな社会や生活の変化がおこりました。これに関して述べた次の文Ｘ・Ｙについて，その正誤の組み合わせとして正しいものを，下の中から１つ選びなさい。

Ｘ　政府は労働組合の結成をすすめる法律をつくった。

Ｙ　深刻な公害問題がおこり，足尾《あしお》銅山鉱毒事件では田中正造が問題の解決のために努力した。

（あ）Ｘ　正　Ｙ　正　　（い）Ｘ　正　Ｙ　誤

（う）Ｘ　誤　Ｙ　正　　（え）Ｘ　誤　Ｙ　誤

問６　下線部(オ)について述べた文として正しいものを，次の中から１つ選びなさい。

（あ）日清戦争では，日本はイギリスと同盟を組んだ。

（い）日本が韓国《かんこく》を植民地としたことにロシアが反発し，日露戦争がはじまった。

（う）日露戦争中，与謝野晶子《よさのあきこ》は戦争に反対する気持ちを表した詩を発表した。

問７　下線部(カ)に関連して，「明治日本の産業革命遺産」は，いくつかの施設《しせつ》で成り立っており，その中の１つに松下村塾《しょうかそんじゅく》があります。松下村塾の指導者で多くの人材育成をおこなった人物として最も適当なものを，次の中から１つ選びなさい。

（あ）勝海舟《かつかいしゅう》　　（い）緒方洪庵《おがたこうあん》　　（う）吉田松陰《よしだしょういん》　　（え）シーボルト

2020(R2) 愛光中
教英出版
28-(19)
【社8-(5)】

問８　下線部(キ)に関連して，太平洋戦争がはじまるまでのできごとについて述べた文Ⅰ～Ⅲを，古いものから年代順に正しくならべかえたものを，下の中から１つ選びなさい。

Ⅰ　日本で，国家総動員法が制定された。

Ⅱ　北京の近くで日本軍と中国軍が衝突《しょうとつ》し，日中戦争がはじまった。

Ⅲ　日本は，フランス領だったベトナムに兵をすすめた。

(あ)　Ⅰ－Ⅱ－Ⅲ　　(い)　Ⅰ－Ⅲ－Ⅱ　　(う)　Ⅱ－Ⅰ－Ⅲ
(え)　Ⅱ－Ⅲ－Ⅰ　　(お)　Ⅲ－Ⅰ－Ⅱ　　(か)　Ⅲ－Ⅱ－Ⅰ

問９　下線部(ク)に関連して，原子爆弾が投下されてから原爆ドームが国の史跡となるまでの50年間におこったできごとについて述べた文として誤っているものを，次の中から１つ選びなさい。

(あ)　サンフランシスコ平和条約が結ばれ，これにより日本と中国との国交が正常化した。
(い)　東京オリンピックの開幕に合わせて，東海道新幹線が開通した。
(う)　オイルショックがおこり，日本の高度経済成長は終わりをむかえた。

問10　世界遺産について述べた次の文中の空らん［　X　］と［　Y　］に当てはまる語句の組み合わせとして正しいものを，下の中から１つ選びなさい。

> 1972年，国際連合の機関のひとつである［　X　］は，世界遺産条約を定めました。この条約にもとづき，世界の歴史的な文化遺産や，貴重な生物や自然景観などの自然遺産を，世界遺産に登録して後世に伝えようとしています。日本で最初に世界遺産として登録されたのは［　Y　］で，現存する世界最古の木造建築として有名です。

(あ)　X　ユニセフ　　Y　法隆寺《ほうりゅうじ》　　(い)　X　ユニセフ　　Y　唐招提寺《とうしょうだいじ》
(う)　X　ユネスコ　　Y　法隆寺　　(え)　X　ユネスコ　　Y　唐招提寺

令和２年度　愛光中学校入学試験　問題用紙　　（社会）

問６　下線部(オ)について，日本の中小工場に関して述べた次の文のうち，誤っているものを１つ選びなさい。

(あ)　従業員数が300人未満の工場を中小工場としている。
(い)　せんい工業の総生産額において，大工場より中小工場の生産額がしめる割合のほうが多い。
(う)　日本全体の工場数のうち，約半数が中小工場である。
(え)　従業員１人当たりの生産額は，大工場と比べて中小工場のほうが少ない。

問７　下線部(カ)に関連して，下の表１・２中のX～Zにあてはまる国名を，下からそれぞれ１つずつ選びなさい。

表１　日本のおもな輸出相手国（2016年度）

	国名	比率
1位	X	20.2%
2位	Y	17.7%
3位	Z	7.2%

注）%は輸出総額にしめる割合（財務省貿易統計）

表２　日本の自動車・鉄鋼の輸出相手国（2016年度）

	自動車	鉄鋼
1位	X　(38.9%)	Y　(16.3%)
2位	オーストラリア (6.0%)	Z　(14.2%)
3位	Y　(4.7%)	タイ　(13.1%)

注）%は各輸出品の輸出総額にしめる割合（日本国勢図会2017/18）

(あ)　韓国　　(い)　シンガポール　　(う)　アメリカ　　(え)　ドイツ　　(お)　中国

2020(R2) 愛光中
教英出版

問５　下線部(エ)について，日本の林業に関する図１～図３を見て，これを説明した文として，誤っているものを１つ選びなさい。

図１

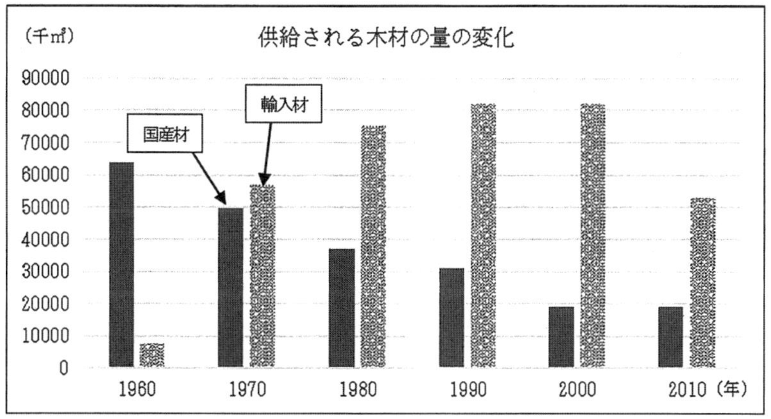

（林野庁資料より作成）

図２

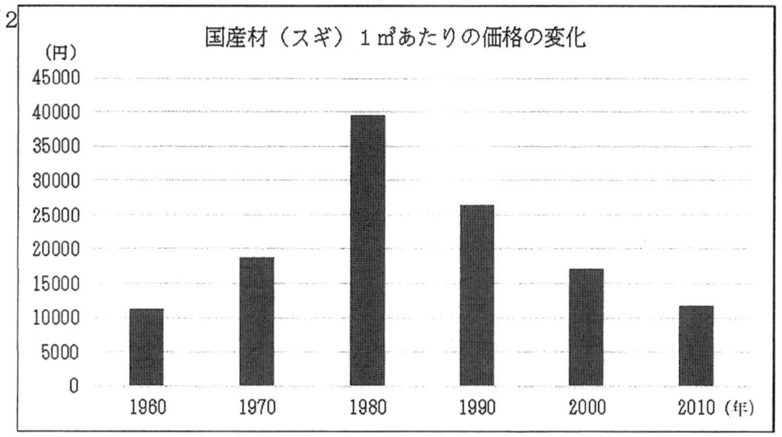

（林野庁資料より作成）

図３

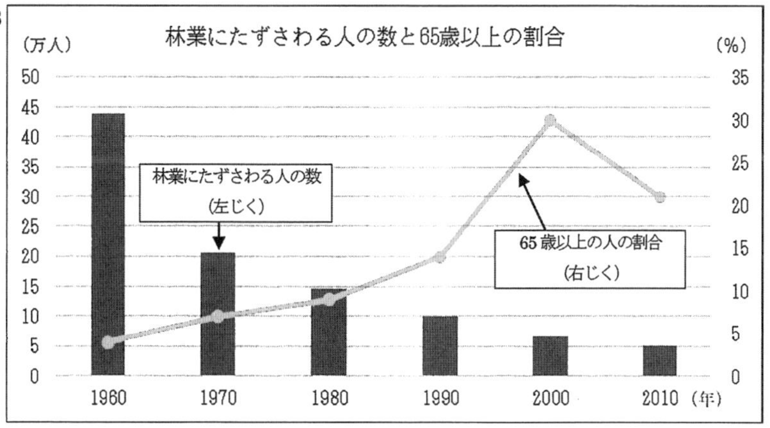

（総務省資料より作成）

（あ）林業にたずさわる人の数は1960年以降，年々減少している。

（い）1970年以降，一貫《いっかん》して，国産材より輸入材のほうが多く供給されている。

（う）国産材（スギ）の価格は1980年以降，年々安くなっている。

（え）2000年以降，林業にたずさわる人のうち，およそ２人に１人が65歳《さい》以上となっている。

3　次の文は，ある中学校で夏休み明けすぐに行われた社会科の授業のようすです。これを読んで，後の問いに答えなさい。

先　生：夏休み中に気になったニュースを発表してもらいます。この夏どのようなニュースに関心を持ちましたか。

Aくん：僕はホンコンでのデモ行動に関心を持ちました。数か月にわたって多くの人が参加し，中には警察と衝突して暴力をふるったり，大けがをしたりしている人がいます。そもそもホンコンと中国との関係がよく分かりませんでした。

先　生：なるほど。ホンコンは(ア)1840年代に中国との戦争に勝利したイギリスの植民地となりました。その後，日清戦争後に中国への欧米《おうべい》諸国による進出が広がる中で，さらにその周辺地域を99年間イギリスが支配することとなりました。(イ)この期限が切れてこれら全《すべ》てが中国に返還《へんかん》されましたが，それまでの政治制度をしばらくは存続させるという約束がなされ，中国の一部ではあるけれども，中国本土とは違う政治制度が残っているのです。他の人はどうですか。

Bさん：私は日本と韓国の関係が悪化しているというニュースが気になりました。(ウ)徴用《ちょうよう》工問題というのが今回のきっかけと聞きましたが，それが貿易や(エ)軍事の問題にも拡大しているそうです。松山空港にもソウルからの直行便がありますが，日本への訪問者数も減っていて，せっかく仲良くしてきたのに残念だなと思いました。

先　生：韓国は隣国《りんごく》でもあり，かつての植民地でもあって，両国には長く深い関係があるとともに，歴史認識でのずれもあります。けれども，そうしたものを乗り越えて，より良い関係が築かれていくといいですね。

問１　下線部(ア)について，この中国とイギリスの戦争は何という戦争ですか。

問２　下線部(イ)について，ホンコンが中国に返還されたのはいつですか。次の中から１つ選びなさい。

（あ）1987年　（い）1997年　（う）2007年　（え）2017年

問３　下線部(ウ)は，太平洋戦争中に日本企業《きぎょう》によって強制的に労働させられた韓国人労働者の補償《ほしょう》に関する問題です。日本政府は，この補償は1965年に結ばれた条約などによって解決済みと主張しています。この1965年に結ばれた条約を何といいますか。

問４　下線部(エ)について，これは日韓秘密軍事情報保護協定の破棄《はき》を，2019年8月に韓国政府が決定したことを指します。この協定の略称《りゃくしょう》を何といいますか。次の中から１つ選びなさい。

（あ）ＧＡＦＡ　（い）ＧＳＯＭＩＡ　（う）ＪＩＣＡ　（え）ＰＫＯ

問５　本文に関連して，海外の国々とのやりとりについて，日本政府内のさまざまな省庁が分担して業務を行っています。以下の①～③は，主に下のどの省庁が分担している業務ですか。それぞれ１つずつ選びなさい。

① 海外旅行中にトラブルに巻《ま》き込まれた日本人を保護する。

② 日本からの輸出品が他国の軍事技術に転用されないように監督《かんとく》する。

③ 海外と日本を結ぶ航空路線の新設を認可する。

（あ）国土交通省　（い）財務省　（う）経済産業省　（え）厚生労働省　（お）外務省

4　ある中学校の社会科の授業で「日本の都道府県を１つ選び，地図アプリを使ってくわしく調べる」という宿題が出されました。次の文【A】～【C】は，３人の生徒が調べたことを発表している内容です。これを読み，後の問いに答えなさい。

【A】僕は(ア)日本三景の１つがある町を見ました。ここは海岸線の近くまで山がせまっていて，平野部がせまい小さな町です。そして海のほうを見てみると島がポツポツとあり，この風景が独特なので有名になったんだろうなと思いました。この町から少し北東部に移動してみると，社会の授業で習った(イ)複雑な海岸線がありました。インターネットで調べてみたら，この地形のもとで津波《つなみ》がおしよせると被害《ひがい》が大きくなると書いてありました。

【B】私は太平洋の海岸ぞいの地形を調べました。この場所を拡大すると右上に画面が出て，「(ウ)ナショナルトラスト運動の日本における最初の例の１つである」との説明がありました。この場所の北東部は山地になっており，その中にある古くからの神秘的な道が世界遺産に指定されていることもわかりました。この場所がある市のホームページを見ると，さかんな産業として(エ)林業や水産業に加えて，梅の栽培《さいばい》についてもくわしく掲載《けいさい》されていました。

【C】僕は，日本で有数の工業地帯を見ました。まず海ぞいに多くの埋《う》め立て地があり，大規模な工場がたくさんあります。そこから東の内陸部に移動してみると，ここには(オ)中小工場が密集していました。道路にそって360度見わたせるサービスを使って見てみると，住宅街の中に小さな工場がたくさんあることがわかりました。インターネットで調べると，中小工場やモノづくり，ロケットなどの用語が出てきました。この小さな工場から(カ)外国に輸出される製品も多いとわかっておどろきました。

問１　【A】～【C】の都道府県を下の（あ）～（か）からそれぞれ１つずつ選びなさい。（それぞれ縮尺はことなります）

（あ）

（い）

（う）

（え）

（お）

（か）

問２　下線部(ア)について，日本三景に入らない景色を下から１つ選びなさい。

（あ）

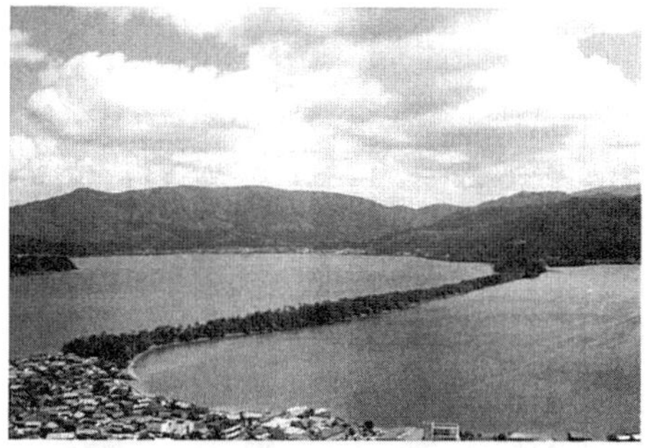
（い）

（う）

（え）

問３　下線部(イ)に関して，この地形を何といいますか。

問４　下線部(ウ)について，この運動について述べた次の文のうち，最も適当なものを１つ選びなさい。

（あ）住民が寄付を集めて自然環境《かんきょう》を買い取り，保護する。

（い）水鳥が生息する湿地《しっち》帯を，国が保護する。

（う）自動車を駅の近くに駐車《ちゅうしゃ》し，公共の交通機関を利用する。

（え）観光や旅行を通じて，自然環境への理解を深める。

令和二年度　愛光中学校　入学試験問題　国語　解答用紙

採点欄《らん》には何も記入しないこと

受験番号

氏名

合計

※120点満点
（配点非公表）

一

1
①　②　③　④　⑤　⑥　⑦　⑧　⑨　⑩

2
①　②　③

3
①　②

二

問一

問二

問三

問四

問五

問六

問七

問八

問九

三

問一

問二

問三

問四

問五

問六

問七

問八

問九

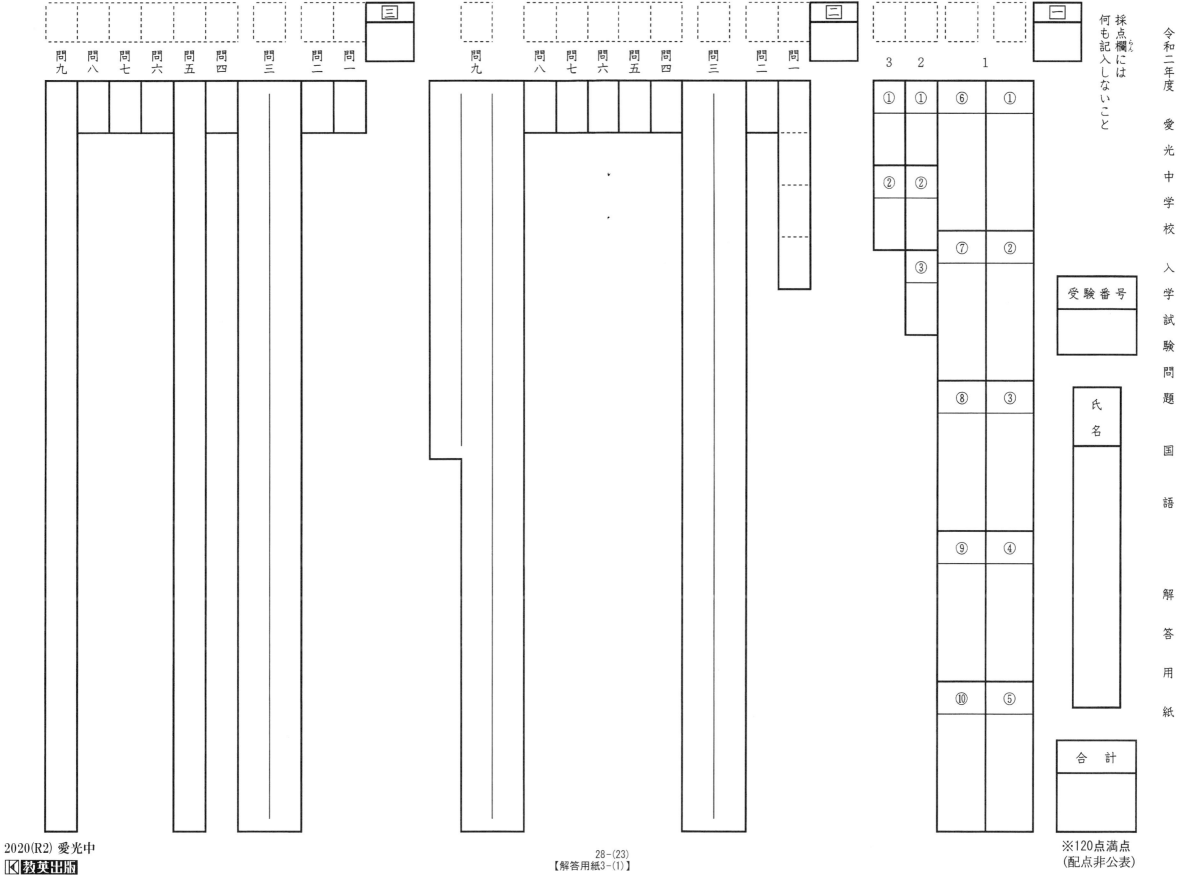

令和２年度　愛光中学校入学試験問題　理科（解答用紙）

※80点満点
（配点非公表）

【１】

(1)			(2)		
(3)	, , ,			(4)	
(5)	ア		イ		

【２】

(1)	①		②		③		④		⑤	
(2)		(3)		(4)						

【３】

(1)	日本		月		(2)					
(3)		(4)		(5)	日本		赤道上		南極点	
(6)	日の出		日の入り							

【４】

(1)	A		B		C		D	
	E		F		G		H	
(2)	あ		い		(3)	L	(4)	L

【５】

(1)	アジ	円	サバ	円			
(2)	A君	円	B君	円			
(3)	cm	(4)	匹	(5)	cm	(6)	cm

【６】

(1)		(2)	
(3)		(4)	と

受験番号（　　　　　　）　名前（　　　　　　　　　　　　）

令和２年度　　愛光中学校入学試験　解答用紙　　（社会）

※80点満点
（配点非公表）

※小計・合計らんには記入しないこと

1

問1　問２　問３　問４

問５

問６　問７　問８　問９　問10

小計

2

問１　ⓐ　ⓑ　ⓒ　問２　問３　問４

問５　問６　問７　問８　問９　問10

小計

3

問１　戦争　問２　問３　条約

問４　問５　①　②　③

小計

4

問１　A　B　C　問２　問３

問４　問５　問６　問７　X　Y　Z

小計

5

問１　問２　問３　問４　問５

問６　問７

小計

受験番号		氏名	

合計